会计师事务所
违法违规典型案例

刘胜良 等 编著

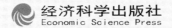

经济科学出版社
Economic Science Press

图书在版编目（CIP）数据

会计师事务所违法违规典型案例／刘胜良等编著.
—北京：经济科学出版社，2015.4
ISBN 978 - 7 - 5141 - 5544 - 0

Ⅰ. ①会… Ⅱ. ①刘… Ⅲ. ①会计师事务所 - 违法 -
案例 - 中国 Ⅳ. ①D922. 265

中国版本图书馆 CIP 数据核字（2015）第 046001 号

责任编辑：段 钢
责任校对：杨晓莹
责任印制：邱 天

会计师事务所违法违规典型案例
刘胜良 等 编著
经济科学出版社出版、发行 新华书店经销
社址：北京市海淀区阜成路甲 28 号 邮编：100142
总编部电话：010 - 88191217 发行部电话：010 - 88191522
网址：www. esp. com. cn
电子邮件：esp@ esp. com. cn
天猫网店：经济科学出版社旗舰店
网址：http: //jjkxcbs. tmall. com
北京财经印刷厂印装
787 × 1092 16 开 16 印张 410000 字
2016 年 7 月第 1 版 2016 年 7 月第 1 次印刷
ISBN 978 - 7 - 5141 - 5544 - 0 定价：51. 00 元
（图书出现印装问题，本社负责调换。电话：010 - 88191502）
（版权所有 侵权必究 举报电话：010 - 88191586
电子邮箱：dbts@ esp. com. cn）

前　言

近年来，我国着力创新会计师事务所的体制机制，完善相关政策措施，优化外部执业环境，推动会计师事务所做强做大、做精做专，全力引导和促进注册会计师行业又好又快发展。但是，部分会计师事务所仍然存在内部管理不到位、执业行为不规范、职业操守不遵循等违法违规行为，以至于近年来不断爆发出会计师事务所承担刑事责任、行政责任、民事责任等法律责任的典型案件，严重影响了注册会计师行业的发展。在这种背景下，加强行业监管，提高自律水平，完善违法违规行为的责任追究制度，依法依规地保护注册会计师行业的正当权益，显得尤为迫切。

本书以配套书籍《会计师事务所违法违规行为及法律责任》为理论基础，从我国大量的法院判例、行政检查案例、行业自律检查案例和公开网络媒体中筛选出相关典型案例，具有极强的针对性和实务指导性，是颇具实务价值的参考书和案例大全。

本书具有以下特点：

一是系统性、全覆盖。本书全面系统收集了会计师事务所违法违规典型案例共计265个，其中，刑事违法行为相关典型案例61个、行政违法行为相关典型案例108个、民事违法行为相关典型案例33个、行业违规行为相关典型案例63个。目前市场尚无系统性、全覆盖的会计师事务所案例书籍。

二是指导性、参考性。本书具有极强的实务指导和参考意义，系笔者根据大量的审判机关公开判例、会计师事务所行政监管案例和注册会计师协会行业自律惩戒案例中筛选而成。

三是独立性、对应性。本书每一个案例都相对独立，并根据实际情况从违法违规行为、违反条款、处理处罚依据、违法违规责任、简要评析等方面对案例进行剖析。同时，本书每一类案例又分别对应配套书籍《会计师事务所违法违规行为及法律责任》的内容，相互呼应。

本书内容全面、针对性和专业性强，特别适用以下群体阅读：

（1）有关政府监管部门作为会计师事务所日常监管、执业质量检查和会计信息质量检查的参考书；

（2）注册会计师协会作为注册会计师后续教育培训、行业自律检查和会员服务的参考书；

（3）会计师事务所作为规范执业行为、加强内部管理、维护自身合法权益、促进科学发展的参考书；

（4）注册会计师和广大从业人员提高法律意识、依法进行自我保护、恰当运用职业准则、保持谨慎执业的工具书。

非常感谢长期以来关心、帮助我的所有领导和朋友们，感谢始终遵循执业准则、注重执业质量、坚守道德底线的注册会计师同行们，感谢所有为注册会计师事业倾注心血的社会各界人士，他们为本书的出版奠定了坚实基础，这也必将铸就注册会计师行业的辉煌。在本书即将出版之际，特别想表达几层意思：

一是深深地怀念我至真至善的父亲，祝他老人家一路走好！

二是衷心地祝福我平凡而伟大的母亲，保重身体，健康长寿！

三是感谢我的家人，默默地付出、支持、理解和包容是我前进的动力！

最后，我将此书特别献给自己，为执着、敬业、奉献加油，为专业、正义、勇气鼓劲！

刘胜良

2016 年 3 月于四川成都

目　　录

第一章

会计师事务所刑事违法行为相关典型案例

第一节　妨害对公司、企业的管理秩序罪

一、虚报注册资本罪案例

【案例1】虚报注册资本　会计师事务所法人代表获刑四年

基本案情： 1998 年，T 市 C 审计事务所欲变更为 H 会计师事务所。同年 8 月 26 日，该所法定代表人史某在向省工商局申报变更名称时，为达到省工商局规定的注册资本 100 万元以上的标准，将 T 市工商局给省工商局出具的"企业名称审批报告书"上该所注册资本 30 万元，用笔在前面加了个"1"，变成了 130 万元。1999 年 12 月，史某在聘请 J 会计师事务所对 H 会计师事务所进行验资时，虚假增加注册资金 70 万元，欺骗了验资单位及工商管理部门，骗取了企业营业登记。

定罪依据：《刑法》第一百五十八条、《最高人民检察院　公安部关于公安机关管辖的刑事案件立案追诉标准的规定（二）》第三条等。

刑事责任： 法院认为，史某的行为已构成虚报注册资本罪，依法判处史某有期徒刑 1 年，并处罚金 1 万元。

简要评析： 史某使用虚假证明文件虚报注册资本 70 万元，欺骗公司登记主管部门，取得公司登记，侵犯了国家公司登记管理制度，扰乱了市场秩序，属于《刑法》第一百五十八条规定的犯罪行为，应当依法予以刑事制裁。同时，会计师事务所的注册资本是股东以其出资额为限承担法律责任的保证，事关我国审计制度的有效运行，必须依法夯实。

【案例2】张某、云某共谋虚报注册资本一案

基本案情： 2009 年 4 月中旬，张某为了注册成立 K 市 C 有限公司，需要注册资本 1,000 万元。张某为此找到云某，商定支付给云某 8 万元，由云某负责提供注册公司所需要的验资款 1,000 万元，并代办企业法人营业执照。2009 年 4 月 22 日，云某与张某签订了委托代理人证明，让张某签订房屋租赁协议，以张某等 3 人为共同投资人，向 K 市工商行政管理局

递交了有限公司设立申请书，取得了 K 市工商行政管理局企业名称预先核准通知书。2009年 4 月 30 日，云某将拆借到的 1,000 万元存入 C 公司（筹）在中国农业银行 K 市城西支行开立的人民币临时存款账户。

T 会计师事务所根据委托，当日出具了验资报告，K 市工商行政管理局对 C 公司核准登记并于 2009 年 5 月 4 日颁发了企业法人营业执照，法定代表人为张某。2009 年 5 月 5 日，云某将用于注册的 1,000 万元从 C 公司全部转出。案发后，云某退出非法所得 14,000 元。

定罪依据：《刑法》第一百五十八条、第二十五条第一款、第六十四条、第六十七条。

刑事责任：被告人张某在申请公司登记过程中与被告人云某共谋，采取欺诈手段，虚报注册资本，欺骗公司登记主管部门，取得公司登记，虚报注册资本数额巨大，被告人的行为均已构成虚报注册资本罪。

根据各被告人的犯罪情节和悔罪表现，法院判决如下：

一、被告人张某犯虚报注册资本罪，判处罚金人民币 10 万元；

二、被告人云某犯虚报注册资本罪，判处罚金人民币 10 万元；

三、被告人云某所退违法所得人民币 14,000 元予以没收。

简要评析：本例中，由两点需特别引起业内人士注意：第一，公司股东张某和资金拆借方云某被法院认定为虚报注册资本罪的共犯，各判处罚金人民币十万元；第二，在验资时点，虽然被告已经将资金存入了 C 公司（筹）开立的人民币临时存款账户，但仍被法院认定为采取欺诈手段，虚报注册资本，而并非作为抽逃出资处理。

二、虚假出资、抽逃出资罪案例

【案例 1】 G 县人民检察院诉被告陈某犯虚假出资罪

基本案情：2005 年，陈某担任法定代表人的 A 公司与 X 公司商议欲合资成立 H 合资公司。2005 年 2 月 2 日，双方签订了章程及出资协议书。约定：X 公司出资 300 万元货币，A 公司以其合法拥有的土地使用权及其土地上附属物所有权作价 300 万元出资，并约定：公司成立 6 个月内办理土地使用权过户手续。2005 年 4 月 11 日 H 合资公司登记成立。2005 年 2 月 3 日在合资公司成立前验资时陈某隐瞒了该土地已于 2005 年 1 月 20 日至 2006 年 1 月 18 日在银行抵押贷款的事实，致使在双方约定的时间内不能完成该土地使用权变更到 H 合资公司名下，且土地附属物所有权亦未变更到 H 合资公司名下。另查明：A 公司于 2002 年 3 月 11 日成立，2007 年 12 月 14 日吊销。

定罪依据：《刑法》第一百五十九条、第三十一条。

刑事责任：G 县人民法院依法作出判决，被告人陈某犯虚假出资罪，判处有期徒刑二年，缓刑三年（缓刑考验期自判决确定之日起计算）。

简要评析：A 公司作为 H 合资公司的发起人，违反公司法的规定，将其公司出资作价 300 万元的土地使用权及地上附属物没有办理使用权转移手续和财产所有权过户手续，数额巨大，陈某作为 A 公司的法定代表人即直接责任人，应承担相应的刑事责任，其行为构成虚假出资罪，鉴于陈某自愿认罪，认罪态度好，法院对此酌情予以从轻处罚。

【案例2】封某虚假出资罪一案

基本案情： 2006 年 10 月 15 日，X 市 Y 公司注册资本由 50 万元人民币增加到 2,000 万元人民币。在增加的 1,950 万元人民币注册资本中，股东关某增资 950 万元人民币，封某增资 1,000 万元人民币，其中货币资金出资 600 万元人民币。2006 年 10 月 12 日，封某指使其公司会计用加盖有伪造的"中国农业银行 M 支行 G 储蓄所"印章的 600 万元人民币现金缴款单通过验资，虚假出资货币资金 600 万元人民币。

定罪依据：《刑法》第一百五十九条、第三十一条。

刑事责任： H 省高级人民法院判决，封某犯虚假出资罪，判处有期徒刑二年，并处罚金人民币 20 万元。

简要评析： 封某作为 Y 公司的股东，在自己没有 600 万元人民币货币资产的情况下，违反公司法关于足额出资的规定，通过其会计使用加盖有伪造的"中国农业银行 M 支行 G 储蓄所"印章的 600 万元人民币现金缴款单通过验资，虚假出资，数额巨大，其行为已构成虚假出资罪。

【案例3】孙某抽逃出资一案

基本案情： 2009 年 3 月，孙某在自己没有出资能力的情况下，为达到成立公司的目的，指使他人，从 P 市居民谢××处借款 500 万元，作为自己和他人的出资，于 2010 年 3 月 25 日在 L 县工商局注册成立了以"孙某"（法定代表人）、"刘某"、"干某"为股东的 S 公司。该公司成立后，2010 年 3 月 30 日该注册资金 500 万元即被转走，归还给谢××。

2010 年 5 月，孙某在自己没有出资能力的情况下，为达到成立公司的目的，从 L 县城关镇居民田××处借款 100 万元，作为自己和他人的出资，于 2010 年 5 月 24 日在 L 县工商局注册成立了以"孙某"（法定代表人）、"马某"为股东的 T 公司。该公司成立后，孙某即将注册资金 100 万元转走，归还给田××。

定罪依据：《刑法》第一百五十九条第一款。

刑事责任： H 省 L 县人民法院作出判决，被告人孙某犯抽逃出资罪，判处有期徒刑一年零六个月，并处罚金人民币 20 万元。

简要评析： 孙某两次作为公司股东，在公司成立后分别抽逃其出资 500 万元和 100 万元，数额巨大，其行为构成抽逃出资罪，为此，法院依法判处有期徒刑一年零六个月，并处罚金人民币 20 万元。

三、违规披露、不披露重要信息罪案例

【案例1】L 上市公司欺诈路线曝光　H 会计事务所"踩雷"

基本案情： 41 岁的何某一手做大了 L 上市公司，也一手将 L 上市公司送入深渊。虽然全社会基本都将焦点集中在何某一人身上，但是其他四位卷入欺诈上市案的配角同样"功

不可没"。这其中，一位财务专家——H 会计师事务所所长庞某充当了何某的"军师"，起到了关键作用。此外，也有律师表示，负责审计 L 上市公司的 P 会计师事务所和签字注册会计师也应该负有责任。

根据 H 会计师事务所网站资料，该事务所成立于 2005 年 12 月，由庞某、杨某等 5 人出资成立，注册资本 30 万元。庞某担任所长兼主任会计师。

从 S 省财政厅 2005 年一份公示文件中可以看出，庞某原所在的事务所为 P 会计师事务所。后者正是 H 事务所的合作伙伴，也是 L 公司上市时的审计机构。

从公告来看，在 L 上市公司欺诈上市过程中，庞某在财务上的专业知识，为何某能把假账做得漂亮，起到了关键作用。检察机关起诉书指出，"2004～2009 年，L 上市公司在不具备首次公开发行股票并上市的条件的情况下，为达到上市目的，经过何某、蒋某、庞某的共谋、策划，由赵某 1、赵某 2 登记注册了一批由 L 上市公司实际控制或者掌握银行账户的关联公司，并利用相关银行账户操控资金流转，采用伪造合同、发票、工商登记资料等手段，少付多列、将款项支付给其控制的公司成员、虚构交易业务，虚增资产、虚增收入。"

通过虚假交易销售，编造虚假会计资料或通过受 L 上市公司控制的公司将销售款转回等手段，L 上市公司虚增营业收入 2.96 亿元，这被堂而皇之地写进招股说明书，成为其上市的重要筹码。

定罪依据：《刑法》第一百六十一条、《最高人民检察院　公安部关于公安机关管辖的刑事案件立案追诉标准的规定（二）》第六条。

刑事责任：检察机关认定庞某为主谋和策划者之一，被指控犯欺诈发行股票罪、违规披露重要信息罪。

简要评析：庞某本属于会计师事务所人员，具有独立、客观、公正的原则和立场，但在本案中，由于庞某与何某、蒋某共谋、策划，公诉机关以欺诈发行股票罪、违规披露重要信息罪的共犯进行指控，将依法受到法律的严厉制裁，这为注册会计师执业人员敲响了警钟。

【案例 2】H 省首例"违规披露、不披露重要信息罪"尘埃落定

基本案情：S 上市公司是一家发行 B 股后在深圳证券交易所上市交易的上市公司。被告单位 H 公司是 S 上市公司最大股东、控股公司，黄某是被告单位 H 公司总经理，并先后兼任 S 上市公司的总经理、董事长，依法和被授权负责这两家公司的全面工作。S 上市公司 1998 年开始连年出现亏损，为保住上市公司的空壳，S 上市公司自 1998 年开始采取虚增利润、减少成本等手段做假账，并从 1998 年开始搞账外担保和账外贷款，欺骗证券管理部门和广大股民。在经营活动中，H 公司利用其控股公司的有利条件，侵吞、占用 S 上市公司大量资产，并以 S 上市公司名义为他人提供 4 亿多元的担保。后黄某隐瞒了 S 上市公司已亏损累累的情况，诈骗 R 公司收购 H 公司所持有的 S 上市公司的法人股 14,668,557 股。截至 2004 年 3 月 18 日，R 公司先后支付给 H 公司 3,000 多万元，而经鉴定 S 上市公司的净资产为每股 -1.49 元，股权价值为零。

定罪依据：《刑法》第一百六十一条、《最高人民检察院　公安部关于公安机关管辖的刑事案件立案追诉标准的规定（二）》第六条。

刑事责任：D 法院以合同诈骗罪、违规披露、违规披露重要信息罪数罪并罚判处黄某有

期徒刑 13 年，罚金 7 万元；以合同诈骗罪判处被告单位 H 公司罚金 100 万元。

简要评析：黄某及 H 公司利用对 S 上市公司控股的有利条件，侵吞、占用 S 上市公司大量资产，并以 S 上市公司名义为他人提供 4 亿多元的担保，属于典型"掏空"上市公司的行为。之后，故意隐瞒 S 上市公司已亏损累累的情况，欺诈 R 公司收购股权，诈骗 R 公司 3,000 多万元，依法判处合同诈骗罪、违规披露、违规披露重要信息罪。

四、隐匿、故意销毁会计凭证、会计账簿、财务会计报告罪案例

【案例 1】首例隐匿伪造会计凭证罪在 M 市作出判决

基本案情：2002 年，审计署某特派办审计组在对 M 市 N 机场建设资金审计中发现，该机场向施工单位收取的投标资料费、定期存款利息、代征税金手续费等大量收入，未纳入单位财务账核算。为了查清这些资金的下落，审计组多次向 N 机场领导及财务负责人宣传有关法律法规，要求提供上述收入的真实财务资料。但是，作为机场财务负责人及上述资金直接管理人的袁某，却将会计资料隐匿，拒绝向审计人员提供。经过审计人员大量艰苦细致的查证，查出该机场将上述近千万元收入设置"小金库"20 多个。在此情况下，袁某又多次编造虚假会计资料，隐匿"小金库"资金 4,578 万元，严重阻碍了审计工作的正常进行。

对袁某的上述行为，该特派办依据审计法及全国人大常委会法制工作委员会关于"隐匿、销毁会计凭证、会计账簿、财务报告构成犯罪的，应当由公安机关立案侦查"的规定，将该案移送公安机关侦查起诉。

定罪依据：《刑法》第一百六十二条、《最高人民检察院　公安部关于公安机关管辖的刑事案件立案追诉标准的规定（二）》第八条。

刑事责任：M 市 F 区人民法院作出判决，判处袁某有期徒刑两年，并处以罚金 4 万元。

简要评析：袁某身为 N 机场建设管理局财务负责人，直接管理本单位的"小金库"账，在国家审计机关的审计过程中，故意隐匿本单位的"小金库"账务资料，情节严重，已经触犯了国家刑律，构成了隐匿会计凭证罪。

【案例 2】徐某犯隐匿、故意销毁会计凭证、会计账簿罪一案

基本案情：1999 年 5 月 24 日，J 公司正式注册成立，徐某担任该公司董事长。J 公司成立以后的几年里，主要通过出租房屋进行分散经营。从 2004 年 7 月起，收回全部出租房屋，实行一体化经营，徐某被推选为公司总经理。2004 年 10 月，五金公司电器商城开业。

2007 年 6 月，部分股东反映徐某有经济问题，经董事会同意，J 公司成立了五名股东组成的内审组，对公司 2004 年 7 月至 2006 年年底的账务进行了审计，包括了电器商城的商品经营账，并摘抄了部分账务材料。2007 年 12 月底，部分股东又要查账，被徐某拒绝。后徐某还让公司的会计孙某将电器商城的商品经营账从 J 公司的账务中分出来，并从孙某处拿走了电器商城商品经营的账务、凭证等会计资料。2008 年 1 月，J 公司部分股东向县公安局举报徐某涉嫌犯罪。2008 年 4 月至 2009 年 5 月，县公安局先后四次向 J 公司调取商品经营部分的会计资料，徐某拒不提供其拿走的商品经营部分的账务、凭证等会计资料，其隐匿依法

应当保存的会计凭证、会计账簿所涉及金额不小于 173. 28 万元。

法院还查明，J公司 2004 年 5 月经公司股东大会决定公司实行一体化经营，实行 CEO（首席执行官）模式进行管理。2004 年 7 月至 2007 年 12 月底期间，徐某担任 J 公司董事长兼总经理，制定三年半实现利润 120 万元的计划，并建立了健全的账务，由孙某担任会计，袁某任出纳，在此三年半期间进行了商品经营为主的运营活动，且经营的账目健全，后在公司内审组审计后，徐某要求孙某将电器商城的账分开，并将电器商城的账务资料拿走。公安机关立案侦查该案时，要求提供该电器商城账务时，徐某拒不提供该账务资料，称该电器商城是其个体经营的门市，声称资料被其销毁了。徐某称其承包了电器商城，但其承包没有召开董事会、股东大会，也未有会议记录给其承包的记载，只是让会计孙某捏造了一份与公司租赁房屋的假合同，在工商部门办理了"徐某电器商城"的营业执照。

定罪依据：《刑法》第一百六十二条之一、第五十二条、第五十三条。

刑事责任： S 省 J 县人民法院作出判决，被告人徐某犯隐匿、故意销毁会计凭证、会计账簿、财务会计报告罪，判处有期徒刑六个月，并处罚金人民币 10 万元，罚金于判决生效后三个月内缴纳。

简要评析： 本案中，虽然徐某在工商部门办理了"徐某电器商城"的营业执照，但电器商城营销活动仍被法院认定为公司一体化集体经营。因此，徐某隐匿依法应当保存的会计凭证、会计账簿和财务资料，其行为触犯了刑律，构成了隐匿、故意销毁会计凭证、会计账簿、财务会计报告罪，S 省 J 县人民法院依法判处徐某有期徒刑六个月，并处罚金人民币十万元。

【案例 3】刘某故意销毁、隐匿会计凭证一案

基本案情： B 经济合作社系 2002 年年底成立的集体经济组织，具体负责管理、处置居委会的财产，刘某任会计。2007 年 12 月，B 经济合作社解散，所有会计资料均由刘某及出纳李某保管。2008 年 3 月 13 日，李某提出封账，并通知有关人员，在封账后，刘某喊来收废品的人，将会计柜内会计凭证等物清到地上，除保留账本及 2007 年 8 月 20 日后的会计凭证外，其余会计凭证作价 10 元钱卖掉。当日，刘某将未卖的 2007 年 9 月 1 日后的会计凭证带回家。2008 年 3 月 19 日，政府有关部门组成专门班子准备对 B 经济合作社财务资料进行封存时，刘某称会计凭证全部作废纸卖了。经公安部门经侦大队侦查得知，B 经济合作社 2007 年 9 月 1 日后的会计凭证未被卖掉，但刘某拒不交出，直至 2008 年 5 月 5 日公安干警到刘某家中，其儿媳刘某将该部分会计凭证找出来交给公安机关。

经 D 司法鉴定所鉴定，刘某销毁会计凭证涉及 1994 ~ 2007 年支出金额 14,794,959.82 元，隐匿会计凭证涉及 2007 年 9 月 1 日以后支出金额 3,803,122.04 元。

定罪依据：《刑法》第一百六十二条之一，第五十二条。

刑事责任： H 省 S 县人民法院作出判决，被告人刘某犯隐匿、故意销毁会计凭证罪，判处有期徒刑一年，并处罚金人民币 2 万元。

简要评析： 会计凭证是证明单位经济行为的法定凭据，在规定的会计档案保管年限内，单位具有妥善保管的法定义务。本案中刘某将 1994 ~ 2007 年的会计凭证当作废品卖掉，法院认定为销毁会计凭证，涉及支出金额 14,794,959.82 元。同时，刘某拒不交出 2007 年 9

月 1 日以后的会计凭证，认定为隐匿会计凭证，涉及支出金额 3,803,122.04 元。基于上述销毁和隐匿会计凭证的行为，法院认定刘某犯隐匿、故意销毁会计凭证罪罪名成立，判处有期徒刑一年，并处罚金人民币 2 万元。

【案例 4】高某故意销毁会计凭证、会计账簿案

基本案情：2009 年春节后，因本公司保管"小金库"账册的职工傅某准备退休，时任 X 公司经理的高某与公司领导班子成员许某、陈某研究后，决定销毁公司 2006～2007 年非法设立的涉及金额 1,441,416 元的"小金库"账册，并在作出决定之后的一个双休日，经高某等人核对"小金库"账册后，由公司职工傅某、郑某等人将账册予以焚烧。

2009 年 8 月，高某在接受纪委调查时，如实交代了本公司销毁"小金库"账册的犯罪事实。2010 年 3 月，X 公司被工商行政管理部门注销。

定罪依据：《刑法》第一百六十二条之一，第五十二条。

刑事责任：H 铁路运输法院作出判决，被告人高某犯故意销毁会计凭证罪，判处罚金人民币 2 万元。

简要评析：高某作为 X 公司经理，决定销毁公司"小金库"账册，涉及金额 1,441,416 元，符合故意销毁会计凭证罪的犯罪构成。法院在开庭审理过程中，取得证人证言，劳务费清单及相关银行取款凭证，能够综合证明经 X 公司的班子成员讨论决定，将"小金库"账册予以销毁的事实。为此，依法作出上述判决。

五、非国家工作人员受贿罪案例

【案例 1】村支书李某犯非国家工作人员受贿罪一案

基本案情：2007 年 6 月 21 日，N 县地方道路管理所与 C 建筑安装公司签订了 2007 年"村村通"道路建设合同，由 C 建筑安装公司承建村级公路建设工程，N 地方道路管理所负责协调受益乡村为该公司创造良好的施工环境，提供施工所必需的水源和电源、提供必要的生活、食宿等方便条件。在 C 建筑安装公司施工过程中，时任村支书的李某在本村为该公司提供施工所必需的水源和电源、生活、食宿等方便条件的同时，以个人建房为名向该公司施工队索要水泥 20 吨、沙子 30 方、石子 15 方，共价值 7,130 元。现李洪民已折价全部退赃。

定罪依据：《刑法》第一百六十三条第一款、第六十四条、第七十二条第一款。

刑事责任：H 省 N 县人民法院作出判决，被告人李某犯非国家工作人员受贿罪，判处有期徒刑六个月缓刑一年；所退赃款 7,130 元予以追缴。

简要评析：李某身为村基层组织人员，在 C 建筑安装公司承建村级公路建设工程过程中，为该公司创造良好的施工环境，提供施工所必需的水源和电源、提供必要的生活、食宿等方便条件时，其所行使的组织、协调作用不属于协助人民政府从事的行政管理工作，其身份不符合受贿罪的主体要件，但符合非国家工作人员受贿罪的主体主件。故其在该公司施工过程中利用担任村支书这一职务之便向该公司索要财物价值 7,130 元的行为构成非国家工作

人员受贿罪。鉴于李某在庭审结束后主动全部退赃，确有悔罪表现，法院依法对其从轻处罚。

【案例2】检测人员马某、张某犯非国家工作人员受贿罪一案

基本案情：2008年4月、5月，J建设公司委托H研究院有限公司对其建设的6栋楼房的主体结构进行检测，并由H研究院有限公司第九研究所工作人员马某负责该检测项目。在对该项目进行检测过程中，马某与第九研究所所长张某预谋以该6栋楼房所用混凝土不合格为由，向混凝土供应方S公司超额索要检测费用，作为出具合格检测报告的条件。后迫于无奈，S公司工作人员袁某分两次交给马某50万元，其中第一次交付30万元，第二次交付20万元为马某私自索要并占为己有。在马某收到上述费用后，为上述工程项目出具了六份合格检测报告。后马某、张某将上述30万元中的15万作为检测费用上交其单位财务，将其中的7.5万元准备作为冲抵下月业务量的费用，将其中的2万元用于某工地经费，将其中的1.8万元用于给职工发放福利，马某将剩余的3.7万元交给张某。案发后，涉案50万元已全部退还S公司。

定罪依据：《刑法》第一百六十三条第一款、第六十四条、第七十二条第一款。

刑事责任：Z市中级人民法院作出判决，以非国家工作人员受贿罪判处被告人马某有期徒刑五年。

简要评析：马某身为公司、企业人员，利用职务上的便利，索取他人财物20万元，其行为构成非国家工作人员受贿罪。马某所在机构为改制后的H研究院有限公司，其身份已变更为非国家工作人员，这就区别于受贿罪。

【案例3】村委会合作开发房地产　葛某等人犯非国家工作人员受贿罪

基本案情：葛某于1999年11月至2008年10月任某村支部书记，2008年11月至案发任该支部副书记，汪某于2002年12月至2008年9月任该村委会主任，2008年10月至案发任该村支部书记，张某于1995年6月至案发任该村委会会计。2006年，该村村委会经研究，与S建筑公司B分公司项目经理杨某签订房地产合作开发协议，由杨某垫付资金，葛某、汪某经手办理开发所需的各项手续，张某兼任该开发项目会计和村委会驻工地代表。

2007年年初的一天，为感谢在项目建设中给予的帮助、关照，杨某在汪某家送给葛某、汪某各4万元，张某2万元。2009年1月12日，杨某同意给葛某、汪某、张某每人各3万元，后由其妻史某给张某个人账户转账3万元，取现金7万元随张某到汪某经营的"水仙"乐园，给葛某、汪某各3万元。案发后，汪某到县人民检察院自首，汪某、张某各退缴了7万元，葛某退缴了13万元。

定罪依据：《刑法》第一百六十三条第一款、第六十四条、第六十七条第一款、第七十二条第一款、第七十三条第二款、第三款，《最高人民法院关于处理自首和立功具体应用法律若干问题的解释》第一条、第三条、第六条，《最高人民法院关于对行为性质的辩解是否影响自首成立问题的批复》。

刑事责任：S省X县人民法院作出判决如下：

一、被告人葛某犯非国家工作人员受贿罪，判处有期徒刑三年，宣告缓刑五年。

被告人汪某犯非国家工作人员受贿罪，判处有期徒刑二年零六个月，宣告缓刑四年。

被告人张某犯非国家工作人员受贿罪，判处有期徒刑二年，宣告缓刑三年。

二、被告人葛某、汪某退缴于县人民检察院的赃款各 7 万元，被告人张某退缴于县人民检察院的赃款 5 万元，均予以没收，由县人民检察院上缴国库。

简要评析： 葛某、汪某、张某身为村基层组织工作人员，利用职务便利，非法收受他人财物，为他人谋取利益，数额较大，其行为均已构成非国家工作人员受贿罪。具有自首情节和立功表现，法院依法予以从轻或减轻处罚。

六、对非国家工作人员行贿罪案例

【案例 1】郭某为骗取贷款对非国家工作人员行贿一案

基本案情： 2002 年 3 月至 2007 年 2 月，郭某冒用他人名义和以自己的名义在 H 乡信用社贷款 162 笔，贷款金额 351.6 万元，其中偿还本金 89 万元，利息 21.877927 万元，交股金 2.05 万元，共计骗取 H 乡信用社贷款 238.672073 万元。在贷款过程中，郭某向 H 乡信用社主任李某行贿现金 47 万元、白金项链一条（价值 14,421.1 元）。

定罪依据：《刑法》第一百七十五条之一、第一百六十四条第一款、第六十九条第一款、第二款。

刑事责任： H 省 A 市中级人民法院作出判决，被告人郭某犯对非国家工作人员行贿罪，判处有期徒刑三年，并处罚金人民币 4 万元。

简要评析： 郭某为骗取贷款，向 H 乡信用社主任李某行贿，数额巨大，构成对非国家工作人员行贿罪。法院综合考虑犯罪事实、性质和情节，依法判处有期徒刑三年，并处罚金人民币 4 万元。

【案例 2】违规申请贷款　肖某对非国家工作人员行贿

基本案情： 2004～2008 年，肖某虚构贷款用途，以 S 实业公司名义多次在 K 农村信用合作社申请贷款。其贷款理由是公司自营的大型超市需要资金周转、备足货源，而实际用于支付其投资的 R 中学工程和 J 小区项目工程的基建款。其行为违反了中国人民银行制定的《贷款通则》第十九条规定的借款人的义务。时任 K 农村信用合作联社理事长的解某和主任张某明知肖某系虚构贷款用途，仍违反中国人民银行制定的《贷款通则》第二十二条、第二十三条、第三十一条、第七十一条规定的贷款人的权利、义务、贷后检查以及罚则的规定，多次为肖某办理贷款以及续延贷款共计人民币 1,200 万元。

上述期间，肖某多次送给解某、张某人民币 23.9 万元，美元 2.6 万元（折合人民币 214,760 元）。其中，先后 8 次送给解某人民币 5 万元、美元 2.6 万元；先后 2 次送给张某人民币 3 万元，并将一套面积为 139.14 平方米，实际价值为 25.9 万元的商品房以 10 万元的低价卖给张某（以张某之子王某名义签订合同），差价 15.9 万元由肖某代为支付。

定罪依据：《刑事诉讼法》第一百八十九条（二）项及《刑法》第一百六十四条第一

款，第六十七条第一款，《最高人民法院关于处理自首和立功具体应用法律若干问题的解释》第一条、第三条。

刑事责任：C 市中级人民法院判决如下：

一、维持 C 市芙蓉区人民法院［2008］芙刑初字第 478 号刑事判决对原审被告人肖某的定罪部分，撤销量刑部分；

二、上诉人肖某犯对非国家工作人员行贿罪，免予刑事处罚。

简要评析：肖某为谋取不正当利益，给予非国家工作人员财物折合人民币 453,760 元，其行为已构成对非国家工作人员行贿罪。肖某虽然虚构贷款事由，但其所贷款项用于公司的经营，行贿所牟取的利益归属于公司，没有造成损失，犯罪情节较轻，且其有自首情节，认罪态度好，有悔罪表现，人民法院依法对其予以免除处罚。

第二节　破坏金融管理秩序罪

一、内幕交易、泄露内幕信息罪案例

近年来，随着我国证券、期货市场的发展，内幕交易、泄露内幕信息犯罪案件也呈逐年增多态势。截至 2011 年年底，全国法院审结内幕交易、泄露内幕信息犯罪案件共 22 件，其中 2007 年 1 件、2008 年 1 件、2009 年 4 件、2010 年 5 件，2011 年 11 件①。

【案例 1】黄某等人巨额内幕交易共同犯罪一案

基本案情：2007 年 4 月，Z 上市公司拟与 PT 公司进行资产置换，黄某参与了该项重大资产置换的运作和决策。在该信息公告前，黄某决定并指令他人借用龙某等人的身份证，开立个人股票账户并由其直接控制。2007 年 4 月 27 日至 6 月 27 日间，黄某累计购入 Z 上市公司股票 976 万余股，成交额共计人民币 9,310 万余元，账面收益 348 万余元。

2007 年 7 月、8 月，Z 上市公司拟收购 PR 控股公司全部股权进行重组。在该信息公告前，黄某指使他人以曹某等 79 人的身份证开立相关个人股票账户，并安排杜某协助管理以上股票账户。2007 年 8 月 13 日至 9 月 28 日间，黄某指使杜某等人使用上述账户累计购入 Z 上市公司股票 1.04 亿余股，成交额共计 13.22 亿余元，账面收益 3.06 亿余元。

期间，许某明知黄某利用上述内幕信息进行 Z 上市公司股票交易，仍接受黄某的指令，在广东借用他人身份证开立个人股票账户或直接借用他人股票账户，于同年 8 月 13 日至 9 月 28 日间，累计购入 Z 上市公司股票 3,166 万余股，成交额共计 4.14 亿余元，账面收益 9,021 万余元。

许某还将 Z 上市公司拟重组的内幕信息故意泄露给其妻李某等人。同年 9 月 21 日至 25 日，李某买入 Z 上市公司股票 12 万余股，成交额共计 181 万余元。

---

① http://finance.people.com.cn/stock/GB/17956654.html.

定罪依据：《刑法》第一百八十条，《最高人民检察院　公安部关于公安机关管辖的刑事案件立案追诉标准的规定（二）》第三十五条。

刑事责任： B 市第二中级人民法院以被告人黄某犯内幕交易罪，判处有期徒刑九年，并处罚金 6 亿元。以被告人杜某犯内幕交易罪，判处有期徒刑三年六个月，并处罚金 2 亿元。以被告人许某犯内幕交易、泄露内幕信息罪，判处有期徒刑三年，并处罚金 1 亿元。

简要评析： 黄某等人作为证券交易内幕信息的知情人员，在涉及对证券交易价格有重大影响的信息尚未公开前，买入该证券，内幕交易成交额及账面收益均特别巨大，情节特别严重，黄某与杜某、许某构成内幕交易罪的共同犯罪，许某向他人泄露内幕信息，还构成泄露内幕信息罪，其中黄某系主犯，杜某、许某系从犯。由此，B 市第二中级人民法院根据黄某、杜某、许某犯罪的事实，犯罪的性质、情节及对社会的危害程度，依法作出上述判决。

【案例2】四自然人和两单位内幕交易、泄露内幕信息案

基本案情： 2009 年 7 月 21 日、22 日，时任 K 投资公司总经理的姚某在得知 K 投资公司要参与重组 T 上市公司的消息后，便将此内幕信息泄露给王某，并要求王某使用两人共同经营的 H 投资公司的资金买入 T 上市公司股票。王某利用该内幕信息，于 7 月 21 日、22 日中国证监会认定的价格敏感期内，使用 H 投资公司的资金分别以"H 投资公司"、"谷某"、"王某"的名义，合计买入 T 上市公司股票 1,125,800 股，成交金额 7,019,241.55 元。7 月 22 日王某还利用该内幕信息使用"R 矿业公司"账户购买 T 上市公司股票 160,000 股，成交金额 1,039,075 元；后又代"石某某"个人账户购买 T 上市公司股票 45,903 股，成交金额 298,677.5 元。在此期间王某还将该内幕信息告知了王某等三人，三人听到此消息后均购买了 T 上市公司股票并获利。

此外，在 2009 年 7 月 22 日，姚某还将内幕信息告知时任 K 投资公司资产管理部经理曹某，曹某又将该内幕信息泄露给陈某，陈某于 7 月 22 日在证监会认定的价格敏感期内，使用其与曹某共同出资的股票账户买入 T 上市公司股票 125,400 股，成交金额 797,714.9 元。当日曹某又使用其弟媳张某的个人股票账户买入 T 上市公司股票 87,000 股，成交金额 550,529.98 万元。次日，T 上市公司发布"重大重组停牌公告"同时停牌。

2010 年 4 月 20 日，上述涉案账户因涉嫌内幕交易被中国证监会冻结，2010 年 6 月 18 日 T 上市公司股票重新开盘，当日 T 上市公司股票收盘价为每股 7.23 元，当日上述涉案股票账户买入 T 上市公司的账面盈余分别为：H 投资公司 291,023.84 元、谷某 344,163 元、王某 479,322 元、R 矿业公司 117,725 元、陈某 108,927.1 元、张某 78,480.02 元。

定罪依据：《刑法》第一百八十条、第三十条、第三十一条、第二十五条第一款、第六十五条、第七十二条、第七十三条、第六十四条。

刑事责任： W 市中级人民法院作出判决如下：

一、被告人姚某犯内幕交易、泄露内幕信息罪，判处有期徒刑三年，缓刑四年，并处罚金人民币 300 万元。

二、被告人曹某犯内幕交易、泄露内幕信息罪，判处有期徒刑二年，缓刑三年，并处罚金人民币 80 万元。

三、被告人王某犯内幕交易罪，判处有期徒刑二年，缓刑二年，并处罚金人民币 200

万元。

四、被告人陈某犯内幕交易罪，判处拘役六个月，缓刑一年，并处罚金人民币50万元。

五、被告单位H投资公司犯内幕交易罪，判处罚金人民币400万元。

六、被告单位R矿业公司犯内幕交易罪，判处罚金人民币50万元。

七、四被告人及二被告单位违法所得予以追缴，上缴国库。

简要评析：姚某、曹某身为内幕信息知情人员，在涉及对证券价格有重大影响的信息尚未公开前，故意泄露内幕信息给知情人员以外的人，并指使他人或自己进行内幕交易，情节严重，二人的行为构成内幕交易、泄露内幕信息罪；王某、陈某、被告单位H投资公司、R矿业公司非法获取内幕信息后，在内幕信息价格敏感期内进行股票交易，情节严重，构成内幕交易罪。鉴于本案四被告人未实际取得非法所得，庭审中认罪态度较好，均有悔罪表现，根据本案的案情及各被告人的犯罪情节和悔罪表现，法院酌情给予从轻处罚，依法适用缓刑。

【案例3】Z市市长李某内幕交易、泄露内幕信息一案

基本案情：2006年年底，G上市公司的控股股东J集团公司筹备集团公司整体上市。2007年4~5月，谭某筹划将J集团公司优质资产注入G上市公司并实现集团整体上市。期间，谭某多次就此事向Z市原市长李某作汇报，李某表示支持。同年6月26日，谭某就J集团公司整体上市项目建议书正式向李某作了汇报。同年7月3日，李某、谭某等人向中国证监会汇报了G上市公司重大资产重组并实现J集团公司整体上市的工作情况。次日，G上市公司股票停牌。同年8月20日，G上市公司股票复牌，G上市公司董事会向社会公开发布了关于换股吸收合并J集团公司及定向增发收购乡镇供水资产的预案公告。中国证监会调查后认定，J集团公司将其优质资产注入G上市公司实现集团整体上市的预案在公开前属内幕信息。该内幕信息形成于2007年6月11日，内幕信息价格敏感期至2007年7月4日停牌止。

在内幕信息价格敏感期内，2007年6月，谭某向李某汇报G上市公司筹备资产重组事宜时提到股价会上涨，建议李某让林某（李某丈夫）购买。同年6月中旬，谭某在办公室约见林某，向其泄露有关G上市公司资产重组的内幕信息，并建议其出资购买G上市公司股票。同年6月下旬，李某在家中向雁某（李某弟媳）泄露了上述内幕信息，并委托雁某购买200万元的G上市公司股票。随后，雁某筹集款项合计677.02万元，并借用他人名义在银河证券某营业部办理了证券交易开户手续。2007年6月29日至7月3日期间，雁某在G上市公司股票停牌前累计买入G上市公司股票89.68万股，买入资金6,693,262.37元，后于2007年9月18日至10月15日陆续卖出，账面收益19,832,350.52元。

定罪依据：《刑法》第一百八十条，《最高人民检察院 公安部关于公安机关管辖的刑事案件立案追诉标准的规定（二）》第三十五条。

刑事责任：2011年10月27日，G市中级人民法院对Z市原市长李某等人内幕交易、泄露内幕、受贿案进行公开宣判，认定李某犯内幕交易、泄露内幕信息罪，判处有期徒刑六年零六个月，并处罚金人民币2,000万元。

简要评析：本案李某通过其弟媳雁某，在2007年6月29日至7月3日期间，累计买入

G 上市公司股票 89.68 万股，买入资金 6,693,262.37 元，后于 2007 年 9 月 18 日至 10 月 15 日陆续卖出，账面收益 19,832,350.52 元，属于典型的通过内幕交易获利的案例。虽然李某系 Z 市原市长，可谓身份特殊，但丝毫未对办理本案造成影响，人民法院最终依法判处李某有期徒刑六年零六个月，并处罚金人民币 2,000 万元。

二、洗钱罪案例

【案例 1】 帮助掩饰、隐瞒贪污受贿所得 王某犯洗钱罪一案

基本案情：2010 年 10 月，在 C 造纸厂拆迁改造过程中，时任该厂党委书记黄某利用职务之便，与时任居委会主任王某通过伪造房屋拆迁协议、虚构支出等手段，共同将公款 654,000 元予以非法占有。

2011 年 2 月，黄某将该款中的 600,000 元交给其妻子王某，并告知此款系公款，嘱咐其不要用夫妇俩人的身份证在银行开户存储，让其用其母亲张某的身份证开户存储。王某明知此款系黄某贪污受贿所得的情况下，将这 600,000 元于同年 2 月 28 日存储到以其母亲张某的名义办理的银行卡上。同年 6 月 26 日应黄某的要求将该款取出后交给黄某，黄某将该款交给王某，继续借虚假的协议掩盖其侵吞公款行为。

定罪依据：《刑法》第一百九十一条、第五十二条、第五十三条、第六十七条第三款、第七十二条、第七十三条、《最高人民法院、最高人民检察院、司法部〈关于适用简易程序审理公诉案件的若干意见〉》第九条。

刑事责任：C 市 J 区人民法院作出判决，被告人王某犯洗钱罪，判处有期徒刑一年六个月，宣告缓刑二年，并处罚金 30,000 元。

简要评析：王某明知 600,000 元系黄某犯罪所得，通过他人的资金账户，帮助其掩饰、隐瞒该款的来源和性质，其行为构成洗钱罪。王某到案后如实供述自己的罪行，庭审中认罪、悔罪，法院依法予以从轻处罚。根据王某犯罪的事实、性质、情节和社会危害性，法院决定适用缓刑。

【案例 2】 我国首例腐败洗钱案在 C 市宣判

基本案情：晏某在担任 W 县交通局局长、路桥建设领导小组成员兼建设办公室主任期间，利用职务之便，在公路建设和桥梁建设工程的承揽、工程款拨付等方面，为他人谋取利益，先后收受款项 2,226 万余元。傅某（晏某之妻）明知晏某受贿所得，仍将其中 943 万元以本人或他人之名购置房产、存入银行和购买理财产品等。

法院通过查询存款通知书、银行综合业务系统活期明细查询、个人客户在银行开户信息等证据证实，傅某在工商银行 C 市分行存款 717,742 元人民币，在 C 市商业银行存款 418,242 元人民币。此外，2004 年 2 月至 2008 年 1 月，傅某以他人之名在 C 市 N 区购买房屋共 6 套，共计购房款 6,889,913 元，以本人名义购买房屋一套，购房款 565,159 元。2007 年 6 月 15 日，傅某以雷某的名义在交通银行 C 市分行购买 30 万元得利宝人民币理财产品。2007 年 6 月 27 日，傅某购买泰康人寿千里马两全保险（分红型）B 款，保费 49 万元。

2007 年 8 月 1 日，傅某在交通银行购买交通银行施罗德蓝筹股票基金 6 万元。

定罪依据：《刑法》第一百九十一条，《关于审理洗钱等刑事案件具体应用法律若干问题的解释》。

刑事责任： 2008 年 8 月 1 日，C 市第二中级人民法院对傅某洗钱一案公开宣判，认定傅某犯洗钱罪，判处有期徒刑 3 年，缓刑 5 年，并处罚金 50 万元。此案系我国首例宣判的以贪污贿赂犯罪为上游犯罪的洗钱案件。

简要评析： 本案作为以贪污贿赂犯罪为上游犯罪的洗钱案件，通过购置房产、存入银行和购买理财产品等多种行为帮助掩饰、隐瞒非法所得 943 万元，具有一定的代表性。当前，洗钱行为呈多样化、隐蔽化、高智商等特点，如何识别和有效打击洗钱犯罪成为主要任务之一。因此，2009 年 11 月 11 日，最高人民法院发布《关于审理洗钱等刑事案件具体应用法律若干问题的解释》，明确规定对以下六种洗钱行为应依法追究刑事责任：通过典当、租赁、买卖、投资等方式，协助转移、转换犯罪所得及其收益的；通过与商场、饭店、娱乐场所等现金密集型场所的经营收入相混合的方式，协助转移、转换犯罪所得及其收益的；通过虚构交易、虚设债权债务、虚假担保、虚报收入等方式，协助将犯罪所得及其收益转换为"合法"财物的；通过买卖彩票、奖券等方式，协助转换犯罪所得及其收益的；通过赌博方式，协助将犯罪所得及其收益转换为赌博收益的；协助将犯罪所得及其收益携带、运输或者邮寄出入境的。

第三节　危害税收征管罪

一、逃税罪案例

【案例 1】税务师事务所偷税 341 万元　法定代表人获刑 4 年并处以罚金

基本案情： 王某案发前是 Y 税务师事务所法定代表人，其税务师事务所的业务范围是税务代理、税务咨询等。2007 年，B 市国税局稽查局对该税务师事务所的纳税情况进行检查时，发现该税务师事务所以虚开发票、虚列支出等手段进行虚假纳税申报。在 2005 年和 2006 年分别偷税 41 万余元、300 万余元，分别占当年应纳税的 21.85% 和 54.51%。

2008 年 1 月，B 市国税局稽查局做出税务处理决定书，要求该税务师事务所限期缴纳税款和滞纳金，2008 年 8 月，B 市国税局稽查局针对其偷税行为做出税务行政处罚。同月，该税务师事务所法定代表人王某涉案被羁押，该税务师事务所仍未主动补缴税款，亦未缴纳滞纳金和罚款，其后 B 市国税局稽查局采取强制执行措施，划扣该税务师事务所存款余额 6 万余元作为应缴纳的企业所得税。2008 年 10 月，该税务师事务所被工商行政管理部门吊销营业执照。

定罪依据：《刑法》第二百零一条，《最高人民检察院　公安部关于公安机关管辖的刑事案件立案追诉标准的规定（二）》。

刑事责任： B 市 X 区人民法院作出判决，王某逃税罪罪名成立，判处有期徒刑四年，并处罚金 350 万元。

简要评析：王某具有对 Y 税务师事务所财务工作的直接和绝对的管理权，在其决定和授意下，该所实施了逃避缴纳税款的行为。根据《刑法》的规定，纳税人采取欺骗、隐瞒手段进行虚假纳税申报或者不申报，逃避缴纳税款数额巨大并且占应纳税额 30% 以上的，处三年以上七年以下有期徒刑，并处罚金。为此，法院判处王某有期徒刑四年，并处罚金 350 万元。

【案例 2】 黄某指使会计做假账　逃避缴纳增值税

基本案情：2004 年 11 月 30 日至 2007 年 9 月，黄某担任 P 市陶瓷公司总经理期间，指使公司会计许某设立真假两套公司财务账，指使公司财务总监张某向税务机关报假账，隐瞒主营业务收入，偷逃税款。2005 年 1 月 1 日至 2005 年 12 月 31 日期间，隐瞒主营业务收入 7,973,730.68 元（含税），少缴增值税 451,343.25 元。2006 年 1 月 1 日至 2006 年 4 月 30 日期间，隐瞒主营业务收入 2,081,269.66（含税），少缴增值税 117,807.71 元。以上共计少缴增值税 569,150.96 元。2011 年 1 月 28 日黄某到 P 市公安第四分局主动投案。另查明，2009 年 10 月 19 日黄某的妻子许某补缴税款、滞纳金及罚款共计 401,393.59 元。

定罪依据：《刑法》第二百零一条第一款、第五十二条、第五十三条、第七十二条、第七十三条。

刑事责任：P 市 X 区人民法院作出判决，黄某犯逃税罪，判处有期徒刑三年，缓刑三年，并处罚金人民币 57 万元。

简要评析：黄某在担任 P 市陶瓷公司总经理期间，指使财务人员进行虚假纳税申报从而偷逃应缴税款，其行为已构成逃税罪。鉴于黄某能主动到公安机关投案自首，且积极补缴部分偷逃税款及滞纳金、罚款，认罪悔罪，法院依法予以从轻处罚。

【案例 3】 隐匿账证、虚假申报　苑某被追究刑事责任

基本案情：2008 年 11 月 28 日至 2009 年 3 月 30 日，Z 市地方税务局稽查局对 H 置业公司关于 2000 年 6 月 19 日至 2008 年 12 月 31 日期间履行纳税义务情况进行了检查，查出 H 置业公司分别采取隐匿账簿、记账凭证和虚假的纳税申报等手段，自 2000 年 8 月 1 日至 2008 年 12 月 31 日之间共逃各种税款总额 11,341,833.27 元；采取不进行纳税申报手段自 2004 年 1 月 1 日至 2007 年 5 月 31 日少缴各种税款总额 9,233,287.03 元；2008 年核定应补企业所得税 1,506,685.62 元。上述三项共逃税款 22,081,805.92 元。

2007～2008 年，苑某在担任 H 置业公司财务部门负责人期间，明知 H 置业公司有销售收入的情况下，仍积极协助并参与公司以账目被查封无法申报纳税为由，骗取税务机关对该公司全年度营业税作了零申报。2008 年 11 月 20 日，苑某积极与 Z 市地税局直属分局工作人员联系，违规为 H 置业公司向 Z 市地税局直属分局办理延期纳税的申请。H 置业公司于 2007 年 6 月 1 日至 2008 年 12 月 31 日应缴地方税收合计 11,765,758.54 元，逃税 10,484,194.11 元。

定罪依据：《刑法》第二百零一条，《最高人民检察院　公安部关于公安机关管辖的刑

事案件立案追诉标准的规定（二）》。

刑事责任：Z 市 C 区人民法院作出判决，被告人苑某犯逃税罪，判处有期徒刑一年，并处罚金人民币 10,484,194.11 元，罚金于本判决生效后 30 日内履行。

简要评析：苑某在负责 H 置业公司财务部门期间，积极协助 H 置业公司采取隐匿记账凭证、欺骗税务机关进行零申报等手段逃税款 10,484,194.11 元，数额巨大，其行为已构成逃税罪。根据苑某犯罪的事实、性质、情节和社会危害性，综合考虑苑某作为财务负责人协助逃税所起的作用，法院依法作出了判决。

二、抗税罪案例

【案例 1】知法犯法暴力抗税　H 省一国税所长被撤职

基本案情：2001 年 4 月 20 日的上午，X 镇国税所所长戴某因私购买一块宅基地，办好土地手续后，农税员罗某请他纳税。戴某说他买的土地是 1988 年就签订合同的，不属于纳税范围。罗某察看该宗土地交易档案，却发现是 2001 年 3 月 5 日交易的，属于纳税范围。罗某又问戴某的土地交易价格，戴某说是 3,000 元。罗某查看土地交易合同，发现戴某购置的土地价格实际为 5,500 多元，完全符合纳税条件。

戴某仍不死心，凑上前轻声对罗某说："我们都是税务人员，我的税你就给免了吧，我会给你好处的"。罗某说："不行，我的职责是征税，我没有减免税收的权力"。戴某恼羞成怒，质问罗某："是谁派你来这里征税的？"罗某向他出示《税务检查证》。戴某气急败坏，大吼："你的证件是假的，制服是假的，税票也是假的，都应该撕掉！"说着来夺罗某的《税务检查证》。罗某奋力夺回了自己的《税务检查证》。戴某又去抢夺放在桌面上的税票本，罗某毫不示弱地将税票本夺回来，但税票已被戴某撕坏了。戴某挥起拳头砸罗某放在桌面上的手，被罗某躲开，结果拳头将桌面都砸裂了。戴某又拿起沉甸甸的档案袋朝罗某的脸上重重地打去，还不解气，干脆挥起双拳猛击罗某。

经诊断，罗某的头部软组织被殴打挫伤成脑震荡，鼓膜已毁，后经 H 省人民医院诊断为耳膜外伤性穿孔。两年来，罗某四处求医，治疗费用已达数万元，精神上更是十分痛苦。

定罪依据：《刑法》第二百零二条，《最高人民检察院　公安部关于公安机关管辖的刑事案件立案追诉标准的规定（二）》第五十八条。

刑事责任：戴某被撤掉所长职务，并依法提请抗税罪刑事诉讼。

简要评析：戴某作为税务人员，知法犯法，暴力抗税，故意伤害农税员罗某，性质较为恶劣，受到了严厉制裁，应当引以为戒。

【案例 2】暴力抗税重伤税务员　野蛮商户被判 6 年刑

基本案情：刘某原为 Z 市中药材公司职工，现为一个工商户，租用一间门面从事药品零售。2002 年 9 月，国税工作人员王某对刘某进行税款催缴。刘某不予理睬，随后双方发生争执，刘某随即从身旁的桌子抓起一把剪刀，向王某的左胸猛刺过去，致王某重伤。

定罪依据：《刑法》第二百零二条，《最高人民检察院　公安部关于公安机关管辖的刑事案件立案追诉标准的规定（二）》第五十八条。

刑事责任：Z 市法院审理了这起暴力抗税案件，一审判决个体工商户刘某有期徒刑 6 年。

简要评析：《刑法》第二百零二条规定，以暴力、威胁方法拒不缴纳税款，情节严重的，处三年以上七年以下有期徒刑，并处拒缴税款一倍以上五倍以下罚金。本案中，刘某用剪刀将国税工作人员王某刺成重伤，属于情节严重的情形，为此，法院依法判处刘某有期徒刑 6 年。

三、逃避追缴欠税罪案例

【案例 1】万某挪用营业款犯逃避追缴欠税一案

基本案情：2006 年 1 月至 2007 年 3 月，万某在经营 Y 市 H 示范商店期间，未在税务机关核定的纳税期限向税务机关指定的银行缴纳税款，而将每日的营业款挪作他用，致使税务机关无法追缴税款 288,165.76 元。案发后，公安机关追缴税款 200,015.94 元。

万某归案后，能如实供述自己的犯罪事实，并缴纳了部分欠税，有悔罪表现。

定罪依据：《刑法》第二百零三条，《最高人民检察院　公安部关于公安机关管辖的刑事案件立案追诉标准的规定（二）》第五十九条。

刑事责任：Y 市中级人民法院作出判决，被告人万某犯逃避追缴欠税罪，判处有期徒刑三年六个月，并处罚金人民币 29 万元整。

简要评析：《刑法》第二百零三条规定，纳税人欠缴应纳税款，采取转移或者隐匿财产的手段，致使税务机关无法追缴欠缴的税款，数额在十万元以上的，处三年以上七年以下有期徒刑，并处欠缴税款一倍以上五倍以下罚金。本案中，万某逃避追缴欠税 288,165.76 元，归案后有悔罪表现，法院予以酌情从轻处罚，判处万某有期徒刑三年六个月，并处罚金人民币 29 万元整。

【案例 2】张某转移财产逃避追缴欠税案

基本案情：1994 年 12 月 1 日，张某与 J 市粮油公司签订了承包协议。协议规定 J 市粮油公司将某大酒店承包给张某经营管理，张某每年缴纳管理费 9 万元。承包期从 1995 年 1 月 1 日起至 1996 年 12 月 30 日止。1995 年 1 月 8 日，张某承包经营的大酒店正式营业。

张某从营业之日起至同年 7 月 14 日，既不办理税务登记，又不申请缓缴纳税手续，欠缴定额营业税 14,280 元。经税务工作人员多次催缴，张某不予理睬。在税务机关于 1995 年 6 月 14 日向其下达限期纳税通知书后，张某仍不缴纳。同年 7 月 7 日，驻税务机关检察室的检察人员向张某调查其纳税情况时，张某假报住址。为逃避纳税，张某又于 1995 年 7 月 14 日夜私自将其存放在大酒店的冰柜、床、行李等财产转移，并且到外地躲避长达 4 个月之久，致使税务机关无法追缴其欠缴的税款。案发后，张某的认罪态度较好，向税务机关补缴了税款和罚款。

定罪依据：全国人大常委会《关于惩治偷税、抗税犯罪的补充规定》第二条和《刑法》第六十七条、第六十八条。

刑事责任：L 区人民法院作出判决，被告人张某犯逃避追缴欠税罪，判处有期徒刑一年，缓刑二年，并处罚金 15,000 元。

简要评析：张某作为纳税义务人，拒不缴纳税款，并且采取转移财产的手段，致使税务机关无法追缴欠缴的税款，数额达 1 万多元，其行为已构成逃避追缴欠税罪。为此，L 区人民法院判处张某有期徒刑一年，缓刑二年，并处罚金 15,000 元。

第四节　侵犯知识产权罪

一、假冒注册商标罪案例

【案例 1】D 机械公司和宋某等犯假冒注册商标罪

基本案情："XG"文字商标、图形商标于 2001 年 9 月 28 日经国家工商行政管理总局商标局核准注册，注册商标所有人为 XG 集团，注册商标核定使用范围为第 7 类商品。2004 年 6 月 18 日，国家工商行政管理总局商标局下发商标驰字［2004］第××号文件，认定 XG 集团使用在汽车起重机、压路机商品上的"XG"注册商标为驰名商标。

2009 年 6 月至 2010 年 1 月，付某等人先后从 D 公司订购五台单钢轮振动压路机。D 公司总经理宋某、采购部负责人韦某为获取非法利益，在未经注册商标所有人 XG 集团同意的情况下，伪造五套 XG 集团 XS202J 型振动压路机的商标标识及带有"XG"图形商标的金属铭牌。产品出厂交付前，宋某、韦某安排本公司工人将上述五块带有 XG 商标图案的假冒铭牌安装在五台压路机上，并将其他商标标识提供给付某等人。涉案的五台压路机销售单价为 31 万元，货款总计 155 万元，后 D 公司将该批货款用于公司经营。

定罪依据：《刑法》第二百一十三条、第二百二十条、第二十五条、第二十七条、第五十二条、第五十三条、第六十四条、第六十八条、第七十二条、第七十三条，《最高人民法院、最高人民检察院关于办理侵犯知识产权刑事案件具体应用法律若干问题的解释》第一条、第八条，《最高人民法院、最高人民检察院关于办理侵犯知识产权刑事案件具体应用法律若干问题的解释（二）》第四条，《最高人民法院关于处理自首和立功具体应用法律若干问题的解释》第五条。

刑事责任：X 市中级人民法院作出如下判决：

一、被告单位 D 公司犯假冒注册商标罪，判处罚金人民币 100 万元。

二、被告人宋某犯假冒注册商标罪，判处有期徒刑三年，并处罚金人民币 80 万元。

三、被告人韦某犯假冒注册商标罪，判处有期徒刑二年，缓刑三年，并处罚金人民币 50 万元。

简要评析：D 公司违反国家商标管理制度，未经注册商标所有人许可，在同一种商品上使用与其注册商标相同的商标，非法经营数额在 25 万元以上，其行为已经触犯了《刑法》第二百一十三条、第二百二十条的规定，构成假冒注册商标罪，且属情节特别严重，应当依法判处罚金。宋某作为 D 公司直接负责的主管人员，韦某作为 D 公司其他直接责任人员，其行为亦触犯了《刑法》第二百一十三条的规定，构成假冒注册商标罪，且情节特别严重，依法应当在三年以上七年以下有期徒刑范围内量刑，并处罚金。因宋某案发前无违法犯罪记录，到案后具有立功表现，庭审时能如实供述其所犯罪行，法院依法予以从轻处罚。因韦某在共同犯罪中起次要和辅助作用，系从犯，法院依法予以减轻处罚，同时鉴于其认罪态度较好，对所犯罪行确有悔罪表现，对其适用缓刑。

【案例2】秦某假冒多品牌的注册商标一案

基本案情： 2010年10月，秦某在未办理任何手续的情况下租赁数间民房，同时购买机器四台、雇佣工人十余名，加工生产安全套且未经注册商标所有人许可，在其商品上使用"杜蕾斯"、"杰士邦"、"第六感"等注册商标。2010年12月17日，X市公安局犯罪侦查支队将该场地查封，当场查扣假冒的"杜蕾斯"牌安全套140,000只、假冒的"杰士邦"牌安全套110,000只、假冒的"第六感"牌安全套65,100只。上述假冒的安全套经X市价格认证中心认定，价值共计63,020元。

2010年12月27日，秦某主动到公安机关投案。

法院认为，秦某未经注册商标所有人许可，在同一种商品上使用与其注册商标相同的商标，情节严重，其行为已构成假冒注册商标罪。被告人案发后主动到公安机关投案，并如实供述其犯罪事实，系自首，可以从轻处罚。

定罪依据：《刑法》第二百一十三条，第六十七条第一款，第七十二条第一款，第七十三条第二款、第三款，第五十二条，第五十三条。

刑事责任： X市H区人民法院作出判决，被告人秦某犯假冒注册商标罪，判处有期徒刑一年零六个月，缓刑二年，并处罚金人民币三万元。

简要评析： 秦某未经注册商标所有人许可，在同一种商品（安全套）上使用与"杜蕾斯"、"杰士邦"、"第六感"等注册商标相同的商标，情节严重，其行为已构成假冒注册商标罪。案发后，秦某主动到公安机关投案，并如实供述其犯罪事实，系自首，法院予以从轻处罚，判处有期徒刑一年零六个月，缓刑二年，并处罚金人民币3万元。

二、侵犯商业秘密罪案例

【案例1】许某犯侵犯商业秘密罪

基本案情： 2004年8月，陈某将RM9系列多用炉技术信息带到L炉业公司。2006年2月，许某从L炉业公司将RM9系列多用炉部分技术信息复制后离去。

2007年3月30日，许某与他人一起出资100万元成立Z工业炉公司，担任常务总经理。在此前后，许某开始组织技术人员设计生产工业炉，并从陈某处获得了一些部件图和总图及技术支持。为避免跟L炉业公司RM9图纸一样，他们对多用炉技术进行了部分修改，后将图纸命名为"ZMZ811-2"系列图纸，但与RM9技术相比无实质性改动。

2007年4月20日，L炉业公司以Z工业炉公司和许某侵害商业技术秘密为由向市中院提起民事诉讼。2007年5月至8月，Z工业炉公司对外签订了三份总价款为348万元的

ZMZ811 - 2 型多用炉主炉 3 台（套）的买卖合同，并于 2007 年 12 月交付完毕。经审计，Z 工业炉公司生产销售的 3 台（套）多用炉形成的利润总额为 686,045.70 元。

2007 年 12 月 13 日，市中院民事判决确认，经司法鉴定，RM9 系列多用炉技术的关键技术点——后室炉衬结构，为非公知技术；Z 工业炉公司的图纸与 L 炉业公司的图纸在多用炉前门总成等 12 个重要关键部件图和在部件名称等方面基本相同，无实质性差异；上述五个技术特点的组合技术，不为公众所知悉。市中院判决确认 L 炉业公司多用炉后室炉衬结构中的纤维组合技术及其主张的五个技术特点的组合为非公知技术，并确认许某、Z 工业炉公司侵犯 L 炉业公司的商业秘密。

2008 年 3 月 27 日，许某主动到公安机关投案。

定罪依据：《刑法》第二百一十九条、第六十七条第一款、第七十二条。

刑事责任：法院作出判决，被告人许某侵犯商业秘密罪罪名成立，判处有期徒刑九个月，缓刑一年，并处罚金人民币 10 万元。

简要评析：许某侵犯他人商业秘密，给商业秘密权利人造成重大损失，其行为已构成侵犯商业秘密罪。许某无前科劣迹，根据本案的事实和具体情节，适用缓刑不致再危害社会，法院依法对其宣告缓刑。

【案例 2】 D 设备公司和邬某、盛某等人犯侵犯商业秘密罪一案

基本案情：邬某、盛某系 J 设备所的所长、副所长，有机会接触有关起重机械、船坞、下水等设备的商业秘密，并对单位保密工作承担管理职能。

2007 年年初，邬某、盛某因不满上级的工作安排，欲辞职自行成立公司开展与 J 设备所相同的业务。2007 年 3 月，邬某、盛某等成立了 D 设备公司，由邬某担任董事长，盛某担任总经理。

2007 年 3 月至 10 月，D 设备公司主要与 J 设备所客户开展业务，并使用 J 设备所设计的技术图纸中不为公众所知悉的技术信息，在对 J 设备所的技术图纸简单修改后交付客户单位使用。D 设备公司先后为 Z 造船公司、S 船舶公司、H 起重机械公司等 8 家单位完成设计委托合同，共获取人民币 428.60 万元，经鉴定机构评估，造成 J 设备所直接经济损失达人民币 282.19 万元。

由于邬某、盛某分别担任 D 设备公司的董事长、总经理，对侵犯 J 设备所商业秘密的行为负直接负责的主管人员责任。

定罪依据：《刑法》第二百一十九条第一款第（一）项、第（二）项、第三款、第四款、第二百二十条、第六十七条第一款、第七十二条、第七十三条及《最高人民法院关于处理自首和立功具体应用法律若干问题的解释》第一条。

刑事责任：法院依法作出判决，对 D 设备公司犯侵犯商业秘密罪，判处罚金人民币 80 万元。对邬某犯侵犯商业秘密罪，判处有期徒刑二年，缓刑二年，并处罚金人民币 2 万元。对盛某犯侵犯商业秘密罪，判处有期徒刑二年，缓刑二年，并处罚金人民币 2 万元。

简要评析：D 设备公司采用拷贝技术图纸的方法，侵犯权利人的商业秘密，并给权利人造成特别严重的后果，其行为已构成侵犯商业秘密罪，依法应予处罚。邬某、盛某分别是 D 设备公司的董事长、总经理，对侵犯权利人商业秘密负直接负责的主管人员责任。

第五节 扰乱市场秩序罪

一、串通投标罪案例

【案例1】张某、王某犯串通投标罪

基本案情：2011年1月24日，C开发投资公司就新区污水收集系统工程进行公开招标。同年2月，张某得到该招标信息后，为得到工程建设权，便授意王某找几家有资质投标的公司来帮助其投标。后王某找到W建筑工程公司等9家公司参与竞标，张某、王某并与9家公司约定无论哪家公司中标，该工程都由张某建设。张某并给予每家公司好处费3,000元，并分别向王某提供的各公司代理人账号上汇款保证金42万元。期间，张某分别制作了9家公司投标文件的商务标部分，工程报价按最高限价下浮5%~8%，以控制9家公司的平均工程报价，后张某、王某等人携带制作的商务标前往各家公司封标。

2011年2月15日，张某将9家公司的代理人安排在宾馆住宿，次日又将各代理人送至现场进行投标，后W建筑工程公司以20,828,854.13元中标，张某向各代理人支付辛苦费500元。中标后，张某又以130万元将此工程建设权转卖给韩某等人，并已获款50万元。

2011年4月28日、30日，张某、王某分别被公安机关抓获归案。到案后，二人均如实供述了其共同串通投标的犯罪事实。

另查明：1996年4月18日，张某因犯抢劫罪被L县人民法院判处有期徒刑十二年，2004年1月17日刑满释放。

定罪依据：《刑法》第二百二十三条第一款、第二十五条第一款、第二十六条第一款、第四款、第二十七条、第五十二条、第五十三条、第六十四条。

刑事责任：法院作出判决如下：被告人张某犯串通投标罪，判处有期徒刑七个月，并处罚金50,000元；被告人王某犯串通投标罪，判处有期徒刑六个月，并处罚金20,000元；追缴被告人张某的违法所得50万元；追缴被告人王某的违法所得500元（限判决生效后三十日内缴纳）。

简要评析：张某、王某为了获取北部新区污水收集系统工程，串通其他投标人，通过借用投标人资质、由张某制作9份标书商务部分的方式而获得该工程建设权，其行为既侵犯了其他投标人的合法权益，也侵犯了社会主义市场经济的公平竞争秩序，情节严重，均已构成串通投标罪。张某在本案中授意王某联系其他公司、制作9份标书商务部分、为各公司支付42万元保证金、3,000元资料费并向各投标代理人支付500元辛苦费，在共同犯罪中起主要作用，系主犯；王某受张某的安排联系8家有资质的建筑公司参与投标、前往各公司封标、提供各投标代理人的账号，在共同犯罪中起次要和辅助作用，系从犯。张某归案后能如实供述其犯罪事实，予以从轻处罚。王某归案后能如实供述其犯罪事实，且系从犯，予以从轻处罚。

【案例2】黄某、周某、王某、福某犯串通投标罪一案

基本案情： 2010年10月28日，X县国土资源局、L拍卖有限公司公布了位于X县汉白路中段65号的城关旅社集体资产土地使用权面积约595平方米的拍卖公告。黄某按规定交纳了200万元保证金报名参与竞拍。周某、王某、福某三人因资金不足经协商后，三人合伙参与竞拍，由周某和福某二人共同报名参加竞拍，并缴纳保证金200万元。2010年11月17日下午5时许，黄某在X县国土资源局土地拍卖中心的报名表册上发现，周某、福某是唯一同自己参与竞拍的对手，便通过其朋友找到了周某的电话号码并电话联系了周某，约其在X县城"阳光歌城"见面。当晚，周某、王某在"阳光歌城"包厢与黄某见面后，黄某要求周某、王某在次日竞拍中不要与其竞争，并承诺愿出10万元作为周某、王某的损失费。周某、王某经过协商后同意了黄某的要求，并协商了在拍卖现场行为方式。

2010年11月18日9时许，周某电话与黄某再次相约，约定双方在X县城樱花广场见面，见面后，福某以10万元损失费太低为由，提出要求黄某竞拍成功后，其门面房在同等条件下优先租给自己为条件，黄某答应福某的要求，双方达成协议后，黄某拿出10万元现金，在王某的车内交给周某、王某、福某三人。同日10时双方到达拍卖现场参与竞拍，拍卖中黄某使用8号牌首先确认400万元底价后，再次举牌确认加价2万元，周某举10号牌，象征性的追加2万元，黄某再次举牌加2万元，周某、福某二人便按照事先与黄某达成协议不再举牌，至此，黄某以406万元竞拍成功。事后，王某分得赃款63,600元，周某分得赃款16,000元，福某分得赃款20,400元。案发后，赃款已被追缴。

定罪依据：《刑法》第二百二十三条第一款、第二十五条第一款、第二十六条第一款、第四款、第二十七条第一款、第二款、第五十二条、第五十三条、第六十四条，《最高人民法院、最高人民检察院、司法部关于适用普通程序审理"被告人认罪案件"的若干意见（试行）》第九条。

刑事责任： 法院作出判决如下：

一、被告人黄某犯串通投标罪，判处罚金10万元。

被告人周某犯串通投标罪，判处罚金3万元。

被告人王某犯串通投标罪，判处罚金3万元。

被告人福某犯串通投标罪，判处罚金3万元。

上述罚金限本判决生效后10日内缴纳。

二、被告人周某、王某、福某违法所得100,000元予以追缴。

简要评析： 黄某、周某、王某、福某违反招投标法的规定，在投标竞买X县城关旅社集体资产的过程中互相串通投标报价，损害其他投标人的利益，情节严重，其行为已构成串通投标罪，应当予以刑法处罚。黄某在共同犯罪中起了主要作用，是本案主犯，应当按照其所参与的全部犯罪处罚。鉴于黄某犯罪后认罪悔罪且系初犯，法院酌情从轻处罚。周某、王某、福某在共同犯罪中起了次要作用，均系本案从犯，鉴于周某、王某、福某犯罪后认罪悔罪且系初犯，法院亦酌情从轻处罚。

二、提供虚假证明文件罪案例

【案例1】 Z会计师事务所提供虚假证明文件罪

基本案情： 2008年3月，成某成立了Z会计师事务所。按照国家规定，会计师事务所必须由注册会计师担任法定代表人，公司才有资格出具验资报告。而成某并没有取得注册会计师资格，于是，他找到注册会计师虎某，让其担任该公司的法定代表人，并雇佣虎某为公司的注册会计师，负责公司验资报告的制定和签署，并领取工资。而公司的实际控制人则是成某及弟弟福某。因会计师事务所要求有5名以上注册会计师，除了虎某外，福某还找到6名注册会计师，挂靠在其公司名下。

2008年5月，某养殖公司利用养殖涉嫌诈骗被工商部门调查，在调查过程中发现，为该养殖公司出具工商登记验资报告的会计师事务所出具了虚假的验资报告，而出具报告的正是Z会计师事务所，工商部门对Z会计师事务所处罚了2万元。随后，工商部门又先后两次因Z会计师事务所出具虚假验资报告的情形进行处罚。后因Z会计师事务所涉嫌提供虚假证明文件罪，公安机关介入调查。

检察机关指控，从2008年3月到2013年5月期间，Z会计师事务所先后使用伪造的多家银行的资金证明、银行询证函等材料，为173家公司出具了虚假的验资报告，骗取工商登记。在此过程中，成某还指使单位的4名员工假冒注册会计师虎某等人的签名，加盖虎某等人的印章，成功出具虚假验资报告。

定罪依据： 《刑法》第二百二十九条第一款、第二百三十一条。

刑事责任： 该事务所的实际负责人及5名员工均被某区检察院，以涉嫌提供虚假证明文件罪提起公诉，这家会计师事务所也因相同罪名被提起公诉。

简要评析： 会计师事务所提供虚假证明文件，极大程度地扰乱了市场经济秩序。特别是对于伪造银行的资金证明、银行询证函等材料，仿冒注册会计师签名盖章，出具虚假的验资报告，骗取工商登记，应当予以严厉打击。本案中，Z会计师事务所依法受到公诉机关提起的诉讼，即一个典型例证，应当引起注册会计师行业的高度警惕。

【案例2】 F市两会计师提供假证明渔利被判刑

基本案情： 杨某、钱某是F市H会计师事务所的合伙人、注册会计师。钟某等人图谋通过向车管所申领粤港或粤澳两地车牌然后倒卖的方式进行牟利。2005年年初，钟某首先在省内多处成立外资企业，并伪造了外资企业所在地外管局、人民银行的外方出资情况询证函回函和银行进账单等资料后交给两被告人，要求两人为其出具验资报告。为此，杨某、钱某私下伪造了F市H会计师事务所的业务专用章，编造虚假的发文编号，在没有核实资金是否真实存在的情况下，为钟某出具了X制衣有限公司、Y市绿苗林业种植有限公司等9家公司的虚假验资报告，并收取钟某每份验资报告1万元共计9万元的好处费进行平分。而钟某则利用上述9份虚假验资报告到省车管所申领两地车牌，并成功以某家具制造有限公司名义为一辆奔驰轿车申办了指标。2006年4月29日，杨某、钱某到F市公安局投案。

定罪依据：《刑法》第二百二十九条第一款、第五十二条、第五十三条。

刑事责任：2007年3月21日，F市C区人民法院以提供虚假证明文件罪，分别判处被告人杨某、钱某有期徒刑三年，缓刑四年，各并处罚金1万元。

简要评析：杨某、钱某身为承担资产评估、验资、会计等职责的中介组织的人员，无视国法，故意提供虚假证明文件，情节严重，并非法收受他人财物，该行为均已构成提供虚假证明文件罪，法院依法予以处罚。

三、出具证明文件重大失实罪案例

【案例1】X会计师事务所出具证明文件重大失实案

基本案情：2004年2月，周某等人在实际未出资的情况下，为达到注册成立S百货有限公司的目的，找到在X会计师事务所工作的郑某，请其帮忙审验该公司200万元的注册资本，并提供了设立验资200万元的虚假证明文件。2月20日，郑某代表X会计师事务所，与委托人S百货有限公司签订设立验资业务约定书。验资范围是货币资金，验资收费是3,000元。郑某为S百货有限公司设立验资项目经办人，编制了验资总体计划、货币资金审验程序表，形成了验资报告底稿，经丁某复核，最后由鲁某进行三级复核后，于2004年2月24日盖上鲁某和蒋某两名注册会计师章，加盖X会计师事务所的公章，为S百货有限公司出具了注册资本为200万元（实物资本160万元、货币资金40万元）的验资报告。S百货有限公司使用该所出具的设立验资报告，于2月27日注册取得了注册资本为200万元的有限公司的经营资质。

2004年4月，周某等人在实际未出资的情况下，为达到S百货有限公司虚假增资300万元的目的，再次向X会计师事务所提交了虚假增资300万元的证明文件、材料。郑某作为变更验资项目经办人，形成了验资报告底稿，经丁某复核，最后由鲁某进行三级复核后，盖上鲁某和蒋某两名注册会计师章，加盖X会计师事务所的公章，于4月9日出具了新增注册资本300万元（实物资本235万元、货币资金65万元）的验资报告。S百货有限公司使用该变更验资报告，于2004年4月15日取得了增资300万元的工商变更登记。

2005年3月17日，S百货有限公司因负债过多停业倒闭，拖欠商家的大量货款、设备款和装修款，致大量商家、营业员集体上访，造成恶劣的社会影响。案发后，X会计师事务所自愿垫付20万元，用于发放S百货有限公司所欠员工工资和返还该公司收取的保证金。

定罪依据：《刑法》第二百二十九条第三款、第五十二条、第五十三条。

刑事责任：2006年2月23日下午，C区人民法院作出了一审判决：鲁某犯出具证明文件重大失实罪，判处有期徒刑二年，缓刑二年，并处罚金1.5万元；丁某犯出具证明文件重大失实罪，判处罚金1万元。

简要评析：X会计师事务所在对S百货有限公司的设立验资、变更验资项目进行审计过程中，未严格遵循原《中国注册会计师独立审计准则》的规定，未实施有效的验证程序。其一，S百货有限公司章程中约定200万元注册资本全部是货币出资，没有实物出资，验资业务约定书也约定验资范围是货币资金。而验资报告出具的是货币出资占40万元，160万元是实物出资。其二，该所以S百货有限公司提供的伪造的4张实物发票为依据，审验确认了 S 百货有限公司的实物出资。在审验设立验资的实物出资部分时，实物发票、收款证明与实物合同对比，表明是合同签订后即付清全款，这与合同上的付款方式是分期付款不一致，该所未充分关注实物发票、收款证明的出具时间、金额与实物合同上的付款时间、付款方式、付款金额不一致的疑点，也未充分关注实物发票上的内容与收款证明上出具的收款项目不一致的疑点。该所未充分关注实物发票、收款证明出具单位和实物的购货合同上的销售单位不一致的重要疑点。两次实物验资该所不仅未能通过书面审查发现周某等人提供的验资材料中的疑点，也未采取其他验资程序证明提供的验资材料的真实性。其三，该所在出具验资报告时，盖上未参与该份验资报告工作的会计师蒋某的注册会计师章，未遵循原《中国注册会计师独立审计准则》规定的基本程序。

鲁某、丁某作为承担资产验资职责的中介组织人员，代表 X 会计师事务所，在对 S 百货有限公司设立、变更验资过程中，严重不负责任，出具的证明文件有重大失实，造成严重后果，其行为已构成出具证明文件重大失实罪。鉴于丁某犯罪情节轻微，对其单处罚金。鉴于 X 会计师事务所在对 S 百货有限公司倒闭时拖欠员工工资事件的妥善处理中产生了积极作用，对鲁某、丁某酌情从轻处罚。根据鲁某的犯罪情节、悔罪表现，认为适用缓刑不致再危害社会，法院依法适用缓刑。

【案例 2】 H 所出具证明文件重大失实案

基本案情： 2006 年年初，D 药业股份公司法定代表人陈某伙同郭某、B 担保公司法定代表人周某、B 担保公司投资总监刘某等人经预谋后，采用虚假增资扩股 2,000 万股、对外宣传 D 药业股份公司即将上市的方式，以此向社会公众销售虚假增资的 2,000 万 "原始股"，进行非法融资。

2006 年 11 月，郭某和 D 药业股份公司按照 B 担保公司的要求篡改 D 药业股份公司 2005 年度财务数据，将亏损数据篡改为盈利。此后，郭某将相关虚假数据交给 H 会计师事务所项目经理何某，要求出具 D 药业股份公司 2005 年度审计报告。何某在未审核 D 药业股份公司 2005 年财务资料真实性的情况下，仅凭郭某提供的 D 药业股份公司 2005 年财务数据就安排工作人员洪某制作审计报告；H 会计师事务所实际负责人张某明知该报告未经注册会计师审核就同意盖章对外出具审计报告。2006 年 11 月下旬，何某向郭某交付 D 药业股份公司 2005 年财务审计报告 [××审字〔2006〕11 - 015 号]，其报告数据与 D 药业股份公司真实的财务状况严重不符；郭某向 H 会计师事务所支付审计费用共计 15,000 元。

2006 年 11 月至 2007 年 3 月底，刘某、周某等人利用 H 会计师事务所出具的 D 药业股份公司 2005 年度财务审计报告等相关材料，宣称 D 药业股份公司具有盈利能力即将上市，以 4.35 元/股至 4.8 元/股不等的价格向社会公众推销 D 药业股份公司虚假增资的 2,000 万股份，致使秦某、杜某等被害人受骗购买 D 药业股份公司 "原始股"，造成直接经济损失 216 万余元。

定罪依据：《刑法》第二百二十九条第三款、第二百三十一条、第五十二条、第五十三条。

刑事责任： 法院判决如下：

一、H 会计师事务所犯出具证明文件重大失实罪，判处罚金人民币 8 万元。

二、被告人张某犯出具证明文件重大失实罪，判处罚金人民币 4 万元。

简要评析：H 会计师事务所严重不负责任，出具的 D 药业股份公司 2005 年审计报告有重大失实，造成严重后果，其行为已构成出具证明文件重大失实罪。张某、何某作为单位的直接责任人员应当依照出具证明文件重大失实罪的规定处罚。法院认定被告单位及被告人构成出具证明文件重大失实罪，而非构成提供虚假证明文件罪的主要理由在于：（1）出具虚假审计报告所依据的审计资料并非被告单位和被告人提供，被告单位和被告人也未进行篡改；（2）没有充分证据足以认定被告单位和被告人明知审计报告所依据的审计资料是虚假，被告单位和被告人主观上存在犯罪的直接故意与间接故意。法院在量刑时考虑了以下情节：被告单位和被告人系初犯，认罪态度好，有悔罪表现，酌定从轻处罚，同时对涉案赃款应予追缴。

【案例 3】出具 557 份重大失实验资证明文件　上海两注册会计师被判有罪

基本案情：自 2005 年 1 月至 12 月间，上海 CX 发展公司在代为上海 HX 公司等 557 家公司的设立，办理工商注册"一条龙"服务中，明知申办公司无注册资金，仍将申办公司相关材料及银行工作人员刘某伪造银行现金解款单、银行查询函证回函等单据，交由 HZ 会计师事务所进行验资，欺骗公司登记主管部门，取得公司登记，虚报注册资金总额达人民币 13.8 亿元。

王某、吴某作为注册会计师，在办理企业设立的验资业务过程中，违反注册会计师执业规定，严重不负责任，致使出具的 557 份证明文件重大失实，造成虚报注册资本的 500 余家企业获取了营业执照等严重后果。

定罪依据：《刑法》第二百二十九条第三款、第二百三十一条、第五十二条、第五十三条。

刑事责任：2009 年 1 月 22 日下午，S 市 J 区人民法院对 HZ 会计师事务所注册会计师王某、吴某，涉及出具证明文件重大失实罪案作出判决，判处王某构成犯罪免予刑事处罚；判处吴某拘役六个月，缓刑六个月，并处罚金人民币 1,000 元。

简要评析：王某、吴某的行为不仅严重影响了国家工商管理部门的声誉，损害了我国注册会计师行业的诚信，并给社会经济秩序带来了潜在危害，其后果符合我国《刑法》在"出具证明文件重大失实罪"中规定的"严重"程度，也符合最高人民检察院、公安部颁布的《关于经济犯罪案件追诉标准的规定》中"造成恶劣影响"特征。同时，王某、吴某到案后均有自首情节又有悔罪表现，故法院依法从轻处罚。

【案例 4】会计师胡乱签发审计报告致重犯被判无罪

基本案情：2004 年年初，B 会计师事务所接受 W 中级人民法院的委托，对几家公司（H 总公司 W 分公司、K 集团公司、L 实业公司等）在 2001 年 1 月至 2002 年 12 月两年期间的财务往来及债权、债务情况进行审计。

B 会计师事务所主任会计师李某违反审计准则，指派不具有注册会计师资格的周某、左某单独进行审计工作；在审计证据收集不全、审计范围受限的情况下，仍然定稿、审核、签发了一份审计报告。

这份审计报告被法院采信，导致相关案件的嫌疑人被判无罪。

其后，经再次审计，发现李某出具的这份审计报告与事实严重不符。法院重审该案，以犯有挪用公款罪将犯罪嫌疑人判刑十二年。

定罪依据：《刑法》第二百二十九条第三款、第二百三十一条、第五十二条、第五十三条。

刑事责任：2008年2月，丁区法院审理认为，身为B会计师事务所的主任会计师，李某却胡乱签发审计报告，导致犯罪嫌疑人被定为无罪。李某已构成"出具证明文件重大失实罪"，一审判处徒刑一年、缓刑一年，并处罚金5万元。

简要评析：本案有两点值得注册会计师特别注意，一是在涉案审计中，注册会计师既要遵循执业准则，又要注重司法领域的特殊性，有理有据地提出审慎的专业意见；二是在委派执业人员过程中，必须保证有足够的专业胜任能力，确保注册会计师执业质量。

【案例5】YH会计师事务所出具假报告致烂尾楼上访不断

基本案情：2000~2002年，YH会计师事务所在为S县X房地产公司的注册资本验资、审计过程中，身为该事务所法定代表人的郭某严重不负责任，在X房地产公司没有提供银行收款凭证、对账单，1,593万元注册资本仅到资11万元的情况下，仅凭着X房地产公司出具的收款收据，就违规为X房地产公司出具了3份验资报告和2份审计报告。

YH会计师事务所出具的这3份验资报告、2份审计报告重大失实，造成了严重后果：X房地产公司1,593万元注册资本仅到位11万元，虚报注册资本1,582万元；X房地产公司用这些验资、审计报告骗取了工商行政管理机关的注册登记，影响恶劣，为此X房地产公司董事长陆某被判处有期徒刑二年，罚金50万元。

由于X房地产公司虚报注册资本，资金没有到位，致使其拆迁开发的S县顺兴小区创新楼成为烂尾楼，逾期两年多无法交付使用，拆迁户无法得到逾期安置费，63户拆迁户多次上访，影响恶劣。S县政府为此垫资70万元，完成创新楼后续工程，使拆迁户回迁入住，S县政府直接经济损失70万元。

X房地产公司向工商银行C支行借款180万元，至今仍有98.82万余元本金和18,677.19元利息无法偿还，工商银行C支行直接经济损失100余万元。X房地产公司作为保证人向S县农村信用合作社联合社借款400万元，借款由X房地产公司使用，至今仍有385万余元无法偿还。

定罪依据：《刑法》第二百二十九条第三款、第二百三十一条、第五十二条、第五十三条。

刑事责任：2006年8月，S县人民检察院以出具证明文件重大失实罪，对被告单位YH会计师事务所及其法定代表人郭某提起公诉。

简要评析：本案中，由于YH会计师事务所出具虚假的验资报告和审计报告，致使X房地产公司虚报注册资本1,593万元，并顺利地取得了工商登记，给当地政府和金融机构造成了重大的经济损失。在执业过程中，YH会计师事务所及其注册会计师未履行必要的审验程序，导致出具的证明文件重大失实，应当依法追究法律责任。

第六节　侵犯财产罪

一、职务侵占罪案例

【案例1】LH会计师事务所法人代表职务侵占获刑

基本案情:

2001年1月至12月间,LH会计师事务所(原T市C审计事务所)法定代表人史某伙同范某等人利用职务之便,以发放外勤人员差旅费的形式将山西LH会计师事务所的20余万元据为己有,其中史某分得7万余元,范某分得5万余元。破案后,史某退回赃款1万元。

定罪依据:《刑法》第二百七十一条一款。

刑事责任: 法院认为,史某的行为已构成职务侵占罪,数罪并罚后,依法判处史某有期徒刑4年,并处罚金1万元。

简要评析: 本案中,LH会计师事务所的法定代表人史某伙同范某等人员,利用职务上的便利,将本单位财物非法占为己有,数额较大,符合职务侵占罪的构成要件,为此,法院依法予以定罪量刑。

【案例2】徐某职务侵占公司财产后潜逃被抓获

基本案情: 2009年5月,徐某被W矿山工程公司Z矿区项目部聘任为采切民工队长,同年8月29日,该项目部将采切民工队7月工人工资261,965元(含徐某本人工资5,000元)汇入徐某工商银行账户(卡号622202260800065×××),由其向工人代发。徐某于当日在银行取出122,000元,支付了夏某等工人10,000元工资、工人所欠项目部所在地商店店主苏某6,600元钱后,逃至西安将卡上余款取完后潜逃,总计侵占公司财产240,365元。后被告人于2011年4月3日被Y公安局M派出所抓获。赃款已被全部挥霍。

定罪依据:《刑法》第二百七十一条一款第六十四条。

刑事责任: 法院判决如下:

一、被告人徐某犯职务侵占罪,判处有期徒刑七年。

二、被告人徐某退赔被害单位W矿山工程公司人民币240,365元。

简要评析: 徐某在自己担任该公司项目部采切队民工队长期间,利用职务上的便利,将其所在单位的财产非法占为己有,数额巨大,其行为触犯了《刑法》第二百七十一条一款之规定,构成职务侵占罪,法院依法进行了判决。

【案例3】周某某职务侵占罪获缓刑

基本案情: 2007~2010年,周某某身为Z汽车贸易公司汽车机修组组长,利用负责汽车检修事务的职务便利，在检修车辆过程中私自截留所申领的汽车零配件，再利用对检修车辆试车的机会将所截留的汽车零配件带出公司藏匿至所住租房。2010 年 3 月 13 日 13 时许，执行巡逻清查任务的公安民警在周某某的租户内查获藏匿的汽车零配件，之后全部发还给 Z 汽车贸易公司。经鉴定，被周某某职务侵占的汽车零配件价值 12,870 元。

定罪依据：《刑法》第二百七十一条第一款，第七十二条第一款，第七十三条第二、第三款。

刑事责任： T 区人民法院依法判决，周某某犯职务侵占罪，判处有期徒刑八个月，宣告缓刑一年。

简要评析： 周某某作为公司的工作人员，利用职务上的便利，将本单位财物非法占为己有，数额较大，其行为已构成职务侵占罪。鉴于被害单位的财产损失已由公安机关追回，周某某系初犯，在归案后自愿认罪，且取得被害单位的谅解，确有悔罪表现，不致再危害社会，对周某某可酌情予以从轻处罚并适用缓刑。

二、挪用资金罪案例

【案例 1】挪用资金购买住房　会计师事务所法人代表获刑

基本案情： 2000 年 12 月，H 会计师事务所（原 YC 审计事务所）法定代表人史某伙同该所业务部长范某用本所资金 35 万元以个人名义在上海购买了 3 套住房，其中史某两套，用去 22 万余元，范某 1 套，用去 11 万余元。2002 年 3 月，史、范两人以各自交股金的名义将钱款返还单位记账。

定罪依据：《刑法》第二百七十一条一款、第六十四条。

刑事责任： 法院对史某、范某挪用资金和其他罪实行数罪并罚，依法判处史某有期徒刑 4 年，并处罚金 1 万元；判处范某有期徒刑 3 年缓刑 3 年。

简要评析： 史某伙同范某挪用会计师事务所资金 35 万元，以个人名义在上海购买了 3 套住房，时间长达一年多，已构成挪用资金罪，法院依法作出了判决。

【案例 2】金某犯挪用资金罪一案

基本案情： 2005～2006 年，金某利用其担任 Z 县 P 农村信用合作社代办员工作上的便利，采用直接收活期存款不入账、涂改定期储蓄存款凭证少入账、冒用他人名义进行贷款和收回贷款不入账的方式挪用信用社资金 1,101,067 元，其中：

（1）直接收活期存款不入账的金额为 7,500 元。例如，2001～2005 年，村民陈某以其子"陈××"的名字在信用社开办活期存折，共计存入信用社 6,000 元，金某未将此 6,000 元入账而予以挪用。

（2）采用改写、涂改定期储蓄存款凭证少入账的方式挪用资金 911,547 元。例如，2005 年 6 月 30 日，金某将村民刘××存入信用站的 14,000 元存款凭证记账联上的"壹万肆仟元整"改写为"壹佰肆拾元整"，从而挪用资金 13,860 元。

（3）冒用他人名义进行贷款挪用资金 140,020 元。例如，2004 年 5 月 2 日，金某以村民易××的名义冒名存款（填写虚假存款单）15,000 元（只入账 150），然后凭此存款于 2004 年 12 月 28 日以易××的名义冒名贷款 15,000 元，实际挪用资金 14,850 元。

（4）收回贷款不入账的方式挪用资金 42,000 元。例如，2004 年 12 月 11 日，村民陈××在信用社贷款 16,000 元，后金某未将陈××归还的 16,000 元贷款上交信用社而是直接挪用。

定罪依据：《刑法》第二百七十二条第一款。

刑事责任： 法院作出判决如下：

一、被告人金某犯挪用资金罪，判处有期徒刑九年。

二、被告人金某的违法所得 906,077 元继续予以追缴。

简要评析： 金某利用其担任 Z 县 P 农村信用合作社业务代办员的职务上的便利，挪用本单位资金归个人使用，数额巨大，其行为已构成挪用资金罪。金某自愿认罪，法院依法酌情予以从轻处罚。

第七节　贪污贿赂罪

一、行贿罪案例

【案例 1】邱某某犯行贿罪

基本案情： 邱某某于 2006 年 3 月 22 日以 X 路桥公司名义与业主方 C 高速公路公司签订施工合同，约定 X 路桥公司承建 YX 高速公路土建工程 H7 标段的施工工程，而实际由邱某某承包施工。2007 年下半年至 2011 年，邱某某明知其存在违法分包等情况下，为顺利通过工程验收审批，先后三次送给 C 高速公路公司副总经理濮某好处费共计 40 万元。具体犯罪事实如下：

（1）2007 年下半年的一天，邱某某到濮某的办公室送给濮某人民币 10 万元。

（2）2008 年下半年的一天，邱某某在 F 茶楼送给濮某人民币 20 万元。

（3）2011 年上半年的一天，邱某某托其工程项目部总工冉某将人民币 10 万元送到濮某办公室，并电话告知濮某。

2011 年 10 月 21 日，邱某某到 C 市人民检察院投案，10 月 31 日邱某某到 Z 县人民检察院投案并如实供述了作案事实。

定罪依据：《刑法》第三百八十九条第一款、第三百九十条第一款、第六十七条第一款。

刑事责任： 法院判决被告人邱某某犯行贿罪，判处有期徒刑二年。

简要评析： 邱某某为谋取不正当利益，向国家工作人员行贿 40 万元，构成行贿罪，法院在"五年以下有期徒刑或者拘役"刑档内裁量刑罚，鉴于邱某某自动投案并如实供述案件事实，是自首，法院从轻处罚。

【案例2】 李某某犯行贿罪一案

基本案情： 李某某2005年担任ZZ收割机公司市场营销部副部长，2006年至2008年8月期间担任该公司市场营销部部长，2008年8月至2009年期间担任该公司总经理助理。2005~2009年，李某某为了从销售的农机中获得更多的提成奖金，主动协调与农机部门有关人员的关系，以取得农机部门有关人员对其违反国家农机补贴政策办理异地调剂农机补贴和预办农机补贴的协同配合，分别多次向农机部门的相关人员行贿16.3万元。其中分五次送给Z市农机局推广科科长陈某某人民币6万元。

第一次：2005年11月的一天上午，李某某在H公共汽车站旁送给陈某某人民币1万元，陈某某予以收下。

第二次：2007年7月的一天，李某某和陈某某在饭店吃饭，吃完饭后，约好第二天送陈某某1万元人民币，第二天中午，李某某在X广场送陈某某1万元人民币，陈某某予以收下。

第三次：2007年11月的一天，李某某在H广场与陈某某见面，见面后李某某到中国农业银行H广场支行取钱，陈某某在银行外面等候。李某某取了2万元交给陈某某，陈某某予以收下。

第四次：2008年12月的一天，李某某和陈某某及Z市农机副局长张某在饭店吃午饭，双方谈到业务费的事情。饭后李某某把1.5万元钱送给陈某某，陈某某予以收下。

第五次：2009年1月，李某某在陈某某家的客厅里送给陈某某人民币5,000元钱，陈某某予以收下。

定罪依据：《刑法》第三百八十九条、第三百九十条、第六十四条、第六十七条第二款、第七十二条第一款、第七十三条第二、三款。

刑事责任： 法院判决如下：

一、被告人李某某犯行贿罪，判处有期徒刑一年，宣告缓刑一年。

二、检察机关所扣押的非法获利5,465,500元，予以收缴，上缴国库。

简要评析： 李某某在担任ZZ收割机公司业务经理与总经理助理期间，为了多销售涉农机具，以便获得更多的提成奖金，向国家机关工作人员行贿，其行为已构成行贿罪。李某某在Z县检察院查办农机部门有关人员滥用职权线索时，主动交代了其向农机部门有关人员行贿犯罪事实，系自首，法院对其从轻处罚。李某某认罪态度较好，有一定的悔改表现，酌情予以从轻处罚，对其适用缓刑不致再危害社会。对涉案非法获取的补贴资金5,465,500元，予以收缴，上缴国库。

二、对单位行贿罪案例

【案例1】 G市中医院及赵某某、陈某某犯对单位行贿罪一案

基本案情： 2005年，G市中医院改制后，赵某某担任董事长及院长，经赵某某提议，院长办公会会议决定，对于大型的团体体检活动给予不超过体检费30%~40%的优惠。

2006 年 4 月，G 市老干部局将离退休老干部体检安排在 G 市中医院进行，体检结束后，G 市老干部局于 2006 年 5 月 24 日将体检费 148,000 元支付给 G 市中医院。6 月，赵某某让陈某某从本单位财务室取款 68,000 元，作为老干部局体检的返还款。陈某某于 6 月 20 日从财务上取款 68,000 元后，将其中的 50,000 元送到赵某某的办公室，赵某某将该款送给时任 G 市老干部局局长刘某某。同年 7 月 13 日，该款以 5 月绩效工资的名义入账。

2008 年 4 月，G 市老干部局再次将离退休老干部体检安排在 G 市中医院进行，体检结束后，G 市老干部局于 2008 年 5 月 12 日将体检费 148,000 元支付给 G 市中医院。6 月 2 日，经赵某某签字批准，陈某某以体检加班费的名义从本单位财务室取款 58,000 元，加上其本人垫支的 10,000 元共 68,000 元送到赵某某的办公室，赵某某将该款送给时任 G 市老干部局局长刘某某。后陈某某以专家会诊费的名义将其垫支的 10,000 元入账。

2006 年 G 市教体局拟安排全市教师体检，与赵某某协商体检事宜时，约定体检返还款以捐资助教的名义返还 G 市教体局。2006～2008 年，G 市教体局安排部分教师在 G 市中医院体检三次。2006 年体检结束后，G 市教体局于 6 月 21 日将体检费 374,475 元支付给 G 市中医院。2006 年 12 月 22 日，陈某某在 G 义市教体局给其提供捐赠收据后，以转账支票形式支付给 G 市教体局 74,000 元，12 月 25 日，陈某某以付捐资助教款的名义将该款在 G 市中医院财务上入账报销。2007 年体检结束后，G 市教体局于 2007 年 8 月 21 日将体检费 375,375 元支付给 G 市中医院。陈某某在 G 市教体局给其提供捐赠收据后，于 9 月 24 日以付捐资助款的名义经赵某某签字后将该款在 G 市中医院财务上入账报销，于 10 月 12 日以现金支票的形式支付给 G 市教体局 63,000 元。2008 年体检结束后，G 市教体局于 2008 年 8 月 27 日将体检费 376,125 元支付给 G 市中医院后，陈某某经赵某某签字同意后于 2008 年 9 月 8 日以捐款的名义先将 68,000 元支付给 G 市第八高级中学，该款由 G 市第八高级中学于 2008 年 11 月 12 日转交给了 G 市教体局。2008 年 9 月 25 日，陈某某以付捐款的名义将该款在 G 市中医院财务上入账报销。

定罪依据：《刑法》第三百九十一条、第二十五条第一款、第三十七条。

刑事责任：法院判决如下：

一、被告单位 G 市中医院犯对单位行贿罪，判处罚金人民币 5 万元。

二、被告人赵某某犯对单位行贿罪，免予刑事处罚。

三、被告人陈某某犯对单位行贿罪，免予刑事处罚。

简要评析：G 市中医院在 G 市老干部局体检结束后，以虚列支出的方式给予 G 市老干部局体检返还款 118,000 元，违反了国家规定，对该款应认定为回扣。G 市中医院 2006～2008 年 G 市教体局体检结束后，给予 G 市教体局体检返还款 205,000 元，虽然采用了捐赠收据及捐款收据入账，但未真实反映该款的性质，属于账外暗中，违反了国家规定，对该款也应认定为回扣。G 市中医院在经济往来中，违反国家规定，给予国家机关回扣 323,000 元，其行为已构成对单位行贿罪。赵某某、陈某某在 G 市中医院的犯罪活动中，作为直接负责的主管人员和其他直接责任人员，应当对 G 市中医院的犯罪行为承担刑事责任。法院认定赵某某、陈某某犯罪情节轻微不需要判处刑罚，免予刑事处罚。

【案例2】 韩某某犯对单位行贿罪

基本案情: 韩某某身为 YG 土地开发公司法定代表人,于 2005 年底至 2007 年 10 月,在 P 县土地开发整理工程项目过程中,违反国家规定,以公司的名义先后三次给 P 县国土资源局回扣款共计 65 万元(分别为 2005 年年底给付 13 万元、2007 年年初给付 25 万元、2007 年年底给付 27 万元)。

定罪依据:《刑法》第三百九十一条、第六十四条。

刑事责任: 法院判决如下:

一、被告人韩某某犯对单位行贿罪,判处有期徒刑六个月。

二、没收被告人韩某某违法所得人民币 3 万元。

简要评析: 韩某某身为 YG 土地开发公司法定代表人,为了其公司谋取不正当利益,在承包土地整理项目工程过程中,违反国家规定,以管理费的名义给予 P 县国土资源局回扣款 65 万元,其行为已构成对单位行贿罪。韩某某归案后,认罪态度较好,法院酌定从轻处罚。

三、介绍贿赂罪案例

【案例1】 罗某某撮合他人违规购房犯介绍贿赂罪一案

基本案情: 2010 年 8 月,罗某某明知中介公司介绍的刘某某并非拆迁户,且中介公司已收取刘某某手续费和中介费的情况下,仍与时任 WB 地质灾害综合整治工程动迁工作三组副组长的蒙某某联系,由蒙某某利用职务之便,为刘某某违规办理了购买经济适用房的相关手续,使刘某某购买到本市富民三路 19 - 4 号第 4 幢 2 单元 402 号经济适用房一套。事后,蒙某某非法收受了中介公司给予的手续费 10,000 元和中介费 600 元,罗某某从中得到中介公司给予的好处费 600 元。

2010 年 10 月,罗某某明知中介公司介绍的陈某某并非拆迁户,且中介公司已收取陈某某手续费和中介费的情况下,仍与蒙某某联系,由蒙某某利用职务之便,为陈某某违规办理了购买拆迁安置房的相关手续,使陈某某购买到本市枣冲安置小区第 5 幢 8 单元 602 号拆迁安置房一套。事后,蒙某某非法收受了中介公司给予的手续费 10,000 元和中介费 600 元,罗某某从中得到好处费 1,000 元。

2010 年 11 月,罗某某明知中介公司介绍的倪某某并非拆迁户,且中介公司已收取倪某某手续费和中介费的情况下,仍与蒙某某联系,由蒙某某利用职务之便,为倪某某违规办理了购买拆迁安置房的相关手续,使倪某某获得了购买枣冲安置小区第 16 幢 6 单元 401 号拆迁安置房的购房证明。事后,蒙某某非法收受了中介公司给予的手续费 13,000 元和中介费 1,500 元,罗某某从中得到好处费 1,500 元。

综上所述,经罗某某介绍,中介公司分三次给予蒙某某手续费及中介费共 35,700 元,罗某某也分三次收受中介公司给予的好处费共 3,100 元。

案发后,罗某某在检察机关退出赃款 3,100 元。

定罪依据：《刑法》第三百八十九条第一款、第三百九十第一款条、第三百九十二条第一款、第六十九条第一款、第六十七条第三款、第六十四条。

刑事责任：法院判决如下：

一、被告人罗某某犯介绍贿赂罪，判处有期徒刑六个月。

二、被告人罗某某退出的赃款人民币 10,100 元，依法予以没收，上缴国库。

简要评析：罗某某主观上明知自己撮合的是行贿、受贿行为，客观上为了使行贿人获取非法利益，仍在行贿人与受贿人之间实施引荐、沟通、撮合，促使行贿与受贿得以实现，构成介绍贿赂罪，法院依法作出判决。

【案例 2】曾某某为帮助他人承揽工程犯介绍贿赂罪一案

基本案情：2007 年夏，曾某某为帮助 DH 建筑公司负责人杨某某承揽 L 高新校区工程，介绍杨某某与 L 高校长李某某相识，并和杨某某一起在李某某办公室送给李某某 20 万元，以取得李某某在工程招标时的帮助。李某某表示可以进行投标，但拒绝接收所送 20 万元现金。杨某某以 J 公司的名义中标 L 高新校区三号教学楼工程后，送给曾某某 20 万元，让其留下好处费后，余下送与李某某，但曾某某将 20 万元全部用于个人使用。李某某得知此事，向曾某某要回 7 万元（期间，杨某某得知此款全部被曾某某个人使用后，又送予李某某 10 万元），并连同杨某某直接送其的 10 万元，一并退还给杨某某。案发后，曾某某于 2010 年 5 月 18 日将违法所得 13 万元予以上缴。

定罪依据：《刑法》第三百九十二条第一款、第二十三条、第七十二条、第七十三条、第六十四条。

刑事责任：法院判决如下：

一、被告人曾某某犯介绍贿赂罪（未遂），判处有期徒刑八个月，缓刑一年。缓刑考验期从判决确定之日起计算。

二、依法追缴被告人曾某某违法所得 130,000 元。

简要评析：曾某某向国家工作人员介绍贿赂，情节严重，其行为已构成介绍贿赂罪（未遂）。鉴于曾某某认罪、悔罪，案发后及时上缴违法所得，法院依法对其从轻处罚。

四、单位行贿罪案例

【案例 1】HC 房地产公司、沈某某犯单位行贿罪

基本案情：HC 房地产公司成立于 2002 年 3 月 13 日，公司性质为责任有限公司，注册资金人民币 2,000 万元，股东两人，沈某某出资 1,960 万元，洪某某出资 40 万元，沈某某为公司法定代表人、董事长，洪某某为公司总经理。HC 房地产公司在某市开发的东方国际项目过程中，为使项目顺利实施在协调各方面关系上取得时任区委书记郑某某的支持，感谢在该项目人防费减免方面的帮助，经沈某某、洪某某商议决定，自 2008 年至 2009 年 9 月间，先后 6 次以单位名义向郑某某行贿人民币 760,000 元，为单位谋取不正当利益。

2008 年 4 月的一天，由沈某某陪同郑某某在浙江游玩期间，购买价值 5 万元的东阳木

雕向郑某某行贿。

2008 年春节前的一天至 2009 年 9 月,沈某某分 5 次在新乡市长城宾馆 209 房间,以各种名义向郑某某行贿 710,000 元。

定罪依据:《刑法》第三百九十三条、第二十五条、第三十七条、第六十七条、第六十八条、第七十二条、第六十一条。

刑事责任:法院作出判决如下:

被告单位 HC 房地产公司犯单位行贿罪,判处罚金 300,000 元。

被告人沈某某犯单位行贿罪,判处有期徒刑一年,缓刑一年。

简要评析:HC 房地产公司、沈某某为单位谋取不正当利益,多次以单位名义向时任区委书记郑某某行贿,数额为人民币 760,000 元,其行为已构成单位行贿罪。鉴于沈某某系初犯,且导致其单位行贿犯罪的客观因素存在,具有自首和立功情节,经查证属实,法院依法予以减轻处罚。

【案例 2】 曾某某犯单位行贿罪一案

基本案情:2003 年和 2005 年,ZJ 工程总承包公司先后中标及签约 ZZ 大学新校区图书馆工程项目及人文社科组团工程项目,为感谢 ZZ 大学新校区建设指挥办公室造价组负责人杨某某在投标过程中的帮助,时任 ZJ 工程总承包公司经理的曾某某先后送给杨某某现金人民币 10 万元、30 万元。

2005 年年初,ZJ 工程总承包公司在承建核心区教学楼及图书馆工程项目后,为感谢 ZZ 大学新校区建设办公室书记李某某在协调工程施工过程中提供的帮助,为了在工程参评国家优质工程奖和承接更多该校工程中得到李某某的帮助,时任 ZJ 工程总承包公司经理的曾某某在李某某办公室送给李某某 2 万美元。经查,2005 年 3 月 2 日,美元兑换人民币汇率中间价为 1 美元兑 8.2765 元人民币。

定罪依据:《刑法》第三百九十三条及《最高人民法院关于处理自首和立功具体应用法律若干问题的解释》第四条。

刑事责任:法院作出判决,被告人曾某某犯单位行贿罪,判处拘役一个月。

简要评析:曾某某作为 ZJ 工程总承包公司的经理,为了谋取该单位的不正当利益,给予国家工作人员财物,情节严重,曾某某作为该单位直接责任人员,其行为已构成单位行贿罪。

第八节　其他类型犯罪

一、玩忽职守罪案例

【案例 1】 注册会计师陈某某虚假验资造成国家损失 495 万元被诉

基本案情:1999 年 4 月,为成立注册资本为 500 万元的 FQ 实业公司,杨某某经熟人介绍，找到 W 市审计事务所的注册会计师陈某某并委托其验资。在明知杨某某提供的两张金额分别为 400 万元和 110 万元特种转账传票上的收款单位不是 FQ 实业公司所有，且转账传票上缴付款用途未明确为投资款的情况下，陈某某不但没按照规定验证其投入资本金，反而让杨某某带着事务所的空白"资金证明函"前往银行"疏通关系"。

随后，杨某某通过 YY 城市信用社领导打招呼，由信用社将杨某某个人存款 500 万元的私人账号写成 FQ 实业公司账号，填写在证明函空白栏处，并加盖业务公章。同年 4 月 14 日，陈某某在杨某某没有提供 FQ 实业公司银行对账单和未到银行核实的情况下，仅凭杨某某提供的两张银行特种传票和这份虚假"资金证明函"，就出具了一份 FQ 实业公司拥有 510 万元注册资本的虚假验资报告。

此后，杨某某持虚假验资报告，欺骗公司登记主管部门，虚报注册资本 500 万元，并取得公司登记。FQ 实业公司成立后，杨某某于 2000 年 8 月向中国农业银行 W 市分行贷款 700 万元。2006 年 3 月，FQ 实业公司虚报注册资本一案暴露，并被 W 市工商局吊销营业执照，但中国农业银行 W 市分行 495 万元贷款本金至今无法收回。

定罪依据：《刑法》第三百九十七条、最高人民检察院《关于渎职侵权犯罪案件立案标准的规定》（高检发释字［2006］2 号）。

刑事责任： 2007 年 9 月，W 市检察机关以涉嫌玩忽职守罪对注册会计师陈某某提起公诉，W 市 J 区人民法院最终作出了依法判决。

简要评析： 本案发生在 1999 年，W 市审计事务所尚未脱钩改制，属于政府审计机关的直属事业单位，而注册会计师陈某某属于审计事务所的编制内人员。为此，W 市检察机关以涉嫌玩忽职守罪对注册会计师陈某某提起公诉。

二、伪造金融凭证罪案例

【案例1】伪造银行进账单和验资报告涉案上亿元　EY"咨询公司"负责人被批捕

基本案情： 2005 年 6 月，C 市公安局经侦总队得到线索，称 FH 广告公司可以替客户出具银行进账单和验资报告，并替人办理工商执照，且数量相当大。经过调查，民警们初步掌握了该公司涉嫌出具假银行进账单的事实。

随后，由总队一支队成立专案组，对此案开展深入调查，进而发现 FH 广告公司提供的虚假银行进账单并非出自该公司。为追查源头，专案组定下了"循线追踪、挖源头、除窝点"的案侦工作思路。按此思路，专案民警经过深入调查发现，FH 广告公司替人办理的工商执照均由一家名曰 EY 工商咨询公司提供。于是，经过周密部署，专案民警对 EY 工商咨询公司进行查封，同时对相关人员进行传唤，进而将 EY 工商咨询公司负责人李某某等涉案人员抓获，现场查获涉及 36 家公司的假银行进账单和涉及金额 5,800 多万元的假验资报告 36 套，以及伪刻的 28 家公司公章及财务章 56 枚等物。

根据李某某交代，专案民警又在其家中计算机里查获大量通过伪造假银行进账单和验资报告办理了工商执照的公司资料。随后，李某某被刑事拘留。

经查，今年 42 岁的李某某曾因贪污被判刑两年、缓刑 3 年，后在市内多家乳业公司工作，2001 年，离开乳业公司后干起了帮人代办工商执照的事。同年 4 月，他与人合伙以 C

市某会计师事务所名义对外开展虚假验资业务，伪造验资报告书、公章、注册会计师印章、营业执照，因涉嫌诈骗罪被公安机关刑事拘留。检察机关认为李犯罪情节较轻，认罪态度好，并积极清退赃款，有悔罪表现而不予起诉。

2004 年，EY 工商咨询公司成立后，李某某一直任公司的办公室主任。之后，李某某又故技重演，以 EY 工商咨询公司的名义，在市内媒体上大做广告，声称可以全程代办工商营业执照，并吸引大量无注册资金的客户前来办理工商营业执照，客户只需交纳公司注册资金总额 6% 的手续费即可。

EY 工商咨询公司累计替重庆 150 多家公司提供虚假印章的进账单和验资报告，涉及金额上亿元。

定罪依据：《刑法》第一百七十七条。

刑事责任：李某某被检察机关以涉嫌伪造金融凭证罪批准提起公诉，法院判决李某某有期徒刑八年，并处罚金 30 万元。

简要评析：李某某成立 EY 工商咨询公司，累计替重庆 150 多家公司提供虚假印章的进账单和验资报告，涉及金额上亿元，侵犯了国家对于金融票证的管理制度，情节严重，法院依法作出判决。

【案例2】C 市某会计师事务所股东垫资验资被批捕

基本案情：2009 年 3 月，C 市某公司股东王某等人准备注册一家新公司，但因注册资金不足，找到金某。金某表示，有办法帮其出具验资报告，但需按千分之五至七的比例收取垫资费用。王某同意后，金某以会计师事务所的名义，汇入 50 万元资金到王某新公司的银行账户。按会计师事务所验资规定，公司注册资金必须由股东个人投入，转账存入的代垫资金不能出具验资报告。为达到虚假验资的目的，金某利用电脑软件将缴款单上转账存入的内容修改为股东王某的个人投资，随后将修改后的缴款单打印出来，再提供给会计师事务所出具虚假验资报告。依据这张虚假的验资报告，王某的公司顺利取得了工商登记。

后经公安机关查实，2009 年 3 月至案发，金某等人伪造的银行进账单共计 30 张，虚假验资金额 800 余万元。

定罪依据：《刑法》第一百七十七条。

刑事责任：G 区检察院以涉嫌变造金融票证罪对会计师事务所的股东金某批准逮捕，法院判决金某有期徒刑二年，并处罚金 10 万元。

简要评析：金某利用电脑软件将缴款单上转账存入的内容修改，符合变造金融票证罪的构成要件，法院依法作出有罪判决。同时，本案对于会计师事务所和注册会计师而言，应当引以为戒，提高对垫资验资这种错误做法的认识，坚决杜绝直接或间接地垫资验资行为发生。

三、伪造公司、企业、事业单位、人民团体印章罪案例

【案例1】李某某犯伪造公司、企业、事业单位、人民团体印章罪一案

基本案情：Z 市公安局经侦大队接到 TZ 实业集团有限公司关于李某某伪造印章的报案

后，于2010年6月13日上午对李某某的办公室依法进行搜查，从中搜出TZ实业有限公司、GS水利建筑安装有限公司、JY阳光会计事务所有限公司、MX会计事务所有限公司、C市人力资源和社会保障局、C市建设委员会、J区公证处、F区公证处、中国建行JZ分行等单位及个人的印章二十四枚。上述印章经Z市公安局鉴定均系伪造。

上述印章李某某用于承揽工程中标二三十起并从中提取费用。

定罪依据：《刑法》第二百八十条第一款、第二款、第六十四条、第六十九条第一款、第七十七条。

刑事责任：法院判决如下：

一、被告人李某某犯伪造国家机关印章罪，判处有期徒刑六个月，犯伪造公司、企业、事业单位、人民团体印章罪，判处有期徒刑一年零六个月，犯虚报注册资本罪判处有期徒刑二年，数罪并罚，决定执行有期徒刑三年零六个月。

二、印章二十四枚，予以没收，上缴国库。

简要评析：李某某伪造国家机关印章和伪造公司、事业单位印章，妨害国家及公司对印章的管理活动，其行为已构成伪造国家机关印章罪和伪造公司、企业、事业单位、人民团体印章罪。李某某一人犯数罪，且在缓刑考验期内又犯新罪，应当撤销缓刑，数罪并罚。

【案例2】 杨某某伪造国家机关印章罪一案

基本案情：1999年1月，郑某某伙同同案人蔡某某共同经营一部车牌号码为××B-30792大货车，由于该车报废期限已到，为了能在公路上继续行驶，就委托杨某某包检，经过一番协商，包检价格为人民币1,000元，而杨某某在明知蒲某某没有能力包检的情况下却以600元委托其包检。该男子用伪造的印章在行驶证上盖有"延缓报废至1999年6月有效××为0（2）"字样，从中获利400元。后该报废车辆继续营运上路后于1999年3月3日在Q市区发生重大交通事故，造成死亡5人，伤2人的严重后果。

2011年9月24日，杨某某主动向X县公安局投案。

定罪依据：《刑法》第二百八十条第一款、第二十五条第一款、第六十七条第一款、第六十四条、第六十一条、第七十二条第一款、第七十三条第一款、第三款及最高人民法院、最高人民检察院、司法部《关于适用简易程序审理公诉案件的若干意见》第九条。

刑事责任：法院判决如下：

一、被告人杨某某犯伪造国家机关印章罪，判处有期徒刑六个月，缓刑一年。

二、被告人杨某某的非法所得人民币400元予以没收。

简要评析：杨某某为了使已届报废期限的大货车继续营运，在汽车行驶证上使用伪造的国家机关具有特殊用途的印章，使该报废车辆继续营运上路后，发生重大交通事故，其行为侵犯了国家机关的正常管理活动，损害国家机关的信誉，已构成伪造国家机关印章罪。鉴于其能投案自首，有悔罪表现，且X县司法局亦建议适用非监禁刑，故依法从轻处罚并适用缓刑。

【案例3】 杜某某犯伪造事业单位印章罪一案

基本案情：2010年9月开始，杜某某在网络上发布可制作学历证书及各类证件的帖子，如有人联系，杜某某即通过电话或 QQ 的方式取得对方资料，双方谈好证件的价格，杜某某并要求对方将钱存入账号为 622700303124058×××的建设银行账户上。然后杜某某将制作假证的资料发往广州做假证的人。制作好假证后，杜某某再利用快递的方式将假证寄给要求做假证的人，最后由杜某某或其丈夫邹某某到银行将钱取出。

2010 年 9 月至 11 月，杜某某先后伪造了证书编号为 4101414030×××的"李××，男，××理工大学的学士学位证书"一张，证书编号为 11560120005003386 的"王××，女，××财经学院的专升本毕业生证书"一张，证书编号为 10879120100500×××× 的"李××，××科技学院的本科毕业证书"一张，证书编号为 104274200900×××的"王××，××大学的学士学位证书"一张。

2010 年 12 月 10 日，杜某某主动到公安机关投案，并如实供述自己的犯罪事实。另查明，杜某某于 2010 年 11 月 4 日生育一男孩，现系哺乳期妇女。

定罪依据：《刑法》第二百八十条第二款，第二十五条第一款，第二十六条第一、四款，第六十七条第一款，《刑事诉讼法》第一百六十二条（一）项。

刑事责任：法院判决如下：

一、被告人杜某某犯伪造事业单位印章罪，判处拘役三个月。

二、追缴违法所得人民币 3,000 元，上缴国库。

简要评析：杜某某无视国家法律，伪造事业单位印章，其行为触犯了刑律，应当以伪造单位印章罪追究刑事责任。杜某某案发后能主动到公安机关投案，并如实供述自己的犯罪事实，系自首，依法予以从轻处罚。

【案例 4】 朱某某犯买卖国家机关印章罪

基本案情：2011 年 4 月 28 日 18 时 30 分许，朱某某携带一枚章名为"××市××区民政局婚姻登记专用章"的国家机关印章，至本市轨道交通三、四号线××路站，以人民币 100 元的价格，将该枚印章出售给买家，成交后被民警当场人赃俱获。经 S 市公安局物证鉴定中心鉴定，缴获的该枚印章系伪造。

定罪依据：《刑法》第二百八十条第一款、第六十七条第三款、第六十四条及《最高人民法院关于〈刑法修正案（八）〉时间效力问题的解释》第四条。

刑事责任：法院判决如下：

一、被告人朱某某犯买卖国家机关印章罪，判处拘役四个月。

二、伪造印章及违法所得均依法没收。

简要评析：朱某某买卖伪造的国家机关印章，其行为已构成买卖国家机关印章罪，依法应予处罚。朱某某到案后能如实供述自己的罪行，依法予以轻处罚。

第二章

会计师事务所行政违法行为相关典型案例

第一节　证券资格事务所行政处理案例

【案例1】L证券所审计程序不到位、审计底稿不规范

违规事项：X证监局在2011年对L证券所检查中发现以下问题：（1）关联方审计程序不到位；（2）对财务报告附注的审阅不足；（3）无形资产审计程序不到位、摊销测试不准确；（4）营业成本审计程序执行不到位；（5）审计底稿编制不规范。

监管措施：责令改正：（1）完善审计工作程序，特别是关联交易等重要审计程序，确保获取充分、适当的审计证据。（2）做好审计过程的跟踪管理，严格督促审计程序执行到位，做好审计项目的质量复核，提高审计质量。

检查机构：X证监局。

处理日期：2012 - 1 - 19。

【案例2】Z证券所审计程序、审计证据不合规

违规事项：J证监局在2011年对Z证券所检查中发现以下问题：（1）部分项目未能执行恰当的审计程序。（2）部分项目未获得充分、适当的审计证据。（3）未对上市公司违规问题予以充分关注，并考虑其对审计意见的影响。

监管措施：责令改正：（1）健全各项内部质量控制制度，并采取措施确保有效贯彻和执行。健全审计工作程序，完善监控措施，确保执业质量。（2）向全所执业人员进行通报，并召开全体合伙人专题会议，对该项目负有责任的注册会计师及审计执业人员进行问责。（3）向证监会会计部和J局报送整改总结报告。

检查机构：J证监局。

处理日期：2011 - 12 - 23。

【案例3】T证券所会计基础工作和审计业务执行不规范

违规事项：H证监局在2011年对T证券所检查中发现以下问题：（1）会计处理不合

规；（2）审计底稿不完善；（3）审计程序不完善。

　　监管措施：出具警示函：关注上市公司存在的问题，监督公司诚信经营、规范运作。

　　检查机构：H 证监局。

　　处理日期：2011 - 11 - 25。

【案例4】Z 证券所审计执业存在重大过失

　　违规事项：证监会 KF 部 2011 年对 Z 证券所事务所进行检查，发现该所及注册会计师在审计业务中，未能勤勉尽责，在存货监盘、关联方和关联交易认定、重大客户销售真实性认定等多个重要审计领域职业判断不够谨慎，审计程序不到位，在未取得充分、适当的审计证据的情况下，出具了标准无保留意见的审计报告，存在重大过失。

　　监管措施：出具警示函：（1）严格遵照相关法律法规和《中国注册会计师执业准则》的规定，及时采取措施加强内部管理、建立健全质量控制制度，确保审计执业质量；（2）请相关注册会计师加强对证券期货相关法律法规知识的学习，勤勉尽责履行审计工作义务。

　　检查机构：KF 部。

　　处理日期：2011 - 11 - 24。

【案例5】D 证券所审计程序不完善、审计意见不恰当

　　违规事项：S 证监局 2011 年检查 D 证券所，发现以下问题：（1）审计程序不完善，未能发现上市公司 2009 年度、2010 年度合并会计报表中合并范围的错误。（2）未发表恰当的审计意见。

　　监管措施：责令改正：严格按照证券法律法规和《中国注册会计师执业准则》的规定立即进行整改，严格执行会计师事务所执业质量控制制度，提高证券期货相关业务的执业质量。

　　检查机构：S 证监局。

　　处理日期：2011 - 11 - 24。

【案例6】Y 证券所执行审计业务不规范、不到位

　　违规事项：S 证监局 2011 年检查 Y 证券所发现以下问题：（1）对未纳入合并会计报表范围但实际控制的关联公司未保持应有职业谨慎，未执行相应审计程序合理判断合并会计报表范围。（2）对销售收入、成本、对关联交易、往来款项货币资金的审计程序执行不到位。（3）截止性测试执行不到位。（4）存货的审计程序不充分。（5）对控股股东及其他关联方资金占用情况表的鉴证程序执行不到位。（6）对公司财务报表附注披露错误情况未提出专业意见。

　　监管措施：责令改正：（1）健全各项内部质量控制制度，并采取措施确保得到有效贯彻和执行。须认真梳理和查找该项目审计过程中存在的问题和原因，健全审计工作程序，完善监控措施规范执业行为，确保执业质量。（2）立即向全所执业人员进行通报，并召开全

体合伙人专题会议，对该项目负有责任的注册会计师及审计执业人员进行问责。（3）于2011年12月31日前完成整改工作，向证监会K部和S证监局报送整改总结报告。

检查机构：S证监局。

处理日期：2011－11－8。

【案例7】L证券所内控审计不完善、实质性审计程序不到位

违规事项：X证监局2011检查L证券所发现以下问题：（1）内部控制审计执行不完善；（2）重要报表项目的实质性审计程序执行不到位。

监管措施：责令改正：（1）完善审计工作程序，特别是监盘、函证、风险评估、分析性复核等重要审计程序，确保获取充分、适当的审计证据。（2）L所应进一步健全内部控制机制，完善质量控制体系。

检查机构：X证监局。

处理日期：2011－8－17。

【案例8】J证券所审计程序不充分、对异常事项未予以充分关注

违规事项：B证监局2011年对J证券所检查，发现以下问题：审计程序不充分、对异常事项未予以充分关注。

监管措施：责令改正：按照《会计师事务所与资产评估机构证券期货相关业务监管责任制（2009年修订）》的规定进行整改，并提出切实可行的整改方案。

检查机构：B证监局。

处理日期：2011－8－4。

【案例9】X证券所审计程序不充分、披露不完整

违规事项：B证监局2011年对X证券所检查，发现存在以下问题：审计程序不充分、财务报表附注披露内容不完整等情况。

监管措施：责令改正：按照《会计师事务所与资产评估机构证券期货相关业务监管责任制（2009年修订）》的规定进行整改，并提出切实可行的整改方案。

检查机构：B证监局。

处理日期：2011－8－1。

【案例10】Z证券所审计程序不完善、审计证据不足

违规事项：J证监局2011年检查Z证券所，发现存在以下问题：（1）存货监盘程序不完善；（2）函证程序不完善；（3）重要科目未执行分析性程序；（4）对会计估计变更获取的审计证据不足。

监管措施：责令改正：（1）进行内部整顿，并将有关情况传达至每位审计人员，不允

许出现类似问题。（2）限于2个月内重新审阅，补充和完善审计工作程序，特别要全面修订函证、监盘和分析等重要审计程序，认真防范审计诉讼风险。（3）限于1个月内进一步健全审计项目质量管理制度。

检查机构：J证监局。

处理日期：2011 - 6 - 2。

【案例11】P证券所审计程序不到位、审计结论存在差异

违规事项：S证监局对P证券所开展执业质量检查，发现以下问题：（1）对审计风险评估不到位，执行的审计程序不充分，未能审计发现公司财务舞弊行为和财务报告存在的重大错报；（2）《内部控制鉴证报告》的结论与事实不符；（3）未对原材料进行减值测试。

监管措施：责令改正：（1）对内部质量控制制度进行认真自查，健全各项内部质量控制制度，并采取措施确保得到有效贯彻和执行。健全审计工作程序，完善监控措施，确保执业质量。（2）安排具有专业胜任能力的注册会计师认真执业，确保审计执业符合《中国注册会计师审计准则》的要求。（3）立即向全所执业人员进行通报，并召开全体合伙人专题会议对该项目负有责任的注册会计师及审计执业人员进行严肃问责。（4）于2011年4月30日前完成整改工作，向证监会K部和S局报送整改总结报告。

检查机构：S证监局。

处理日期：2011 - 3 - 21。

【案例12】D证券所审计执业行为不规范

违规事项：S证监局对D证券所开展执业质量检查，发现以下问题：（1）对管理层存在舞弊行为的审计未保持必要的职业怀疑；（2）内部控制测试流于形式，审计程序不到位；（3）对信息系统相关重大错报风险的审计程序不充分；（4）对收入的审计及复核程序不到位；（5）利用其他注册会计师工作不符合审计准则的规定。

监管措施：责令改正：（1）对内部质量控制制度进行认真自查，健全各项内部质量控制制度，并采取措施确保其得到有效贯彻和执行。（2）健全审计工作程序，完善监控措施，确保执业质量。（3）应对该项目负有责任的注册会计师进行内部问责。（4）2011年4月30日前完成整改工作，向S证监局报送专项审计报告和整改总结报告。

检查机构：S证监局。

处理日期：2011 - 3 - 3。

【案例13】X证券所审计程序、审计证据和审计底稿不合规

违规事项：证监会K部对X证券所开展执业质量检查，发现存在以下问题：审计程序不到位、审计证据不能支持审计结论、审计底稿信息错误等问题。

监管措施：出具警示函：严格遵照相关法律法规和《中国注册会计师执业准则》的规定，加强对证券期货相关法律法规知识的学习，并及时采取措施加强内部管理、建立健全质

量控制制度，确保审计执业质量。

　　检查机构：证监会K部。

　　处理日期：2011 - 1 - 27。

第二节　证券资格事务所行政处罚案例

【案例1】Z证券所未亲自实施银行函证，银行存款虚增数千万元

　　基本案情：Z证券所对FS上市公司2007年和2008年年度财务报告进行审计时未勤勉尽责。

　　FS上市公司2007年年度财务报告虚增银行存款6,439万元，2008年年度财务报告虚增银行存款6,475万元，Z证券所未发现FS上市公司的财务舞弊行为，为FS上市公司2007年和2008年年度财务报告出具了无保留意见附带强调事项的审计报告，2007年审计报告签字注册会计师为张某、马某，2008年审计报告签字注册会计师为张某、黄某。

　　在审计中，Z证券所的银行函证工作是交由FS上市公司有关人员进行的，Z证券所在对FS上市公司2007年和2008年年度财务报告的审计过程中未按照《中国注册会计师审计准则第1312号——函证》第十九条第（四）项关于"询证函经被审计单位盖章后，由注册会计师直接发出"的要求，由注册会计师直接发出并收回询证函。

　　违反条款：《证券法》第一百七十三条、《中国注册会计师审计准则第1312号——函证》第十九条。

　　处罚结果：根据当事人违法行为的事实、性质、情节与社会危害程度，依据《证券法》第二百二十三条的规定，下达了行政处罚决定书（××［2011］37号），责令Z证券所改正，没收Z证券所业务收入100万元；对张某给予警告，并处以5万元罚款；对马某、黄某给予警告，并分别处以3万元罚款。

　　简要评析：在证券审计中，因为注册会计师未亲自向银行询证而导致审计失败的事件已不鲜见。本例中，Z证券所未保持必要的职业怀疑态度，未能勤勉尽责，银行函证交由被审计单位的工作人员完成，造成虚增银行存款数千万元，侵害了社会公众的利益，应当引以为戒。

【案例2】P证券所未发现招股说明书虚假被撤销证券服务业务许可

　　基本案情：经查明，P证券所在L股份公司欺诈发行上市时未勤勉尽责，未发现L股份公司为发行上市所编制的财务报表编造虚假资产、虚假业务收入，从而出具无保留意见的审计报告，发表不恰当的审计意见。违法事实如下：

　　为L股份公司发行股票并上市，P证券所对L股份公司2004年、2005年、2006年年度财务报表和2007年半年度财务报表进行审计并出具无保留意见的审计报告。

　　司法机关认定，L股份公司在招股说明书中编造虚假资产、虚假业务收入。L股份公司编造虚假资产、虚假业务收入的金额巨大，性质严重。

（1）L股份公司2004～2006年财务报表披露的各年度前5大销售客户与实际不符，经查，P证券所的审计底稿中没有记录对L股份公司前5大销售客户的审计程序。

（2）L股份公司招股说明书披露的2006年销售收入中包含通过L股份公司交通银行3711银行账户核算的销售收入，交通银行提供的资料显示，上述交易部分不存在。L股份公司招股说明书披露，2006年12月31日货币资金余额为47,742,838.19元，其中交通银行3711账户余额为32,295,131.74元。交通银行提供的资料显示，2006年12月31日的3711账户余额为4,974,568.16元。经查，P证券所没有向交通银行函证L股份公司交通银行3711账户2006年12月31日的余额。

违反条款：《证券法》第二十条、第二百二十三条，《中国注册会计师审计准则第1301号——审计证据》第六条、《中国注册会计师审计准则第1312号——函证》第十一条、《中国注册会计师审计准则第1331号——审计工作底稿》第四条。

处罚结果：根据当事人违法行为的事实、性质、情节与社会危害程度，依据《证券法》第二百二十三条的规定，下达了行政处罚决定书（××［2013］26号），撤销P证券所的证券服务业务许可。

简要评析：本案涉案金额巨大，性质恶劣，后果严重，政府监管部门依法给予了严厉处罚，注册会计师行业全体人员应当引以为戒。

【案例3】H证券所明知虚增收入和利润仍出具无保留意见审计报告

基本案情：2005年4月，H证券所为YH上市公司2004年年度财务报告出具了标准无保留意见的审计报告，签字注册会计师为刘某、黄某。

（1）H证券所在知悉YH上市公司虚增收入且未进行重大差错更正的情况下，仍然出具了无保留意见审计报告。2005年2月，H证券所及其会计师在实施YH上市公司2004年年度财务报告审计时，对YH上市公司被财政部专员办于2004年下半年检查并发现虚增2002～2003年销售收入的行为和被B市政府处罚的情况知情，仍然出具了无保留意见审计报告。刘某称，H证券所原计划要出具有保留意见的审计报告，但是在出具2004年年度审计报告前，B市政府对YH上市公司的处罚为内部不公开处罚；YH上市公司董事长和总裁向H证券所保证3年内把存在的财务问题调整到位，保证3年内不会再有新的检查，H证券所同意出具无保留意见的审计报告。

（2）H证券所未对YH上市公司明显的舞弊迹象实施必要的审计程序，对YH上市公司虚增销售收入1.79亿元和虚增利润6,900万元的报表予以确认。H证券所审计YH上市公司2004年年度财务报告的审计工作底稿显示，YH上市公司本部2004年销售收入1.35亿元，而经营费用——运杂费发生额为0元；YH电气2004年销售收入2.23亿元，经营费用——运杂费138万元。审计工作底稿收录的YH上市公司本部及YH电气的销售合同第4点显示："运杂费由销货方承担，其中运输费按实际发生费用开运输发票，其余按设备款开增值税发票。"部分合同显示公司应提供工程劳务。部分销售合同显示购货方遍布全国各地，YH上市公司本部销售额1.35亿元没有发生的运杂费、YH电气的运杂费全部为公路货运发票，金额也明显偏低。对这些明显有悖常理的情况，会计师将运输费用在营业费用中一并审计，工作底稿中对此可能发生的舞弊没有实施任何相应审计程序的记载。

（3）H证券所未对函证程序保持合理控制，对YH上市公司隐瞒关联方资金往来发生额5.44亿元、隐瞒对外担保3.42亿元和隐瞒银行借款9,000万元的报表予以确认。H证券所会计师在审计YH上市公司2004年度应收账款时，审计工作底稿显示，审计据以确认当年应收账款余额真实性的依据：一是函证，二是替代审计程序（抽查凭证及查验销售合同），三是核对财务报告截止日后的回款情况。注册会计师从当年2,553个客户中选取了574家客户进行了函证，函证金额69,501万元，占2004年应收账款余额的87%，回函客户50户，回函确认金额4,375万元，占2004年应收账款余额的5%，对未回函的客户，会计师未选择继续函证或其他替代程序。注册会计师在发出应收账款询证函的同时根据应收账款明细账抽查了记账凭证44,109万元，占年度财务报告合并销售收入118,228万元的37%。

违反条款：《证券法》第一百六十一条，《股票发行与交易管理暂行条例》第三十五条，《独立审计具体准则第5号——审计证据》第十五条，《独立审计具体准则第8号——错误与舞弊》第十三条，《独立审计具体准则第18号——违反法规行为》第二十一条，《独立审计具体准则第27号——函证》第六条、第十七条、第十八条、第十九条。

处罚结果：根据当事人违法行为的事实、性质、情节与社会危害程度，依据《股票发行与交易管理暂行条例》第七十三条的规定，下达行政处罚决定书（××〔2011〕20号），对H证券所给予警告，并没收违法所得40万元；对刘某、黄某分别处以10万元罚款。

行政复议：维持《行政处罚决定书》××〔2011〕20号对申请人作出的行政处罚决定：行政处罚（警告），行政处罚（没收违法所得）。

简要评析：由于资本市场的会计信息质量，直接关系到广大股民和其他社会公众的合法利益，为此我国实行了证券市场的严格审计制度，以增强信息披露的公信力。H证券所明知虚增收入和利润，仍然出具无保留意见审计报告，属于故意作假的违法行为，应当坚决予以打击。

【案例4】L证券所未按规定执行审计程序，审计报告有虚假内容

基本案情：L证券所未按规定审计ZB上市公司的会计报表，对ZB上市公司2003年、2004年年报均出具了无保留意见的审计报告。

（1）未按规定执行函证控制程序。在执行银行函证程序时，由ZB上市公司财务人员代为填写询证函的内容，由ZB上市公司财务人员代替会计师向银行进行确认。审计底稿显示，一些银行的贷款是被分拆成单笔进行填列、函证的，同一银行的贷款不在同一张函证体现。

（2）未按规定审计短期借款科目。在实施2003年、2004年短期借款利息测试的审计程序时，对部分利息测试差异明显异常的结果未予以充分关注，没有追加适当的审计程序，导致未发现ZB上市公司部分短期借款未入账的情况。

（3）未按规定审计货币资金科目。在ZB上市公司2003年、2004年年报审计中，ZB上市公司的银行存款未分银行账户记账，审计人员对这种明显违反《企业会计制度》的情况未能合理评估审计风险。审计人员未根据审计程序表中"抽查对账单，将其与银行日记账核对，确定是否存在未入账情况"执行审计程序，未发现ZB上市公司与WZ公司之间大量与生产经营无关的往来和大额资金发生额未入账的情况。

（4）未按规定审计内部往来科目。在2003年报审计底稿中，ZB上市公司提供的内部往来明细表显示，2003年ZB上市公司与"贸易公司"之间内部往来借贷方发生额均为3,723万元，但ZB上市公司的内部往来明细账显示，两者之间的发生额为94,824万元。永华所对上述差异未充分关注并扩大审计范围，未实施内部往来发生额检查、测试程序，导致其未能发现ZB上市公司内部往来发生额的异常情况，未发现ZB上市公司与"贸易公司"往来的实质为与万众企业的往来。

时任L证券所法定代表人、注册会计师诸某签署了ZB上市公司2003年审计报告，注册会计师张某签署了ZB上市公司2003年、2004年审计报告，注册会计师孙某签署了ZB上市公司2004年审计报告。

违反条款：《股票发行与交易管理暂行条例》第七十三条。

处罚结果：根据当事人违法行为的事实、性质、情节与社会危害程度，下达行政处罚决定书（×× [2011] 11号），对L证券所给予警告、没收违法所得17.50万元，并处以20万元的罚款；对诸某、张某分别处以8万元的罚款；对孙某处以4万元的罚款。

简要评析：会计师事务所的审计报告存在虚假内容，往往与未执行审计程序相关，否则就属于通同作弊。本例中，L证券所对短期借款、货币资金、内部往来等重要科目审计不到位，对函证程序控制不到位，造成了审计报告的虚假，这再一次说明，执业准则是衡量注册会计师执业质量的法定标准，是注册会计师自我保护的专业手段，是合理保证审计报告可信度的有效工具。

【案例5】Y证券所对政府补助的审计程序不到位致使虚增利润

基本案情：经查明，Y证券所在L股份公司2007年、2008年会计报表审计过程中存在如下违法事实：

（1）2007年年报审计中的违法事实。

对于2007年L股份公司将未到位的政府补助入账、虚增利润事项，会计师未履行以下审计程序：①政府补助中所指补助资产为T科技有限公司1.944亿元欠款，对于该债权的真实性、交接手续、可收回性均没有履行相应的审计程序；②在其他应收款、其他应付款科目审计中，没有获得T科技有限公司的函证；③没有取得建行1.98亿元贷款的贷款合同；④没有取得建行X支行银行借款和银行存款的函证回函；⑤在贷款卡信息内容不完整的情况下，没有实施进一步审计程序。

L股份公司2007年审计报告意见类型为标准无保留意见。在当年审计中，对公司1.944亿元政府补助和建行1.98亿元贷款债务转移的账务处理，因会计师专业判断错误和审计程序不到位、审计证据不充分，未能发现政府补助未到位和建行贷款实际未转移的事实，致使公司当年利润总额虚增1.944亿元，债务虚减1.98亿元。

（2）关于2008年年报审计中的违法事实。

对于2008年L股份公司在政府补助没有实际到位的情况下，将尚未到位的政府补助款项入账的事项，会计师未履行以下审计程序：①政府补助中所指补助资产为T科技有限公司3亿元欠款，对于该债权的真实性、交接手续、可收回性均没有履行相应的审计程序；②在其他应收款、其他应付款科目审计中，没有对该3亿元、3.22亿元发生额履行相应的审计程序；

③没有取得工行贷款的贷款合同；④在银行借款科目的函证里，没有取得工行 X 支行的回函；⑤在贷款卡信息内容与三方《债务转让协议》内容明显矛盾的情况下，没有实施进一步审计程序。

在 2008 年年报审计中，对于 4,167 万元政府补助的账务处理，存在的问题是：在已经发现一笔 575 万元政府补助会计处理错误并予以调整的情况下，未能保持职业怀疑态度，实施充分的审计程序，未能发现该 4,167 万元政府补助的账务处理错误并进行调整。

L 股份公司 2008 年审计报告意见类型为标准无保留意见。在当年的审计中，对公司 3 亿元政府补助和工行 3.22 亿元贷款转移的账务处理，因会计师专业判断错误和审计程序不到位、审计证据不充分，未能发现政府补助的虚假性和工行贷款实际未转移的事实，致使公司当年利润总额虚增 3 亿元，银行贷款减少 3.22 亿元；当年公司有 4,167 万元收到的政府补助会计处理错误，审计中未能发现和调整，致使公司营业利润增加 4,167 万元，营业外收入减少 4,167 万元，影响了公司的利润结构。

2007 年、2008 年 L 股份公司年报审计项目费用分别为：66 万元、66 万元。

违反条款： Y 证券所在 L 股份公司 2007 年、2008 年年报审计中未勤勉尽责，出具的审计报告内容有误导性陈述和重大遗漏，构成《证券法》第二百二十三条所述情形；注册会计师秦某为 2007 年、2008 年年报审计中直接负责的主管人员，注册会计师赵某、张某为 2007 年、2008 年年报审计中其他直接责任人员。

处罚结果： 行政处罚决定书 ××〔2014〕52 号：根据当事人违法行为的事实、性质、情节与社会危害程度，依据《证券法》第二百二十三条的规定，决定：

（1）对 Y 证券所给予警告，没收 Y 证券所关于 L 股份公司 2007 年、2008 年年报审计项目收入 132 万元，并处以 132 万元罚款；

（2）对秦某给予警告，并处以 4 万元罚款；

（3）对赵某给予警告，并处以 3 万元罚款；

（4）对张某给予警告。

简要评析： Y 证券所在 2007 年、2008 年审计 L 股份公司政府补助是否到位的审计程序上确实存在不足：一是没有向政府求证补助的相关细节；二是对其他应收款、应付款项没有获得 T 科技有限公司函证；三是在没有得到银行相关到账回函的情况下做出补助到位的会计确认；四是结合本案 L 股份公司违法行为的背景、Y 证券所主动更正，减轻会计差错的危害后果等情节，监管部门对 Y 证券所及注册会计师提出减轻处罚的请求予以采纳，在量罚中已经予以考虑。

【案例 6】P 证券所未按规定执行审计程序，虚增现金收入 6,268 万元

基本案情： JY 上市公司 2001～2004 年虚构酒店视讯业务现金收入共计 6,267 万元，2004 年以虚挂应收账款的方式虚构视讯业务收入 1,564 万元，即 2001～2004 年 JY 上市公司虚构酒店视讯业务收入共计 7,832 万元，其中 2001 年 614 万元，2002 年 2,385 万元，2003 年 2,148 万元，2004 年 2,683 万元。此外，JY 上市公司未按规定披露关联方债权债务往来、对外担保。2001～2003 年，P 证券所未按规定执行函证程序，未按规定执行收入确认程序。

违反条款：《股票发行与交易管理暂行条例》第七十三条。

处罚结果：行政处罚决定书××〔2010〕9号：对P证券所给予警告，并处以20万元罚款，对两名签字注册会计师分别处以5万元罚款。

简要评析：本审计失败的案例主要由未按规定执行函证、收入确认程序引起，也更加凸显了这些必要程序的重要性。在执业过程中，P证券所未能保持合理的职业怀疑态度，对于收入、往来、担保等重要事项的审计程序明显不到位，导致了结果的不真实，误导了社会公众。为此，会计师事务所和注册会计师应当承担相应的责任。

【案例7】D证券所出具的IPO审计报告、核查意见等文件存在虚假记载

基本案情：经查明，D证券所及其注册会计师王某、刘某在为X股份公司IPO提供审计鉴证服务过程中，未能勤勉尽责，出具的审计报告、核查意见等文件存在虚假记载。具体违法事实如下：

（1）在审计X股份公司2009年主营业务收入项目的过程中，D证券所对X股份公司2009年主营业务毛利率进行了统计，并将统计结果记录于工作底稿，但未对毛利率巨幅波动（3月为-104.24%，11月为90.44%）做出审计结论，也未对异常波动的原因进行分析。

在审计X股份公司2011年主营业务收入项目的过程中，在12月毛利率与全年平均毛利率偏离度超过33%的情况下，未保持适当的职业审慎，得出全年毛利率无异常波动的结论；且在审计当年应收账款过程中，也未保持适当的职业审慎，未发现2011年12月X股份公司现金销售回款占当月销售回款43%的异常情形，也未对上述两项异常进一步查验。

（2）D证券所工作底稿显示，2011年10月21日，D证券所在深圳对M农副产品经营部经营者陈某进行了实地访谈，访谈笔录中记载X股份公司对M农副产品经营部2010年度销售金额与X股份公司账面数相同。经查明，D证券所等中介机构及其人员当日并未对M农副产品经营部进行实地访谈，且2010年X股份公司向M农副产品经营部虚假销售34.48万元。而D证券所在关于X股份公司有关举报问题的核查意见中称，D证券所与保荐机构、律师事务所等三家中介机构对M农副产品经营部进行了实地访谈，其向X股份公司采购茶油情况与发行人2010年度茶油销售情况一致。

违反条款：《证券法》第二十条第二款、第一百七十三条、第二百二十三条，《中国注册会计师审计准则（2006年）第1313号——分析程序》、《中国注册会计师审计准则（2010年）第1313号——分析程序》。

处罚结果：根据当事人的违法事实、性质、情节与社会危害程度，依据《证券法》第二百二十三条的规定，下达行政处罚决定书（××〔2013〕54号）：

（1）没收D证券所业务收入90万元，并处以90万元的罚款；

（2）对王某给予警告，并处以10万元的罚款；

（3）对刘某给予警告，并处以5万元的罚款。

简要评析：本案有以下几点值得思考：

其一，X股份公司产品的市场价格与原材料的市场价格具有较强的联动性，毛利率可以持续保持一个高水平而不会出现较大的波动，2009年3月、11月毛利率巨幅波动，2011年12月毛利率明显高于年平均水平且当月销售现金回款过高，D证券所未对上述异常保持应

有的职业审慎。

其二，D 证券所在未作真实走访的情况下，制作虚假访谈笔录，不仅未履行勤勉尽责义务，也违背了基本的职业道德。

其三，监管部门对 D 证券所及签字注册会计师的处罚，已综合考虑违法行为的事实、性质、情节、社会危害程度等各种因素。

【案例 8】 M 证券所违规确认投资收益被处罚

基本案情： M 证券所在审计 TX 上市公司 2004 年财务报表中，存在以下投资收益方面的违规审计行为：

（1）在对 TX 上市公司控股子公司 HT 投资发展有限公司 2004 年转让 ZG 证券股份有限公司股权所获投资收益 3,512.50 万元事项进行审计时，在上述股权转让未经证监会批准，有关确认投资收益的条件不完全具备的情况下，违反独立审计准则相关规定，未对该事项的会计处理进行调整。

（2）在对 TX 上市公司 2004 年转让 JW 医学生物技术有限公司股权所获投资收益 1,676 万元事项进行审计时，在上述股权转让未经 TX 上市公司 2004 年度股东大会审议通过的情况下，违反独立审计准则相关规定，未对该事项的会计处理进行调整。

（3）在对 TX 上市公司 2004 年转让 JO 绿色食品工程有限公司股权所获投资收益 347 万元事项进行审计时，在上述股权转让未经 TX 上市公司 2004 年度董事会审议通过的情况下，违反独立审计准则相关规定，未对该事项的会计处理进行调整。

违反条款：《股票发行与交易管理暂行条例》第三十五条，《独立审计具体准则第 5 号——审计证据》第五条、第七条，《独立审计具体准则第 8 号——错误与舞弊》第九条。

处罚结果： 根据当事人的违法事实、性质、情节与社会危害程度，依据《股票发行与交易管理暂行条例》第七十三条的规定，下达行政处罚决定书（×× [2009] 54 号），对 M 证券所给予警告，并处以 10 万元罚款；对注册会计师邱某处以 3 万元罚款；对注册会计师谢某给予警告。

简要评析： 本案属于注册会计师违规确认投资收益的案例，在审计中有三点需引起重视：一是长期股权投资的初始确认和变更确认；二是投资收益的会计确认；三是对子公司的会计报表进行合并。这三方面对企业的财务状况和经验成果都有可能造成重大影响。

【案例 9】 A 证券所未勤勉尽责，财务报表审计存在明显疏漏

基本案情： 经查明，A 证券所在对 BS 股份 2005 年会计报表审计中存在以下违法事实：

（1）审计范围没有包含资金结算中心问题。

BS 股份通过资金结算中心伪造 962 - 01 账户的资金结算凭证，虚构资金划转。资金结算中心证明没有上述业务发生。未发现 A 证券所对结算中心实施审计的痕迹。

（2）对 BS 股份货币资金的审计问题。

2005 年年末 BS 股份财务处资金结算中心存放款项的余额 33,228,226.39 元计入了 BS 股份资产负债表货币资金项目。A 证券所对 BS 股份财务处 2005 年度会计报表审计的底稿

中，针对公司银行存款，填制了"货币资金审定表"、"银行存款审定表"等表格。在 A 证券所对 BS 股份财务处及创业公司 2005 年度会计报表审计的底稿中，均未见对资金结算中心开户存放资金余额向金融机构的询证函。

A 证券所对银行存款明细表中建行西郊办（130016652080500001××-01）账户下 23,950,946.32 元资金，取得了 BS 股份在资金结算中心的对账单等资料，根据对账单确认银行存款余额为 23,950,946.32 元。资金结算中心 2005 年 12 月 31 日的资金统计日报表显示该账户资金余额为 2,282.01 万元。调查人员调取的资金结算中心 2005 年 12 月 31 日的资金统计日报表显示，该中心名下包含 BS 股份等 25 个单位账号的账户在工行、农行、中行、建行、中信等银行中的全部存款余额为 380.11 万元。建行五四西路支行提供的账号为 130016652080500001×× 银行对账单中显示，2005 年 12 月 31 日的银行存款余额为 1,998,206.61 元。此存款余额是包括 BS 股份在内的 25 个公司账户的共同存款。

（3）对 BS 股份银行借款及未披露的担保事项的审计问题。

BS 股份于 2005 年与建行五四西路支行签订了 9 笔短期借款协议，借款金额共计 14,700 万元。BS 股份对上述银行借款没有进行账簿记录，也没有纳入会计报表长短期借款项目予以披露，形成账外负债。直到 2006 年 6 月，BS 股份才进行会计调整，将 2005 年发生的 9 笔借款纳入账内核算，计入短期借款账内。BS 股份在其 2005 年度会计报表披露的关联方担保信息中没有披露 BS 股份为其子公司在建行五四西路支行借款提供保证担保 195,000,000 元的情况。A 证券所对 BS 股份在建行五四路支行的存款情况及借款情况进行了函证，取得银行盖章后的回函，未见 A 证券所对 BS 股份在该行对外担保情况进行函证。银行在确认的回函中未列示上述账外借款。

BS 股份于 2005 年与中行西城支行签订了 1 笔短期借款协议，借款金额 600 万元。BS 股份对该笔银行借款没有进行账簿记录，也没有纳入会计报表短期借款项目予以披露，形成账外负债。直到 2006 年 6 月，BS 股份才进行会计调整，将 2005 年发生的这笔借款纳入账内核算，计入短期借款账内。BS 股份在其 2005 年度会计报表披露的关联方担保信息中没有披露 BS 股份为其子公司以及 BS 集团关联公司在中行西城支行借款提供保证担保 76,730,000 元的情况。A 证券所对 BS 股份在中行西城支行的存款情况及借款情况进行了函证，取得银行盖章后的回函，未见 A 证券所对 BS 股份在该行对外担保情况进行函证。银行在确认的回函中未列示上述账外借款。

BS 股份在其 2005 年度会计报表披露的关联方担保信息中没有披露 BS 股份为 BS 集团关联公司在某信托投资公司借款提供保证担保，并在某信托投资公司开设存款账户，账号为 32021203243××，账户余额为 12,753.39 元，A 证券所予以确认。未见 A 证券所对 BS 股份在某信托投资公司的存款情况及对外担保情况进行函证。

（4）对创业分公司主营业务成本、主营业务收入、虚构利润、将虚增的货币资金虚交 BS 股份的审计问题。

创业分公司于 2005 年自制采购凭证 79 单，自制采购发票 266 张，通过虚假原材料采购虚增主营业务成本 184,710,194.30 元。创业分公司当年主营业务成本审定数为 456,140,569.59 元。创业分公司当年虚开采购原材料的发票中，有 227 张是用本公司的销售发票加盖"B 市轻工物资供销公司"的章充当采购原材料的发票，上述发票存根联在创业分公司保存。A 证券所制定存货审计程序、编制存货审定表、库存商品审定表、原材料审定表、存货计价测试表等表格，存货审定表中对当年采购的原材料数量、金额予以确认。但是，抽查凭证中没有对 B 市轻工物资供销公司的采购发票进行抽查，A 证券所没有对创业分公司原材料采购的第一供应商——B 市轻工物资供销公司进行关注。

2005 年，创业分公司自制销售凭证 289 单，虚开销售发票，虚开结算中心单据，通过虚假销售虚增主营业务收入 269,179,998.14 元。2005 年，创业分公司以收到销售货款的名义，通过资金结算中心进账单的形式增加 13001665208050001××-04 账号的账面银行存款 269,179,998.14 元。A 证券所未向结算中心核验销售回款的真实情况，也未取得外部结算单据，就对创业分公司当年销售收入 531,012,987.66 元予以确认。

创业分公司通过上述虚假行为，当年虚增主营业务收入 269,179,998.14 元，虚增主营业务成本 184,710,194.30 元，虚增销售利润 84,469,803.84 元。A 证券所未对创业分公司 2005 年度虚增主营业务收入 269,179,998.14 元、虚增主营业务成本 184,710,194.30 元、虚增销售利润 84,469,803.84 元的行为提出异议。A 证券所对创业分公司当年主营业务利润 74,872,418.07 元予以确认。

2005 年，创业分公司虚制凭证 32 单、虚开支票 32 张，将虚增的资金差额 84,469,803.84 元，以上缴利润的名义通过其在结算中心开立的账户上交给 BS 股份在资金结算中心的账户。创业分公司将虚增的货币资金 84,469,803.84 元以上缴利润名义以支票形式上交 BS 股份的资金，在资金结算中心没有划转记录。创业分公司付款支票在结算中心没有付款记录，没有资金出款。A 证券所未向结算中心核验资金凭证的真实情况，就对 1××-01 账户和 1××-04 账户的资金余额予以确认。

（5）对 BS 集团占用 BS 股份资金的审计问题。

截至 2005 年 12 月 31 日，BS 股份账面显示内部借款——SZ 公司科目借方余额为 16,575,431.69 元，其他应收款——集团公司科目借方余额为 66,533.20 元，其他应收款——集团农业分公司科目借方余额为 20,965.24 元；宝源公司账面显示其他应收款——创新公司科目借方余额为 28,000 元，其他应收款——动力公司科目借方余额为 100,000 元；BS 股份北京公司账面显示其他应收款——集团公司科目借方余额为 811,165.75 元；BS 股份创业分公司账面显示其他应收款——集团公司科目借方余额为 339,875.72 元；型材公司账面显示应付账款——德玛斯公司科目借方余额为 39,918,134.87 元。以上 BS 股份或合并报表范围内子公司与 BS 集团公司及其关联企业的往来款项均为关联方交易形成，总计 57,860,106.47 元，属于大股东占用款项。

2006 年 4 月 27 日 A 证券所出具了《关于 BS 股份有限公司 2005 年度关联方占用资金情况的专项审计说明》，没有披露上述大股东及其关联企业非经营性占用上市公司资金的情况。经检查 A 证券所审计工作底稿，未见对该类关联方交易及占款的审计痕迹。

（6）对 BS 股份股权转让资金的审计问题。

2005 年 2 月 20 日，BS 股份将所持有的 BS 深圳投资公司 95% 的股权转让给大股东 BS 集团，转让价 23,288,901.17 元。BS 股份凭证后附有资金结算中心"银行进账单"，显示 13001665208050001××-01 账户收到 23,288,901.17 元。资金结算中心证明没有上述资金划付业务的发生。

A 证券所制定了长期股权审定程序、长期股权审定表、长期股权投资明细表。未发现 A 证券所抽验 BS 股份转让深圳公司的原始凭证的审计记录。A 证券所确认的长期股权投资审定数 37,070,958.75 元中包含 BS 股份收回深圳公司的 23,288,901.17 元的投资收益。

（7）对 BS 股份贷款利息、贴现息挂账的审计问题。

2005 年 BS 股份通过其他应收款科目与德利得共发生往来 467 笔，其中借方发生 299 笔，发生额为 2,549,359,087.52 元；贷方发生 168 笔，发生额为 2,549,359,087.52 元，借贷方累计发生额 5,098,718,175.04 元，年末余额为 0 元。

BS 股份将 2005 年发生的 159 笔银行贷款利息共 12,946,854.64 元，记入其他应收款——德利得科目的借方中。BS 股份的银行存款日记账记载了上述 159 笔银行付款记录。德利得会计凭证后附有 12,946,854.64 元的 BS 股份名下贷款利息单。

BS 股份 2005 年通过氯碱分公司、型材公司银行账户办理 2 笔票据贴现业务，贴现资金划归 BS 股份使用，发生的 158,304.60 元贴现利息转给 BS 股份。BS 股份将其记入其他应收款——德利得科目的借方中。

BS 股份上述两项合计 13,105,159.24 元未列入财务费用，导致虚增 2005 年度利润 13,105,159.24 元。

A 证券所审计人员编制的其他应收款明细表中债务人项下没有德利得公司。A 证券所对 BS 股份 2005 年度财务报告的审计工作底稿显示审计人员抽查了 7 笔 BS 股份与德利得往来的会计凭证，总金额 226,200,000.00 元，但是 A 证券所对这一巨额异常交易没有实施进一步的审计程序。

（8）对 BS 股份 2005 年度财务报告的审计问题。

A 证券所对 BS 股份 2005 年度财务报告进行了审计并出具了标准的无保留意见审计报告，签字的注册会计师是王某、艾某，齐某时任 A 证券所主任会计师。

违反条款：《证券法》第一百七十三条"证券服务机构为证券的发行、上市、交易等证券业务活动制作、出具审计报告、资产评估报告、财务顾问报告、资信评级报告或者法律意见书等文件，应当勤勉尽责，对所依据的文件资料内容的真实性、准确性、完整性进行核查和验证"的规定，构成了《证券法》第二百二十三条所述违法行为。

处罚结果：根据当事人违法行为的事实、性质、情节与社会危害程度，依据《股票条例》第七十三条及《证券法》第二百二十三条的规定，下达行政处罚决定书（××〔2014〕70 号），作出处罚决定如下：

（1）没收 A 证券所违法所得 927,090 元，并处以 927,090 元罚款；

（2）对齐某处以 20 万元罚款；

（3）对李某、王某、艾某分别处以 10 万元罚款。

简要评析：真实、完整、高效、透明的财务信息披露，是监管部门和投资者对上市公司的基础性要求。会计师事务所的审计作为上市公司财务信息披露报告制度的一部分，担负着过滤会计信息风险，确保会计信息质量，降低会计信息识别成本的重要作用。因此，会计师事务所及其审计人员应当独立于上市公司管理当局开展工作，按照本行业公认的业务标准和审计人员职业规范对所依据的文件内容的真实性、准确性、完整性进行核查和验证并独立发表意见。综合审查现有证据，A 证券所及其签字会计师在对 BS 股份相关年度财务报告审计过程中未勤勉尽责，存在明显疏漏。

【案例10】W证券所未勤勉尽责，出具了含有虚假内容的审计报告

基本案情： W证券所在对JL上市公司2006年度报告审计过程中未勤勉尽责，未按照中国注册会计师执业准则规定的程序审计，未对所依据文件资料内容的真实性、准确性、完整性进行核查和验证，出具了含有虚假内容的审计报告。具体行为如下：

（1）W证券所对JL上市公司2006年度会计报表审计建立在JL上市公司完成资产置换、实现重组的基础上。在审计报告日前JL上市公司没有完成资产置换，业务环境已发生变化的情况下，W证券所没有修改其审计策略，在审计过程中忽略了对风险的再评估。

（2）W证券所在明知JL上市公司应提未提资产减值准备和折旧摊销的情况下，为防止公司退市，出具了无保留意见的审计报告。

（3）W证券所在对JL上市公司进行2006年度报告审计时，没有制定具体审计计划，没有安排项目组讨论，存在审计内部控制上的重大遗漏。

（4）W证券所以"避免公司退市"作为审计目的，偏离了财务报表审计目标。

（5）W证券所在认定其他应收款和坏账准备期初数时，没有对去向待查的应收款项及兴业银行保证金进行函证，也未执行替代程序，未对期初数取得充分、适当的审计证据，在此情况下，W证券所确认其他应收款全额计提坏账准备105,530,604.82元。

（6）W证券所知悉JL上市公司管理层存在改善财务业绩、歪曲财务报表的压力，将审计风险评估为高水平，确认接近资产负债表日所取得的3,500万元佣金收入为主要的审计风险，将公司管理层诚信和管理能力评估为低水平，在3,500万元佣金收入所涉及的账务处理极其复杂的情况下，未针对JL上市公司与××工程机械有限公司、××企业有限公司、××实业有限公司的资金往来关系真实性向这3家公司进行函证，未就××企业有限公司开立的本票真实性函证出票行为，也未对××新技术有限公司和××发展有限公司注册资金来源实施审计。W证券所在未获得充分、适当的审计证据的情况下审计确认该笔重大收入。

（7）W证券所对关联方审计程序严重缺失，未进行函证，没有就资金占用金额与大股东进行核对，没有取得该项债务重组协议，并在未能确认关联方欠款是否真实的情况下，对2006年12月JL上市公司调增资产冲抵大股东欠款的事项进行了确认。

（8）W证券所在知悉2006年追回的资产已被冻结、存在权属不清的情况下，未采取相应的审计措施，对上述资产实施进一步审计程序；在注册会计师认为上述资产不具备确认为资产条件、以资抵债属于虚假清欠的情况下，确认为资产，致使对固定资产和无形资产虚增79,059,574.12元发表了不正确的审计意见。

（9）W证券所在JL上市公司董事长刘某某介绍2006年度收入状况与居间合同业务取得的收入存在重大差异的情况下，未实施相应的审计程序，致使未能发现虚假佣金收入业务。

（10）W证券所未采取相应的审计措施，在计算出固定资产折旧和无形资产摊销后，仍未在其出具的审计差异汇总表及财务报告中予以调整，致使审计确认少计固定资产折旧和无形资产摊销22,274,855.74元。

（11）W证券所发表了不恰当的审计意见，出具了含有虚假内容的审计报告。

违反条款：《中国注册会计师鉴证业务基本准则》第十三条、第五十六条，《中国注册会计师审计准则第 1101 号——财务报表审计的目标和一般原则》第四条、第六条,《中国注册会计师审计准则第 1141 号——财务报表审计中对舞弊的考虑》第六十四条,《中国注册会计师审计准则第 1201 号——计划审计工作》第十三条,《中国注册会计师审计准则第 1211 号——了解被审计单位及其环境并评估重大错报风险》第四十条,《中国注册会计师审计准则第 1221 号——重要性》第十五条、第十六条,《中国注册会计师审计准则第 1301 号——审计证据》第六条、第七条,《中国注册会计师审计准则第 1312 号——函证》第五条、第七条、第九条,《中国注册会计师审计准则第 1323 号——关联方》第十三条,《中国注册会计师审计准则第 1331 号——首次接受委托时对期初余额的审计》第十二条,《中国注册会计师审计准则第 1502 号——非标准审计报告》第十一条、第十二条、第十三条,《会计师事务所质量控制准则第 5101 号——业务质量控制》第十四条。

处罚结果:根据当事人违法行为的事实、性质、情节与社会危害程度,依据《证券法》第二百二十三条的规定,下达行政处罚决定书(××〔2009〕52 号),对 W 证券所没收业务收入 50 万元,并处以 50 万元罚款;对注册会计师卫某、徐某、文某给予警告,并分别处以 10 万元罚款;对胡某给予警告,并处以 3 万元罚款。

简要评析:W 证券所在审计过程中,严重违反执业准则,在较多重要审计程序未实施的情况下出具报告,导致审计报告不实,依法受到制裁。本案进一步告诉我们,遵守《中国注册会计师执业准则》是会计师事务所和注册会计师的法定义务,同时也是保护会计师事务所和注册会计师的工具。

【案例 11】 Z 证券所未按规定披露关联交易

基本案情:Z 证券所对 DM 上市公司 2007 年年度财务报表审计时未勤勉尽责,未披露 DM 上市公司的关联交易。

2007 年 3 月 16 日至 2007 年 12 月 31 日,DM 上市公司向其控股股东 DM 集团累计提供资金 31,670 万元,累计收回资金 28,177 万元,截至 2007 年 12 月 31 日未收回资金余额 3,493 万元。为避免信息披露,DM 上市公司采取不将上述提供资金的情况记入会计记录的行为,以及假借与其他机构发生交易的行为,造成 DM 上市公司 2007 年年度财务报表虚假陈述。DM 上市公司也没有在 2007 年年度财务报表中对上述关联交易予以披露。

Z 证券所在对 DM 上市公司审计时,未按照审计准则的要求选择函证样本,对询证函的发出、收回没有保持控制,在对部分往来账项没有发函或没有收到回函的情况下未实施有效的替代程序。DM 上市公司与 DM 集团的全资子公司 RJ 公司没有经营往来,2007 年却频繁发生资金往来,Z 证券所对 DM 上市公司与 RJ 公司的资金往来应当予以关注但没有关注,在审计时没有实施有效的审计程序。

违反条款:《中国注册会计师审计准则第 1301 号——审计证据》第六条,《中国注册会计师审计准则第 1312 号——函证》第十条、第十八条和第二十一条,《中国注册会计师审计准则第 1323 号——关联方》第十一条。

处罚结果:根据当事人违法行为的事实、性质、情节与社会危害程度,依据《证券法》第二百二十六条和第二百二十三条的规定,下达行政处罚决定书(××〔2009〕19 号),责令 Z 证券所改正,并处以 10 万元罚款;分别给予毕某、刘某警告,并处以 3 万元罚款。

简要评析： 对于关联交易的审计，会计师事务所和注册会计师应当保持谨慎的职业原则，全面实施包括函证在内的必要审计程序，以收集充分、适当的审计证据。在资本市场中，一些企业为了掩盖财务恶化的状况和制造虚假的经营业绩，往往在关联交易中"做文章"，这一点需引起高度注意。

【案例 12】 L 证券所审计程序不到位，未能发现固定资产虚假情况

基本案情： L 证券所在 BY 上市公司 2002 年、2003 年、2004 年、2005 年年度报告审计中对固定资产科目进行审计时，存在以下问题：

（1）BY 上市公司 2002 年度虚列固定资产原值为 87,678 万元，占当期资产总额的23.7%。L 证券所未按规定对本年度新增运输工具进行实地抽查。L 证券所获取 Z 铁路局、H 铁路局的说明作为替代程序。在两个铁路局出具的说明不能有效、充分证明上述固定资产的存在的情况下，L 证券所也未能就说明中的车辆与 BY 上市公司当期新增的运输工具是否一致获得进一步的审计证据，未能发现上述固定资产存在虚假的情况。

（2）BY 上市公司 2003 年度、2004 年度和 2005 年度虚列固定资产原值均为568,810,345 元。在此三年年报审计中，L 证券所对 BY 上市公司固定资产进行审计时，只对当年新增加的固定资产、部分房屋和办公用品进行抽盘，未对期末固定资产中运输工具执行盘点或抽盘程序。虽然在 2003 年审计中取得了关于上述运输工具固定资产一定的审计证据，但审计程序不充分、不到位，未能发现上述固定资产存在虚假的情况。

违反条款：《证券法》第一百六十一条，《股票发行与交易管理暂行条例》第三十五条，《独立审计具体准则第 1 号——会计报表审计》第十六条，《独立审计具体准则第 5 号——审计证据》第十条，《中国注册会计师执业规范指南第 1 号——年度会计报表审计》第3.332 固定资产及累计折旧中第（2）部分审计程序中第 3 条。

处罚结果： 根据当事人违法行为的事实、性质、情节与社会危害程度，依据《股票发行与交易管理暂行条例》第七十三条之规定，下达行政处罚决定书（×× [2009] 11 号），没收 L 证券所 2002 年审计 BY 上市公司年度报告非法所得 60 万元，并对其因 2003～2005 年审计出具文件存在虚假的违法行为处以罚款 50 万元；对王某、曹某分别处以 5 万元罚款。

简要评析： 本案固定资产虚假金额巨大，注册会计师在连续多个年度审计中均未能发现，存在重大过错，被监管部门依法给予了行政处罚。本案有两点需引起注册会计师特别注意：一是固定资产实地抽盘程序的有效实施；二是固定资产期初余额的全面核实。

【案例 13】 P 证券所出具报告有虚假、严重误导性内容或者有重大遗漏

基本案情： P 证券所在审计 DT 上市公司 2004 年年报中，存在以下问题：

DT 上市公司 2004 年年报有关投资收益 1,263 万元确认依据不充分，P 证券所未发现该项投资收益确认不当的事实；少提应收款项的坏账准备 688 万元，P 证券所未指出 DT 上市公司计提坏账准备与公开披露的会计政策不一致的事实；在对"在建工程—北京××产业园项目"科目进行审计时，未对 DT 上市公司将 2004 年度内合计 720 万元应计入管理费用的两笔支出转入在建工程提出异议；对 DT 上市公司本应计入财务费用的 1,046 万元的法律

服务中介费用提出了不当审计调整意见，将律师费用和相关中介费用从财务费用转为长期股权投资；审计工作底稿中没有留下工作底稿复核人的签名和复核意见，P 证券所也无法提供相应的复核记录；刘某作为 DT 上市公司 2004 年年报审计的项目负责人，同时又是 P 证券所的部门经理，在出具审计报告前，P 证券所未另行指定其他人员代为执行部门经理的工作底稿复核工作，未有效执行三级复核制度。

违反条款：《股票发行与交易管理暂行条例》第三十五条，《独立审计基本准则》第六条，《独立审计具体准则第 5 号——审计证据》第五条，《独立审计具体准则第 6 号——审计工作底稿》第十三条。

处罚结果：根据《股票发行与交易管理暂行条例》第七十三条的规定，下达行政处罚决定书（×× ［2008］29 号），对 P 证券所处以 30 万元的罚款，对注册会计师刘某和王某分别处以 5 万元和 3 万元的罚款。

简要评析：P 证券所未能勤勉尽责，出具的审计报告有虚假、严重误导性内容或者有重大遗漏，监管部门给予了罚款的行政处罚。本案告诉我们，会计师事务所和注册会计师在审计过程中，既要按规定实施审计程序和收集审计证据，又要严格履行逐级复核制度，从质量控制体系的建立和健全中防止系统性的审计风险。

【案例 14】D 证券所未关注审计证据相互矛盾等情况被处罚

基本案情：经查明，D 证券所存在以下违法违规事实：

2011 年 10 月 15 日，D 证券所出具 D 审字 ［2011］ 第 1～2538 号《T 股份公司审计报告》，审计意见认为 T 股份公司财务报表已经按照企业会计准则的规定编制，在所有重大方面公允反映了其财务状况以及 2011 年 1～9 月、2010 年度、2009 年度、2008 年度的经营成果和现金流量，签字注册会计师为胡某、吴某。T 股份公司招股说明书（申报稿）预披露使用了上述审计报告。

经查，D 证券所在 T 股份公司 IPO 审计过程中取得的部分审计证据相互矛盾，包括：T 股份公司 IPO 审计工作底稿与 T 股份公司财务凭证不一致，审计工作底稿中审计证据不一致，T 股份公司 IPO 核查工作底稿中审计证据不一致，核查工作底稿与审计工作底稿中审计证据不一致。而且，D 证券所在 T 股份公司 IPO 审计过程中，未对所发出的询证函汇总并进行有效控制。

在对上述三个工程项目的财务审计中，对于在 T 股份公司 IPO 审计过程中部分审计证据相互矛盾、相关资金流转异常，以及政府招投标程序缺失等情况，D 证券所未予关注并追加必要的审计程序。

D 证券所向 T 股份公司收取审计费 60 万元。

违反条款：《证券法》第二十条、《证券法》第二百二十三条。

处罚结果：根据《证券法》第二百二十三条的规定，下达行政处罚决定书（×× ［2013］45 号）：

（1）没收 D 证券所业务收入 60 万元，并处以 120 万元罚款；

（2）对胡某给予警告，并处以 10 万元罚款；

（3）对吴某给予警告，并处以 5 万元罚款。

简要评析： 本案应注意以下两点：

第一，T 股份公司财务造假的事实清楚，虽然三个工程项目真实存在，但在 2011 年 9 月均未达到收入确认条件，T 股份公司采取伪造收入的方式，虚增当期利润占当期利润总额达 53.18%，当事人胡某、吴某对此情况未予关注。

第二，当事人的行为不符合《行政处罚法》第二十七条所述"主动消除或减轻违法行为危害后果"的情形，根据《中国注册会计师执业准则》的要求，会计师应当就舞弊导致的会计差错主动向监管机构报告。在监管机构发现 T 股份公司存在舞弊嫌疑并要求当事人核查的前提下，当事人应当对核查工作给予特别关注和高度注意，但当事人未履行基本的审慎注意义务。

【案例 15】Y 证券所未按规定实施函证程序，出具不实审计报告

基本案情： Y 证券所在审计 LC 上市公司 2002 年、2003 年年度财务报表过程中，就 LC 上市公司以伪造的银行进账单虚构 18,000 万元银行存款、从中国银行××分行贷款 9,000 万元、虚构收取××企业（集团）有限公司违约金等事项进行审计、向银行等单位进行函证时，未按规定对函证的发出及收回保持控制，而是将有关函证的发函和收函交由 LC 上市公司完成，未能勤勉尽责，保持应有的职业谨慎，为 LC 上市公司 2002 年、2003 年年度财务报表出具了无保留意见的审计报告，对 LC 上市公司披露的 2002 年和 2003 年财务报告存在虚假记载内容负有审计责任。

违反条款：《股票发行与交易管理暂行条例》第三十五条，《独立审计具体准则第 27 号——函证》。

处罚结果： 根据《股票发行与交易管理暂行条例》第七十三条的规定，下达行政处罚决定书（××〔2008〕13 号），对 Y 证券所给予警告并处以 40 万元的罚款，对常某、古某分别处以 5 万元的罚款。

简要评析： Y 证券所将有关函证的发函和收函交由 LC 上市公司完成，未能勤勉尽责，保持应有的职业谨慎，被认定为审计过失。因此，会计师事务所和注册会计师一定要更加审慎，确保函证程序的设计和函证流程由注册会计师进行全过程控制，妥善处理道德信任和审计程序的关系。

【案例 16】L 证券所出具的审计报告、自查报告存在虚假记载

基本案情： 经查，L 证券所存在以下违法事实：

L 证券所及其注册会计师黄某、温某、汪某在审计 T 股份公司 IPO 和执行首次公开发行股票公司审计业务专项核查工作时未勤勉尽责，2013 年 2 月 17 日出具的审计报告和 2013 年 3 月 28 日出具的《L 证券所关于 T 股份公司落实〈关于做好首次公开发行股票公司 2012 年度财务报告专项检查工作的通知〉的自查报告》（以下简称《自查报告》）存在虚假记载。

（1）IPO 审计底稿中计划类工作底稿缺失或没有在计划中对评估出的重大错报风险作出恰当应对，没有设计进一步审计程序，没有对舞弊风险进行评估和计划应对。

L 证券所 IPO 审计底稿（2010 年）无计划类工作底稿，无总体审计策略、具体审计计

划、重要性水平确定表等；无"风险评估汇总表"或其他风险评估底稿。

L 证券所 IPO 审计底稿（2011 年）无总体审计策略、具体审计计划；无"风险评估汇总表"或其他风险评估底稿。

L 证券所 IPO 审计底稿（2012 年）具体审计计划中将"评估的重大错报风险"索引至 C47，但未见该份底稿。2012 年"风险评估汇总表"中将销售收款循环评估为财务报表层次的重大错报风险，最高风险，并将对报表的影响描述为虚增营业收入和虚增应收账款；将固定资产循环评估为高风险，对报表的影响描述为虚增资产，涉及在建工程、固定资产科目。但总体应对措施仅描述为"控制测试及实质性测试"，也没有就认定层次重大错报风险设计进一步审计程序。

L 证券所 IPO 审计底稿（2010～2012 年）中没有舞弊风险评估的相关底稿。

（2）IPO 审计时应收账款函证过程未保持控制，对明显异常回函没有关注，替代程序未得到有效执行，未能发现 T 股份公司虚构客户、虚增收入的行为。

L 证券所 2010 年函证的 20 家应收账款客户中有 1 家为虚假客户（即 T 股份公司虚构的客户），10 家存在虚假销售（即 T 股份公司以该客户名义虚构销售），IPO 审计底稿中留存了此 11 家客户中 7 家的询证函回函。2010 年 T 股份公司虚增对上述 11 家客户的销售收入 1,079.61 万元，利润 390.49 万元，占当期利润总额的 13.47%。L 证券所 2012 年函证的 51 家应收账款客户中有 5 家为虚假客户，2 家存在虚假销售，IPO 审计底稿中留存了这 7 家客户的询证函回函。2012 年 T 股份公司虚增对上述客户的销售收入 495.64 万元，利润 165.15 万元，占当期利润总额的 2.33%。

（3）IPO 审计时银行账户函证程序缺失或未有效执行，银行账户函证范围存在遗漏，函证未保持控制，未回函的银行账户和异常的询证函回函未予追查，对获取的明显异常的银行对账单未予关注，也未采取进一步审计程序，未能发现 T 股份公司在建设银行 X 支行开立的 410015577100502031×× 账户 2011 年年末实际余额比账面余额少 3,000 万元的事实，以及 T 股份公司伪造银行询证函回函、伪造银行对账单的事实。

（4）对固定资产的审计程序未能有效执行，检查固定资产新增发生额时，未关注原始凭证异常情况，盘点时未关注大额进口设备及构件，未核对设备编号，检查付款凭证时没有关注合同异常，未能发现 T 股份公司虚增固定资产 2,581.3 万元。

（5）在 IPO 审计过程中，未有效执行关联方识别和披露的审计程序，未能发现 T 股份公司通过第三方公司隐瞒关联交易的事实。

L 证券所 2010 年 IPO 审计底稿中仅有关联方及关联方交易"审计程序表"，虽标有程序执行索引号，但未见相关底稿。2011 年 IPO 审计底稿中没有任何执行关联方审计程序的记录。2012 年 IPO 审计底稿没有执行其他实质性审计程序的记录，关联方关系及披露没有审计结论。

（6）自查时关联方核查程序未有效执行，对客户的走访流于形式，部分结论没有底稿支持。

自查底稿以及 IPO 审计底稿中均没有注册会计师核对 T 股份公司与 F 钢结构公司等关联方的往来明细账、现金日记账、银行日记账的记录，也没有访谈上述关联方的记录。

自查底稿显示，走访 Q 钢结构公司没有访谈记录，底稿中仅取得一份"Q 钢结构公司基本情况及财务数据"的说明，未加盖 Q 钢结构公司公章。该说明后附的明细清单为 T 股份公司对 Q 钢结构公司的往来明细账，会计师未对双方交易进行核查。同时，会计师未对 T 股份公司向 A 商贸公司、H 信达公司、C 钢结构公司的销售金额与 L 证券所 IPO 审计底稿中记录的差异进行核查。

自查底稿结论称"项目组核查关联方财务报告、成本、费用、营业外支出明细以及现金银行账款科目明细表、往来科目明细表"，但自查底稿中未见关于上述情况的任何记录。

违反条款：《证券法》第二十条第二款、第一百七十三条、第二百二十三条，《审计准则第 1231 号——针对评估的重大错报风险采取的应对措施》第五条、第六条，《审计准则第 1141 号——财务报表审计中与舞弊相关的责任》第十三条、第十六条、第十七条，《审计准则第 1312 号——函证》第十二条、第十四条、第十九条、第二十三条，《审计准则第 1301 号——审计证据》第十条、第十一条、第十五条，《审计准则第 1323 号——关联方》第十四条、第十五条和第十六条。

处罚结果：根据当事人违法行为的事实、性质、情节与社会危害程度，依据《证券法》第二百二十三条的规定，下达行政处罚决定书（×× ［2014］21 号）：

（1）对 L 证券所没收业务收入 60 万元，并处以 120 万元罚款；

（2）对黄某、温某给予警告，并分别处以 10 万元罚款。

（3）对汪某给予警告，并处以 8 万元罚款。

简要评析：本案应重点关注以下几点：

（1）认定 L 证券所为责任主体的依据在于：第一，L 证券所与 T 股份公司于 2010 年 4 月签订《审计业务约定书》时，尚未发生股权纠纷，三名会计师均在 L 证券所正常执业，该协议从形式到实质均不存在法律瑕疵。第二，虽然 L 证券所内部股东就公司控制权进行诉讼，但其作为法人主体始终存续，本案所涉报告也均是以 L 证券所名义出具。第三，业务收入转入 L 证券所公司账户，L 证券所作为独立人格的法人享有对该业务收入的所有权，之后的资金划转属于公司的收益分配。第四，L 证券所在公司内部治理已陷入失控局面，审计条件发生重大不确定性情况下，L 证券所管理层基于利益与风险考虑作出妥协，放弃对 T 股份公司项目实施正常管控并加盖公章，应视为 L 证券所对 T 股份公司项目的确认。第五，从申辩材料看，L 证券所已于 2013 年 2 月 27 日取得所谓被姜某扣留的转制必要材料，但仍在 3 月 28 日盖章出具了《自查报告》并由黄某签字，此时 L 证券所所称受胁迫情形并不存在。L 证券所在执行 T 股份公司 IPO 审计业务中未勤勉尽责，有违对外部报告使用人的信赖义务，破坏了证券市场管理秩序。

（2）L 证券所 2013 年 2 月提交的 IPO 审计报告是独立的审计报告，其使用了以前年度审计底稿代替 IPO 审计底稿，并不意味着使用以前年度审计报告代替 IPO 审计报告，因此，2010 年和 2011 年财务报告加盖公章是否真假与 IPO 审计报告无关，亦与本案认定无关。

（3）T 股份公司报送虚假申请文件行为，情节恶劣，严重破坏证券市场诚信基础和投资者信心，造成严重的社会影响。

会计师在 T 股份公司 IPO 审计业务及自查业务中未能勤勉尽责，执业存在诸多问题，特别是在监管部门要求自查后仍未能尽职，应当予以严惩。

【案例 17】 T 证券所违规确认股权转让收益 6,505 万元

基本案情：T 证券所为 AX 上市公司 2004 年年报审计机构。2004 年 11 月 25 日，AX 上市公司与 ZJ 公司签署《股权转让协议》，约定 AX 上市公司将所持的 2,502 万股 PH 基金的股权作价 9,007 万元转让给 ZJ 公司，ZJ 公司首批支付不低于 6,000 万元的转让价款，余款于证监会批准本次转让后支付。2004 年 12 月 31 日，AX 上市公司收到 ZJ 公司支付的股权转让款 500 万元。2005 年 1 月 4 日至 6 日，公司又陆续收到 ZJ 公司支付的股权转让款人民币 5,000 万元。

由于 AX 上市公司截至 2004 年 12 月 31 日仅收到 ZJ 公司的股权转让款 500 万元，截至年报公布日，PH 基金股权转让一事仅收到证监会受理其股权转让申报材料的通知书，并未获得证监会的批准，不符合确认收益的条件。但是，2005 年 4 月 21 日，AX 上市公司公告 2004 年年报，公司将全部 PH 基金股权转让款 9,007 万元确认为当年收入，并据此确认了转让收益 6,505 万元，使其当年利润由亏损变为盈利。如果将该项 PH 基金股权转让收益予以剔除，调整后 2004 年年度 AX 上市公司净利润由盈利 760 万元转为亏损 5,693 万元，2003 年、2004 年公司连续两年亏损。

T 证券所在审计 AX 上市公司 2004 年年报时，关注到上述情况，但仍出具了标准无保留意见的审计报告。

违反条款：《证券投资基金管理公司管理办法》第十七条，《股票发行与交易管理暂行条例》第三十五条，《关于执行〈企业会计制度〉和相关会计准则有关问题解答》（财会 ［2002］18 号）。

处罚结果：根据当事人违法行为的事实、性质、情节与社会危害程度，依据《股票发行与交易管理暂行条例》第七十三条之规定，下达行政处罚决定书（×× ［2007］24 号），对 T 证券所处以 20 万元罚款，对注册会计师夏某、张某给予警告。

简要评析：T 证券所违规确认 AX 上市公司股权转让收益 6,505 万元，使 AX 上市公司 2004 年年度净利润由亏损 5,693 万元转为盈利 760 万元，导致经营成果的重大不实。因此，在审计过程中，注册会计师一定要加大对股权转让收益确认条件的审核，严格遵循《企业会计准则》及其相关规定，防止企业人为调节利润，制造虚假的财务数据，以保护社会公众的合法利益。

【案例 18】 Z 证券所未对主营业务收入实施必要的审计程序而出具虚假报告

基本案情：Z 证券所在对 JR 上市公司 2002 年度、2003 年度会计报表的主营业务收入进行审计时，没有保持应有的职业谨慎，没有执行和追加必要的审计程序，在未按照《独立审计准则》的要求实施相应的审计程序和未取得相应的审计证据的情况下，为 JR 上市公司出具了含有虚假内容的标准无保留意见的审计报告。

（1）JR 上市公司及其控股子公司 ZY 公司对上海 SZ 公司、上海 HR 公司、上海××公司等单位的购销业务仅凭销货发票入账。注册会计师没有审阅购销合同、货物运输凭证和入库凭证，确认销售收入的依据不足。

（2）2001 年度 JR 上市公司母公司主营业务收入为 177 万元，2002 年度为 7,967 万元，2003 年度为 16,294 万元，这些主营业务基本上是虚构的。对此，注册会计师没有进行适当的分析性复核工作，审计程序不适当。

（3）ZY 公司的主要业务是购入 PU 材料加工成 PU 皮革后出售，但是在 2002 年 11 月至 2003 年 10 月，长达近一年的时间内，ZY 公司分别向 JR 上市公司和上海 SZ 公司、上海 HR 公司销售了 10,210 万元的 PU 材料，2003 年 8 月从上海 QY 公司购入了 680 多万元的 PU 皮革。经调查，这些逆生产流程的销售业务都是虚构的。对此，注册会计师没有进行恰当的分析性复核和穿行测试。

（4）对于增值税发票显示的关联购销单位存在的显著疑点没有发现：①上海 SZ 公司与上海 HR 公司的办公地址都是"××新区向城路 15 号锦城大厦 18B"，电话号码都是 582008××；②上海 SZ 公司与上海 YQ 公司的开户银行和账号都是"××银行川沙支行 319842 - 000010411××"。

（5）2003 年有的应收账款询证函的存根联和发出联都保存在工作底稿里面，没有对外发出，省略了函证程序。

违反条款：原《证券法》第一百六十一条，《股票发行与交易管理暂行条例》第三十五条。

处罚结果：根据《股票发行与交易管理暂行条例》第七十三条的规定，下达行政处罚决定书（××［2007］3 号），对 Z 证券所给予警告，并处以 40 万元罚款；对负有直接责任的注册会计师隆某和汪某各罚款 5 万元。

简要评析：本案强调了分析性复核、穿行测试程序、函证程序等审计程序的重要性，不能仅仅流于形式，否则很容易导致审计失败的发生。

【案例 19】 J 证券所的审计报告存在重大担保事项的遗漏披露

基本案情：J 证券所在对 ZG 上市公司 2001 年和 2002 年年报审计过程中，在未对 ZG 上市公司的对外担保事项执行函证程序，也未取得 ZG 上市公司贷款卡及借款、担保信息的情况下，对 ZG 上市公司 2001 年和 2002 年年报发表了带解释性说明的无保留意见；虽然在审计意见解释性说明中提示 ZG 上市公司存在巨额对外担保，但未能揭示出 ZG 上市公司存在重大担保事项遗漏披露的事实。

J 证券所在审计 ZG 上市公司 2001 年和 2002 年年报过程中未能保持应有的职业谨慎，对 ZG 上市公司 2001 年和 2002 年年报存在的重大遗漏负有审计责任。

违反条款：原《证券法》第一百六十一条，《股票发行与交易管理暂行条例》第三十五条，《独立审计准则——关联方及其交易》第十五条。

处罚结果：根据《股票发行与交易管理暂行条例》第七十三条的有关规定，下达行政处罚决定书（××［2006］8 号），对 J 证券所处以 20 万元罚款，对注册会计师李某、景某分别处以 5 万元罚款。

简要评析：J 证券所 2001 年和 2002 年年报审计中，未能揭示出 ZG 上市公司存在重大担保事项遗漏披露的事实，主要原因是未能保持应有的职业谨慎，且未对 ZG 上市公司的对外担保事项执行函证程序。为此，注册会计师要高度关注对外担保等重要事项，时刻保持职业谨慎，按规定实施审计程序，以防止重大遗漏等情况的发生。

【案例 20】 Z 证券所违规执业造成严重后果被撤销证券业务许可

基本案情： 2011 年 7 月 26 日，Z 证券所就 W 股份公司上市前三个年度（2008 年度、2009 年度、2010 年度）和最近一期（2011 年上半年）财务报表出具标准无保留意见的审计报告。经查明，Z 证券所及其注册会计师在审计 W 股份公司 IPO 财务报表过程中，未能勤勉尽责，出具的审计报告存在虚假记载。

（1）IPO 审计阶段函证程序缺失。

Z 证券所及其注册会计师在审计 W 股份公司 IPO 财务报表过程中，未对 W 股份公司 2008 年年末、2009 年年末的银行存款、应收账款余额进行函证，也未执行恰当的替代审计程序。其中，银行存款函证程序的缺失，导致 Z 证券所未能发现 W 股份公司虚构一个 T 县农信社银行账户的事实，W 股份公司 2008 年以该银行账户虚构资金发生额 2.86 亿元，其中包括虚构收入回款约 1 亿元；应收账款函证程序的缺失，导致 Z 证券所未能发现 W 股份公司 2008 年、2009 年虚增收入的事实。

Z 证券所及其注册会计师在对 W 股份公司 2010 年年末和 2011 年 6 月 30 日的往来科目余额进行函证时，未对函证实施过程保持控制。Z 证券所审计工作底稿中部分询证函回函上的签章，并非被询证者本人的签章。上述程序缺陷，导致 Z 证券所未能发现 W 股份公司 2010 年、2011 年上半年虚增收入和采购的事实。

（2）IPO 审计阶段未对评估的重大错报风险实施恰当的审计程序。

Z 证券所及其注册会计师在评价 W 股份公司舞弊风险时，认为其管理层为满足上市要求和借款融资需求，有粉饰财务报表的动机和压力。在已识别出包括营业收入、应收账款、预付账款等在内的重大错报风险领域的情况下，Z 证券所及其注册会计师未实施有效的进一步审计程序。

违反条款： 《证券法》第二百二十三条、《中国注册会计师审计准则第 1312 号——函证》、《中国注册会计师审计准则第 1231 号——针对评估的重大错报风险实施的程序》。

处罚结果： 依据《证券法》第二百二十三条的规定，下达行政处罚决定书（××〔2013〕52 号），撤销 Z 证券所证券服务业务许可。

简要评析： 本案中，Z 证券所 IPO 审计阶段函证程序缺失、未对评估的重大错报风险实施恰当的审计程序，造成了严重的后果，监管部门为此给予了最严厉的行政处罚，撤销了证券服务业务许可。

【案例 21】 H 证券所违规确认虚假在建工程受处罚

基本案情： FL 上市公司 2001 年年度审计报告签字会计师是 H 证券所注册会计师谭某和李某。经上述当事人核查验证，H 证券所对 FL 上市公司 2001 年的年度财务报告出具了无保留意见的审计报告。经查，在对 FL 上市公司 2001 年在建工程审计中，上述当事人未充分检查已完工项目的竣工决算报告、验收交接单等其他凭证以及其他转出数的原始凭证，在未取得充分、适当的审计证据情况下，确认了该公司对以前年度虚构在建工程的冲账处理结果，从而没能揭示和指出 FL 上市公司当年相关财务数据存在虚假的事实。

违反条款：原《证券法》第一百六十一条，《股票发行和交易管理暂行条例》第三十五条。

处罚结果：根据《股票发行与交易管理暂行条例》第七十三条规定，下达行政处罚决定书（×× ［2004］ 44 号），对谭某罚款 5 万元，对李某罚款 3 万元。

简要评析：会计师事务所和注册会计师在在建工程审计中，应当充分检查已完工项目的竣工决算报告、验收交接单等凭证以及其他转出数的原始凭证，关注在建工程的冲账调整事项，审慎发现并恰当处理在建工程的不真实等问题。

【案例 22】 X 证券所未按规定履行分析、函证等重要程序

基本案情：经查明，X 证券所及注册会计师刘某、贺某在对 Y 股份公司 2009 年年报审计和出具审计报告过程中存在以下违法事实：

（1）未履行充分的分析程序，未发现 Y 股份公司少计应付票据金额的事实，形成了错误核查验证结论。

① X 证券所在获取银行询证函回函后，未将询证函上列示的保证金金额与其对应的未到期银行承兑汇票相核对，也未将询证函上列示的未到期银行承兑汇票与应付票据明细账相核对，致使未发现 Y 股份公司向 L 贸易公司开具的大量银行承兑汇票未记账的事实。

② X 证券所未将"企业基本信用信息报告"中显示的"已结清信贷信息——银行承兑汇票"金额与应付票据科目余额表相核对，因此未发现两者的差异。

③ X 证券所未将 L 贸易公司的询证函所列示信息与 2009 年度 Y 股份公司向 L 贸易公司开具的银行承兑汇票相核对，因此未发现两者的重大差异。

X 证券所未勤勉尽责地执行审计中的分析程序，导致未发现 Y 股份公司少计应付票据金额的事实，形成了错误核查验证结论。

（2）在发函没有收到回函的情况下，未实施有效的替代程序。

X 证券所在对 H 银行青岛分行发函未收到回函的情况下，未实施其他有效的替代程序，未发现 Y 股份公司向 L 贸易公司开具的以 H 银行青岛分行作为出票行的两笔金额分别为 1,000 万元和 2,000 万元的银行承兑汇票未记账的事实。

X 证券所未勤勉尽责地履行替代审计程序，导致未发现 Y 股份公司少计应付票据金额的事实，形成了错误核查验证结论。

（3）对 Y 股份公司 2009 年度财务报表发表不恰当的审计意见。

Y 股份公司在 2009 年年度报告中，未披露与 W 集团公司的关联交易金额。X 证券所对 Y 股份公司 2009 年度财务报表出具了无保留意见的标准审计报告，发表了不恰当的审计意见。同时，X 证券所在出具的《关于 Y 股份公司 2009 年度控股股东及其他关联方占用资金情况专项说明》中存在重大遗漏。

违反条款：《证券法》第一百七十三条、第二百二十三条，《中国注册会计师审计准则第 1313 号——分析程序》第二十一条。

处罚结果：根据《证券法》第二百二十三条规定，下达行政处罚决定书（×× ［2012］ 17 号）：

（1）责令 X 证券所改正，没收业务收入 35 万元，并处以罚款 35 万元；

（2）对刘某、贺某给予警告，并分别处以 3 万元罚款。

简要评析： 会计师事务所和注册会计师在审计中，应当根据单位实际情况确定需要实施的重要程序，本案中分析程序十分重要，执业人员未予足够重视，最终受到了处罚。

【案例 23】 H 证券所未发现被审计单位资产的评估价值不实

基本案情： ZC 上市公司于 1998 年经资产重组，大股东变为 TF 公司，ZC 上市公司 1998 年 11 月 2 日第二届董事会和 1998 年 12 月 11 日股东大会批准，向 TF 公司收购其持有的河南××97% 股权，按 Y 评估所的净资产评估作价收购，总价 16,595 万元。

H 证券所为 ZC 上市公司 1999 年年报进行审计时，未勤勉尽责，未能发现河南××资产的评估价值不实。具体包括：

（1）土地使用权 2,141.45 万元不实。在评估基准日 1998 年 9 月 25 日，河南四通所评估的土地为集体土地，土地面积 172,419.88 平方米，评估值 2,141.45 万元。在 1998 年 4 月河南四通设立时，公司章程规定五个投资方的出资均未有土地使用权；而且，自公司设立起至评估基准日 1998 年 9 月 25 日，投资各方均未向河南××转让土地使用权。1999 年 12 月 1 日，河南××各股东办理了 148,489.60 平方米土地的国有土地使用证，比评估的土地面积少 23,930.28 平方米，资产价值为 297.21 万元，并且仅在 2000 年 8 月交纳了 5 万元土地出让金。

（2）专利权及专有技术 1,193 万元不实。在评估基准日 1998 年 9 月 25 日，河南××所评估的专利权及专有技术为 1,193 万元。但是，在 1998 年 4 月河南××设立时，公司章程规定五个投资方的出资均未有专利权及专有技术；而且，自公司设立起至评估基准日，投资各方均未向河南××转让任何专利权及专有技术；另外，河南××在此期间未开发出或以其他方式取得任何专利权及专有技术。因此，在评估基准日，河南××所评估的专利权及专有技术 1,193 万元不实。

违反条款：《公司法》第二十四条，《股票发行与交易管理暂行条例》第三十五条，《股份有限公司土地使用权管理暂行规定》第十四条、第十五条。

处罚结果： 经研究决定，下达行政处罚决定书（××［2004］29 号），对 H 证券所及杨某、何某分别处以警告。

简要评析： H 证券所和注册会计师杨某、何某未发现被审计单位资产的评估价值不实问题，监管部门给予警告的行政处罚。因此，在审计过程中，注册会计师应当充分运用自己的专业判断，对于存有疑虑的重要事项要实施审计程序和收集审计证据来排除。在本案中，如果注册会计师对资产的权属和价值方面予以必要的关注，则不难发现资产评估价值存在不实的问题。

【案例 24】 G 证券所审计报告遗漏对外证券投资的重大事实

基本案情： G 证券所在对 XT 上市公司 1999 年度会计报表审计过程中，实施相应的审计程序不足，对涉及 5,600 万元的银行贷款资金的去向未按照其制定的《货币资金审计》程序对银行存款户的大额往来进行抽查，致使 XT 上市公司 1999 年度审计报告中遗漏了对外证券投资的重大事实。

在该审计报告上签字的注册会计师马某、金某未完整审计该内容，负有直接责任。

违反条款：《股票发行与交易管理暂行条例》第三十五条。

处罚结果：根据法律规定，经研究决定，下达行政处罚决定书（×× ［2003］ 32 号），对 G 证券所处以 10 万元罚款，对负有直接责任的注册会计师马某、金某各罚款 3 万元。

简要评析：G 证券所在对 XT 上市公司 1999 年度会计报表审计过程中，制定了《货币资金审计》程序，但未能严格执行，导致了审计失败。这个案例告诉我们，制定审计计划和执行审计计划同等重要，如果审计程序只是停留在审计工作底稿上，则缺乏实际指导意义，如果有审计计划而不执行，从某种程度上可能具有更大的危害后果。

【案例 25】 H 证券所审计程序不到位，未发现虚减资产、负债 13,500 万元

基本案情：H 证券所在对 YT 上市公司 1999 年年报审计时，YT 上市公司提供了虚假的银行对账单，银行函证、各科目明细账、总账等原始资料，该所注册会计师虽履行了一定的审计程序，但未勤勉尽责，未发现 YT 上市公司虚减资产、负债 13,500 万元的会计记录。签字注册会计师赛某、董某负有直接责任。

违反条款：《证券法》第十三条，《股票发行与交易管理暂行条例》第三十五条。

处罚结果：根据《股票发行与交易管理暂行条例》第七十三条，下达行政处罚决定书（×× ［2002］ 14 号），没收 H 证券所非法所得 30 万元，对签字会计师赛某、董某分别处以警告。

简要评析：关于被审计单位提供虚假证据的审计责任问题，往往从注册会计师是否勤勉尽责、是否违反执业准则、是否从专业高度应当发现问题的角度来判断审计责任。如果超越了注册会计师的应有的专业水准、在履行必要的审计程序后仍然不能发现的问题，注册会计师可以减轻或免除处罚；如果按照注册会计师应有水准或正常履行审计程序可以发现的问题，则审计失败就会归责于注册会计师的过错。在本案中，H 证券所及签字注册会计师赛某、董某应当发现而未发现不实的事项，需承担相应的过错责任。

第三节　非证券资格事务所行政处理案例

【案例 1】 TH 所执业行为和内部管理不规范被列为重点监管对象

违规事项：某财政部门 2012 年派出检查组对 TH 所执业质量、内部治理、财务管理等情况进行了检查，查出问题如下：

一、审计报告存在的主要问题

（一）审计程序执行不到位，审计证据获取不充分

（1）PY 酒业公司 2011 年度会计报表审计（《审计报告》TH 会审字 ［2012］ 第 011

号），注册会计师对"银行存款"年末余额 4,593,106.31 元，占资产总额的 13.68%，未实施函证；"应收账款"年末余额 10,499,582.65 元，占资产总额的 31.27%，函证未回，未注明原因，实施替代程序的检查额占发生额的 45%；"预收账款"年末余额 15,555,038.91 元，占资产总额的 46.32%，未实施函证，未注明未函证的原因，未实施替代程序；"应付账款"年末余额 10,647,475.88 元，占资产总额的 31.71%，未实施函证，未实施替代程序；"主营业务收入"本期发生 46,147,217.02 元，未实施截止性测试审计程序，未收集必要的收入确认证据，凭证抽测记录中未发现形成该凭证的支持性证据；"管理费用"本期发生额 2,231,057.57 元、"营业费用"本期发生额 15,620,100.42 元，未实施截止性测试；获取的审计证据不充分，确认的依据不足。

（2）DF 汽车公司高新技术产品（服务）收入和研究开发费用专项审计（《审计报告》TH 会审字［2012］第 001-1、001-2 号），注册会计师对"高新技术产品（服务）收入" 25,215.60 万元，占企业本期收入总额的 66.42%，未实施实质性审计程序及控制测试程序；对"研究开发费用"，2009 年度 462.10 万元，占当年度销售收入总额的 2.53%，2010 年度 1,439.34 万元，占当年度销售收入总额的 3.64%。2011 年度 1,417.64 万元，占当年度销售收入总额的 3.73%，未实施实质性审计程序及控制测试程序；获取的审计证据不足，确认的依据不充分。

（3）YL 科技发展公司高新技术产品（服务）收入和研究开发费用专项审计（《审计报告》TH 会审字［2012］第 005-1、005-2 号），注册会计师对"高新技术产品（服务）收入"，2011 年度 6,637.02 万元，占当年度收入总额的 67%；对"研究开发费用"，2009 年度 468.27 万元，占当年度收入总额的 6.1%。2010 年度 535.63 万元，占当年度收入总额的 6.5%，2011 年度 614.17 万元，占当年度收入总额的 6.2%；未实施初步业务活动程序，未了解被审计单位的内外部环境，未评估审计风险，未实施实质性审计程序及控制测试程序；获取的审计证据不足，确认的依据不充分，没有充分的审计证据支持发表审计意见。

（二）出具审计报告意见类型不恰当

8PY 酒业公司 2011 年度会计报表审计（《审计报告》TH 会审字［2012］第 011 号），会计师事务所及其注册会计师对截至 2011 年 12 月 31 日所有者权益为 -587.69 万元，持续经营能力存在重大不确定性，出具了标准无保留意见的审计报告，报告类型不恰当。

二、部分审计项目收费低于指导收费标准

2012 年 1~5 月，TH 所共出具审验报告 16 份，收费金额合计 138,100.00 元，有 11 份报告业务收费低于指导价 20% 以上，占出具审验报告总数的 68.75%。

三、未提取职业风险基金

事务所自成立至今未计提职业风险基金。

四、会计核算和财务管理问题

TH 所 2011 年 12 月 31 日账面收入 305,800 元，未提供收入成本明细账，业务收入以现金收取 32,800 元，现金收入未及时缴存银行，存在坐支现金现象。

五、事务所内部治理及质量控制环境存在的问题

除主任会计师以外的其他股东参与事务所管理和质量控制程度低；未形成有效合伙人机制；业务标准和程序的制定、修改和传达重视程度较低，未有效实施；业务执行缺少逐级指

导和控制，多数情况下由非注册会计师的审计人员实施现场审计，部分助理人员胜任能力不足；高新技术企业认定审计的质量控制政策和程序未有效执行；注册会计师对风险导向审计了解不足，质量控制制度设计存在缺陷，质量控制环境不能够合理保证事务所及注册会计师的执业质量。

违反条款：《注册会计师法》第二十八条、《中国注册会计师审计准则第 1301 号——审计证据》第九条和第十条、《中国注册会计师审计准则第 1312 号——函证》第十二条和第十三条、《中国注册会计师审计准则第 1324 号——持续经营》第十八条、《会计师事务所职业风险基金管理办法》第三条和《现金管理暂行条例》第十一条等规定。

处理结果：根据《注册会计师法》、《会计师事务所审批和监督暂行办法》、《中国注册会计师执业准则》等有关规定，某财政部门责令 TH 所对上述问题进行整改，切实提高风险意识，加强内部质量控制，进一步提高执业质量和内部治理水平。TH 所应在收函之日起 30日内将整改情况报某财政部门。某财政部门已将 TH 所列为重点监管关注对象，监管关注期限：2013～2014 年。在监管关注期内 TH 所出具的被审计单位高新技术企业认定专项审计报告，应于每年 4 月 30 日前报某财政部门实施监督检查。

简要评析：TH 所在审计报告、审计收费、内部管理、质量控制等方面存在不规范的行为，财政部门在检查中较为详细地列出并责令整改。特别是对于高新技术企业认定专项审计业务，本例中予以了重点关注，要求严格按照《高新技术企业认定专项审计指引》（会协[2008] 83 号）等规定执行业务，并责令 TH 所每年 4 月 30 日前报某财政部门实施监督检查。

【案例 2】 TR 所执业质量和发票管理受到行政监管重点关注

违规事项：X 财政厅对 TR 所 2012 年 1 月至 5 月执行审计准则和内控制度，以及 2011年度财务核算和缴纳税费等情况进行了检查，查出问题如下：

一、审计报告存在的问题

（一）审计程序执行不到位，审计证据获取不充分

（1）注册会计师对被审计单位"银行存款"年末余额未实施必要的函证程序，确认依据不足。2012 年 2 月 10 日，TR 所出具的审计报告［2012］第 009 号，注册会计师对财务报表影响重大的"银行存款"余额 12,052,303.25 元，未实施必要的函证程序，期末余额确认依据不足；2012 年 2 月 22 日，TR 所出具的审计报告［2012］011 号，注册会计师对财务报表影响重大的"银行存款"余额 7,893,488.97 元，未实施必要的函证程序，期末余额确认依据不足；2012 年 2 月 10 日，TR 所出具的审计报告［2012］007 号，注册会计师对"银行存款"余额 1,815,421.17 元，未实施必要的函证程序，期末余额确认依据不足。

（2）注册会计师对被审计单位"债权"、"债务"年末余额未实施必要的审计程序，确认依据不足。2012 年 2 月 22 日，TR 所出具的审计报告［2012］011 号，注册会计师对财务报表影响重大的"应收账款"余额 2,423,744.82 元、"预付账款"余额 1,455,761.60 元、"其他应付款"余额 3,073,036.87 元，未实施必要的函证程序，也未实施有效替代测试等程序，期末余额确认依据不足。

（3）注册会计师对被审计单位"固定资产"年末余额未实施监盘或抽盘等审计程序，确认依据不足。2012 年 2 月 22 日，TR 所出具的审计报告〔2012〕011 号，注册会计师对财务报表影响重大的"固定资产"余额 12,681,379.21 元，未实施监盘或抽盘程序，也未对固定资产的权利、义务进行核实，期末余额确认依据不足。

（4）注册会计师对被审计单位"应交税费"未执行税金测试等关键审计程序，确认依据不足。2012 年 2 月 22 日，TR 所出具的审计报告〔2012〕011 号，注册会计师对"应交税费"余额 459,904.66 元，未结合收入、合同、利润实施重新计算税金等关键程序，期末余额确认依据不足。

（5）审计人员对被审计单位"营业收入"、"营业成本"本期发生额未实施必要的审计程序，确认依据不足。2012 年 2 月 22 日，TR 所出具的审计报告〔2012〕011 号，"主营业务收入"本期发生额 18,675,542.22 元、"主营业务成本"本期发生额 12,625,853.11 元，注册会计师仅实施了明细账、总账核对的审计程序，未实施分析性复核和截止测试等重要审计程序，确认依据不足；2012 年 2 月 10 日，TR 所出具的审计报告〔2012〕007 号，"主营业务收入"本期发生额 15,578,293.35 元、"主营业务成本"本期发生额 11,064,461.52 元，注册会计师仅计算了增长比例，未实施分析性复核和截止测试等重要审计程序，确认依据不足。

（6）审计人员对被审计单位"营业费用"本期发生额未实施必要的审计程序，确认依据不足。2012 年 2 月 22 日，TR 所出具的审计报告〔2012〕011 号，"营业费用"本期发生额 2,651,724.40 元，注册会计师仅实施了明细表、报表、总账核对的审计程序，未实施分析性复核和截止测试等重要审计程序，确认依据不足。

（7）审计人员对被审计单位"管理费用"本期发生额未实施必要的审计程序，确认依据不足。2012 年 2 月 10 日，TR 所出具的审计报告〔2012〕007 号，"管理费用"本期发生额 9,164,024.61 元，注册会计师仅实施了明细表、报表、总账核对的审计程序，未实施分析性复核和截止测试等重要审计程序，确认依据不足。

（二）注册会计师未严格按照风险导向的审计思路执行审计工作，审计工作底稿编制不完整

（1）检查组抽查审计工作底稿发现，注册会计师未严格按照风险导向的审计思路执行审计工作，未编制风险评估工作底稿。

（2）检查组抽查审计工作底稿发现，注册会计师未编制期后事项、或有事项、持续经营、关联方及关联方交易等其他事项的工作底稿，未编制现金流量表复核底稿。

（三）审计报告未按新《审计准则》要求采用新报告格式

检查组抽查的审计报告发现，TR 所审计报告格式均沿用旧格式，未按照新《审计准则》要求采用新的报告格式，导致报告引言段、责任段、意见段均与审计报告新格式不同。

（四）审计工作底稿未严格执行三级复核制度

检查组抽查的审计报告发现，TR 所虽然签发了三级复核单，但三级复核单上仅有相关复核人员签名，未写明复核发现的问题，TR 所复核人员没有按照《审计准则》的要求对审计项目进行复核。

二、审计收费存在的问题

2012 年 1 月至 5 月，业务收入 512,500.00 元；其中出具 10 份《审计报告》中有 1 份

《审计报告》业务收费低于指导价 20% 以上，占出具审计报告总数 10%；出具 8 份验资报告有 3 份《验资报告》业务收费低于指导价 20% 以上，占出具验资报告总数 60%。

2011 年业务收入 513,300.00 元，出具审计报告 14 份，出具验资报告 5 份。因 TR 所正在接受工商部门的专项检查，相关财务资料被工商所借阅，因此检查组无法核实财务资料的真实性。

三、发票管理存在的问题

2012 年 1 月至 5 月，业务收入 512,500.00 元，TR 所开具发票 123 份，内容均为审计费收入，但其中工程预算收入 69,200.00 元、评估收入 209,500.00 元，开具的发票内容与 TR 所经营活动不相符，与营业执照规定的经营范围不相符。

违反条款：《会计师事务所审批和监督暂行办法》第五十六条、《中国注册会计师审计准则第 1312 号——函证》第十二条、《中国注册会计师审计准则第 1301 号——审计证据》第九条、《中国注册会计师审计准则第 1311 号——对存货、诉讼和索赔、部分信息等特定项目获得审计证据的具体考虑》第四条、《中国注册会计师审计准则第 1323 号——关联方》第二十六条和《中华人民共和国发票管理办法》第二十一条等有关规定。

处理结果：根据《注册会计师法》、《会计师事务所审批和监督暂行办法》、《中国注册会计师执业准则》等有关规定，X 财政厅责令 TR 所对上述问题进行整改，切实提高风险意识，加强内部质量控制，进一步提高执业质量。TR 所应在收函之日起 30 日内将整改情况报财政厅监督检查局。

X 财政厅已将 TR 所列为重点监管关注对象，将对 TR 所 2013~2015 年出具的审计报告进行持续关注。TR 所须将资产总额在前 10 位客户的审计报告，于每年 4 月 30 日前报财政厅监督检查局，TR 厅将对此实施监督检查。

简要评析：TR 所未树立风险导向审计理念，《注册会计师执业准则》执行情况较差，发票管理不规范，被 X 财政厅纳入 2013~2015 年的重点监管关注对象。为此，在注册会计师实务中，应当进一步强化执业准则的执行力，只有全面贯彻落实，才可能提高全行业的整体执业质量水平。

【案例 3】ZY 所不规范执业和低价收费被责令限期整改

违规事项：经查，ZY 所存在以下问题：

一、审计报告存在的问题。从抽查的 2012 年 1~5 月 ZY 所出具的 3 份审计报告中发现，注册会计师在执行审计业务时，存在以下问题：

（一）审计工作底稿编制不完整。

抽查的 3 份审计报告中发现，编制的 HLX 房地产公司审计工作底稿，业务复核核对表无项目负责经理、项目负责合伙人、项目质量控制复核人签字；业务复核表及审计工作完成情况核对表流于形式，实质性测试中部分科目执行的审计程序不到位，获取审计证据不充分；对外报告签发单上项目经理未签名，复核人未签署意见。

（二）审计程序执行不到位，审计证据获取不充分

（1）注册会计师对被审计单位"银行存款"年末余额获取的证据不充分，确认依

据不足。2012 年 2 月 24 日，ZY 所出具的审计报告［2012］021 号，注册会计师对"银行存款"余额 16,292,686.25 元，未实施必要的函证程序，审计工作底稿无相关凭证抽查记录，仅以银行存款明细账作为认定依据，获取的审计证据不足以支持审计结论。2012 年 3 月 20 日，ZY 所出具的审计报告［2012］044 号，注册会计师对"银行存款"余额 17,146,274.48 元，未实施函证确认，检查表抽查的核对内容均以打钩确认，对凭证抽查记录中反映的内容无支持性证据。2012 年 3 月 15 日，ZY 所出具的审计报告［2012］044 号，注册会计师对"银行存款"余额 3,147,508.86 元，未实施函证程序，检查表抽查的核对内容均以打钩确认，对凭证抽查记录中反映的内容无支持性证据。

（2）注册会计师对被审计单位"债权"、"债务"年末余额未实施必要的函证程序，确认依据不足。2012 年 2 月 24 日，ZY 所出具的审计报告［2012］021 号），注册会计师对"其他应收款"年末余额 61,387,978.65 元，未按附注中披露的会计政策计提坏账准备，未实施函证程序和替代测试程序，以及获取相关借款合同或协议，无相关的凭证抽查记录；"预付账款"年末余额 14,006,149.08 元，其中，有 27 个单位挂账余额为 - 3,330,803.02 元，未做重分类调整，未实施函证程序和替代测试程序，无凭证抽查记录；"预收账款"年末余额 352,819,174.18 元，未取得合同或协议，无凭证抽查记录，未实施替代测试程序；"其他应付款"余额 4,449,861.17 元，其中，有 2 个单位挂账余额为 - 8,080,961.60 元，未做重分类调整和计提坏账准备。2012 年 3 月 20 日，ZY 所出具的审计报告［2012］044 号，注册会计师对"应收账款"余额 23,214,548.60 元、"其他应收款"余额 4,116,806.83 元、"应付账款"余额 1,461,517.47 元、"预收账款"余额 9,737,127.64 元、"其他应付款"余额 17,300,803.83 元，未编制账龄分析明细表和实施必要的函证程序，确认依据不足。2012 年 3 月 15 日，ZY 所出具的审计报告［2012］044 号，注册会计师对"预付账款"余额 1,182,870.30 元、"其他应付款"余额 723,305,440.24 元，未实施函证程序，替代测试检查表抽查的核对内容均以打钩确认，对凭证抽查记录中反映的内容无支持性证据。

（3）注册会计师对被审计单位"存货"年末余额未实施监盘或抽盘程序，获取的证据不充分，确认依据不足。2012 年 2 月 24 日，ZY 所出具的审计报告［2012］021 号，注册会计师对"存货"年末余额 219,551,537.49 元（系房产开发成本），未编制开发成本明细表和实施凭证抽查程序，未对年末开发项目完工程度进行描述，获取的证据不足以支持审计结论。2012 年 3 月 20 日，ZY 所出具的审计报告［2012］044 号，注册会计师对"存货"余额 4,280,782.08 元，获取的库存材料盘点表中有 4 项未按材料名称列示，而是按工程项目列示，工作底稿无抽盘或监盘记录。

（4）注册会计师对被审计单位"待摊费用"年末余额未实施凭证抽查程序，获取的证据不充分，确认依据不足。2012 年 2 月 24 日，ZY 所出具的审计报告［2012］021 号，注册会计师对"待摊费用"年末余额 28,305,543.71 元，未实施凭证抽查程序，审计工作底稿所附检查情况表为开发成本明细表，检查表中无凭证抽查记录。

（5）注册会计师对被审计单位"固定资产"、"累计折旧"年末余额未实施监盘或抽盘程序，获取的证据不充分，确认依据不足。2012 年 2 月 24 日，ZY 所出具的审计报告［2012］021 号，注册会计师对"固定资产"余额 4,624,680.00 元，"累计折旧"余额

1,329,302.37 元，未取得资产权属证明，盘点表无被审计单位印鉴，无保管员、盘点人、监盘人签字或盖章，累计折旧未实施测试程序，获取的证据不足以支持审计结论。2012 年 3 月 20 日，ZY 所出具的审计报告［2012］044 号，注册会计师对"固定资产"余额 20,482,302.00 元，资产盘点表无抽盘记录，无保管员、盘点人、监盘人签字或盖章。

（6）注册会计师对被审计单位"营业（外）收入"、"营业成本"、"管理费用"本期发生额未实施截止性测试程序，确认依据不足。2012 年 3 月 20 日，ZY 所出具的审计报告［2012］044 号，注册会计师对"主营业务收入"本期发生额 68,641,316.84 元、"主营业务成本"本期发生额 64,322,312.79 元，未实施凭证抽查程序及截止性测试程序、无施工方确认的完工工程量凭据作为确认工程收入的依据、未对开发项目完工程度进行描述，以及编制工程进度情况表。2012 年 3 月 15 日，ZY 所出具的审计报告［2012］044 号，注册会计师对"管理费用"本期发生额 17,897,276.63 元，未实施截止性测试，未对变动金额较大项目做分析说明，测试检查表抽查的核对内容均以打钩确认，对凭证抽查记录中反映的内容无支持性证据。

二、验资报告存在的问题。从抽查的 2012 年 1~5 月 ZY 所出具的 2 份验资报告中发现，注册会计师执行验资业务时，存在以下问题：

（1）验资工作底稿编制不完整。2012 年 5 月 4 日，ZY 所出具的验资报告［2012］001 号），注册会计师在执行设立验资业务时与委托人签订的业务约定书无受托人签字，对外报告签发单无项目负责人签名和复核人签署意见。2012 年 5 月 4 日，ZY 所出具的验资报告［2012］002 号，注册会计师在出具设立验资业务报告时，验资报告无受托人签字，对外报告签发单无项目负责人签名和复核人签署意见。

（2）验资报告获取的证据不充分。2012 年 5 月 4 日，ZY 所出具的验资报告［2012］001 号，注册会计师在执行设立验资业务时，对被审验单位申请登记的注册资本 30,000,000 元，其中，本次验资金额 10,000,000 元，所获取的注册资本实收情况明细表中的注册资本金额 30,500,000 元与《公司章程》第四章第六条"公司注册资本 30,000,000 元"和获取的"企业名称预先核准通知书"投资金额 30,000,000 元不符，注册会计师未提供注册资本金不符的原因及说明。2012 年 5 月 4 日，ZY 所出具的验资报告［2012］002 号，注册会计师在执行设立验资业务时，对被审验单位申请登记的注册资本 30,000,000 元，其中，本次验资金额 10,000,000 元，未取得被审验单位办公场所的证明文件。

（3）审计收费存在的问题。2012 年 1~5 月，ZY 所共出具审计报告 62 份、验资报告 2 份，收费金额计 334,716 元，经统计：有 53 份《审计报告》业务收费低于指导价 20% 以上，占出具审计报告总数的 83%。

违反条款：《会计师事务所审批和监督暂行办法》第五十六条、《中国注册会计师审计准则第 1301 号——审计证据》第九条、《中国注册会计师审计准则第 1312 号——函证》第十二条和第十三条、《中国注册会计师审计准则第 1311 号——对存货、诉讼和索赔、部分信息等特定项目获得审计证据的具体考虑》第四条、《质量控制准则第 5101 号——会计师事务所对执行财务报表审计和审阅、其他鉴证和相关服务业务实施的质量控制》第四十七条、《中国注册会计师审计准则第 1602 号——验资》第四条、第十二条和第二十条等有关规定。

处理结果：根据《会计师事务所审批和监督暂行办法》第五十九条规定，某财政厅责令 ZY 所对上述问题进行整改，切实提高风险意识，加强内部质量控制，进一步提高执业质量。ZY 所在收到本通知书之日起 30 日内将整改情况报财政厅监督检查局，某财政厅将择期对 ZY 所执业质量进行回访检查。

简要评析：在审计实务中，审计质量低下往往伴随着低价恶性竞争。在本例中，ZY 所83% 的审计项目业务收费低于指导价 20% 以上，无法保证审计项目实施必要的审计程序和收集充分、适当的审计证据，更谈不上保证审计质量。因此，会计师事务所一定要充分重视并合理制定收费价格，确保收费水平与审计服务的社会平均成本、法定税金和合理利润、当地经济发展水平、社会承受能力和注册会计师行业的发展等因素相适应。

【案例 4】 CY 所执业质量和内部管理问题被责令限期整改

违规事项：经查，CY 所存在以下问题：

一、审计报告存在的问题

从抽查的 2012 年 1 至 5 月 CY 所出具的 3 份审计报告中发现，注册会计师在执行审计业务时，存在以下问题：

（一）审计程序执行不到位，审计证据获取不充分

（1）注册会计师对被审计单位"现金"年末余额未实施测试，确认依据不足。2012 年 2 月 15 日，CY 所出具的审计报告［2012］094 号，被审计单位财务报表反映"现金"年末余额 253,599,646.72 元，2012 年 1 月 29 日实际盘存现金金额 67,201,327 元，注册会计师未对盘点日的现金金额倒扎计算至报表日的现金金额，以核实现金金额的正确性和真实性。

（2）注册会计师对被审计单位"存放中央银行款项"年末余额获取的证据不充分，确认依据不足。2012 年 2 月 15 日，CY 所出具的审计报告［2012］094 号，注册会计师对"存放中央银行款项"年末余额 11,238,511,125.89 元，未进行函证和取得银行对账单，未对是否存在未达事项予以核实。

（3）注册会计师对被审计单位"同业及其他金融机构存放款项"年末余额，未获取充分适当的审计证据，确认依据不足。2012 年 2 月 15 日，CY 所出具的审计报告［2012］094 号，注册会计师对"同业及其他金融机构存放款项"年末余额 4,404,257,107.15 元，虽然实施了函证程序，但回函率仅占同业及其他金融机构存放款项余额的 0.87%，审计工作底稿中未反映实施替代测试的审计轨迹。

（4）注册会计师对被审计单位"预付账款"年末余额未实施函证及替代测试程序，确认依据不足。2012 年 2 月 6 日，CY 所出具的审计报告［2012］026 号，注册会计师对"预付账款"年末余额 12,003,883.39 元，未实施函证程序和替代测试程序，获取证据不充分，确认依据不足。

（5）注册会计师对被审计单位"存货"年末余额未实施盘点或抽盘程序，获取的证据不充分，确认依据不足。2012 年 1 月 10 日，CY 所出具的审计报告［2012］0119 号，注册会计师对"存货"年末余额 3,720,172.96 元，未对本期增加及减少的存货实施凭证抽查测

试，未取得购货合同和对存货进行盘点，确认依据不足。

（6）注册会计师对被审计单位"负债"年末余额未实施必要的函证和替代测试程序，确认依据不足。2012年1月10日，CY所出具的审计报告［2012］0119号，注册会计师对"应付账款"年末余额3,958,249.42元、未实施必要的函证程序和替代测试程序，以及取得相关的合同或协议。2012年2月6日，CY所出具的审计报告［2012］026号，注册会计师对"应付账款"年末余额10,077,430.87元、"其他应付款"年末余额3,614,230.64元，均未实施函证程序。

（二）对"长期负债"未发表保留意见

2012年2月15日，CY所出具的审计报告［2012］094号，注册会计师对"拆入资金"年末余额171,650,000元，未实施函证程序和替代测试程序，以及取得合理的确认依据，在审计报告中未予以保留。发表的审计意见与审计总结"对长期挂账的资产和负债项目予以保留"的意见不符。

二、验资报告存在的问题

从抽查的2012年1月至5月CY所出具的4份验资报告中发现，注册会计师在执行验资业务时，存在以下问题：

（1）验资工作底稿填制不完整。2012年3月31日，CY所出具的验资报告［2012］006号，注册会计师在执行变更验资业务时，签订的业务约定书无委托人和受托人签字，以及签约日期；工作底稿无三级复核记录。

（2）验资报告获取的证据不充分。2012年3月31日，CY所出具的验资报告［2012］006号，注册会计师在执行变更验资业务时，由被审验单位未分配利润400万元转增实收资本，转增后注册资本为人民币500万元，未获取被审验单位的注册资本实收情况明细表。2012年4月11日，CY所出具的验资报告［2012］021号，注册会计师在执行设立验资业务时，对被审验单位申请登记的注册资本20,000,000元，未获取法定代表人的聘用书、任职文件和经理的聘用书、任职文件、身份证明以及监事人的聘用书、任职文件和身份证明；未获取被审验单位的注册资本实收情况明细表和与验资业务有关的重大事项书面声明。

三、注册会计师挂名执业问题

截至2012年5月30日，CY所注册会计师花名册反映在本所执业的注册会计师59名，其中13名为股东。通过询问、约谈，查阅审计工作底稿和职工工资表，以及注册会计师本人在执业调查表上的签名，已查实黄某（股东）、牛某、崔某、王某、李某、宋某6名注册会计师属挂名执业。

四、审计收费存在的问题

2012年1~5月，CY所共出具审计报告348份、验资报告49份，实际收费金额共计1,728,850元。经统计：有87份审计报告和8份验资报告业务收费低于指导价20%以上，占已收回费用报告数62.09%。

五、财务存在的问题

2011年8月30日和11月29日，CY所分两次购买建行理财产品计4,000,000元，至今未进行账务处理；2011年12月22日，CY所从商业银行转入交通银行资金8,000,000元，未及时进行账务处理。

违反条款：《会计法》第九条、《会计师事务所审批和监督暂行办法》第五十六条和第五十八条等有关规定。

处理结果：根据《会计师事务所审批和监督暂行办法》第五十九条规定，某财政厅责令 CY 所对上述问题进行整改，在今后的执业中要切实提高风险意识，加强内部质量控制，进一步提高执业质量。对六名注册会计师挂名执业问题，要通知本人到注册会计师协会办理转非手续。

CY 所在收到本通知书之日起 30 日内将整改情况及注册会计师转非手续复印件报财政厅监督检查局，某财政厅将择期对 CY 所进行回访检查。

简要评析：在本例中，CY 所除执业质量需要改善和提高外，注册会计师挂名执业、财务管理等方面也存在较多不规范的问题，既违反了《注册会计师》的规定，也与我国《会计法》相违背。因此，作为专业的经济类鉴证机构，会计师事务所规范自身的会计行为也尤其重要。

【案例5】X 所执业不规范，财政部门下达关注函

违规事项：2008 年，某财政部门检查 X 会计师事务所 10 份审计报告业务底稿发现，有 6 份审计报告的引言段未提及财务报表附注，有 5 份审计报告的强调事项段未指明该段内容"不影响已发表的审计意见"，有 4 份审计报告的复核人员未在底稿中记录复核的范围和时间，有 7 份审计报告未按规定实施风险导向审计程序，有 5 份审计报告审计费用低于 30%。

违反条款：《中国注册会计师审计准则第 1501 号——审计报告》第十三条，《中国注册会计师审计准则第 1502 号——非标准审计报告》第九条，《中国注册会计师审计准则第 1121 号——历史财务信息审计的质量控制》第二十一条、第二十二条，《中国注册会计师审计准则第 1211 号——了解被审计单位及其环境并评估重大错报风险》第四条、第十九条、第九十六条和第九十七条，《××省会计师事务所执业收费标准及管理办法》第十条。

处理结果：责令限期改正，下达关注函。

简要评析：财政部门对于情节显著轻微，没有造成严重后果的违法行为，可移送注册会计师协会或下达关注函等方式处理。在本例中，X 所执业行为存在不规范的情况，有些执业行为具有一定程度上的普遍性，财政部门下达了关注函。

【案例6】L 所 57 份审计报告的要素和格式不符合规定

违规事项：L 会计师事务所部分审计报告的要素和格式不符合规定。检查发现，××审字 [2011] 第 041 号等 57 个年度财务报表审计报告，由引言段、审计情况（财务报表附注内容）、说明段（审计意见）等要素构成，采取详式审计报告的形式出具。在上述审计报告中，缺少"管理层对财务报表的责任段"、"注册会计师的责任段"、"审计意见段"等要素，审计报告的格式也不符合审计准则的规定。

违反条款：《中国注册会计师审计准则第 1501 号——审计报告》第十条、第十八条。

处理结果： 责令限期改正。

简要评析： 审计报告的内容和格式由执业准则进行了规定，注册会计师不得随意改变。在本例中，缺少"管理层对财务报表的责任段"、"注册会计师的责任段"、"审计意见段"等要素，审计报告的格式也不符合审计准则的规定。

【案例7】 L 所未充分关注被审验单位以前的注册资本实收情况

违规事项： L 会计师事务所变更验资中未充分关注被审验单位以前的注册资本实收情况。××验字［2011］第 003 号验资报告，对被审验单位增加注册资金 2,000 万元的实收情况进行审验，并确认被审验单位已累计收到注册资金 8,000 万元（含本次增资前的注册资金 6,000 元）。经查，被审验单位 Q 建筑工程公司 2001 年因企业资质需要，违规将部分已入账的房屋建筑物和行政划拨土地评估价值先列入资本公积，然后将部分资本公积 4,676 万元转增实收资本，致使资本不实。

在审验过程中，L 所注册会计师吕某、赵某未关注被审验单位以前的注册资本实收情况，未关注出资者是否按照规定的期限缴纳注册资本，出具了验资报告。

违反条款： 《中国注册会计师审计准则第 1602 号——验资》第十七条。

处理结果： 责令限期改正，并下达关注函。

简要评析： 在变更验资中，审计准则要求注册会计师对本次增加的注册资本和实收资本进行审验，同时也要求关注被审验单位以前的注册资本实收情况。在本例中，注册会计师未关注到以前实收资本不实的情况，即是一个很好的例证。

【案例8】 Z 所的分所管理未做到实质性统一

违规事项： 某财政部门 2011 年检查发现，Z 会计师事务所设立了 Z1、Z2、Z3 等分所，但在人事、财务、业务、技术标准和信息管理等方面未做到实质性的统一。主要表现为三个方面：一是 Z 所设置了 Z1 分所与本部两个会计账套，对 Z2 分所和 Z3 分所未建账核算；二是 Z 所部分工作底稿未统一，如××审［2011］第 1020 号和第 1012 号审计报告，所附"利润及利润分配表"的格式及内容存在前后不一致的情况；三是审计报告发文编号不一致，如××审［2011］0010 号等本部审计报告与第 1020 号等其他各分部审计报告相比较，在发文编号上不一致，存在随意性。

违反条款： 《会计师事务所审批和监督暂行办法》第二十一条、《会计师事务所分所管理暂行办法》第四条。

处理结果： 责令限期改正，逾期不改正的予以公告。

简要评析： 在本例中，Z 所设立了三个分所，同时设置了 9 个业务部，对应开展分所业务和其他业务。但检查发现，Z 所的分所疏于管理，未能在人事、财务、业务、技术标准和信息管理等方面实施统一管理，违反了相关规定，行政部门依法予以查处。

【案例9】D所办公地址变更未及时向财政报备

违规事项：2009年某财政部门检查D会计师事务所，发现其《企业法人营业执照》法定住所为××路5号，但实际办公地址为××路88号，法定住所与实际办公地址不一致。另据《房屋租赁协议》显示，你单位已于2008年11月搬迁至现办公地址，而你单位未及时向主管部门办理报备手续，也未办理工商变更登记手续。

违反条款：《会计师事务所审批和监督暂行办法》第二十九条。

处理结果：责令限期改正，移交工商部门查处。

简要评析：会计师事务所住所发生变更，不仅要向工商部门办理变更登记，也要向财政部门办理报备手续。在本例中，D所将办公地址搬到一居住小区内办公，不便于相关部门的管理，也违反了相关的规定。

【案例10】J所办公地址不一致

违规事项：2009年某财政部门检查J会计师事务所，发现J所营业执照的住所为某市××街9号，向财政部门报备的办公地址为某市××号，而实际办公地址为某市××33号，三者均不一致，未按规定对办公场所的变更进行备案。

违反条款：《会计师事务所审批和监督暂行办法》第二十九条。

处理结果：责令限期改正，移交工商部门查处。

简要评析：会计师事务所住所地址不一致，会产生相应的法律后果，这点是需要引起高度重视的。在本例中，J所法定住所、向财政报备地址和实际办公地址三者均不一致，脱离了相关部门的监管，增加了管理的难度，应当依法予以查处和纠正。

【案例11】Q所未按规定办理财政备案手续

违规事项：2009年某财政部门检查Q会计师事务所，发现Q所20×7年8月31日增加股东王某，20×8年7月20日股东李某转出事务所，均未及时向财政部门备案，致使工商登记信息与财政报备信息不一致。

违反条款：《会计师事务所审批和监督暂行办法》第二十九条。

处理结果：责令限期改正，逾期不改正的予以公告。

简要评析：会计师事务所股东变更属于后置备案程序，往往会导致工商登记信息与财政报备信息不一致。按《会计师事务所审批和监督暂行办法》的规定，变更合伙会计师事务所合伙人或有限责任会计师事务所股东的，应当自作出决议之日起20日内向所在地的省级财政部门备案，否则，省级财政部门将责令限期改正，逾期不改正的予以公告。

【案例 12】 S 所被责令补缴企业所得税 24 万元

违规事项：某财政部门 2011 年对 S 会计师事务所检查，发现 S 所未按规定对以下项目 96 万元进行纳税调整，少缴企业所得税 24 万元。

（1）原始凭证不齐全，支出依据不充分的费用共计 23 万元。其中，2010 年 9 第 8 号记账凭证以现金支付维修费 12 万元，2010 年 6 月第 13 号记账凭证支付代理费 4 万元，2010 年 9 月第 36 号记账凭证支付代理费 2 万元，2010 年 3 月第 9 号记账凭证现金支付业务协作费 5 万元，均无相关合同、协议及明细清单。

（2）使用不合规的原始凭证（发票）报账共计 38 万元。包括：营业费用中的汽车费 28 万元（2010 年 21 万元，2011 年 1～6 月 7 万元），因汽车所有权不属于 S 所，所发生的费用也不能扣除；管理费用中通讯费共计 3 万元（2010 年 2 万元，2011 年 1～6 月 1 万元），使用不合规的定额发票报账，不能扣除；管理费用中会务费 7 万元（2010 年 6 万元，2011 年 1～6 月 1 万元），使用餐饮定额发票及旅游费发票等不合规的票据报账。

（3）其他应付款——住房公积金余额 23 万元，应冲回。

（4）向伍某个人借款 50 万元，已经计提利息 14 万元，计入"财务费用"。按不高于同期金融机构贷款利率 6.65% 计算，只能扣除 3 万元，剩余 11 万元不能税前扣除。

违反条款：《企业所得税法》第八条和《企业所得税法实施条例》第二十七条、第二十九条、第三十条。

处理结果：责令向主管税务机关缴纳税款和滞纳金。

简要评析：近年来，会计师事务所的税收风险逐渐加大。在本例中，S 所未按规定进行纳税调整和纳税申报，少缴企业所得税 24 万元，具有一定的典型意义，值得各会计师事务所高度重视。

【案例 13】 B 所未按规定进行纳税调整

违规事项：B 所 2009 年度未按规定进行纳税调整，表现为：

（1）应付工资 63 万元未进行纳税调整。B 会计师事务所应付工资 2009 年 1 月 1 日账面余额 39 万元，2009 年度借方发生额合计 41 万元，贷方发生额合计 65 万元，2009 年 12 月 31 日账面余额 63 万元，在 2009 年度企业所得税汇算清缴时，未按规定进行纳税调整。

（2）计提营业成本 39 万元缺乏依据。B 会计师事务所 2009 年 12 月 31 日第 × 号凭证，计提营业成本 39 万元，附件仅为自制项目成本统计表，计提依据不充分，未按规定进行纳税调整。

违反条款：《企业所得税法》第八条和《企业所得税法实施条例》第二十七条、第二十九条、第三十条。

处理结果：责令向主管税务机关缴纳税款和滞纳金。

简要评析：会计师事务所应注重和控制税收风险，特别是企业所得税中注意支出扣除的合理性、合法性、真实性，一定要做好纳税调整工作，避免纳税申报不实等情况出现。

【案例 14】P 所未按规定受理和审核原始凭证

违规事项：P 会计师事务 2009 年度所取得的原始凭证存在以下问题：

（1）支付业务协作费或项目合作费的原始凭证不完整。2009 年 12 月 31 日第×号凭证，报销 Y 财务咨询公司业务协作费用 45 万元，无业务协作清单及业务协作协议；2009 年 11 月 30 日第×号凭证，报销 Z 建设劳务公司项目合作费用 45 万元、成都工程机械设备有限公司项目合作费用 8 万元，无项目合作清单及项目合作协议。

（2）支付劳务费的原始凭证不完整。2009 年 12 月 31 日第×号凭证，报销 Y 会计师事务所咨询劳务费用 33 万元，无咨询劳务清单及咨询协议；2009 年 5 月 30 日第×号凭证，报销 H 广告有司劳务费用 19 万元，无资料印刷清单及资料印刷协议；2009 年 5 月 30 日第×号凭证，报销 H 工程监理有限公司劳务费用 9 万元，无项目合作清单及项目合作协议。

（3）使用不合规票据冲销以前年度提取未付的费用。2009 年 8 月 31 日第×号凭证，报账冲销 2007 年提取的费用 22 万元，附件为 2007 年开具的 C 市其他服务业发票。其中，2007 年 8 月 15 日，以 H 咨询服务公司的名义开具项目协作费 8 万元；2007 年 11 月 30 日，以 H 咨询服务公司的名义开具项目协作费 9 万元；2007 年 3 月 6 日，以 S 宾馆的名义开具会议、场租费 5 万元。

（4）购买实物的原始凭证不符合规定。2009 年 12 月 31 日第×号凭证，报销差旅交通费 3 万元，包括：以 Y 百货公司名义开具的商业销售发票（注明为礼品）金额为 2 万元，以 T 有限公司名义开具的货物销售统一发票（注明为劳保用品）金额为 1 万元，无实物清单和出入库手续。

违反条款：《会计法》第十四条。

处理结果：责令限期改正，移交税务机关核查。

简要评析：会计机构、会计人员必须按照国家统一的会计制度的规定对原始凭证进行审核，对不真实、不合法的原始凭证有权不予接受，并向单位负责人报告；对记载不准确、不完整的原始凭证予以退回，并要求按照国家统一的会计制度的规定更正、补充。因此，会计师事务所必须引起重视，否则会受到相应地惩罚，甚至受到税法的严格调整。

【案例 15】G 所执业质量、内部治理和财务管理不规范被要求整改

违规事项：某省财政厅 2013 年对 G 所进行检查，发现存在以下问题：

一、执业质量中存在的问题

事务所审计工作底稿中存在审计程序执行不完整，未实施必要的审计程序，未获取充分、适当的审计证据，确认依据不充分的问题。

（一）注册会计师对被审计单位"货币资金"年末余额未实施函证程序、执行的监盘程序不完整，确认依据不充分

（1）事务所 2012 年第 014 号审计报告，未对"银行存款"执行函证程序，未对"其他货币资金"执行审计程序，确认年末余额真实性和准确性的依据不充分。

（2）事务所 2012 年第 129 号审计报告，已审报表年末"银行存款"余额 100,475,657.17 元，占年末资产总额的 21.87%，没有实施函证程序，也未在审计工作底稿中说明理由；银行存款收支没有实施截止测试，年末余额的真实性和准确性确认依据不充分。

（3）事务所 2012 年第 004 号审计报告，未对"银行存款"按账户分项进行抽查并实施函证程序，也未检查银行存款日记账余额与对账单余额是否有差额、是否存在未达账项，年末余额的真实性和准确性确认依据不充分。

（二）注册会计师对被审计单位应收款项、应付款项年末余额未实施必要的审计程序，确认依据不充分

（1）事务所 2012 年第 004 号审计报告，注册会计师对"应收账款"未实施函证程序和有效的替代测试程序，也未说明未函证的理由；"预付账款"、"预收账款"只有审定表，未执行必要的审计程序，确认依据不充分。

（2）事务所 2012 年第 129 号审计报告，注册会计师对"应收账款"未实施函证程序和有效替代测试程序，也未说明不函证的理由，确认依据不充分。

（三）注册会计师对被审计单位部分报表项目未实施审计程序，对余额的确认依据不充分

事务所 2012 年第 129 号审计报告，注册会计师未对"坏账准备"项目、"长期待摊费用"项目实施审计程序，确认依据不充分。

（四）注册会计师对被审计单位"短期借款"、"长期借款"年末余额未实施必要的审计程序，确认依据不充分

（1）事务所 2012 年第 129 号审计报告，已审报表年末"短期借款"59,000,000.00 元，占负债和所有者权益总额的 12.84%；年末"长期借款"10,258,899.51 元，占负债和所有者权益总额的 2.23%，未实施函证程序和其他必要的审计程序，也未说明未函证的理由，确认依据不充分。

（2）事务所 2012 年第 014 号审计报告，"长期借款"年末余额 16,200,000.00 元，占负债和所有者权益总额的 6.10%，未实施函证程序和其他必要的审计程序，也未说明未函证的理由，确认依据不充分。

（五）注册会计师对被审计单位部分报表项目未实施必要的审计程序，确认依据不充分

（1）事务所 2012 年第 004 号审计报告，注册会计师未能实施以下程序：

① 未获取"固定资产及累计折旧"明细表和盘点表，仅对固定资产做了抽查，未执行监盘和折旧测试等重要的审计程序；

② 对"应缴税费"、"长期股权投资"，未获取明细表，仅做了抽查，且无审计说明，确认余额依据不充分；

③ "未分配利润"项目本年度有变动，调整了年初余额，但未收集相应的审计证据，也未实施必要的审计程序。

（2）事务所 2012 年第 014 号审计报告，"固定资产净值"年末余额 192,351,842.15 元，占资产总额的 72.4%，注册会计师未关注固定资产的权利和义务，也未实施监盘程序和折旧测试程序。

（3）事务所 2012 年第 129 号审计报告，注册会计师未实施以下程序：

① 年末"固定资产净值"51,268,395.56元，占资产总额的11.16%，未对"固定资产"和"累计折旧"实施实质性分析程序和其他必要的审计程序；

② 年末"应付股利"3,072,000.00元，未收集有关股利分配的规定，未检查本期"应付股利"增减变动的原因；

③ 年末"专项应付款"67,755,400.00元，占负债和所有者权益总额的14.85%，未检查本期"专项应付款"增减变动的原因；

④ "资本公积"年末余额31,712,530.80元，本期有变动，未获取与变动有关的证据；

⑤ 未对"存货"实施实质性分析程序、监盘程序或替代审计程序、存货计价测试、截止测试等重要的审计程序，确认依据不充分。

二、收费中存在的问题

（一）验资报告收费情况

抽查了4份验资报告，占全部验资报告总数的80%，其中收费在标准收费80%以下的有2份，占所抽查报告份数的50%。

（二）审计报告收费情况

抽查了110份审计报告，占全部审计报告总数的22.54%，其中收费在标准收费80%以下的有67份，占所抽查报告份数的61%。

三、财务管理中存在的问题

截至2011年12月31日，G所累计计提职业风险基金628,760.28元，2012年度未计提职业风险基金。

违反条款：《中国注册会计师审计准则第1301号——审计证据》第九条和第十条，《中国注册会计师审计准则第1312号——函证》第十二条和第十三条，《中国注册会计师审计准则第1231号——针对评估的重大错报风险采取的应对措施》第四条和第二十七条，《会计师事务所职业风险基金管理办法》第三条等规定。

处理结果：责令对上述问题进行整改，某省财政厅将择期对事务所执业质量进行回访检查：

（1）对执业质量问题，责令按照《注册会计师法》、《会计师事务所审批和监督暂行办法》、《中国注册会计师执业准则》的相关规定进行整改，切实提高风险意识，加强内部质量控制，进一步提高执业质量。

（2）对审计收费存在的问题，责令今后严格按照收费标准的规定收费，收费标准控制在上下浮动20%以内。

（3）对于未提取职业风险基金的问题，责令依法整改，补提2012年度职业风险基金，规范会计核算和财务管理。

简要评析：事务所往往在执业质量、内部治理和财务管理等方面不同程度地存在一些问题，行政部门在检查中根据问题的性质、情节，对于未造成后果的行为采取责令整改、下达关注函或移交行业协会惩戒处理。本案中，GB所属于首次发生此类问题，某省财政厅全面指出了这些问题，并要求及时进行整改，在适当的时候进行回访检查，以此给事务所一个改正的机会。

第四节　非证券资格事务所行政处罚案例

一、出具虚假或不实的业务报告

【案例1】C所出具虚假的报告被依法撤销

基本案情： F省C会计师事务所在验资过程中，未按照中国注册会计师审计准则的规定实施必要的审验程序并获取重要审计证据以支持发表审验意见，在明知验资事项不实的情况下，故意出具虚假验资报告，在企业持续经营且未涉及产权变动的前提下，以整体资产评估增值转增资本；在未对企业资产及往来款项进行审验的情况下，将个人往来款作为个人出资，增加企业注册资本；同时与企业通同作弊，出具虚假审计报告。

1999~2001年，该所分别为F集团公司、Y集团公司、D建筑工程公司、T房地产开发公司、B建筑工程公司等5家公司出具5份虚假验资报告，虚假金额累计达15,349.20万元。

该所还违反审计准则，为本所出具年检查账报告；在不具备合伙办所条件的情况下继续执业；聘请不具备执业资格的人员执业。其法人代表林某还有涉嫌私刻公章，伪造和提供虚假材料骗取事务所设立，虚列费用，涉嫌偷逃税收等问题。

定性依据：《注册会计师法》第二十一条等。

处罚结果： F省财政厅依法作出了撤销C所的行政处罚决定，对相关注册会计师林某、巫某给予吊销注册会计师证书处罚，对注册会计师聂某予以停业半年的处罚，对执业人员帅某、胡某予以警告处分。对法人代表林某涉嫌私刻公章，伪造和提供虚假材料骗取事务所设立，虚列费用，涉嫌偷逃税收问题，依法移送司法部门进一步查处。

简要评析： 故意出具虚假的证明文件是注册会计师行业最严重的违法行为之一，必须予以坚决打击，否则，会动摇这个行业存在的基础。在本例中，F省财政部门依法严厉打击作假行为，对会计师事务所及其法人代表给予了顶格的行政处罚，具有一定的示范意义。同时，由于该行为已涉嫌触犯刑律，F省财政部门已依法移送司法部门，这也是行政移送司法的案例。

【案例2】L所连续四年出具不实的审计报告

基本案情： L会计师事务所在对D集团公司20×0年度至20×3年度会计报表的审计过程中，明知会计报表有不实内容并可能导致利害关系人产生重大误解而不予指明，对货币资金、债权债务、存货、固定资产、无形资产、资本公积、盈余公积、主营业务收入、主营业务成本、主营业务税金及附加、营业费用、管理费用等重要项目，未履行必要的审计程序，未获取充分、适当的审计证据，出具了不实的审计报告。

各年审计差异为：20×0年度会计报表多列资产10,349万元，多列所有者权益28,441

万元，多列净利润 4,872 万元。20×1 年度会计报表多列资产 12,151 万元，多列所有者权益 30,861 万元，多列净利润 3,035 万元。20×2 年度会计报表少列资产 3,547 万元，多列所有者权益 35,029 万元，多列净利润 4,554 万元。20×3 年度会计报表多列资产 13,723 万元，多列所有者权益 46,268 万元，多列净利润 11,648 万元。

定性依据：《注册会计师法》第二十一条等。

处罚结果：给予事务所没收违法所得 17 万元，并处违法所得五倍共计 85 万元的罚款，并暂停经营业务 12 个月的行政处罚；拟给予注册会计师甲吊销执业证书的处罚，但鉴于其执业证书未年检已失效，故责令省注册会计师协会取消其会员资格。

最后，该事务所在工商部门办理了注销手续。

简要评析：《注册会计师法》规定，注册会计师在明知委托人的财务会计处理会导致报告使用人或者其他利害关系人产生重大误解、明知委托人的会计报表的重要事项有其他不实内容的，要求在出具报告时必须予以指明。在本例中，注册会计师连续出具 4 个年度的审计报告，明知会计报表有不实内容，会给使用者造成误解，甚至给国家造成巨大损失，仍然发表了无保留意见的审计报告，性质较为恶劣，后果较为严重，受到了行政机关的依法处罚。

【案例 3】 SP 所违规确认实收资本，出具不实的审计报告

基本案情：Q 建筑工程公司 20×1 年因企业资质需要，委托 W 资产评估公司对房屋资产及划拨土地进行评估，违规将重复评估的房屋价值和行政划拨土地价值列入资本公积，然后委托 H 会计师事务所出具验资报告，将部分资本公积 4,676 万元转增实收资本（全部实收资本为 6,000 万元）。

2010 年和 2011 年，SP 会计师事务所接受委托对该建筑公司 2009 年度、2010 年度的财务报表进行审计，未检查形成实收资本期初余额的会计记录和其他信息，未实施追加的审计程序，也未查阅前任注册会计师的工作底稿以获取有关实收资本期初余额的充分、适当的审计证据，未能核实资本公积及其转增资本的合法性、公允性。该事项对财务报表影响重大，致使财务报表没有按照适用的会计准则和相关会计制度的规定编制，未能在所有重大方面公允反映被审计单位的财务状况，出具了无保留意见审计报告。

定性依据：《注册会计师法》第二十一条、《会计师事务所审批和监督暂行办法》第五十六条、《中国注册会计师审计准则第 1331 号——首次审计业务涉及的期初余额》和《中国注册会计师审计准则第 1502 号——非标准审计报告》第十二条。

处罚结果：给予 SP 所和注册会计师甲、乙、丙、丁警告，给予注册会计师戊某暂停执行业务 6 个月的行政处罚。

简要评析：在审计过程中，注册会计师要特别关注资本公积的确认和转增资本的合法性、真实性，如有必要，注册会计师应延伸核实资本公积的形成过程，防止部分企业为了申请资质、申报项目和财政专项资金、取得银行信用、参与招投标等需要，人为改变历史成本计价等原则，甚至不惜作假，虚增股东权益。在本例中，行政机关根据违法情节和性质作出了行政处罚，并考虑到注册会计师戊某不负责任、参与出具了多个不恰当的审计报告的实际

情况，给予暂停执行业务 6 个月的行政处罚。

【案例 4】L 所出具多个不实的审计报告和验资报告

基本案情： 2004 年，某财政部门对 L 会计师事务所执业质量进行检查，在检查过程中，检查组抽查了 9 份审计报告和 1 份验资报告的工作底稿，并延伸检查了 4 户企业。查出的主要问题如下：

（1）在 G 药业公司 2002 年度会计报表的审计过程中，对应收账款、固定资产、无形资产、应付账款、资本公积、盈余公积、主营业务收入、主营业务成本等重要项目未实施必要的审计程序，出具的 ×× ［2003］审字第 056 号审计报告不实，与企业账簿数据比较，审计后的资产总额多 3,522 万元，负债总额少 582 万元，所有者权益多 4,104 万元，净利润多 361 万元。

（2）在 J 汽车贸易公司 2003 年度会计报表的审计过程中，对货币资金、应收账款、其他应收款、预付账款、存货、应付票据、预收账款等重要项目未实施必要的审计程序，出具的 ×× ［2004］审字第 197 号审计报告存在较大差异，与企业账簿数据比较，审计确认的资产总额少 9,088 万元，负债总额少 9,092 万元。

（3）在 H 医院管理公司 2003 年度会计报表的审计过程中，对应收账款、其他应收款、固定资产、未分配利润等重要项目关注不够，出具的 ×× ［2004］审字第 272 号审计报告未按规定对审计差异进行调整，导致资产总额和所有者权益同时虚增 141 万元。

（4）在 G 药业公司增资 4,300 万元的审验过程中，未编制总体验资计划和具体验资计划，未实施必要的审验程序并形成验资工作底稿，出具的 ×× ［2003］验字第 019 号验资报告中，用于验资的资本公积 4,285 万元和未分配利润 15 万元未经核实。

定性依据：《注册会计师法》第二十一条第一款、第四款，以及《独立审计基本准则》第二十条、《独立审计具体准则第 1 号——会计报表审计》第二十二条、《独立审计实务公告第 1 号——验资》第十七条。

处罚结果： 给予会计师事务所暂停经营业务 6 个月，没收违法所得 15,500 元并处以违法所得 1 倍罚款 15,500 元的行政处罚；给予注册会计师徐某暂停执行业务 6 个月的行政处罚，给予注册会计师王某警告的行政处罚。

简要评析： L 所一直缺乏必要的执业质量控制，在未实施重要审计程序的情况下出具多个不实的审计报告或验资报告，影响较坏。行政机关在给予会计师事务所和注册会计师停业或警告处罚的同时，还采用了没收违法所得并处以罚款的方式，这种情况是较少见的。

【案例 5】Z 所出具不实验资报告涉案

基本案情： 2006 年 10 月 17 日，某省 Z 会计师事务所副主任会计师张某为 Q 化工公司验资时，在未实地查看被审验单位住所、未向银行寄发询证函的情况下，就出具了验资报告，致使虚假出资的 Q 化工公司得以设立并出售假药，引发"齐二药"事件造成恶劣影响。由于张某在验资程序严重不到位的情况下，与主任会计师李某分别加盖注册会计师印章，出具了 500 万元的验资报告，使虚假出资的 Q 化工公司得以设立，Q 化工公司出售假药辅料给 H 制药厂，导致多人中毒身亡的严重后果。

因此，某省财政厅成立了由监督局、会计处、省注协组成的联合调查组，对 Z 所执业质量进行了检查，在检查过程中，调查组抽取了 4 份审计报告，3 份验资报告（包括涉案的验资报告）。经查，涉案的验资报告（［2005］B262）问题较严重。在未按照规定程序寄发银行询证函，未检查 Q 化工公司股东是否缴存货币资金，金额与收款凭证是否一致的情况下，出具了 500 万元验资报告。

定性依据：《注册会计师法》第二十一条等。

处罚结果：某财政厅行政处罚决定，涉案的［2005］B262 号为验资报告签字的执业副主任会计师张某给予吊销注册会计师证书的行政处罚；涉案［2005］B262 号验资报告未到现场执业的签字注册会计师李某给予暂停执业 9 个月的行政处罚；对涉案的 Z 所给予撤销的行政处罚。

此外，对出具其他三份不涉案审计报告的注册会计师给予警告的行政处罚。

简要评析：

http：//news. esnai. com/33/2007/0626/31580. shtml

【案例 6】 C 所对现金流量情况发表不实的审计意见

基本案情：C 会计师事务所×× ［2011］第 020 号审计报告，被审计单位 T 科技公司 2011 年年末的现金账面余额为 1,075 万元，其中包含"李××"2011 年 12 月 26 日的借条 1,030 万元（注明："用于公司业务开支，交回发票时再与公司结账"），注册会计师予以审计确认。该事项导致期末货币资金多列 1,030 万元，应收款项或成本费用少列 1,030 万元；同时，该事项导致现金及现金等价物多列 1,030 万元，占"现金及现金等价物净增加额"328 万元的 313.6%，占"经营活动产生的现金流量净额"586 万元的 175.7%。

C 所在审计过程中，注册会计师何某、郭某未核实货币资金余额的真实性，未实施追加的审计程序，以获取有关货币资金、应收款项、成本费用余额或发生额的充分、适当的审计证据，出具了无保留意见审计报告。

定性依据：《注册会计师法》第二十一条、《会计师事务所审批和监督暂行办法》第五十六条和《中国注册会计师审计准则第 1502 号——非标准审计报告》第十二条。

处罚结果：给予 C 会计师事务所和注册会计师何某、郭某警告的行政处罚。

简要评析：注册会计师开展年度会计报表审计，需要对财务状况、经营成果和现金流量情况等发表审计意见。在审计实务中，部分会计师事务所和注册会计师忽略现金流量表的审计，往往发表不恰当的现金流量审计意见。在本例中，行政部门关注到 C 所现金流量信息不真实，依法进行了处罚，需引起执业会计师的注意。

二、审计意见类型不恰当

【案例1】J所隐瞒审计中发现的问题，发表不恰当的审计意见

基本案情： J会计师事务所××〔2007〕第76号审计报告，审计人员发现被审计单位F集团公司的长期股权投资未按规定采用权益法进行核算，未对控制的子公司合并会计报表，致使2006年度投资收益少计-646万元（占该公司当年净利润的189.98%），并且未能公允反映企业集团的经营成果、财务状况及其变动情况，因此，审计人员在审计工作底稿中，提出了拟出具"有保留意见的审计报告"的审计结论。但在最终出具审计报告时，未对审计发现的重大事项进行披露，发表了不恰当的审计意见，出具了标准意见的审计报告。上述长期股权投资包括：

（1）对Z公司投资2,100万元，控股比例为70%，2006年度未经审计财务报表反映的资产总额为9,881万元、负债为7,103万元、所有者权益为2,777万元，净利润为-431万元；

（2）对W公司投资2,800万元，控股比例为58.3%，2006年度经审计的财务报表反映，资产总额为10,331万元、负债为5,564万元、所有者权益为4,766万元，净利润为-331万元；

（3）对X公司投资450万元，占45%，2006年度未经审计财务报表反映的净利润为-336万元。

定性依据：《注册会计师法》第二十一条、《会计师事务所审批和监督暂行办法》第五十六条和《中国注册会计师审计准则第1502号——非标准审计报告》第十条。

处罚结果： 给予事务所和主任会计师警告的行政处罚。

简要评析： 对于已经发现和应当发现的重要事项，注册会计师在出具审计报告时，应当实施必要的审计程序，以排除合理的疑虑，发表恰当的审计意见。在本例中，主任会计师对于审计助理提出的投资收益事项未进行核实，未考虑对会计报表的重要影响，行政机关给予了相应的行政处罚。

【案例2】D所未披露已发现的重要事项，发表不恰当的审计意见

基本案情： 2005年，D会计师事务所对M机械公司2004年度会计报表进行审计，审计人员在工作底稿中列示M机械公司当年少提折旧35万元，需考虑对会计报表的影响，但注册会计师徐某、吴某未按规定进行核实，出具了无保留意见的审计报告（××审〔2005〕第20号）。经查，该事项将导致M机械公司的利润由盈利转为亏损，对经营成果具有非常重大的影响。

此外，徐某、吴某在2004年出具了××验〔2004〕15号验资报告，在对M机械公司股东周某以长安微型汽车1辆出资增加注册资本验资时，未收集实物评估资料和实物产权证明和过户证明，而以全体股东确认价值3万元直接作为验资依据。

定性依据：《注册会计师法》第二十一条、《独立审计具体准则第2号——审计报告》

第二十三条。

处罚结果： 给予事务所和注册会计师徐某、吴某警告的行政处罚。

简要评析： 在本例中，两位注册会计师对于审计人员提出的未计折旧事项，未按规定进行核实，且未考虑对会计报表的影响程度，出具了不恰当意见的审计报告，受到了行政处罚。这个案例告诉我们，注册会计师一定要坚持逐级复核制度，对于审计中发现的问题逐一处理和排除合理疑虑，否则，这将导致注册会计师客观上的过失甚至被认定为主观上的违法行为。

【案例3】 D所审计意见不恰当被举报查处

基本案情： 2009年，D会计师事务所出具的××审［2006］086号审计报告被匿名举报。经查，D所在审计L实业发展公司2005年年度会计报表中，未能勤勉尽责，审计意见不恰当，会计报表及附注自相矛盾且严重不符合事实。

（1）会计报表附注第九条列示："L公司于2005年8月8日被盗，部分会计资料丢失；2005年度会计报表的编制，是以经审计的2004年度会计报表数据为基础，结合2005年8～12月会计数据发生额以及经清查可以确认的2005年1～7月所发生的会计数据，经计算填列"。

（2）D所审计意见为："经审计，如贵公司会计报表附注第九条所述，我们无法实施满意的审计程序，无法获取相关的审计证据，因此对贵公司1～7月的会计数据不能确认"；"除上述情况外，我们认为，上述会计报表符合国家颁布的企业会计准则和《企业会计制度》的规定，在重大方面公允地反映了贵公司2005年12月31日的财务状况以及2005年度的经营成果和现金流量。"

检查认为，D所"表述本身自相矛盾，审计证据严重不足，对1～7月会计数据不能确认，审计范围受到严重限制，出具了保留意见审计报告，报告意见类型选择明显不当。"

定性依据： 《注册会计师法》第二十一条、《会计师事务所审批和监督暂行办法》第五十六条。

处罚结果： 给予事务所暂停经营业务9个月，给予注册会计师警告的行政处罚。

简要评析： 在本例中，D所内部管理混乱，质量控制流于形式。对于××审［2006］086号审计报告，缺乏必要的专业水平，行政机关给予了事务所停业整顿的较重处罚，并给予注册会计师警告的行政处罚。

【案例4】 S所未对影响非常重大的现金实施监盘而发表无保留意见

基本案情： S会计师事务所××审［2005］第073号审计报告，被审计单位现金100万元，占资产总额70%。注册会计师未实施监盘程序，仅复核及收集了12月31日的现金日记账，对其真实性、存在性无法确认的情况下，出具带强调事项段的无保留意见报告，报告意见类型明显不恰当。

此外，S所部分审计业务还存在未按规定实施监盘及抽盘程序、未实施函证程序及替代审计程序、未实施凭证抽查程序、未实施截止日测试、分析性复核及其他必要的审计程序，重要审计证据收集不充分等问题。

定性依据：《注册会计师法》第二十一条、《独立审计具体准则第 7 号——审计报告》第二十条。

处罚结果：给予事务所和主任会计师警告的行政处罚。

简要评析：在审计实务中，往往遇到部分企业有大额库存现金的情况，既不符合现金管理的相关制度，也给审计确认带来困难。因此，监盘大额现金的程序非常必要。同时，要分析大额现金的形成原因、合法性和真实性，判断是否存在通过虚挂现金抽逃资本等情况，消除审计过程中的合理疑虑。

【案例 5】T 所未核实影响重大的固定资产折旧而发表无保留意见

基本案情：T 会计师事务所 [2009] 第 C007 号审计报告，被审计单位 2008 年年初固定资产为 61,373 万元（其中，房屋建筑物 50,453 万元，机器设备 10,920 万元），2008 年新增固定资产 29,120 万元（其中，房屋建筑物 19,440 万元，机器设备 9,680 万元），2008 年年末固定资产为 90,493 万元（其中，房屋建筑物 69,893 万元，机器设备 20,600 万元）。上述固定资产当年只提取了折旧 1,280 万元，若按固定资产年初余额和财务报表附注列示的最高折旧年限、预计残值率计算，折旧少提 1,357 万元，占净利润的 150.3%，对财务报表产生重大影响。但是，审计人员在未能核实固定资产折旧费用的计提和分配的情况下，出具了无保留的审计意见。

定性依据：《会计师事务所审批和监督暂行办法》第五十六条第一款和《中国注册会计师审计准则第 1502 号——非标准审计报告》第十一条。

处罚结果：给予事务所和注册会计师警告的行政处罚。

简要评析：对固定资产折旧进行复核计算，是注册会计师在审计中应当实施的审计程序，在本例中，检查人员进行简单的测算，即发现注册会计师根本未对固定资产折旧进行复核计算，该事项对财务状况和经营成果影响重大，导致审计意见不恰当。由此，依法给予了事务所和注册会计师警告的行政处罚。

【案例 6】J 所未核实重大投资收益和按规定合并会计报表

基本案情：J 会计师事务所××审 [2009] 第 202 号审计报告，被审计单位对 X 房地产公司的长期股权投资 1,800 万元，占被投资单位 90% 的股份，年报未确认投资收益，未将 X 房地产纳入合并范围，未收集该公司相关年度财务报表及资料，未能完整、公允反映被审计单位的财务状况和经营结果，出具了标准无保留意见报告。

定性依据：《会计师事务所审批和监督暂行办法》第五十六条。

处罚结果：给予事务所和注册会计师警告的行政处罚。

简要评析：在本例中，J 所绝大部分资产就是长期股权投资，因此，长期股权投资的投资收益确认和合并报表等事项就非常重要，在审计过程中，注册会计师应当将长期投资作为重要项目，按执业准则的规定实施必要的审计程序，收集充分、适当的审计证据，在此基础上出具审计报告。

【案例 7】 M 所未能核实影响非常重大的长期投资而发表保留意见

基本案情： M 会计师事务所［20×2］第 93 号审计报告，被审计单位长期股权投资余额为 310 万元，占资产总额的 84%，占净资产的 633%。在审计过程中，该所在未实施审计程序的情况下，以"由于时间的限制，对贵公司的长期股权投资，我们未能实施相应的审计程序"为理由，发表了保留意见的审计报告，意见类型明显不恰当。

定性依据：《会计师事务所审批和监督暂行办法》第五十六条、《中国注册会计师审计准则第 1502 号——非标准审计报告》第十三条。

处罚结果： 给予事务所和注册会计师警告的行政处罚。

简要评析： M 所长期股权投资占到资产总额的 80% 以上，注册会计师未能实施相应的审计程序进行核实，应当发表无法表示意见的审计报告。对于 M 所以保留意见的形式代替，行政机关给予了相应的行政处罚。

【案例 8】 M 所未对影响非常重大的存货和应收款项实施审计程序而发表保留意见

基本案情： M 会计师事务所［2007］006 号审计报告，未对被审计单位财务报表资产负债表日存货 287 万元实施监盘和计价测试等程序，未对应收款项 757 万元实施函证或替代审计程序，上述两项金额合计 1,044 万元，占期末资产总额 1,154 万元的 90.47%，存在重大不确定性，在未能获取充分适当的审计证据情况下，出具了保留意见的审计报告，其审计报告意见类型不恰当。

定性依据：《会计师事务所审批和监督暂行办法》第五十六条、《中国注册会计师审计准则第 1502 号——非标准审计报告》第十三条。

处罚结果： 给予事务所和注册会计师警告的行政处罚。

简要评析： 存货、应收款项等项目往往是实体企业的重要报表项目，按执业准则的规定应实施监盘、函证等必要的审计程序。本例中，注册会计师未实施相应审计程序，简单出具保留意见，财政部门给予了警告的行政处罚。

【案例 9】 H 所在被审计单位全部资产不能确认的情况下发表保留意见

基本案情： H 会计师事务所××审字［2009］第 1010 号审计报告，被审计单位其他应收款 61 万元，占资产总额的 74.06%，其中 34 万元因"诈骗"在诉讼之中，其余个人借款 27 万元可能无法收回，上述应收款项无法函证，审计人员的审计结论为"余额不能确认"；应收账款 20 万元，占资产总额的 24.37%，审计人员的审计结论为"余额不能确认"。此外，现金 1 万元，占资产总额的 1.55%，"未进行现金盘点"，审计人员的审计结论为"余额不能确认"。前述"余额不能确认"的资产项目金额合计为 83 万元，占资产总额 99.98%，对财务状况（资产总额 83 万元、负债合计 18 万元、所有者权益 65 万元）和经营情况（主营业务收入 0，净利润 -0.15 万元）均具有非常重大的影响，但该所在未实施必要审计程序、未收集充分适当审计证据的情况下，出具了保留意见的审计报告。

此外，××审字［2009］第 1019 号、第 1023 号审计报告也存在类似情况。

定性依据：《会计师事务所审批和监督暂行办法》第五十六条、《中国注册会计师审计准则第 1502 号——非标准审计报告》第十条。

处罚结果：给予 H 所和注册会计师警告的行政处罚。

简要评析：本例涉及的被审计单位资产总额小于 100 万元，属于微型企业，本不会造成太严重的后果，但是，检查组在抽查该所 8 份审计报告中，发现有 3 份审计报告属于典型的以保留意见代替否定意见或无法表示意见的情况，因此，行政机关在检查中给予了警告的行政处罚，要求纠正审计报告中披露事项与审计意见类型明显不符的违规行为。

【案例 10】 Z 所审计报告以保留意见代替无法表示意见

基本案情：Z 会计师事务所在审计 T 公司 2010 年会计报表过程中，对于 T 公司其他应收款余额 1,030 万元，占资产总额的 78.51%，注册会计师审计范围受到限制而未能实施函证和其他审计程序，不能获取充分、适当的审计证据；同时，对货币资金 273 万元、主营业务收入 5,362 万元、主营业务成本 4,989 万元等项目也未实施必要的审计程序和取得充分、适当的审计证据。上述事项可能产生的影响非常重大和广泛，但注册会计师只出具了"贵公司 2010 年 12 月 31 日其他应收款余额 10,300,000 元，占资产总额的 78.51%，由于贵公司未能提供债务人的地址，我们无法实施函证以及其他审计程序，以获取充分、适当的审计证据"的保留意见。

定性依据：《中国注册会计师审计准则第 1502 号——非标准审计报告》第十三条。

处罚结果：给予事务所和注册会计师警告的行政处罚。

简要评析：注册会计师在出具审计报告时，往往认为只要在审计报告中充分披露了有关事项就没有风险，而忽略审计意见类型的匹配性和恰当性。在本例中，Z 所披露了审计范围受限的项目及影响的金额，但由于这些项目可能产生的影响非常重大和广泛，只是出具保留意见已明显不恰当，这就需要引起事务所和注册会计师予以充分关注。

【案例 11】 F 所审计程序不到位而笼统地发表保留意见

基本案情：F 会计师事务所 2005 年对 G 单位 2004 年年度会计报表进行审计，在未对期初余额、存货、长期投资和收入成本等重要项目实施适当审计程序，不能确定这些项目对会计报表的影响程度的情况下，笼统地发表了保留意见的审计报告。一是期初余额 822,566 万元，金额较大，未实施查阅、询问、审阅、检查等审计程序，发表了"我们未能实施审计程序对指挥部 2004 年年初形成的资产、负债进行查证"的保留意见，未考虑对资产期末余额 350,703 万元的影响程度；二是 2004 年年末存货余额 245,934 万元，占总资产的 70.13%，未取得存货明细盘点表及相关明细资料、未收集存货中工程项目竣工决算书、工程进度、移交手续等审计证据；三是 2004 年年末长期投资期末余额 15,375 万元，未收集到投资协议、会计报表等足够的审计证据，而简单发表了"对 20% 以上且有重大影响的长期股权投资采用成本法核算"的保留意见，未考虑其对整个报表的影响；四是对被审计单位较大金额的收入和成本缺乏确认依据，注册会计师仅要求被审计单位在会计报表附注中披露，未考虑其对整个报表的影响，如将工程借款中 27.54 亿元确认为收入，相关依据不够充分。

定性依据：《独立审计具体准则第 7 号——审计报告》第二十条、第二十一条和《中国注册会计师执业规范指南第 5 号——审计报告（试行）》2.5.3 项。

处罚结果：给予 F 所和注册会计师警告的行政处罚。

简要评析：执业准则要求，注册会计师应当在实施必要的审计程序和收集充分、适当的审计证据后，选择适合的审计意见类型。如果注册会计师没有受到审计范围的限制，而直接简单或笼统地出具保留意见，这种做法本身就违反了审计准则的要求。因此，本例中虽然 F 所对部分重大事项进行了披露，但由于披露的事项及影响程度与审计意见类型并不匹配，行政机关仍给予了必要的行政处罚。

三、依据相同的证据出具不同的审计结论

【案例 1】 Q 合伙所依据相同的审计证据出具不同的审计结论

基本案情：2010 年 4 月和 5 月，Q 合伙会计师事务所根据相同的依据对 X 担保公司先后出具了 2009 年度会计报表审计报告和专项审计报告，两份报告存在较大差异。

（1）2009 年年末，专项审计的资产总额 8,457 万元，负债总额 5,361 万元，所有者权益合计 3,096 万元；年报审计的资产总额 12,089 万元，负债总额 10,114 万元，所有者权益合计 1,975 万元；两者资产总额相差 3,632 万元，负债总额相差 4,753 万元，所有者权益相差 1,121 万元。

（2）2009 年度专项审计的担保费收入 280 万元，净利润 58 万元；年报审计的担保费收入 233 万元，净利润 6 万元；两者担保费收入相差 47 万元，净利润相差 52 万元。

（3）2009 年度专项审计的经营活动产生的现金流量净额 48 万元，投资活动产生的现金流量净额 -1,674 万元，筹资活动产生的现金流量净额 2,381 万元；年报审计的经营活动产生的现金流量净额 48 万元，投资活动产生的现金流量净额 -2,674 万元，筹资活动产生的现金流量净额为 0；两者差异较大。

定性依据：《注册会计师法》第二十一条。

处罚结果：给予会计师事务所和注册会计师警告的行政处罚。

简要评析：《会计师事务所审批和监督暂行办法》第五十六条规定，会计师事务所和注册会计师不得对同一委托单位的同一事项，依据相同的审计证据出具不同结论的审计报告。在本例中，虽然前后审计的目的不同，但涉及财务状况、经营成果和现金流量内容时，其结论应当唯一，行政机关在综合考虑到未造成后果、属于初犯和违法情节较轻等因素后，给予了从轻的处罚。

【案例 2】 Y 所同时出具了两份差异较大的年报审计报告

基本案情：Y 所注册会计师鲜某与范某在 2011 年 2 月 23 日出具了同为 ×× 审字 [2011] 第 02 - 1 - 013 号的两份标准无保留意见年度会计报表审计报告，被审计单位均为 T

公司。两份审计报告确认的 2010 年度主营业务收入分别为 542 万元、242 万元，主营业务成本分别为 340 万元、160 万元，管理费用分别为 170 万元、67 万元。经比较，两者主营业务收入相差 300 万元，主营业务成本相差 180 万元，管理费用相差 103 万元。

此外，在 XL 投资担保公司审计项目中，Y 所分别于 2010 年 4 月 21 日和 2010 年 5 月 29 日出具××会审 [2010] 第 013 号审计报告和××正专审 [2010] 第 003 号专项审计报告。上述两份审计报告后附报表的截止日均为 2009 年 12 月 31 日。但此两份审计报告后附的会计报表，包括资产负债表、利润表、现金流量表等相关指标均存在较大差异。

定性依据：《注册会计师法》第二十一条。

处罚结果：给予会计师事务所和注册会计师鲜某、范某警告的行政处罚。

简要评析：在本例中，Y 所明知被审计单位将两份审计报告用于不同的目的，仍然出具了审计结果存在重大差异的审计报告，属于故意作假的行为。但考虑到 Y 所系初犯、态度较好，也没有造成后果，并且主动进行了纠正，行政机关给予了从轻的处罚。

【案例 3】 X 所依据相同的证据出具不同的审计结论

基本案情：X 会计师事务所 2002 年对某实业公司上年度的会计报表进行审计，注册会计师王某（系主任会计师）、李某在未到审计现场的情况下，分别在 2002 年的 3 月 9 日和 4 月 9 日签审了×× [2002] 审字第 016 号和第 018 号两份数据不同的审计报告，其中第 018 号审计报告是为满足某实业公司"合资用"而"按照该公司要求数据和时间出具报告"。

在检查过程中，X 所未能向检查组提供相应的审计工作底稿。此外，该所还存在未按规定保存审计工作底稿、抽逃注册资金、注册会计师人数低于法律规定的最低要求等问题。

定性依据：《注册会计师法》第二十条、《独立审计具体准则第 7 号——审计报告》第六条。

处罚结果：给予事务所暂停经营业务 10 个月，给予注册会计师王某暂停执行业务 10 个月的行政处罚，给予注册会计师李某警告的行政处罚。

简要评析：相同的注册会计师，相同的证据，却出具数据不同的审计报告，性质较为恶劣。在本例中，行政机关考虑到未造成严重后果，给予 X 所暂停经营业务 10 个月，给予承担主要责任的注册会计师王某暂停执行业务 10 个月的行政处罚，其他会计师事务所和注册会计师应当对此引起重视。

四、未按执业准则、规则确定的工作程序出具报告

【案例 1】 P 所对 D 公司未确认重要投资收益发表无保留意见

基本案情：D 科技开发公司 2009 年年末"长期股权投资"708 万元，占全部资产总额的 68.99%，未按《企业会计制度》的规定确认投资收益和编制合并会计报表。经核实，D 科技开发公司有全资子公司 D 交流中心、W 职业中专学校、W 外语专修学院、J 专修学院、J 旅行社，上述全资子公司 2009 年度的净利润为 49 万元，占 D 科技开发公司净资产的 15.5%，占净利润的 6.42 倍。该事项导致财务报表不能公允反映财务状况和经营成果。

在 2009 年度财务报表的审计过程中，P 所注册会计师刘某、胡某在未实施必要审计程序、未收集充分、适当审计证据的情况下，出具了无保留意见的审计报告。

定性依据：《注册会计师法》第二十一条、《会计师事务所审批和监督暂行办法》第五十六条和《中国注册会计师审计准则第 1502 号——非标准审计报告》第十二条。

处罚结果：给予 P 所和注册会计师刘某、胡某警告的行政处罚。

简要评析：在不同的会计制度下，投资收益有不同的核算和披露规定，注册会计师应当根据实际情况判断投资收益的核算方法、合并报表的规定、对财务状况和经营成果的影响程度，据此考虑对审计报告的影响。在本例中，虽然投资收益金额不大，但由于占净利润、净资产的比例较大，在性质上有较大的影响，因此给予了 P 所和两位注册会计师警告的行政处罚。

【案例 2】P 所多个审计报告以保留意见代替否定意见或无法表示意见

基本案情：P 所 2009 年多个审计报告意见类型不恰当。

（1）Z 房地产公司缴纳某地块土地出让金 525 万元，直接记入"管理费用"而未通过"存货"核算，使 2009 年度由盈利转为亏损，对经营成果造成非常重大的影响（占账面利润总额 -313,124.73 元绝对值的 16.77 倍），但 P 所注册会计师胡某、李某只出具了保留意见的审计报告。

（2）G 投资公司债务人 W 厂于 2004 年依法破产终结，其抵押资产于 2007 年被依法拍卖偿债，因此，应核销应收账款、其他应收款、固定资产 25,183 万元，占资产总额的56.22%；应核销其他应付款、长期应付款、短期借款、预提费用 8,318 万元，占负债总额的 35.51%；应冲减实收资本 100 万元，占实收资本总额的 0.54%；应冲回多提取固定资产折旧 107 万元，占利润总额的 47.86%。上述事项影响非常重大，但 P 所注册会计师谢某、胡某只出具了保留意见的审计报告。

（3）S 投资公司 2009 年年末的拆出资金 9,612 万元、短期贷款 43,945 万元、应收款项16,209 万元、应收租赁款 1,369 万元、其他应收款 1,782 万元、长期股权投资 55,237 万元、固定资产清理 3,224 万元，共计金额 131,379 万元，占总资产 210,581 万元的 62.38%。受审计范围的限制，"无法获得对外投资企业的相关资料，也无法实施相关审计程序，以获取充分、适当的审计程序"，该事项对财务状况和经营成果可能产生的影响非常重大和广泛，但 P 所注册会计师胡某、李某只出具了保留意见的审计报告。

（4）Z 酒店 2009 年年末房屋建筑物净值 16,778 万元，占资产总额 30,280 万元的55.41%；实收资本 27,496 万元、资本公积 7,988 万元，占负债和所有者权益总额的93.44%。在审计过程中，P 所注册会计师未能核实固定资产中房屋建筑物的权属，未对实收资本和资本公积实施必要的审计程序，不能确定房屋建筑物是否归被审计单位所有，不能确定折旧是否正确，不能核实资本是否到位。上述事项对财务状况和经营成果可能产生的影响非常重大和广泛，但注册会计师罗某、李某只出具了保留意见的审计报告。

定性依据：《注册会计师法》第二十一条、《会计师事务所审批和监督暂行办法》第五十六条和《中国注册会计师审计准则第 1502 号——非标准审计报告》第十二条、第十三条。

处罚结果：给予胡某等注册会计师警告的行政处罚。

简要评析：审计意见分为无保留意见和非无保留意见。无保留意见的审计报告分为标准审计报告、带强调事项段或其他事项段的无保留意见的审计报告；非无保留意见的审计报告包括保留意见、否定意见、无法表示意见的审计报告。审计意见类型的划分可以让使用者清楚地知道和利用审计结果，因此，即使注册会计师详细披露了相关的情况，也不得采用不匹配、不恰当的审计意见类型。

【案例3】Y合伙所未实施审计程序而直接出具审计报告

基本案情：2010年，Y合伙会计师事务所接受某财政部门的监督检查，检查组抽取了第201号、205号、208号、209号、212号审计报告。检查发现，Y所被抽取的全部审计报告每个报表项目仅有1张审定表，未实施风险评估程序和进一步审计程序，未收集充分、适当审计证据，也无审计工作底稿记录审计工作轨迹，最终直接出具了无保留意见的审计报告。同时，该所未建立逐级复核制度，质量控制完全流于形式。

定性依据：《中国注册会计师审计准则第1301号——审计证据》、《中国注册会计师审计准则第1311号——存货监盘》、《中国注册会计师审计准则第1312号——函证》、《中国注册会计师审计准则第1231号——针对评估的重大错报风险实施的程序》、《中国注册会计师审计准则第1501号——审计报告》等。

处罚结果：对会计师事务所和注册会计师给予暂停经营业务6个月的行政处罚。

简要评析：不遵循执业准则、不实施审计程序而直接出具审计报告，这是《注册会计师法》和执业准则所不能容忍的，在性质上比实施了审计程序但未发现重大问题可能更加严重，行政监管部门对于此种情况一般会考虑加重处罚。在本例中，虽然涉及的被审计单位规模较小，也没有造成更大的后果，但鉴于这种性质的严重性，行政机关给予了暂停经营业务6个月的行政处罚。

【案例4】R所未实施任何审计程序，出具无保留意见审计报告

基本案情：某财政部门检查发现，R所在审计T实业公司2006年度财务报表中，未对银行存款、应收账款、其他应收款、长期投资、固定资产、收入和成本等实施审计程序，仅凭被审单位提供的财务报表，直接出具了××〔2007〕审字19号无保留意见的审计报告；在审计S物资供应公司2006年度财务报表时，未见对企业债权、固定资产、货币资金等重要事项取得相关审计证据的情况下，出具了××〔2007〕审字15号无保留意见的审计报告。

定性依据：《中国注册会计师审计准则第1231号——针对评估的重大错报风险实施的程序》、《中国注册会计师审计准则第1301号——审计证据》、《中国注册会计师审计准则第1312号——函证》等。

处罚结果：对会计师事务所和注册会计师给予警告的行政处罚。

简要评析：本例属于典型的不实施审计程序而出具审计报告的又一例子，行政机关综合考虑到情节和后果，给予事务所和注册会计师警告的行政处罚。

【案例5】 Z 所未实施必要的审计程序出具报告被罚

基本案情：2007 年，某财政部门检查 Z 所 10 份审计报告业务底稿发现，有 10 份审计报告未对被审计单位的法律环境、监管环境、目标、战略等情况进行了解，3 份审计报告未对财务报表层次和认定层次的重大错报风险进行评估，2 份审计报告未根据风险评估结果设计进一步审计程序，3 份审计报告未对重要的应收账款实施函证或替代审计程序，2 份审计报告首次接受委托时对期初余额未实施必要的审计程序，1 份审计报告日期早于对财务报表形成审计意见的日期。

定性依据：《会计师事务所审批和监督暂行办法》第五十六条，《中国注册会计师审计准则第 1211 号——了解被审计单位及其环境并评估重大错报风险》、《中国注册会计师审计准则第 1312 号——函证》、《中国注册会计师审计准则第 1501 号——审计报告》等。

处罚结果：对会计师事务所和注册会计师给予警告的行政处罚。

简要评析：注册会计师审计程序不到位，违背了执业准则的要求，根据《会计师事务所审批和监督暂行办法》等规定，行政机关可以给予行政处罚。本例中，财政部门给予警告的行政处罚即是例证。

【案例6】 H 所 9 份审计报告基本未实施审计程序和收集证据

基本案情：H 所 2010 年出具的 002 号、011 号、021 号、022 号、048 号、049 号、062 号、066 - 1 号、066 - 2 号 9 份审计报告，不论企业规模大小，项目组均由包括主任会计师在内的三人组成，即：工作底稿编制人 1 人，项目复核人 1 人（报告第二签字人），报告人最终审核签发人 1 人（主任会计师）；抽查的 9 份审计报告工作底稿，均存在未履行风险评估审计程序，未实施函证、监盘、检查、分析性复核、截止性测试等审计程序，未获取充分、适当的审计证据而出具了标准无保留意见的审计报告的问题。

定性依据：《注册会计师法》第二十一条、《会计师事务所审批和监督暂行办法》第五十六条、《中国注册会计师审计准则第 1301 号——审计证据》第六条等。

处罚结果：对会计师事务所和注册会计师曹某、杨某给予警告的行政处罚。

简要评析：H 所业务执行过于简单，不论企业规模大小都只派出 3 名审计人员（含主任会计师），审计过程流于形式，重要审计程序基本未实施，审计证据收集不到位，即使未造成任何后果，行政机关也给予了行政处罚。所以，执业准则的地位不可动摇，在不同层面已经达成了共识。

【案例7】 Y 所对重要项目未实施必要的审计程序

基本案情：2011 年对 Y 所进行检查，抽取得 4 份审计报告工作底稿中的总体审计策略未确定重点审计领域、审计业务时间安排、重要性水平等内容，无编制人、复核人签字；未制定具体审计计划；未按规定识别和评估财务报表层次以及各类交易、账户余额、列报认定层次的重大错报风险。

××字［2010］第 3 号审计报告，银行存款期末数 2,195 万元，占资产总额的 32.30%，共有 6 个账户，均未实施函证程序；存货期末数 1,187 万元，占资产总额的 17.47%，未实施监盘等程序；主营业务收入 6,033 万元、营业成本 2,914 万元，未见进行分析性复核、检查大额合同、检查发货记录、截止日测试、毛利率分析以及编制存货倒扎表的工作底稿。××字［2010］第 1 号审计报告，应收账款期末审定数 450 万元，占资产总额的 66.76%，未实施函证或替代审计程序；固定资产原值 160 万元，除一张审定表外未见对固定资产实施盘点、核对权属证明等程序的工作底稿；主营业务收入、主营业务成本、管理费用除凭证抽查外未见实施截止日测试等程序的工作底稿。

定性依据：《中国注册会计师审计准则第 1201 号——计划审计工作》、《中国注册会计师审计准则第 1211 号——了解被审计单位及其环境并评估重大错报风险》、《中国注册会计师审计准则第 1312 号——函证》、《中国注册会计师审计准则第 1311 号——存货监盘》、《中国注册会计师审计准则第 1301 号——审计证据》等。

处罚结果：给予会计师事务所暂停经营业务 1 个月的行政处罚，给予注册会计师屈某和杨某暂停执行业务 1 个月的行政处罚。

简要评析：注册会计师执业准则规定了部分必要审计程序，不因风险评估等程序的实施而取消，因此，注册会计师在审计过程中，应当按照准则的规定的程序实施。在本例中，Y 所在风险评估、货币资金和实物监盘、往来函证等方面做到较差，给予了停业的行政处罚。

【案例 8】 Z 所 16 个月违规出具 4,098 份审计报告

基本案情：Z 会计师事务所（现更名为 Q 会计师事务所）是一家仅有 16 名注册会计师的合伙事务所，该所内部管理混乱，质量控制薄弱，从 2003 年 1 月到 2004 年 5 月共出具了 4,098 份审计报告，大量审计报告未履行必要的审计程序，造成了恶劣的社会影响。

定性依据：《注册会计师法》第二十一条等。

处罚结果：给予会计师事务所撤销的行政处罚。

简要评析：注册会计师行业出卖"橡皮图章"的行为，是极其严重的违法行为，往往属于行政机关顶格处罚的事项。在本例中，Z 所成立时间仅一年多，平均每个工作日出具十多个审计报告，可以说达到了疯狂和难以想象的地步，其质量控制和执业质量那是可想而知了。因此，当地主管财政部门果断地采取了撤销 Z 所的措施，以杜绝"卖章"出报告的行为。

【案例 9】 E 所 7 份审计报告和 5 份验资报告的审计程序不到位被警告

基本案情：2005 年，某财政部门对 E 会计师事务所进行检查，检查组抽查了 7 份审计报告和 5 份验资报告的工作底稿，发现 4 份审计报告未按规定签订业务约定书，3 份审计报告和 5 份验资报告未按规定制定总体审计计划和具体实施计划，大多数报告未实施逐级复核制度和运用分析性复核程序，未实施必要的审计程序，未取得审计证据，也未形成相应的工作底稿。

定性依据：《注册会计师法》第二十一条，《独立审计基本准则》第十条、第十一条、

第十四条、第十五条、第二十条，《独立审计具体准则第 1 号》第十二条，《独立审计具体准则第 2 号》第五条，《独立审计具体准则第 6 号》第十三条，《独立审计具体准则第 11 号》第四条。

处罚结果：给予事务所和注册会计师警告的行政处罚。

简要评析：按照执业准则、规则确定的工作程序出具审计报告是注册会计师应当遵循的执业要求，在本例中，E 所虽然没有发表不恰当的审计意见，也没有造成审计后果，但由于未能履行审计准则规定的必要审计程序，行政机关给予了警告的行政处罚。因此，会计师事务所和注册会计师对此应引起高度的重视。

【案例 10】 D 所未对涉税重要事项进行必要的关注和反映

基本案情：某财政部门 2005 年检查发现，D 所×× [2005] 第 32 号审计报告中，被审计单位 X 机械公司申请 2004 年执行 15% 的企业所得税优惠政策，未得到税征机关确认，少计应缴税金 75 万元，注册会计师未在审计工作中加以关注和反映；×× [2005] 第 03 号审计报告中，被审计单位 M 科技公司 2004 年度应纳税所得额 163 万元，未按规定的 33% 税率计提企业所得税 54 万元，注册会计师未在审计工作中加以关注和反映；×× [2005] 第 36 号审计报告中，被审计单位 H 制革厂 2004 年度收入 13,678 万元，应交增值税 53 万元，仅占当年收入的 0.3%，比上年下降了 95%，注册会计师未予以关注和反映。

定性依据：《中国注册会计师独立审计具体准则第 10 号——审计重要性》第十一条、第十五条。

处罚结果：给予事务所和注册会计师警告的行政处罚。

简要评析：对于违反税法行为的涉税事项，注册会计师应当根据重要性水平判断对会计报表的影响程度，还应当考虑是否移送税务机关处理。在本例中，D 所对被审计单位的涉税事项基本未予关注，由于对会计报表影响较大，行政机关给予了警告的行政处罚。

【案例 11】 H 所未实施必要的审计程序被警告

基本案情：H 会计师事务所在 2006 年审计过程中，未对第 074 号审计报告的"应收账款——Q 水能公司"182 万元（与 Q 水能公司相差 763 万元）、第 091 号审计报告的预付账款 276 万元实施函证等必要的审计程序，未按规定对第 005 号审计报告的固定资产 548 万元实施监盘程序，也未对第 050 号审计报告的工程物资、在建工程增加金额 13,173 万元实施必要的检查程序。

定性依据：《独立审计具体准则第 1 号——会计报表审计》第十六条、第二十条，《独立审计具体准则第 27 号——函证》第六条。

处罚结果：给予事务所和注册会计师警告的行政处罚。

简要评析：不论审计项目风险评估结果的高低，对于执业准则规定的必要审计程序都要按规定实施，只是实施的程度可以有所区别。这一点，需引起会计师事务所和注册会计师的注意，本例中 H 所就是因为函证、监盘等必要程序未能实施而受到行政机关的处罚。

【案例 12】 J 所 10 份审计报告未实施必要审计程序

基本案情：J 会计师事务所 2007 年接受执业质量检查，检查组抽查 10 份审计报告发现，全部未执行风险评估审计程序，未对被审计单位计划审计工作时确定一个可接受的重要性水平，而 9 份审计报告未对被审单位的银行存款和借款实施函证程序，6 份审计报告未对被审计单位的营业收入实施截止测试和分析程序，4 份审计报告未执行对被审计单位的固定资产权属进行检查和确认程序，5 份审计报告未对被审计单位的应收账款实施函证程序或替代审计程序，7 份审计报告未见对营业成本实施必要的实质性测试程序。

定性依据：《会计师事务所审批和监督暂行办法》第五十六条、1211 号审计准则第三条、第九十六条、第九十七条，1221 号审计准则第六条，1231 号审计准则第五十五条、第五十九条，1312 号审计准则第七条、第八条。

处罚结果：给予事务所和注册会计师张某、唐某警告的行政处罚。

简要评析：在 J 所 10 份审计报告中，多数审计报告执行的审计程序严重缺乏，违反了出具审计报告的工作程序。虽然没有造成严重的后果，但行政机关不能容忍 J 所不执行执业准则的违规行为，给予了警告的行政处罚。

【案例 13】 E 所 11 份审计报告未实施必要审计程序

基本案情：E 会计师事务所 2007 年接受执业质量检查，检查组抽查 11 份审计报告发现，全部未按准则要求对被审计单位及其环境进行了解、对财务报表层次和认定层次的重大错报风险进行评估，也未见对财务报表具有重大影响的事项向管理层获取书面声明，未见与财务报表审计相关、且根据职业判断认为与治理层责任相关的重大事项及时与治理层沟通，未对应收账款、借款实施函证或其他替代程序，有 9 份审计报告未对存货实施监盘和计价测试程序，未检查、关注固定资产权属证明相关资料，有 6 份审计报告未对各项资产减值准备按规定进行计提测试程序，未对营业收入实施截止测试和分析程序、营业成本未实施必要的实质性程序。

定性依据：《会计师事务所审批和监督暂行办法》第五十六条、1211 号审计准则第三条、第九十六条、第九十七条，1221 号审计准则第六条，1231 号审计准则第五十五条、第五十九条，1312 号审计准则第七条、第八条。

处罚结果：给予事务所和注册会计师警告的行政处罚。

简要评析：E 所被抽查 11 份审计报告，多数存在未实施必要的审计程序，未收集充分、适当的审计证据，违反了相关规定，行政机关给予了相应的行政处罚。

【案例 14】 H 所未亲自询证银行存款导致验资不实

基本案情：2000 年 5 月，H 所接受委托对 G 集团公司的注册资本实收情况进行审验。在验资过程中，注册会计师彭某、龚某未能保持应有的职业谨慎态度，对于 G 集团公司周某以现金缴纳巨额投资款 7,693 万元未亲自向银行发函询证，以验证该公司银行存款的真实性、合法性、完整性，而是由 G 集团公司人员自行办理函证事项。

后经公安部门侦查核实，H 所取得的银行询证函系伪造，这是一起虚假出资的案件，H 所出具了不实的验资报告。

定性依据：《独立审计基本准则》第六条、《中国注册会计师执业规范指南第 3 号——验资（试行）》3. 21 项和财政部、中国人民银行《关于做好企业的银行存款、借款及往来款项函证工作的通知》（财协字〔1999〕1 号）。

处罚结果：给予 H 所和 2 名注册会计师警告的行政处罚。

简要评析：注册会计师在验资中保持职业谨慎而亲自向银行询证，是一个十分重要的审验程序。在本例中，由于时间发生在 2000 年，当时的《中国注册会计师独立审计准则》未将亲自向银行询证作为必要的审验程序，只是在注册会计师认为必要时，才亲自实施询证。因此，行政机关考虑到这一情况，酌情减轻了处罚。

五、质量控制不符合规定

【案例 1】 H 所质量控制流于形式被停业

基本案情：H 所 2011 年接受财政检查，发现以下质量控制问题：

（1）未实施严格的逐级复核制度，质量控制复核流于形式。一是用《审计报告签发单》代替质量控制复核表；二是审计工作底稿均未由编制人、复核人亲笔签名确认，系用电脑打印；三是各级质量控制复核人均未签署具体复核意见或未留下复核痕迹；四是未能对特定业务实施有效的项目质量控制复核，以客观评价项目组作出的重大判断以及在准备报告时得出的结论。

（2）事务所的业绩评价、薪酬及晋升政策和程序未体现以执业质量为导向，未建立科学合理的员工业绩评价制度及奖惩制度，未明确员工业绩评价标准、评价程序和要求，充分调动全体员工的积极性和创造性。

（3）部分项目委派的项目负责人不符合规定。如××验字〔2011〕第 A - 0426 号验资报告，项目负责人林某不具备注册会计师执业资格；××验字〔2011〕第 A - 0427 号验资报告，项目负责人钟某不具备注册会计师执业资格。

（4）部分项目负责人未按规定对业务进行监督，未及时追踪业务进程，以解决在执行业务过程中发现的重大问题。有的项目负责人不到审计现场，不复核审计证据和审计底稿，不与审计组成员进行沟通，缺乏对审计过程的有效监督。

（5）未按规定实施适当的监控政策和程序，未周期性地选取已完成的业务进行检查，以评价质量控制制度设计的适当性和运行的有效性，提出各种缺陷的改进措施。

定性依据：《会计师事务所审批和监督暂行办法》第五十六条，《会计师事务所质量控制准则第 5101 号——业务质量控制》第三条、第三十三条、第三十四条、第四十一条、第四十二条、第五十条、第七十三条和七十六条，《会计师事务所内部治理指南》第四十八条。

处罚结果：给予会计师事务所暂停经营业务 1 个月的行政处罚。

简要评析：2011 年以来，财政部门和行业自律机构在实施执业质量检查中，逐步将质量控制体系方面的检查作为重点内容，并注重会计师事务所的系统性风险。在本例中，H所主任会计师系挂靠未坐班，其质量控制由非注册会计师负责，致使内部管理混乱，业务质量水平低下，被行政机关停业进行整顿。

【案例2】P所质量控制不到位

违规事项：P所2010年接受某财政部门检查，发现在质量控制方面存在以下问题：

（1）事务所领导理念和领导责任不恰当。P所《业务质量控制制度》未要求主任会计师对质量控制承担最终责任，而只要求承担"最终管理责任"，违规将最终责任赋予了"各合伙人（董事）"；事务所内部自上而下对于质量控制制度的传达和理解不清晰、不一致，导致各合伙人或项目组的执业要求、执业程序、业务底稿、逐级复核等方面出现了较大的差异；事务所业绩评价、薪酬及晋升政策和程序未体现以执业质量为导向，部分项目负责人对执业质量的重要性缺乏认识。

（2）事务所人力资源管理不符合规定。P所未制定招聘程序，以选择正直的、通过发展能够具备执行业务所需的必要素质和专业胜任能力的人员；未制定业绩评价、薪酬及晋升程序，对发展和保持专业胜任能力并遵守职业道德规范的人员给予应有的肯定和奖励；部分项目未委派项目负责人，签字注册会计师未实际参与执业，未按规定对审计项目进行复核，且审计报告中的签名系他人代签；2010年1~6月《出具审计报告情况表》和业务工作底稿反映，有116份业务报告的项目负责人（项目经理）由非注册会计师或其他会计师事务所的注册会计师担任。

（3）事务所业务执行不规范。P所部分项目负责人未按规定对业务进行监督，未及时追踪业务进程，以解决在执行业务过程中发现的重大问题，有的项目负责人不到审计现场，不复核审计证据和审计底稿，不与审计组成员进行沟通，缺乏对审计过程的有效监督；项目质量控制复核人由2位审计部门负责人兼任，未能对特定业务实施有效的项目质量控制复核，以客观评价项目组作出的重大判断以及在准备报告时得出的结论；部分报告审批单主任或副主任会计师未签字，工作底稿编制人员和复核人员未在审计工作底稿上签字。

（4）事务所未按规定实施质量监控。P所虽然制定了《质量监控制度》，但未按规定实施适当的监控政策和程序，未周期性地选取已完成的业务进行检查，以评价质量控制制度设计的适当性和运行的有效性，提出各种缺陷的改进措施。

违反条款：《会计师事务所质量控制准则第5101号——业务质量控制》第三条、第八条、第九条、第十条、第三十一条、第三十三条、第三十四条、第四十一条、第五十条、第七十三条和第七十六条；《中国注册会计师审计准则第1121号——历史财务信息审计的质量控制》第二十二条；《中国注册会计师审计准则第1131号——审计工作底稿》第十七条。

处理结果：给予事务所及其主任会计师警告的行政处罚。

简要评析：质量控制体系建设对于会计师事务所显得越来越重要，项目执业质量的高低与质量控制体系直接相关，因此，会计师事务所必须通过质量控制体系的完善，来保证整体执业质量的提升。

六、自行刻制报告专用章

【案例1】 S 所私刻公章，分头签发业务报告

基本案情： 某省财政部门在 2011 年会计师事务所执业质量检查过程中，发现 S 会计师事务所另行私刻公章一枚，同时使用两枚公章分头签发业务报告。例如，×× ［2011］字第 014 号，使用××25479 公章，日期 2011 年 2 月 20 日；×× ［2011］字第 097 号，使用××91976 公章，日期 2011 年 3 月 28 日；×× ［2011］第 099 号，使用××91976 公章，日期 2011 年 3 月 29 日；×× ［2011］字第 0162 号，使用××25479 公章，日期 2011 年 3 月 31 日；×× ［2011］字第 0173 号，使用××25479 公章，日期 2011 年 4 月 25 日；×× ［2011］字第 042 号，使用××91976 公章，日期 2011 年 4 月 13 日；×× ［2011］字第 0264 号，使用××91976 公章，日期 2011 年 5 月 10 日；×× ［2011］字第 0274 号，使用××91976 公章，日期 2011 年 5 月 31 日。此外，2011 年 8 月 25 日向检查组填报《会计师事务所基本情况表》，使用××25479 公章。

定性依据：《国务院办公厅转发财政部关于加快发展我国注册会计师行业若干意见的通知》第六条、《中国注册会计师审计准则第 1501 号——审计报告》第二十条。

处罚结果： 责令限期改正，移交公安部门查处。

简要评析： 对于会计师事务所一所多章、分头签发业务报告的行为，社会危害性极大，是近年行政部门监管的重点，必须予以坚决取缔。在本例中，S 所擅自私刻公章，分头出具报告的行为，扰乱了市场秩序，财政部门依法移交公安部门进行查处。

【案例2】 J 所用自行刻制的报告专用章出具审计报告

基本案情： 某省财政部门 2009 年对 J 会计师事务所开展执业质量检查，发现 J 所在上半年出具的 20 余份业务报告中未按规定加盖会计师事务所公章，而是用自行刻制的报告专用章出具审计报告。

定性依据：《中国注册会计师审计准则第 1501 号——审计报告》第二十条。

处罚结果： 责令限期改正，并将整改情况上报。

简要评析： 在审计报告上加盖公章，既是注册会计师执业准则的具体要求，也是审计报告具有法定证明力的基础。J 所擅自刻制报告专用章代替公章出具审计报告，使审计报告的法律效力处于不确定的状态，需要按规定进行整改。

七、未按规定编制和保存审计工作底稿

【案例1】 M 所由非注册会计师实际控制，未按规定编制和保存底稿

基本案情： 省财政部门 2006 年检查 M 会计师事务所发现，该所未按规定编制、保存和

提供 2005 年度审计工作底稿。从 2004 年 12 月成立至 2005 年年底期间，主任会计师张某未能履行职能，一直由不具备注册会计师执业资格的自然人李某实际控制，内部管理极为混乱。在此期间，该所未建立审计档案保管制度，未按照独立审计准则的要求编制和保存审计工作底稿，以至于在执业质量检查中，未能按检查组要求提供 2005 年的审计及验资业务档案等资料，使检查的范围受到限制。

定性依据：《会计师事务所审批和监督暂行办法》第五十六条。

处罚结果：给予事务所暂停执行业务 3 个月的行政处罚。

简要评析：会计师事务所由非注册会计师实际控制，必然导致其内部管理混乱，质量控制流于形式。在本例中，M 所甚至连审计工作底稿也不能正常编制和保存，严重违反了《会计师事务所审批和监督暂行办法》等相关规定，应当依法给予行政处罚。

八、向财政部门隐瞒情况或提供不实资料

【案例 1】 J 所未按规定向财政检查组提供审计工作底稿

基本案情：某省财政部门对 J 会计师事务所 2010 年执业质量进行检查，要求 J 所提供 10 份审计报告和 7 份验资报告的工作底稿，但截止检查组离开时，编号为××审字［2010］第 007 号、011 号、012 号等 3 份审计报告，××验字［2010］第 004 号、××验字［2009］第 003 号、004 号等 3 份验资报告均未提供。在检查组离开 3 天以后，J 所才向检查组补充提供了 2 份审计报告、3 份验资报告等的工作底稿。截止检查报告日，事务所仍未向检查组提供××审字［2010］第 007 号审计报告的工作底稿。

定性依据：《会计师事务所审批和监督暂行办法》第五十二条。

处罚结果：给予事务所和注册会计师何某、邓某、胡某暂停执行业务 1 个月，给予其中另一注册会计师邓某警告的行政处罚。

简要评析：《注册会计师法》赋予了财政部和省、自治区、直辖市人民政府财政部门，依法对注册会计师、会计师事务所和注册会计师协会进行监督、指导职责，因此，《会计师事务所审批和监督暂行办法》规定会计师事务所和注册会计师必须接受财政部和省级财政部门依法实施的监督检查，如实提供中文工作底稿以及有关资料，不得拒绝、阻挠、逃避检查，不得谎报、隐匿、销毁相关证据材料，否则，可直接给予警告的行政处罚。在本例中，J 所除未按规定提供检查所需资料外，个别审计业务还未编制任何审计工作底稿，未履行必要的审计程序，未收集充分适当的审计证据，因此，对会计师事务所和部分注册会计师给予了停业的行政处罚。

【案例 2】 H 所未按规定向检查组提供检查资料

基本案情：H 所 2011 年接受财政检查，未按规定提供以下资料：

（1）审计工作底稿提供不完整。H 所只向检查组提供了××会审字［2011］第 001 号至第 055 号共 55 份审计工作底稿，其他审计项目底稿却一直未提供。如：××会审字 2011 第 7 - 303 号、第 7 - 332 号、第 6 - 310 号、第 6 - 305 号等。此外，提供给检查组的第 007

号、第 055 号审计报告的被审计单位与《审计归档清单》不一致。

（2）未提供发票记载的审计项目资料。如发票显示：Y 广告公司审计费 9,600 元、J 电力工程公司审计费 4,200 元、X 金属门窗工程公司审计费 10,000 元等，H 所均未向检查组提供相关审计资料。

（3）未向检查组提供部分发票存根。根据《发票领购簿》显示，2011 年 1～6 月共向 W 地方税务局领取 19 本发票，但仅向检查组提供 NO：00034376－NO：000344400 号 12 本发票，尚有 7 本发票未向检查组提供。

定性依据：《会计师事务所审批和监督暂行办法》第五十二条。

处罚结果：给予会计师事务所暂停经营业务 1 个月的行政处罚。

简要评析：H 所内部管理混乱，在检查过程中不提供业务档案和相关检查资料，情节严重，加之执业质量管理流于形式，影响较坏，行政机关给予了停业整顿的行政处罚。

【案例 3】C 所向财政部门检查组隐瞒 71 份报告

基本案情：2009 年，某财政部门对 C 会计师事务所开展执业质量检查，根据检查组的要求，C 所向检查组提供了 2009 年业务报告发文簿，列示了 2009 年 1～6 月已出具的审计报告 161 份、验资报告 171 份，共计 332 份。但是，经检查验资防伪标识、发票等资料，检查组发现 C 所实际出具了业务报告 403 份，向检查组故意隐瞒了业务报告 71 个，包括审计报告 31 份、验资报告 40 份。

定性依据：《会计师事务所审批和监督暂行办法》第五十二条。

处罚结果：给予事务所警告的行政处罚。

简要评析：根据《会计师事务所审批和监督暂行办法》的规定，会计师事务所向财政部门隐瞒有关情况、提供虚假材料或者拒绝提供反映其活动情况的真实材料，给予警告。在本例中，C 所隐瞒 71 个业务报告，侵犯了财政部门的监督检查权，应当予以依法处罚，以维护注册会计师行业的正常秩序。

九、注册会计师跨所执业

【案例 1】J 所主任会计师跨所执业

基本案情：J 会计师事务所原主任会计师杨某于 2009 年 5 月 5 日办理转所手续，将注册会计师执业资格转入到 H 会计师事务所，但某财政部门检查发现，2009 年 5 月 8 日，杨某仍在 J 所××审［2009］第 012 号审计报告中签字盖章。检查还发现，杨某在 J 所执业期间，参与了 D 会计师事务所的审计项目执业，于 2009 年 3 月 10 日在 D 会计师事务所第 125 号审计报告的二级复核记录中签名。

此外，该注册会计师还存在执业质量问题。

定性依据：《注册会计师法》第二十二条、《会计师事务所审批和监督暂行办法》第五十七条。

处罚结果：给予注册会计师杨某警告的行政处罚。

简要评析： 作为主任会计师跨所执业，这种现象本身就值得思考。在本例中，J 所的主任会计师并非实际控制人，因此，主任会计师跨所执业就不难理解。行政机关在检查过程中，发现杨某与实际控制人签订了一个主任会计师聘用协议，因此，依法对杨某进行处罚，并责令会计师事务所限期改正。

【案例 2】S 会计师事务所注册会计师徐某跨所执业

基本案情： 某财政部门 2004 年在对 L 会计师事务所执业质量检查过程中，发现 S 所注册会计师徐某在未办理注册会计师转所手续的情况下，于 2004 年 2 月 11 日以 L 所的名义签发了对 J 科技公司 2003 年度会计报表的审计报告（××审字［2004］037 号）。

定性依据：《注册会计师法》第二十二条、《中国注册会计师职业道德基本准则》第二十四条。

处罚结果： 给予注册会计师徐某警告的行政处罚。

简要评析： 注册会计师在办理转所过程中，需要特别注意具体转所手续办理的时间，凡是没有办理完毕之前，不得以注册会计师的名义跨所执业。在本例中，S 所注册会计师徐某以 L 所注册会计师的名义签发审计报告，属于典型的跨所执业行为，受到行政机关的依法处罚。

十、采取低价竞争的方式招揽业务

【案例 1】C 所采取低价不正当竞争被查处

基本案情： 某省财政部门 2011 年检查 C 会计师事务所，发现 C 所不按规定制定审计服务收费价格，实行低价不正当竞争。如××审字［2011］第 020 号，应收审计费 712,745.58 元，而实际收费为 38,000 元，实际收费比例为 5.33%；××审字［2011］第 021 号审计报告，按收费标准计算的最低限价为 317,555.67 元，而实际收费为 10,000 元，收费比例为 3.1%；××审字［2011］第 022 号，应收审计费 443,748.60 元，而实际收费为 35,000 元，实际收费比例为 7.89%；××审字［2011］第 024 号审计报告，按收费标准计算的最低限价为 159,233.30 元，而实际收费为 26,000 元，实际收费比例为 16.3%。

定性依据：《价格法》第十二条、《××省会计师事务所执业收费标准及管理办法》第十条。

处罚结果： 责令限期改正，移交价格部门和行业协会查处。

简要评析： 低价不正当竞争是注册会计师行业的一个"毒瘤"，长期制约着行业健康有序的发展。《会计师事务所服务收费管理办法》（发改价格［2010］196 号）、关于进一步落实《会计师事务所服务收费管理办法》的通知（财会［2011］18 号）等文件进一步提出了收费管理方面的要求。本例中，C 所超越自身的胜任能力，低价承接审计业务，即是一个低价不正当竞争的典型例子。

【案例2】L 所验资收费严重偏低

基本案情： 2009 年 1 ~ 6 月，L 会计师事务所共出具验资报告 2,379 个，按收费标准应收费总额为 581 万元，实际收费仅为 98 万元，占标准收费的 16.99%，验资实际收费与标准收费比较严重偏低。例如，2009 年 5 月出具的 ×× 验［2009］第 E410 号验资报告，标准收费为 7,000 元，实际收费 1,050 元，占标准收费的 15%；又如，2009 年 5 月出具的［2009］第 E021 号验资报告，标准收费为 2,500 元，实际收费 370 元，占标准收费的 14.8%。

定性依据：《会计师事务所审批和监督暂行办法》第五十八条、《×× 省会计师事务所执业收费标准及管理办法》第十条。

处罚结果： 责令限期改正，并移送价格部门和行业协会查处。

简要评析： 本案例是一个通过低价收费招揽验资业务的典型例子，L 所半年时间承揽了 2,000 多个验资业务，就数量和市场份额来说是当地会计师事务所排名靠前的，由于这种低价手段扰乱了整个验资市场秩序，其他验资机构反应较大。

十一、注册会计师未专职执业

【案例1】Y 合伙所实际控制人为非注册会计师

基本案情： Y 合伙会计师事务所合伙人吴某，系某税务部门退休干部，为挂名的主任会计师，从未行使合伙人的职责，从未召开合伙人会议和参与决策，未履行合伙人义务。该所实际控制人为田某，由其承担审计与验资报告签发人及一级执业质量复核人的职责，田某为非注册会计师，不具有担任主任会计师的资格。

定性依据：《会计师事务所审批和监督暂行办法》第十条、第五十八条，《会计师事务所质量控制准则第 5101 号——业务质量控制》第三条、第八条。

处罚结果： 移交核实会计师事务所是否保持设立条件，移交核实注册会计师吴某是否专职执业。

简要评析： 非注册会计师控制会计师事务所的执业和经营管理行为，违反了《注册会计师法》对会计师事务所股东、合伙人的法定要求，同时会促使会计师事务所的纯商业化，忽略执业质量，这与注册会计师行业的存在价值相违背。因此，在政策层面上严厉打击注册会计师挂靠和卖图章的行为已成为各方的共识。

【案例2】S 所 15 名注册会计师未专职执业

基本案情： 某财政部门 2011 年检查 S 会计师事务所，核对了该所注册会计师的执业记录、人事档案管理、社保关系和固定上班情况，并采取逐个对注册会计师进行询问等检查手段，发现徐某、李某等 15 位注册会计师未专职执业，占全部注册会计师的 60%。

定性依据：《注册会计师注册办法》第五条。

处罚结果： 移交注册会计师协会注销注册。

简要评析：国办发〔2009〕56 号文要求严厉打击未专职执业等行为，根据《注册会计师法》的规定，注册会计师的注册、年检、注销由省级注册会计师协会负责，因此，财政部门在检查中发现有未专职执业等行为时，需要联合注册会计师协会进行查处。在本例中，S 事务所有 60% 的注册会计师未专职执业，其执业能力就非常有限，不能承接超越其专业胜任能力的业务。

【案例 3】 T 所部分注册会计师未专职执业

基本案情：某财政部门 2009 年检查 ×× 会计师事务所，核对了该所注册会计师的执业记录、人事档案管理、社保关系和固定上班情况，发现该所主任会计师兼任执业律师，并担任造价咨询机构的负责人，另外 5 位注册会计师存在未专职执业的情况。

定性依据：《注册会计师注册办法》第五条。

处罚结果：移交省注册会计师协会注销注册。

简要评析：如何判断主任会计师专职执业，目前实务界存在一定争议，对于会计师事务所拓展的新业务，即使实施主体不是会计师事务所，一般也不作为兼职处理。但是，对于与会计师事务所关联性不强，且不以会计师事务所名义实施的业务，则需要区别确认。在本例中，行政部门对兼任执业律师等行为，作为了不专职执业，依法移交查处。

十二、注册会计师违规允许他人以本人名义执行业务

【案例 1】 L 所主任会计师允许他人以本人名义执行业务

基本案情：某财政部门 2009 年检查 L 会计师事务所，发现该所主任会计师谢某在 2008 年 8 月后就生病请假未执业，将自己的注册会计师印章交给注册会计师尹某保管，并默许以自己的名义在验资报告中签名盖章。经查，2009 年上半年，该所以主任会计师谢某的名义共出具了验资报告 2,000 多份。

定性依据：《会计师事务所审批和监督暂行办法》第五十七条。

处罚结果：责令限期改正，逾期不改正的予以公告。

简要评析：注册会计师业务是技术含量较高的业务类型，我国相关法律法规要求注册会计师必须按照专业准则、规则的规定实施程序和收集证据后，方可出具报告。禁止不亲自参与业务，允许别人以自己的名义出具报告，否则难以保证执业质量。

十三、未保持会计师事务所设立条件

【案例 1】 H 所未保持设立条件被收回执业许可证

基本案情：在 2011 年财政检查中发现，H 会计师事务所股东周某等 5 名股东一直未在事务所专职执业，致使事务所未保持设立条件。其中，周某系挂名股东和主任会计师，未在

事务所实际坐班，不清楚事务所的整体执业情况，未实施实质性的业务质量控制；敖某在2011 年 1～6 月只签名出具 2 号、38 号、40 号三份审计报告；梁某也未在事务所正式坐班。

定性依据：《会计师事务所审批和监督暂行办法》第八条。

处罚结果：撤回会计师事务所行政许可。

简要评析：《注册会计师法》规定了会计师事务所设立的具体条件，在每年的财政部门监督检查中，都将是否保持设立条件作为检查内容之一。本例中，该会计师事务所全部 5 名股东均为挂靠，根本没有符合条件的注册会计师来运作，无法保证执业质量，应当依法收回执业许可证书。

【案例 2】S 所一直未保持设立条件

基本案情：在 2011 年财政检查中发现，S 会计师事务所陈某、沈某、林某、曾某、张某等 5 名股东未在事务所专职执业，且多数属于挂名股东，致使事务所一直未保持设立条件。其中，股东陈某、沈某未在事务所正式坐班，未实际履行过股东权利与义务，公司章程、工商登记上签名不是其本人签名，实质系挂名股东；股东林某、曾某分别在 W 公司任总会计师和在 T 公司任总经理，公司章程、工商登记上签名不是其本人签名，同样系挂名股东。此外，张某同时在 S 工程公司任法定代表人。

定性依据：《会计师事务所审批和监督暂行办法》第八条。

处罚结果：建议撤回会计师事务所行政许可。

简要评析：在本例中，S 会计师事务所 5 名股东中，有 4 位股东系挂名股东，有 1 位股东（主任会计师）未能专职执业，与会计师事务所的设立条件相悖，无法保证执业质量，建议收回执业许可证书。

十四、以办事处、联络处名义在异地开展业务

【案例 1】T 所以办事处、联络处名义在异地开展业务

基本案情：T 会计师事务所在某地级城市设置了固定的办公地点（某住宅四楼），并配备了固定的 8 名注册会计师及部分审计助理人员，以承办注册会计师业务。经查，2009 年 1～6 月，该所在地级市承办了 71 个审计项目和部分验资业务。此外，该所 2008年和 2009 年 1～6 月还在多个其他地级城市设置了业务联络点，以承揽审业务。

定性依据：《会计师事务所审批和监督暂行办法》第二十条、第二十二条。

处罚结果：责令限期改正，并将整改情况报省财政厅。

简要评析：会计师事务所及其分支机构的设立属于行政前置审批的范畴，如果未经批准，变相设立分支机构，或者以办事处、联络处名义执业，必将扰乱注册会计师行业的市场秩序。在本例中，行政机关对于 T 所多处执业的行为予以查处，是一个典型例证。

【案例 2】S 所在多处变相设立分支机构开展业务

基本案情：S 会计师事务所法定住所为 C 市 Q 区，但检查发现，该所在 J 县××路、G 市××路等地均有固定办公地点，聘请了相应的工作人员若干名，配备了电脑、打印机、复印机、装订机、传真机、电话等办公设备，并挂上了 S 所的吊牌等显著标识，变相设立分支机构开展业务。

定性依据：《会计师事务所审批和监督暂行办法》第二十二条。

处罚结果：责令限期改正，并依法处理。

简要评析：我国市场管理法规明确了分支机构的管理办法，《会计师事务所审批和监督暂行办法》也规定了设立分所应当由分所所在地的省级财政部门批准，否则，会扰乱整个会计市场秩序。在本例中，S 所未经财政部门和工商部门批准，私自变相设立多个分所开展业务，行政机关予以坚决纠正。

十五、会计基础工作不规范

【案例 1】W 所违规设置会计账簿且任用会计人员不符合规定

基本案情：某财政部门 2007 年检查发现：W 会计师事务所未依法设置银行存款日记账和现金日记账，会计孔某和出纳张某未取得会计从业资格证书；同时，未设置现金、银行存款日记账和相关明细账，并有验资、审计和基建审计、资产评估、工程指导两套账目。

定性依据：《会计法》第三条、第十五条、第十六条。

处罚结果：给予事务所罚款 2 万元的行政处罚。

简要评析：会计师事务所作为审计中介机构，应该对自身的会计基础工作规范性有更高的要求，因此，涉及任用会计人员、设置和登记会计账簿、填制和取得会计凭证、形成和披露会计信息等会计基础工作，要确保符合《会计法》、《会计基础工作规范》等规定。

【案例 2】Q 所预收账款未及时结转收入

基本案情：某财政部门 2009 年检查发现，Q 所"预收账款——××建设管理公司"科目 2008 年年初余额为 178 万元，当年增加 324 万元（其中，2007 年 1 月，89 万元；2007 年 2 月，155 万元；2007 年 3 月，6 万元；2007 年 4 月，23 万元；2007 年 8 月，51 万元），当年减少 97 万元，年末余额为 405 万元，主要是预收的基建竣工决算审计费，未及时结转收入，且少缴税款。

定性依据：《会计法》第二十六条。

处罚结果：责令调账，补缴税款。

简要评析：会计师事务所的收入指标直接关系会计信息真实性、税费缴纳、综合评价等结果，既要防止多列或虚列收入，也要杜绝少列收入、跨期调整等现象的发生。

【案例3】 C所会计核算较为混乱被罚

基本案情： C所会计核算存在以下问题：

（1）未建立财务核算制度，用铅笔登记明细账，记账不及时。

（2）账证不符。业务收入明细账记载2009年12月6号凭证100,000元收入，但对应记账凭证只记录了其中的财务费用146.33元。

（3）记账金额和所附原始单据不符。已开据发票金额未据实入账，少计收入，而虚增负债，记账凭证与明细账不符。例如，2009年6月3号凭证，明细账登记收入为23,200元，而记账凭证记录业务收入为13,200元，后付发票金额为23,200元；2009年7月2号凭证，明细账登记收入为19,800元，但记账凭证后附发票金额合计为21,000元；2009年12月5号凭证，明细账登记收入为34,100元，但记账凭证后附发票金额合计为36,100元。

（4）其他应收款明细账2009年年末余额为529,852.82元，而报表填列数为497,755.60元，同时2010年期初数为497,755.60元，C所不能提供差额原因说明。

定性依据：《企业财务会计报告条例》、《会计基础工作规范》等。

处罚结果： 给予事务所罚款5,000元的处罚。

简要评析： 会计师事务所承担会计信息质量的鉴证职责，自身的会计核算和会计基础工作更应遵循会计制度、会计基础工作规范等规定。在本例中，鉴于会计师事务所系初犯，且涉及金额不大，态度较好，故给予5,000元的罚款处罚。

十六、编制并对外提供不实的财务会计报告

【案例1】 P所编制并对外提供不实的财务报表

基本案情： P会计师事务所为满足20×9年度注册会计师行业排名的需要，将不具有合并关系的P工程管理公司的收入、成本、税金及附加等项目实行简单合并（资产、负债等其他项目未合并），委托X会计师事务所出具审计报告。经比较，主营业务收入账面数646万元，审计数1,173万元，差异527万元，差异率81.5%；主营业务成本账面数453万元，审计数951万元，差异498万元，差异率109.69%；主营业务税金及附加账面数36万元，审计数66万元，差异40万元，差异率60.06%。

定性依据：《企业财务会计报告条例》第十七条。

处罚结果： 对P所处以罚款15,000元。

简要评析： 会计师事务所不应将会计信息的真实性和行业排名需要混淆起来，对于会计信息质量，任何单位必须遵循《会计法》等相关法律法规和会计制度的规定，否则就属于会计违法行为；对于行业排名，主要是排名指标的口径问题，申请排名者应当按照不同收入的权重进行计算，不得与会计信息质量混为一谈。在本例中，行政机关根据违法事实的情节和性质，在自由裁量权幅度以内作出了处罚决定。

【案例 2】 X 所编制并对外提供不实的财务报表

基本案情： X 会计师事务所 2009 年 12 月 31 日会计账簿反映的资产总额为 138 万元、负债为 160 万元、净资产为 -22 万元、营业收入为 380 万元、净利润为 11 万元。在编制并对外提供财务会计报告时，人为将财务会计报告改为资产总额为 51 万元、负债为 78 万元、净资产为 -27 万元、营业收入为 217 万元、净利润为 6 万元。两者比较，财务会计报告虚减资产 87 万元，差异率为 63.18%；虚减负债 82 万元，差异率为 51.21%；虚减净资产 5 万元，差异率为 22.51%；虚减营业收入 163 万元，差异率为 42.87%；虚减净利润 5 万元，差异率为 48.97%。

定性依据：《企业财务会计报告条例》第三条。

处罚结果： 对 X 所处以罚款 30,000 元。

简要评析： 会计师事务所作为"经济警察"，自身的会计信息质量高低是衡量会计师事务所运行规范性的重要方面。在本例中，行政机关根据财务报告不实的情节，考虑到 X 所会计基础工作和会计核算较为混乱的情况，作出了罚款 30,000 元的行政处罚。

【案例 3】 H 所 2007 年度会计信息不真实

基本案情： H 会计师事务所 2007 年 12 月 31 日会计账簿反映的资产总额为 39 万元、负债为 28 万元、净资产为 11 万元、营业收入为 67 万元、净利润为 -16 万元，而该所在编制并对外提供财务会计报告反映的资产总额为 62 万元、负债为 15 万元、净资产为 47 万元、营业收入为 210 万元、净利润为 -1 万元。两者比较，财务会计报告虚增资产 23 万元，差异率为 59.61%；虚减负债 13 万元，差异率为 47.08%；虚增净资产 36 万元，差异率为 342.60%；虚增营业收入 143 万元，差异率为 215.60%；虚增净利润 15 万元，差异率为 97.42%。

定性依据：《企业财务会计报告条例》第三条。

处罚结果： 责令限期改正，对事务所处 1 万元的罚款，对直接负责的主管人员处 3,000 元的罚款。

简要评析： 在本例中，H 所的资产规模和收入规模都较小，但对营业收入、净资产等指标的人为调整比例较大，性质较为严重。因此，对于专业机构的会计师事务所，行政机关给予了相应的行政处罚。

【案例 4】 J 所为满足行业排名需要随意调整会计报表数据

基本案情： J 会计师事务所 2006 年 12 月 31 日会计账簿反映的资产总额为 199 万元、负债为 91 万元、净资产为 108 万元、营业收入为 262 万元、净利润为 2 万元。为了行业排名的需要，在编制并对外提供财务会计报告时，人为并入了××工程公司（不属于合并范围）的部分数据，由此，财务会计报告反映的资产总额为 1,336 万元、负债为 204 万元、净资产为 1,132 万元、营业收入为 1,100 万元、净利润为 27 万元。两者比较，财务会计报告虚增资产 1,137 万元，差异率为 569.92%；虚增负债 113 万元，差异率为 123.79%；虚增净资产 1,024 万元，差异率为 947.39%；虚增营业收入 838 万元，差异率为 318.90%；虚增净利润 25 万元，差异率为 1,200.92%。

定性依据：《企业财务会计报告条例》第三条。

处罚结果： 责令限期改正，对事务所处 3 万元的罚款，对直接负责的主管人员处 1 万元的罚款。

简要评析： 在本例中，J 所将不属于合并范围的单位报表纳入合并范围，虚增了相关的收入、净资产等指标，影响了行业排名的公正性。所以会计师事务所应正确区分会计主体，客观反映相关资质取得的收入，按相应的权重计入排名基础数据，而不能人为全部并入审计机构，否则既违反了《会计法》的规定，又扰乱了注册会计师行业的管理秩序。

【案例 5】 M 所向财政部门报备数据不真实

基本案情： M 会计师事务所 2008 年账面反映审计收入 99 万元、验资收入 35 万元、咨询收入 3 万元、其他收入 4 万元，合计收入 141 万元；报备资料反映审计收入 222 万元、验资收入 71 万元、咨询收入 21 万元，合计收入 314 万元；报备资料比账面多报收入 173 万元。同时，该所 2008 年账面反映净资产 31 万元、职业风险金 19 万元，合计 50 万元；报备资料反映净资产和风险基金总额 81 万元，比账面多报净资产和风险基金 31 万元。

定性依据：《企业财务会计报告条例》第三条及相关规定。

处罚结果： 责令限期改正，对事务所处 1 万元罚款，对直接负责的主管人员处 3,000 元罚款。

简要评析： M 所向财政部门报备的数据、会计报表的数据和会计账簿的数据不一致，违反了《会计法》和注册会计师行业监管的相关规定，行政机关依法予以处理处罚。

【案例 6】 X 所的会计核算不规范被处罚

基本案情： X 所 2009 年度会计核算存在以下问题：

(1) 未按规定确认营业收入 164 万元。例如，2009 年度收到 D 公司转来审计等鉴证服务收入 97 万元，收到 Y 单位转来审计等鉴证服务收入 45 万元，收到 X 公司转来审计等鉴证服务收入 7 万元，收到 H 公司转来收入性质的款项 15 万元，均挂账"其他应付款"，记账凭证未附所收取款项开具的收据或发票。

(2) 虚列成本费用 153 元。例如，2009 年 2 月列支协作费 10 万元，2009 年 11 月列支协作费 2 万元，2009 年 12 月列支协作费 10 万元，未见项目合作清单及结算清单，项目合作协议；2009 年 2 月列支办公费 10 万元，无具体名称、数量、单价，无采购合同，未附实物验收、领用等相关手续的依据材料；2009 年 12 月在办公费中列支礼品 3 万元，发票直接用签字笔填写，非上下联复写发票；2009 年度在主营业务成本中计提职工工资 97 万元，计提职工福利费 23 万元。

(3) 在往来款中列支，用自制白条抽取资金 163 万元。2009 年度用自制白条《情况说明》以还款（未见借款凭据）为由抽取现金 163 万元，分别支付给 D 公司、X 公司和 H 公司，冲减"其他应付款"科目。

（4）无依据转款频繁。2009 年度收到关联企业 X 工程造价咨询公司无依据、无理由转款累计 159 万元，收到 X 公司转款累计 6 万元，收到 X 评估事务所无依据、无理由转款累计 12 万元，挂在往来科目"其他应收款"中；2009 年度用自制白条《情况说明》进行入账，从往来科目"其他应收款"中下账还款，累计金额 156 万元。

定性依据：《会计法》第十三条、第十四条、第二十五条和第二十六条。

处罚结果：责令限期改正，对事务所处 30,000 元罚款。

简要评析：会计师事务所自身的会计基础工作越来越受到行业管理部门的关注，经营收支的确认同时受到税务部门的重视。在本例中，行政机关对于 X 所会计核算的问题予以了处罚，这本身就说明会计师事务所的执业质量和内部管理工作显得同等重要。因此，事务所必须"两手抓、两手都要硬"。

第三章

会计师事务所民事违法行为相关典型案例

第一节 民事赔偿案例

一、出具虚假验资证明赔偿责任案

【案例1】F会计师事务所承担出具虚假验资证明赔偿责任案

基本案情：被告D公司系何某、刘某两个股东投资设立的有限责任公司，其中何某应投资金人民币260万元、刘某应投资金300万元，D公司注册资金合计560万元，但实际分文未到位。1995年2月15日，被告F会计师事务所凭案外人Z物资公司出具的一张1,000万元银行汇票复印件和一张证明Z物资公司和何某、刘某共同投资进口白糖2.5万吨，总投资额为1,000万元，其中560万元为何某、刘某私人股资的证明，为D公司出具了注册资金为560万元人民币的验资证明。同年2月20日，D公司经J县工商行政管理局核准登记成立。

1996年2月26日，D公司向原告X公司借款人民币3万元，X公司以转账支票形式向D公司付款，D公司收到后出具收条和借条，言明同年8月份归还借款，到期后，D公司未还款。X公司遂起诉至J区人民法院，要求D公司归还借款3万元并赔偿利息，F会计师事务所出具虚假验资证明应承担连带责任。

J区人民法院经审理认为：X公司与D公司之间的借款关系，因违反国家金融法规，属无效合同，按照法律规定不予保护。双方对此均有过错，故X公司要求D公司赔偿利息损失的请求不予支持。F会计师事务所为D公司注册出具虚假验资证明，应承担赔偿责任。

定性依据：原《经济合同法》第九条第一款第一项、第十六条第一款，《注册会计师法》第四十二条、《民事诉讼法》第一百三十条。

民事责任：法院判决如下：

（1）D公司在判决生效之日起十日内向X公司返还人民币3万元，F会计师事务所对此承担赔偿责任。

（2）对X公司的其余诉讼请求不予支持。

简要评析：F会计师事务所仅凭案外人Z物资公司出具的银行汇票复印件和一张何某、

刘某私人股资的证明，就为 D 公司出具了注册资金为 560 万元人民币的验资证明，违反了《注册会计师法》和执业准则、规则的规定，给原告 X 公司造成损失人民币 3 万元，应当依法承担赔偿责任。

【案例 2】N 会计师事务所合资合作开发房地产合同纠纷一案

基本案情： 1999 年 6 月 22 日，Q 房地产公司作为甲方与罗某作为乙方就联合开发 S 市南正街 26－46 号地段签订了工程《联合开发协议》，约定："一、该项目规划红线面积约 900 平方米，属旧城改造范围。项目前期以 36 万元买断开发权，详见甲方与 Y 房地产开发公司转让开发协议书。二、该项目的资金投入及基建：（1）甲方主要负责协调处理外部关系，并办理有关手续，乙方协助。（2）前期买断开发权及办理有关手续费用由甲方负责，并计入双方合作开发成本。（3）乙方出资确保基建至第三层封顶。（4）甲方按 400 元每平方米以大包干的形式将该工程的土建、水电及按设计要求的装饰及相关税费承包给乙方，乙方确保该工程为合格以上工程，并以此价格计入合作开发成本。（5）乙方负责组织施工。（6）利润分成：甲：乙＝7：3。（7）乙方所投入的 40 万元资金最迟不得超过工程竣工交付验收合格后起三个月还清"等。

1999 年 8 月 10 日，双方签订《承诺书》，约定："（1）罗某同意 Q 房地产公司法人代表任某的意见，以 Q 房地产公司为甲方的名义出面与 S 市三建筑公司签订包工合同。（2）根据联合开发协议条款，罗某垫资自基础至第三层顶盖板全部搞好完成后，Q 房地产公司必须绝对保证后期工程款全部准时到位，确保工程顺利进行和早日竣工。如 Q 房地产公司不能或没有资金将后期工程款全部准时拨付到位，造成工程一拖再拖，累计达四个月时间，则视 Q 房地产公司自动放弃联合开发协议中所定的 70％股权，其南正街的全部开发权和股权全部归罗某所有。（3）筹建时期，罗某垫付的各项款项开支和自基础至第三层顶盖板工程垫资款及以后的南正街工程建设中和办理各项手续中，本不需要罗某再垫资，但因 Q 房地产公司资金困难，因而又由罗某垫付的各项款项开支，Q 房地产公司必须在工程竣工验收合格后三个月内，全部支付给罗某。（4）南正街工程建设中的各项附属工程费用和建临时设施的费用，Q 房地产公司必须在大楼竣工验收合格后一星期内，按 1994 年定额下浮 5％全部支付给罗某"等。1999 年 8 月 9 日，Q 房地产公司与 S 市三建筑工程公司签订了《包工合同》，将大楼工程按 90 元/平方米实行包工不包料的方式包工给 S 市三建筑工程公司。后经 S 市三建筑工程公司施工，建设所需资金由原告付给施工单位。2001 年 5 月 16 日，该工程竣工，于 2001 年 12 月 20 日经 S 市建设工程质量监督站验收评定合格。

期间，被告 N 事务所于 2000 年 8 月 21 日出具××验字［2000］第 79 号《验资报告》，进行验资的注册会计师刘某在未进行实地核查的情况下，以被告 Q 房地产公司股东 S 市企业托管公司的回归大厦综合楼价值 294 万元、企托大楼价值 108 万元合计 402 万元进行增资 200 万元，从而认定 Q 房地产公司增资 200 万元。被告 Q 房地产公司凭被告 N 事务所出具的该《验资报告》顺利在工商部门办理增加 200 万元注册资本的变更手续。2000 年 11 月 18 日，Q 房地产公司做出《股东大决议》："原名义上的企业托管公司法人股转让给李某、郑某、王某，公司注册资金 400 万元，股份分布为李某 30％、郑某 29％、王某 16％、蔡某 12.5％、周某 12.5％，任某辞去董事长、总经理、法人代表等职务，由王某担任法人代表、董事长、总经理"，并于 2000 年 11 月 20 日签订了相应的股份转让协议。2000 年 11 月 20 日，Q 房地产公司根据股东会决议进行了工商变更，其注册资金增加到 400 万元，法定代表人变更为王某，公司股东及股份分布为：李某出资 120 万元占 30%、郑某出资 116 万元占 29%、王某出资 64 万元占 16%、蔡某出资 50 万元占 12.5%、周某出资 50 万元占 12.5%。

2001 年 8 月 27 日，被告 Q 房地产公司与罗某达成《还款协议》，约定："经甲、乙双方认真核对，甲方 Q 房地产公司尚欠乙方罗某代甲方支付款：（1）第一次地质钻探费 0.4 万元；（2）第二次地质钻探费 1.6 万元；（3）第一次一设计院设计费 1.2 万元；（4）第二次二房及设计院设计费 2.2 万元；（5）办理市计委立项和各职能部门报建手续、国土转让过户费、水电手续、拆迁手续及杂费开支 40 万元；（6）处理市南正街北、西两向矛盾和赔偿费 15 万元；（7）处理大祥区医院矛盾和修建大祥区医院围墙费用 2.16 万元；（8）基础超深和附属工程及建临时办公设施费用 19 万元；（9）市南正街公厕修建的成本费 4.5 万元；（10）市南正街大楼原只 6 层增至 8 层的两层成本费 29 万元；（11）处理市规划局 6 层私自自建 8 层，未办手续违章罚款和杂费开支 4.67 万元。以上共计人民币金额 119.73 万元。上述欠款作为乙方投资款计入成本，定于市南正街大楼竣工验收合格后三个月内全部支付给乙方。到期如没有支付，按银行贷款利率的三倍承担利息。"

后因被告 Q 房地产公司拖欠原告工程款，原告于 2002 年 4 月 4 日起诉至法院，法院于 2002 年 11 月 28 日作出民事判决，认定该大楼实际总面积为 4,820 平方米，经市规划部门核准和认可的面积为 4,263.7 平方米，按照双方约定的每平方米 400 元的价格被告应支付给原告 1,705,480 元，故判决被告 Q 房地产公司支付给原告 392,672.90 元。

2003 年 6 月 30 日，S 市工商行政管理局 D 分局作出 ×× 工商经检案字 [2003] 第 019 号《行政处罚决定书——关于郑某、周某、蔡某虚假出资的处罚决定》："1998 年 9 月 22 日 Q 房地产公司成立后周某未按公司章程缴纳出资额 50 万元，2000 年 11 月 20 日 S 市企业托管公司法人代表任某以'市企业托管公司股东股份转让协议'的形式空头转让股金 116 万元给郑某、120 万元给李某、64 万元给王某，郑某、李某、王某成为 Q 房地产公司股东，王某为 Q 房地产公司法人代表。综上所述，当事人的行为均违反了《公司法》第二十五条之规定，已构成虚假出资的行为。依据《公司法》第二百零八条之规定，决定对郑某处以罚款 4,000 元，对蔡某处以罚款 2,000 元，对周某处以罚款 2,000 元"等。后郑某、周某均缴纳了罚款。

因被告 Q 房地产公司一直未按《还款协议》履行，原告罗某多次向人大、检察机关、公安机关举报，2003 年 7 月 S 市公安局 D 区分局以 Q 房地产公司法人代表任某等人具有虚报注册资本和合同诈骗犯罪嫌疑予以立案查处，2004 年 7 月原告再次向 S 市人大报告，2006 年 S 市 D 区人民检察院决定对原告举报 Q 房地产公司有关领导一案不予立案，后被告 Q 房地产公司的法定代表人王某因贷款诈骗罪被判入狱服刑，该公司名存实亡，原告的损失未予得到追回，故原告于 2007 年底向 S 市中级人民法院起诉 S 市人民政府及本案各被告，2008 年 7 月 23 日撤诉，现原告再次诉来法院。

另查明，被告 Q 房地产公司于 1998 年 9 月 22 日注册成立时所依据的《验资报告》系原 S 市审计师事务所于 1998 年 7 月 30 日出具的，其内容为"Q 房地产公司注册资本为 200 万元，其中股东 S 市企业托管公司出资 100 万元、周某出资 50 万元、蔡某出资 50 万元。附件第二项为存单文件、收据三张、出资证明一份"等，但在 Q 房地产公司的工商档案中没有该附件第二项中的存单、收据、出资证明等相关文件，且被告 Q 房地产公司的三位股东均未实际出资。原 S 市审计师事务所已于 1999 年经 H 省财政厅批准被注销，其业务档案由 S 市审计局接收，其财产由 S 市审计局清算后接管。2000 年 9 月 1 日经 S 市审计局清算，原 S 市审计师事务所剩余资产总额为 112,075.91 元，S 市审计局于 2000 年 11 月 1 日发放了原 S 市审计师事务所在编职工改制安置补贴 172,572.96 元。

再查明，罗某曾用名为罗××。郑某与任某系夫妻关系。审计师事务所于 2009 年 4 月 28 日变更名称为 N 会计师事务所。

定性依据：《房地产管理法》第二十七条、《合同法》第六十条、《公司法》第二十八条、《注册会计师法》第四十二条、《最高人民法院关于审理民事案件适用诉讼时效制度若干问题的规定》第十二条、第十五条、《最高人民法院关于会计师事务所为企业出具虚假验资证明应如何处理的复函》、《最高人民法院关于会计师事务所为企业出具虚假验资证明应如何承担责任问题的批复》、《最高人民法院关于会计师事务所、审计事务所脱钩改制前民事责任承担问题的通知》、《最高人民法院关于民事诉讼证据的若干规定》第二条、《民事诉讼法》第一百三十条。

民事责任：法院判决如下：

（1）被告 Q 房地产公司在本判决生效后十日内一次性支付给原告罗某投资成本款 1,130,220 元及利息 1,652,992.40 元，合计人民币 2,783,212.40 元。

（2）被告王某在其虚假出资 640,000 元的范围内对被告 Q 房地产公司的上述债务承担赔偿责任。

（3）被告周某在其虚假出资 500,000 元的范围内对被告 Q 房地产公司的上述债务承担赔偿责任。

（4）被告李某在其虚假出资 1,200,000 元的范围内对被告 Q 房地产公司的上述债务承担赔偿责任。

（5）被告郑某在其虚假出资 1,160,000 元的范围内对被告 Q 房地产公司的上述债务承担赔偿责任。

（6）被告 Q 房地产公司、王某、李某、郑某清偿不足的部分，由被告 N 会计师事务所在虚假验资 2,000,000 元的范围内承担补充赔偿责任。

（7）驳回原告其他诉讼请求。

简要评析：本案中，被告 N 事务所注册会计师刘某在未进行实地核查的情况下，以被告 Q 房地产公司股东 S 市企业托管公司的回归大厦综合楼价值 294 万元、企托大楼价值 108 万元合计 402 万元进行增资，从而认定 Q 房地产公司增资 200 万元，构成了虚假验资。根据《注册会计师法》和最高人们法院司法解释等规定，即使会计师事务所出具的虚假验资证明无特别注明，给委托人、其他利害关系人造成损失的，应当依法承担赔偿责任。在民事责任的承担上，应当先由债务人负责清偿，不足部分，再由会计师事务所在其证明金额的范围内承担赔偿责任。

【案例 3】Z 会计师事务所虚假验资上诉一案

基本案情：Y 公司分别于 1998 年 12 月 31 日、1999 年 5 月 6 日、1999 年 5 月 15 日、

1999 年 6 月 30 日、2000 年 2 月 18 日向李某借款 440,000 元、60,000 元、176,000 元、460,000 元、500,000 元，共计 1,636,000 元，并分别保证于 1999 年 1 月 31 日前、1999 年 6 月 30 日前、1999 年 5 月 31 日前、1999 年 10 月 30 日前、2000 年 10 月 31 日前还清，但上述款项 Y 公司一直未还。

另查明：Z 审计师事务所（现脱钩改制为 Z 会计师事务所）根据 Y 公司的申请于 1995 年 10 月 6 日出具企业注册资金审验证明书一份，证明 Y 公司原注册资本为 10,552,545.24 元，为了开展业务，扩大经营，申请注册资本变更为 3,000 万元，根据事务所检查验证，该公司 1995 年 9 月 30 日资产负债表各项数额为资产 36,126,218 元，其中 N 县化工厂资产及土地使用权评估价值 2,400 万元，负债 1,954,961 元，所有者权益 34,171,257 元，均已到位，情况属实。据此确认 Y 公司 1995 年 9 月 30 日投入资本 34,171,257 元。又查明，N 县化工厂系国有企业，主管部门为 N 县人民政府，并非 Y 公司的下属单位。因此，该注册资金审验证明明显不实。

定性依据：《民事诉讼法》第一百八十六条、最高人民法院关于适用《民事诉讼法》若干问题的意见第二百零一条、《民法通则》第一百零八条、《最高人民法院关于金融机构为企业出具不实或者虚假验资报告资金证明应如何承担责任问题的通知》、《最高人民法院关于会计师事务所、审计师事务所脱钩改制前民事责任承担问题的通知》。

民事责任：经法院审判委员会研究决定，该院判决：

原审被告 Y 公司欠李某借款 1,636,000 元，于判决生效后十日内付清。不足部分由 Z 会计师事务所在其接收 Z 审计师事务所资产范围内（629,120.80 元）承担赔偿责任。

简要评析：Z 审计师事务所根据 Y 公司的申请未进一步审核，即将国有企业 N 县化工厂作为 Y 公司的下属单位出具了虚假的验资证明，后 Y 公司依据注册资金为 3,417 万元的企业法人营业执照向李某借款，应视为其使用了该验资证明与李某发生了借贷关系。故 Z 审计师事务所应在其出具的虚假证明金额的范围内对以上债务承担赔偿责任。因 Z 审计师事务所脱钩改制为 Z 会计师事务所，故 Z 会计师事务所应在其接收 Z 审计师事务所资产范围内即 629,120.80 元范围内承担 Z 审计师事务所的责任。

【案例 4】D 制造公司诉 X 电力公司、S 会计师事务所加工承揽合同纠纷一案

基本案情：2004 年 10 月 18 日，原告 D 制造公司前身 Z 汽轮机厂与被告 X 电力公司签订了一份《工矿产品购销合同》，由原告按照技术协议及图纸为被告 X 电力公司专门制作两台除氧器和两台高压加热器，总加工价款为 455 万元，2004 年 10 月 23 日双方补充协议将总价款增加至 480 万元，按协议约定被告 X 电力公司先付 30% 预付款，2005 年 3 月底前付 30% 进度款，交货后付 30%，余 10% 设备运行一年后支付。协议签订后，原告按期向被告 X 电力公司交付了所有加工的设备，但被告 X 电力公司陆续向原告支付了部分价款，截至 2007 年 8 月 15 日仍欠原告 108 万元，现被告 X 电力公司因不符合国家产业政策已停产。

被告 X 电力公司 2004 年 3 月以前出资情况为：Y 煤矿出资 950 万元占股权比例 95%，董某出资 30 万元占股权比例 3%，秦某出资 20 万元占股权 2%；2004 年 3 月 2 日，被告 X 电力公司股东会作出了增资扩股的决议，决定将公司注册资本由 1,000 万元增加到 10,000

万元，增资部分由 Y 煤矿（该煤矿系 D 镇政府开办的集体性企业）以股权增资 9,000 万元，增资后 Y 煤矿占被告 X 电力公司的出资 99.5%，2004 年 3 月 19 日，被告 S 会计师事务所出具了××验字〔2004〕第 M01-03055 号验资报告，该验资报告称"经我们审验，截至 2004 年 3 月 15 日，贵公司已收到原股东 Y 煤矿缴纳的新增注册资本合计人民币玖千万元，股东以股权出资"，被告 X 电力公司据此验资报告于 2004 年 3 月 20 日在工商机关办理了增资扩股登记手续，将该公司注册资金增至 10,000 万元。但该增资 Y 煤矿并未办理产权过户登记手续，被告 X 电力公司也实际并未行使对 Y 煤矿股权的占有。

2007 年 6 月 25 日，被告 D 镇政府以资源整合为由，未经清算即将 Y 煤矿申请注销，并向工商机关出具了《批准注销 Y 煤矿的决定》、《清理债权、债务完结证明》和《企业法人缴销营业执照及归档记录表》等有关文件材料，证明 D 镇政府负责 Y 煤矿的人员安置、债权债务清理并清算完毕，上缴营业执照和销毁公章。

2008 年 4 月 29 日，Y 煤矿将持有被告 X 电力公司 9,950 万元、占被告 X 电力公司出资比例 99.5% 的股权以 9,950 万元转让给董某个人，并办理了变更登记手续。

2005 年 6 月 26 日，经 S 市煤炭铝土资源整合领导小组批准，Y 煤矿与 D 镇西村三矿签订了一份《资源整合协议书》，将 Y 煤矿（4 套生产系统、共 11 个井筒）和西村三矿煤矿（主井 1 座，付井 1 座，风井 1 座）整合资源后，拟组建成立"Y 煤业有限公司"，注册资金 1,000 万元，该协议约定"整合评估技改批准前原法人的债权、债务民事纠纷由原法人负责"。2007 年 7 月 15 日，依据上述资源整合协议书，董某与景某两个自然人出资发起设立 Y 煤业有限公司，注册资金 5,000 万元。2007 年 7 月 24 日该公司股东变更为 Z 投资有限公司（一人有限公司），2007 年 10 月 18 日该公司股东变更为 Z 能源有限公司，2008 年 12 月 16 日该公司股东变更为 J 煤业集团有限公司。

被告 X 电力公司所欠原告的加工价款 108 万元，经原告多次催要后无果，原告认为被告 D 镇政府、S 会计师事务所亦应对该笔债务承担相应责任，遂于 2009 年 4 月 3 日向法院提起诉讼。在审理中，因被告 X 电力公司缺席，致本案无法调解成立。

定性依据：《民事诉讼法》第一百三十条，《合同法》第四十四条第一项、第六十条、第一百零七条、第一百零九条，《公司法》第二十八条、第二十九条、第三十一条、第二百零八条，《注册会计师法》第二十一条，《最高人民法院关于会计事务所为企业出具虚假验资证明应如何承担责任问题的批复》。

民事责任：法院判决如下：

（1）被告 X 电力公司支付原告 D 制造公司加工价款 108 万元，并承担逾期付款违约金按中国人民银行同期贷款利率自 2006 年 1 月 1 日起计算至款付清之日止，限被告 X 电力公司于本判决生效后 10 日内付清；

（2）被告 D 镇人民政府在 9,000 万元范围内对被告 X 电力公司的上述债务承担连带责任；

（3）被告 S 会计师事务所在 9,000 万元范围内对被告 X 电力公司、被告 D 镇人民政府的上述债务不能清偿部分承担补充赔偿责任。

简要评析： D 制造公司与被告 X 电力公司签订的《工矿产品购销合同》为双方的真实意思表示，应为合法有效合同，双方应依法全面及时履行合同，被告 X 电力公司应按约定期限及时支付加工价款并承担逾期付款违约责任，对原告要求被告 X 电力公司支付下欠价款并承担逾期损失的诉讼请求法院予以支持。Y 煤矿作为被告 X 电力公司的股东，应根据《公司法》等法律法规的规定履行出资义务，Y 煤矿在 2004 年 3 月以自有资产折价股权向 X 电力增资 9,000 万元，依法应将出资的资产或股权办理产权转移手续，但实际该出资虽经评估并经被告 S 会计师事务所出具验资报告后，始终没有办理出资产权转移手续，直至 2007 年 6 月 25 日向阳煤矿注销时，被告 X 电力公司既未参加清算，且 Y 煤矿在 X 电力公司的 9,950 万元出资也未进行清算。二被告在庭审中未向法庭提交任何可以证明 Y 煤矿 9,000 万元增资办理产权转移手续的证据，因此根据上述事实可以认定 2004 年 3 月 Y 煤矿向 X 电力公司增资扩股 9,000 万元实际并未缴纳，该出资是虚假出资，被告 D 镇政府的辩解理由不能成立，Y 煤矿因未缴纳该 9,000 万元出资应依法在此数额范围内对其他股东和公司债权人承担连带责任；但 Y 煤矿已于 2007 年 6 月 25 日被被告 D 镇政府未经清算程序即被注销，D 镇政府在注销时向工商机关书面证明其已将 Y 煤矿债权债务清理完结，因此应由 D 镇政府代为承担 Y 煤矿的债务。被告 D 镇政府虽与董某签订了 Y 煤矿出售协议，但并未按协议办理工商登记手续，且结合 Y 煤矿由 D 镇政府申请注销的事实，因而该协议不具备法律效力；Y 煤业公司为自然人新设立的公司，在登记注册时并没有承继 Y 煤矿债务的约定或法定义务，且 Y 煤矿是由 D 镇政府清算、注销的，在注销时没有由 Y 煤业有限公司承继债务的任何意思表示，因此 Y 煤矿的债务只能由 D 镇政府承担，原告要求 D 镇政府代位承担 Y 煤矿连带责任的理由正当，法院予以支持。被告 S 会计师事务所作为验资机构，本应谨慎遵守职业守则，严格按照验资程序如实出具验资报告，但 S 会计师事务所在没有任何产权转移依据的情况下出具了"出资已缴纳"的不实验资报告，致使被告 X 电力公司虚假增资，因此其依法应与被告 X 电力公司承担赔偿责任，但其仅在虚假验资的 9,000 万元范围内承担补充赔偿责任。

【案例 5】W 会计师事务所与 G 泵业公司等当事人加工合同纠纷一案

基本案情：上诉人 W 会计师事务所因与被上诉人 G 泵业公司、陈某、蒲某、王某、周某加工合同纠纷一案，不服一审民事判决，向法院提起上诉。法院于 2009 年 9 月 16 日立案受理后，依法组成合议庭，于同年 12 月 21 日公开开庭进行了审理，上诉人 W 会计师事务所的委托代理人、被上诉人 G 泵业公司的委托代理人到庭参加诉讼。被上诉人陈某、蒲某、王某、周某经法院公告传唤，无正当理由拒不到庭。

原审法院经审理查明，G 泵业公司于 2004 年起与 T 科技公司发生业务往来，由 G 泵业公司按照 T 科技公司的要求定作各种水泵。2004 年 10 月至 2005 年 10 月，G 泵业公司共向 T 科技公司交付了总价为 900,925 元的水泵并开具了总额为 900,925 元的增值税专用发票。T 科技公司已将上述发票向税务部门申请认证。T 科技公司已给付价款 558,412 元。

原审法院另查明，T 科技公司设立于 2003 年 5 月，注册资本为 50 万元，其中陈某以实物出资 42.5 万元，周某以实物出资 2.5 万元，浦某、王某各以现金出资 2.5 万元。2003 年 5 月 16 日，W 会计师事务所出具了××验〔2003〕145 号验资报告。该报告载明：截至报告日，出资者陈某、周某未与 T 科技公司（筹）办妥实物的财产权转移手续，但出资者承诺在公司成立后 1 个月内办妥有关手续。2007 年 6 月，T 科技公司经工商部门核准注销。在清算过程中，陈某接收 T 科技公司资产 4,250 元，周某、浦某、王某各接收 T 科技公司资产

250 元。在原审诉讼中，陈某、蒲某、王某、周某、W 会计师事务所均未向该院提供陈某、周某已将出资用的实物财产权转移给 T 科技公司的证据。

原审法院认为，G 泵业公司与 T 科技公司之间的定作合同关系合法、有效。因陈某、蒲某、王某、周某、W 会计师事务所未能提供相反证据，故从 T 科技公司已接收 G 泵业公司增值税发票并向税务部门申请认证的行为可以认定 T 科技公司已接收了 G 泵业公司交付的总价为 900,925 元的定作物。因陈某、蒲某、王某、周某、W 会计师事务所也未能提供 T 科技公司支付货款的证据，故可以根据 G 泵业公司提供的证据认定 T 科技公司结欠 G 泵业公司价款的金额为 342,513 元。

因 T 科技公司的股东未书面通知债权人即对 T 科技公司进行清算，并接收了 T 科技公司的剩余财产，故 T 科技公司的股东首先应在接收资产的范围内对 T 科技公司的债务承担清偿责任。同时，由于陈某、蒲某、王某、周某、W 会计师事务所未能证明陈某、周某已将用于出资的实物资产的所有权转移给 T 科技公司，故陈某应在 42.5 万元的范围内对 T 科技公司结欠 G 泵业公司的价款承担清偿责任，周某、蒲某、王某应对陈某的上述付款义务承担连带责任，周某应在 2.5 万元的范围内对 T 科技公司结欠 G 泵业公司的价款承担清偿责任，陈某、蒲某、王某亦应对周某的上述付款义务承担连带责任。

由于 T 科技公司设立于 2003 年，故 W 会计师事务所应按照《独立审计实务公告第 1 号——验资》的规定对 T 科技公司股东的出资情况进行审验。《独立审计实务公告第 1 号——验资》第十三条的规定："对于出资者以实物、知识产权、非专利技术和土地使用权等出资的，其价值应当经各出资者认可，并应当依法办理财产权转移手续。对于国家规定应当在一定期限内办理财产权转移手续，但在验资时尚未办妥的，注册会计师应当获取被审验单位与其出资者签署的在规定期限内办妥财产权转移手续的承诺函，并在验资报告的说明段中予以反映。"在上述可以在一定期限内办理财产权转移手续的资产中不包括以机器设备、存货（原材料）出资的情形，故本案中 W 会计师事务所在陈某、周某未将实物资产的所有权转移到 T 科技公司名下的情况下出具验资报告是具有过错的。因此，W 会计师事务所应在陈某、蒲某、王某、周某的财产经依法强制执行后仍不足以清偿 T 科技公司结欠 G 泵业公司债务时，在 45 万元的范围内承担补充赔偿责任。

据此，原审法院判决：（1）陈某、蒲某、王某、周某应于判决生效后十日内在 45 万元的范围内对 T 科技公司结欠 G 泵业公司的价款 342,513 元承担连带清偿责任。（2）如陈某、蒲某、王某、周某的财产经依法强制执行后仍不足以清偿上述债务的，由 W 会计师事务所以 45 万元为限在陈某、蒲某、王某、周某不能清偿的范围内承担补充赔偿责任。如果未按判决指定的期间履行给付金钱义务，应当依照《民事诉讼法》第二百二十九条之规定，加倍支付迟延履行期间的债务利息。案件受理费 7,204 元、财产保全费 2,670 元、公告费 1,125.90 元，合计 10,999.90 元（此款已由 G 泵业公司预交），由 G 泵业公司负担 1,374.90 元，由陈某、蒲某、王某、周某、W 会计师事务所负担 9,625 元。G 泵业公司已预交的诉讼费用不予退回，陈某、蒲某、王某、周某、W 会计师事务所应于判决生效后十日内将应负担的费用直接支付给 G 泵业公司。

W 会计师事务所不服原审法院判决，向法院提起上诉称：原审法院认定其公司在陈某、周某未将实物资产的所有权转移到 T 科技公司名下的情况下出具验资报告具有过错，与事实不符。陈某和周某是以塑钢钢材、车床、焊接机等实物作为出资，W 会计师事务所在审验中获取了注册资本实收情况明确表及各出资人对实物出资的价值认可说明，陈某和周某与T科技公司设立筹建组办理了《资产移交验收清单》，故本案验资时已完成实物所有权转移，W会计师事务所验资程序符合执业准则，不存在过错，不应承担责任，请求二审法院依法改判。

G泵业公司答辩称：W会计师事务所作为会计师事务所应该知道验资的法定程序，T科技公司股东未将资产转到公司名下，W会计师事务所就不应出具验资报告，其在本案中存在过错，应当承担责任，原审法院判决正确，请求二审法院维持原判。

陈某、蒲某、王某、周某未作答辩。

在二审庭审中，双方除了对原审法院查明的"原审诉讼中，陈某、蒲某、王某、周某、W会计师事务所均未向该院提供陈某、周某已将出资用的实物财产权转移给T科技公司的证据。"有异议外，对原审法院查明的其他事实无异议，对此法院予以确认。

二审另查明：W会计师事务所在二审庭审中陈述股东以设备原材料的实物出资不需要办理过户手续，陈某、周某将出资的实物资产于2003年5月16日交到T科技公司名下，T科技公司成立于2003年5月27日。T科技公司的2003年5月16日资产移交验收清单上载明"陈某为43.1207万元，周某为2.5万元，保证在企业成立后过户到公司账下，如有虚假，愿承担一切法律责任"，W会计师事务所出具的验资报告中还载明"经审验，截至2003年5月16日，贵公司（筹）已收到出资各方交纳的注册资本合计50万元。其中以货币出资5万元，以实物出资45万元。"

定性依据：《民事诉讼法》第一百五十三条第一款第（一）项。

民事责任：法院判决如下：

驳回上诉，维持原判。

二审案件受理费916元由W会计师事务所负担。

简要评析：本案争议焦点在于W会计师事务所对T科技公司出具验资报告是否具有过错。

根据原《独立审计实务公告第1号——验资》第十三条的规定，对于出资者以实物等出资的，其价值应当经各出资者认可，并应当依法办理财产权转移手续。在本案中，T科技公司的股东陈某和周某是以塑钢钢材、车床、焊接机等实物作为出资，该实物出资无需在一定期限内办理过户登记手续，只需办理及时交付手续即可履行财产权的转移手续，并可转到T科技公司名下，但是，在2003年5月16日W会计师事务所出具验资报告时，根据T科技公司的2003年5月16日资产移交验收清单上载明的内容即"陈某为43.1207万元，周某为2.5万元，保证在企业成立后过户到公司账下，如有虚假，愿承担一切法律责任。"表明，陈某实物出资43.1207万元和周某实物出资2.5万元是保证在企业即T科技公司成立后过户到公司账下，而T科技公司成立是在2003年5月27日，故陈某和周某的实物出资在2003年5月16日并未交付转移到T科技公司的名下，且W会计师事务所出具的验资报告中载明的内容即"截至报告日，出资者陈某、周某未与T科技公司（筹）办妥实物的财产权转移手续，但出资者承诺在公司成立后1个月内办妥有关手续。"亦反映了这一客观事实，因此，W会计师事务所作为专业的验资机构，明知在T科技公司的股东陈某和周某未将出资的实物于2003年5月16日交付转移至T科技公司名下的情况下不得出具验资报告，却于该日出具了验资报告，W会计师事务所这一行为存在过错，原审法院判令W会计师事务所以

45 万元为限在陈某、蒲某、王某、周某不能清偿的范围内承担补充赔偿责任并无不当，法院对 W 会计师事务所的上诉请求，不予支持。

综上所述，原审法院认定事实基本清楚，适用法律正确，所作判决予以维持。

二、出具不实年检审计报告赔偿案

【案例1】H 会计师事务所与龚某中介合同纠纷案

基本案情： 2000 年 8 月 28 日，龚某在 A 县注册登记成立了 T 发展公司，注册资本 50 万元。2002 年 7 月，龚某将该公司整体以 4 万元价转让给朱某，并抽走原注册资金。2002 年 8 月 23 日，朱某将原 T 发展公司变更为 Z 技术合作公司，并虚列顾某为该公司股东，注册资本仍为 50 万元人民币，但朱某、顾某均未出资，顾某未参与公司经营管理，并于 2004 年 1 月 "退股"。2003 年、2004 年，该公司均通过了工商登记的年检，由 H 会计师事务所出具了注册资本年检审计报告，报告显示实收资本为 50 万元。2004 年 3 月，朱某将 Z 技术合作公司原经营范围对外劳务合作中介服务变更为对有对外劳务合作经营权的企业提供劳动资源，并进行相应培训及信息咨询服务。2004 年 4 月，朱某认识了 X 劳务合作部经理赵某，朱某在无任何外派远洋货轮船员能力、又未与有外派远洋货轮船员资格的企业签订合同的情况下，对赵某谎称能外派远洋货轮船员，骗取赵某的信任后双方达成口头协议。2004 年 5 月 5 日，朱某给 X 劳务合作部传真一份远洋货轮水手招收简章，内容为："我公司受船务公司委托，现招收赴各国远洋轮水手，具体要求如下：（1）男性青年 18 ~ 40 岁，初中文化以上；（2）月薪 400 美元；（3）收费 12,000 元、培训期 20 天左右，外派时间无特殊情况三个月外派；（4）合同期 3 ~ 5 年"等。2004 年 5 月 15 日，朱某以 Z 技术合作公司名义与 X 劳务合作部在 L 市签订了协议书，内容为："X 劳务合作部负责组织劳务人员，Z 技术合作公司负责向国内外派遣远洋货轮船员，双方向每位劳务人员收取服务费 15,000 元人民币，其中 X 劳务合作部留 3,000 元，负责为劳务人员办理护照，Z 技术合作公司得 12,000 元人民币，负责为劳务人员办海员证、合格证、服务簿等劳务人员上船必备的一切证件，Z 技术合作公司支付劳务人员薪水为每人每月 400 美元，劳务人员合同期为 3 ~ 5 年等。X 劳务合作部依上述招收简章及协议书共招收劳务人员 46 名，并分两批由 Z 技术合作公司安排到 L 市海事局下设的海员俱乐部进行为期 22 天培训"。朱某于 2004 年 5 月 16 日、6 月 18 日、7 月 2 日分四次收取 X 劳务合作部费用 285,200 元。2004 年 9 月 10 日，朱某在明知自己无任何外派船员能力的情况下，又以要外派船员为名收取 X 劳务合作部安置费 98,600 元，至此朱某共收 X 劳务合作部费用 383,800 元，朱某用该款对所招劳务人员进行培训和办理 B01 证、B02 证，以及为其中 6 人办理海员证、船员服务簿共花费 90,220 元。后 X 劳务合作部多次催促朱某外派船员，朱某以种种理由推脱躲避。朱某一直未能将 X 劳务合作部招收人员派出，亦未退还收取 X 劳务合作部费用。2003 年 4 月 7 日朱某因诈骗 X 劳务合作部财物被拘留，2005 年 11 月 18 日被判处有期徒刑八年，并处罚金 200,000 元，现在 X 市监狱服刑。2005 年 10 月 20 日 X 劳务合作部和报名的劳务人员签订了协议，之后共向报名船员退款 383,800 元。

法院认为，朱某骗取他人财物，侵犯了他人的合法权益，虽被追究了刑事责任，还依法应当返还侵占 X 劳务合作部的现金 383,800 元。龚某在向朱某转让公司时，抽逃注册资金 50 万元，致使所转让的公司出现瑕疵转让股权，其行为侵犯了债权人的利益，致使 X 劳务合作部损失不能得以实现，违反了资本充实原则，龚某应在抽逃注册资金范围内对朱某以公司名义所负债务承担赔偿责任。顾某系朱某虚列的 Z 技术合作公司股东，不应对朱某所负债务承担责任。龚某应在抽逃注册资金范围内对 X 劳务合作部承担赔偿责任。H 会计师事务所违反执业准则，出具不实报告，致使利害关系人 X 劳务合作部造成损失，H 会计师事务所应当向 X 劳务合作部承担侵权赔偿责任。

定性依据：《民事诉讼法》第一百三十条、《民法通则》第一百一十七条第一款、《公司法》第三十六条、《最高人民法院关于审理涉及会计师事务所在审计业务活动中民事赔偿案件的若干规定》第二条、第四条、第九条。

民事责任：法院判决如下：

（1）被告朱某于本判决发生法律效力之日起十日内返还原告 X 劳务合作部人民币 383,800 元。

（2）被告龚某对上述款项中被告朱某不能清偿部分，在抽逃注册资本的范围内向原告承担赔偿责任。

（3）被告 H 会计师事务所在年检审计报告显示的注册资金 50 万元范围内向原告承担侵权赔偿责任。

（4）驳回原告其他诉讼请求。案件受理费 8,267 元，其他费用 1,900 元，由二被告朱某、龚某共同负担。

简要评析：本案中，H 会计师事务所 2003 年、2004 年为 Z 技术合作公司出具注册资本年检审计报告，均确认实收资本为 50 万元，构成了不实审计报告，给利害关系人造成了损失，根据我国法律法规和司法解释的规定，应当在年检审计报告显示的注册资金 50 万元范围内向原告承担侵权赔偿责任。值得注意的是，H 会计师事务所虽然在审计报告中注明"本报告仅供年检使用"、"本报告仅供工商登记使用"等类似内容，但不能作为其免责的事由。

三、出具不实的清算报告赔偿案

【案例 1】L 会计师事务所与 J 工程机械公司等当事人买卖合同纠纷一案

基本案情：原告 J 工程机械公司与被告付某、张某、于某、L 会计师事务所买卖合同纠纷一案，原告 J 工程机械公司于 2009 年 3 月 26 日向 Y 区人民法院提起诉讼，在答辩期内，第四被告 L 会计师事务所提出管辖异议，Y 区人民法院于 2009 年 6 月 12 日作出了［2009］××民二初字第 68 - 1 号民事裁定书，驳回了被告对管辖权的异议。第四被告 L 会计师事务所不服，向 X 市中级人民法院提出上诉，X 市中级人民法院依法于 2009 年 7 月 31 日作出［2009］××民终字第 42 号民事裁定，驳回第四被告 L 会计师事务所上诉，维持原裁定。Y 区人民法院受理后，依法组成合议庭，于 2009 年 10 月 9 日公开开庭进行了审理。原告 J 工程机械公司委托代理人到庭参加诉讼。被告付某、张某、于某经 Y 区人民法院公告传唤未到庭，被告 L 会计师事务所经传票传唤无正当理由拒不到庭，Y 区人民法院依法缺席审理，现已审理终结。

原告诉称：2005 年 4 月 12 日，原告 J 工程机械公司与 H 公路养护公司签订了一份工矿产品购销合同，合同约定由原告 J 工程机械公司供给该公司 W1801B 振动式压路机一台，价格为 362,000 元，合同还对技术标准、保修期限、付款方式、违约责任等都作了约定。合同签订后，J 工程机械公司供货给 H 公路养护公司，但该公司并未按约定付款，截至起诉前，H 公路养护公司仍欠原告 J 工程机械公司货款 212,000 元。

经调查，H 公路养护公司于 2008 年 6 月 24 日办理了注销登记手续。原告认为第一、第二、第三被告作为 H 公路养护公司的股东，负有对公司债权债务进行清算的义务，而三被告在未完全清算的情况下，依据第四被告出具的不真实的清算报告将公司予以注销，四被告的行为严重地侵害了债权人的合法权益。故此，特依法具状起诉，请求判令第一、第二、第三被告清偿原告货款 212,000 元并承担逾期利息，第四被告对上述款项承担连带清偿责任，四被告承担本案的诉讼费用。

第一、第二、第三被告未作书面答辩。

第四被告书面答辩称：本案的买卖合同纠纷与答辩人没有任何关系，被答辩人以出具清算报告不实起诉答辩人，属于在审计业务活动中的民事侵权纠纷。答辩人认为：（1）答辩人出具的清算报告不属于"不实报告"。（2）清算报告与被答辩人的"损失"，不存在因果关系。（3）被答辩人不是答辩人出具的清算报告的利害关系人。（4）被答辩人要求答辩人承担连带责任没有法律依据。

Y 区人民法院确认如下事实：2005 年 4 月 12 日，J 工程机械公司与 H 公路养护公司签订《工矿产品购销合同》，合同约定由 J 工程机械公司出售一台 W1801B 振动式压路机给 H 公路养护公司，价格 362,000 元（含运杂费 19,000 元），H 公路养护公司在合同签订当日首付 100,000 元，2005 年 6 月付 50,000 元；7 月付 50,000 元；8 月付 50,000 元；9 月付 50,000 元；10 月付 62,000 元，合同还对交货地点、技术标准、保修期限、违约责任等进行了约定。合同签订后，J 工程机械公司按合同约定供货给 H 公路养护公司，但该公司未按合同的约定付款，截至起诉前，该公司仍欠 J 工程机械公司货款 212,000 元。H 公路养护公司是以付某、张某、于某为股东的有限责任公司。2008 年 3 月 14 日，该公司发出注销公告。2008 年 6 月 11 日，该公司向 J 市工商行政管理局申请注销，并成立清算组，负责人为付某，成员为张某、于某。2008 年 6 月 12 日，L 会计师事务所出具 ×× 会事审字 [2008] 326 号清算报告，其主要内容为："我们认为，截至 2008 年 3 月 31 日止，H 公路养护公司资产总额为 4,993,916.68 元，其中流动资产为 5,779.28 元，所有者权益为 4,993,916.68 元，其中：实收资本为 5,000,000 元，未分配利润 -6,083.32 元。H 公路养护公司已于 2008 年 3 月 13 日登报公告，截至 2008 年 3 月 31 日止无债务。"2008 年 6 月 24 日，该公司被 J 市工商行政管理局依法注销。2008 年 6 月 2 日，X 市中级人民法院作出 [2008] ×× 民破字 5-1 号民事裁定书，受理申请人 J 机械集团有限公司（含 J 工程机械公司）破产还债一案，指定破产管理人接受破产企业。

定性依据：《民事诉讼法》第一百三十条，《合同法》第一百零七条、第一百三十条，《公司法》第一百九十四条第一款、第一百九十八条第三款，《民法通则》第一百三十条，《最高人民法院关于审理涉及会计事务所在审计业务活动中民事侵权赔偿案件的若干规定》第四条第一款。

民事责任：法院判决如下：

（1）被告付某、张某、于某在本判决生效之日起五日内赔偿 J 机械集团有限公司破产管理人货款 212,000 元及利息（按中国人民银行规定的同期贷款利率计算，自 2005 年 11 月 1 日起至本判决生效之日止）。

（2）被告 L 会计师事务所对上述损失承担连带赔偿责任。

如果未按本判决指定的期间履行金钱给付义务，应当依照《民事诉讼法》第二百二十九条之规定，加倍支付迟延履行期间的债务利息。

本案受理费 4,480 元，由被告付某、张某、于某、L 会计师事务所负担。

简要评析：J 工程机械公司与 H 公路养护公司签订的《工矿产品购销合同》合法有效，依法应予保护。J 工程机械公司依约履行了供货义务，而 H 公路养护公司未依约履行付款义务，属于违约行为，依法应承担继续履行合同及支付违约金的违约责任。2008 年 6 月 11 日，该公司向 J 市工商行政管理局申请注销，清算组未认真组织清算，造成 J 工程机械公司货款损失，其清算组成员付某、于某、张某依法应承担赔偿责任。2008 年 3 月 14 日，该公司发出注销公告，2008 年 6 月 12 日，L 会计师事务所出具××会事审字第〔2008〕326 号清算报告，其清算报告内，债务申报截止日期为 2008 年 3 月 31 日，未达到法定的申报时间，该公司依据此清算报告于 2008 年 6 月 24 日经 J 市工商行政管理局核准注销，造成 J 工程机械公司货款损失，L 会计师事务所依法应承担侵权赔偿责任。综上所述，由于被告付某、于某、张某、L 会计师事务所的共同行为造成 J 工程机械公司的货款损失，四被告应承担连带赔偿责任。J 工程机械公司已申请破产，由破产管理人接受破产企业。

四、出具不实利息计算报告的侵权纠纷案

【案例1】D 制衣公司与 X 会计师事务所侵权纠纷一案

基本案情：上诉人 D 制衣公司与被上诉人 X 会计师事务所侵权纠纷一案，B 区人民法院于 2007 年 8 月 6 日作出〔2007〕××民一初字第 410 号民事判决，D 制衣公司、X 会计师事务所均不服，向 A 市中级人民法院提出上诉。A 市中级人民法院于 2008 年 5 月 6 日作出〔2008〕××民一终字第 119 号民事裁定，撤销原判，发回 B 区人民法院重审。B 区人民法院于 2009 年 5 月 11 日作出〔2007〕××民一初字第 410-1 号民事判决，D 制衣公司不服，向 A 市中级人民法院提出上诉，A 市中级人民法院依法组成合议庭公开开庭审理了本案。

原审法院经审理查明：D 制衣公司与 A 市百货大楼代销服装拖欠货款纠纷一案，原审法院于 1995 年 10 月 31 日作出〔1995〕××经初字第 324 号经济判决，A 市百货大楼于判决生效后五日内给付 D 制衣公司货款 157,658.50 元及利息 27,590.15 元，逾期履行加倍支付迟延履行期间的利息。因 A 市百货大楼未履行判决，1996 年 9 月 20 日，D 制衣公司向原审法院申请强制执行，经过抽签确定，原审法院委托被告 X 会计师事务所对 A 市百货大楼欠 D 制衣公司本息数额进行计算。被告 X 会计师事务所于 2006 年 4 月 17 日作出××验字〔2006〕第 13 号利息计算报告，计算结果为利息总额 258,521.86 元，本息合计 399,689.51 元，原告 D 制衣公司对该报告提出异议。被告 X 会计师事务所于 2006 年 4 月 26 日作出复

议决定，计算结果为利息总额 188,832.74 元，本息合计 374,081.39 元。被告 X 会计师事务所出具的复议决定是按照中国人民银行规定的金融机构法定贷款利率计算的。原告 D 制衣公司认为被告 X 会计师事务所为其少算利息，给其造成了损失，要求被告 X 会计师事务所赔偿为其少算的利息计 248,457.78 元。

原审法院经审理认为：《最高人民法院关于适用〈中华人民共和国民事诉讼法〉若干问题的意见》（以下简称民诉意见）第 294 条规定的"加倍支付迟延履行期间的债务利息，是指在按银行同期贷款最高利率计付的债务利息上增加一倍"，该条款中"银行同期贷款最高利率"中的"最高利率"可以理解为中国人民银行规定的基准利率。被告于 2006 年 4 月 17 日作出的××验字〔2006〕第 13 号利息计算报告和 2006 年 4 月 26 日作出的复议决定，均是按照中国人民银行规定的金融机构基准贷款利率计算的，符合《民诉意见》第二百九十四条规定。另外，本案被告系在另一案件的执行过程中接受法院的委托对货款利息进行计算，与一般意义上的"审计行为"有所不同，被告对拖欠货款利息进行计算的行为不存在过错，也未出具不实报告，未给原告造成损失，故原告要求被告赔偿给其少算的利息及损失的诉请，证据、理由不充分，不予支持。原告主张迟延履行期间的债务利息应按农村信用社上浮利率计算，由于农村信用社不是银行，仅是金融机构的一种，而司法解释明确的利息标准是银行同期贷款最高利率，故原告的主张于法无据，不予采信。原审法院依照《民事诉讼法》第一百二十八条、最高人民法院《关于审理涉及会计师事务所在审计业务活动中民事侵权赔偿案件的若干规定》第四条的规定，经审判委员会研究，判决如下：驳回原告 D 制衣公司的诉讼请求。一审案件受理费 6,020 元，由原告 D 制衣公司负担。

D 制衣公司不服一审判决，向 A 市中级人民法院提起上诉称：一、《民诉意见》第二百九十四条规定的"最高利率"可以理解为中国人民银行的基准利率没有法律依据。二、被上诉人没有任何可以抗辩上诉人的法律和证据，应承担不利的法律后果。三、被上诉人按基准利率计算不到位，复议决定故意少算、故意损害上诉人的合法权益。四、原审程序违法，剥夺 D 制衣公司的上诉权。请求 A 市中级人民法院依法撤销一审判决，判令被上诉人承担 2006 年 4 月 17 日前少算利息 248,457.78 元及以后损失，诉讼费用由被上诉人承担。

X 会计师事务所答辩称，一、《民诉意见》第二百九十四条规定的"银行"应理解为"中国人民银行"。"迟延履行期间的债务利息"按基准利率计算是正确的，此同最高人民法院《关于在执行工作中如何计算迟延履行期间的债务利息等问题的批复》相一致。二、被上诉人出具的复议决定是证据的一种，是否采用由法院决定，而 B 区人民法院至今未采用。三、被上诉人接受 B 区人民法院的委托，对执行过程中货款利息进行计算，并非一般意义的"审计行为"。被上诉人未出具不实报告，不存在过错。请求 A 市中级人民法院驳回上诉，维持原判。

A 市中级人民法院经审理查明：B 区人民法院〔1995〕××经初字第 324 号经济判决生效后，A 市百货大楼未按判决指定的期间履行给付 185,248.65 元（157,658.50 元本金及利息 27,590.15 元）的义务，依据《民事诉讼法》第二百二十九条及《民诉意见》第二百九十四条的规定，应从履行期间届满的次日即 1995 年 11 月 27 日起加倍支付迟延履行期间的债务利息。1995 年 11 月 27 日至 1997 年 10 月 17 日迟延履行利息为 83,504.41 元，扣除 1997 年 10 月 17 日 A 市百货大楼偿还的 30,000 元，应为 53,504.41 元；1997 年 10 月 18 日至 2005 年 7 月 29 日迟延履行利息为 190,997.88 元，扣除 2005 年 7 月 29 日 A 市百货大楼偿还的 19,300 元，应为 171,697.88 元；2005 年 7 月 30 日至 2006 年 4 月 17 日迟延履行利息为 14,121.73 元。综上所述，1995 年 11 月 27 日至 2006 年 4 月 17 日迟延履行利息应为 239,324.02 元，而被上诉人计算的迟延履行利息为 188,832.74 元，少算 50,491.28 元。A 市中级人民法院查明的其他事实与一审法院查明事实一致。

定性依据：《民法通则》第一百零六条第二款和《民事诉讼法》第一百五十三条第一款第（二）、（三）项。

民事责任：A 市中级人民法院判决如下：

（1）撤销 B 区人民法院〔2007〕北民一初字第 410－1 号民事判决；

（2）X 会计师事务所于本判决生效后十日内赔偿 D 制衣公司 50,491.28 元；

（3）驳回 D 制衣公司的其他诉讼请求。

如果未按本判决指定的期限履行给付金钱义务，应当依照《民事诉讼法》第二百二十九条的规定，加倍支付迟延履行期间的债务利息。

一、二审案件受理费各 6,020 元，由 D 制衣公司承担 4,900 元，X 会计师事务所承担 1,120 元。

简要评析：关于迟延履行期间的债务利息是否可以按照中国人民银行规定的同期贷款基准利率计算的问题。被上诉人对《民诉意见》第二百九十四条规定的"银行同期贷款最高利率"理解为中国人民银行规定的同期贷款基准利率，同最高人民法院《关于在执行工作中如何计算迟延履行期间的债务利息等问题的批复》所规定的："迟延履行期间的债务利息，应当按照中国人民银行规定的同期贷款基准利率计算"是相一致的，被上诉人的理解符合立法本意，因此，被上诉人按照中国人民银行规定的同期贷款基准利率计算迟延履行期间的债务利息并无不当。上诉人主张迟延履行期间的债务利息应按照农村信用社上浮的贷款利率计算的上诉理由不能成立。

关于迟延履行利息计算的问题。被上诉人应当按照《民事诉讼法》第二百二十九条及《民诉意见》第二百九十四条规定的方法双倍计算迟延履行利息，而被上诉人在未双倍计算迟延履行利息的情况下，扣除部分履行的款项，其行为违反上述规定，A 市中级人民法院予以纠正。中国人民银行贷款基准利率于 2004 年 10 月 29 日进行调整，被上诉人应当按照调整后的利率进行计算迟延履行利息，而被上诉人未按调整后的利率计算，A 市中级人民法院予以纠正。综上所述，由于被上诉人的过错给上诉人造成的 50,491.28 元利息损失，该损失系上诉人的实际损失，被上诉人应予以赔偿。被上诉人辩称其并未出具正式利息报告，原审法院也并未采信，但 2006 年 4 月 17 日被上诉人出具的利息计算报告中有两名注册会计师的签名盖章和被上诉人的盖章。上诉人对该报告提出异议后，被上诉人出具的复议决定中也有被上诉人的盖章，故被上诉人辩称该报告为非正式报告，原审法院未采信的理由不能成立，A 市中级人民法院不予支持。

关于上诉人要求赔偿其 2006 年 4 月 17 日以后的利息损失，因被上诉人未接受 2006 年 4 月 17 日以后的委托，故上诉人要求被上诉人赔偿 2006 年 4 月 17 日以后的损失没有事实和法律依据，A 市中级人民法院不予支持。

关于上诉人称原审程序违法、剥夺其上诉权的问题，上诉人在二审期间撤回该项上诉请求，A 市中级人民法院予以准许。

关于适用法律的问题。由于本案系被上诉人在实施单纯计算利息时发生的民事侵权赔偿纠纷，并非从事审计业务活动中所发生的民事侵权赔偿纠纷，故本案不适用最高人民法院《关于审理涉及会计师事务所在审计业务活动中民事侵权赔偿案件的若干规定》的相关规定。原审判决认定事实不清，适用法律不当。

第二节 民事违约及其他案例

一、撤销工商变更登记案

【案例1】马某与D会计师事务所股东权纠纷一案

基本案情：原告马某与被告D会计师事务所股东权纠纷一案，H区人民法院受理后，依法适用简易程序，由代理审判员刘某独任审判，公开开庭进行了审理。原告马某的委托代理人到庭参加了诉讼，被告D会计师事务所经H区人民法院合法传唤，无正当理由拒不到庭参加诉讼，H区人民法院依法进行缺席审理。

原告马某诉称：2007年12月，D会计师事务所冒用马某签字伪造了《D会计师事务所第一届第一次股东会决议》和《出资转让协议书》，并到B市工商行政管理局进行了变更登记，将马某持有的10万元股权变更到范某名下，该决议同时还对马某法定代表人的职权、执行董事职位以及公司章程等进行了变更。经马某提起诉讼，H区人民法院于2009年2月12日以［2009］××民初字第693号民事判决书判决上述决议无效，该判决现已生效。根据《公司法》第二十二条规定，上述股东会决议被宣告无效后，D会计师事务所应当向B市工商行政管理局申请撤销变更登记，但其至今未依法申请撤销变更登记。诉讼请求：判令D会计师事务所立即申请撤销依据无效的《D会计师事务所第一届第一次股东会决议》所做出的相关工商变更登记。

被告D会计师事务所未向H区人民法院提交书面答辩意见。

经审理查明：2006年11月26日，D会计师事务所章程载明，公司股东为马某、张某、王某、韩某和时某；公司总出资为300,000元，其中马某出资100,000元，出资比例为33%。股东会会议由执行董事召集，执行董事主持，执行董事不能履行或不履行召集股东会会议职责的，由监事召集和主持，监事不召集和主持的，代表十分之一以上表决权的股东可以自行召集和主持临时股东会，提议应以书面形式并载明议事内容。无特殊原因，该股东会应当召开。股东会议依法行使的职权包括选举和更换执行董事、审议批准股东的加入、退出及股权转让方案等，以上事项股东以书面形式一致表示同意的可不召开股东会议直接做出决定，并由全体股东在决定文件上签名、盖章。股东会议的召集人应当于会议召开十五日前书面通知全体股东，股东会议有二分之一以上股东出席方为有效，股东可书面委托其他股东代位行使职权，股东无正当理由既不参加又不办理委托的，视为同意本次股东会的各项决议。对于一般决议必须由代表二分之一以上表决权的股东同意；对于修改事务所章程等对事务所产生重大影响的事项的决议，必须由代表三分之二以上表决权的股东同意；对于批准股东的加入、退出及股权转让方案等事项的决议必须由全体股东过半数同意方为有效。

2007年12月1日，D会计师事务所第一届第一次股东会议决议载明，（一）变更住所，同意变更地址为H区大钟寺某号华杰大厦6层6C2室2号；（二）变更股东，同意马某辞去企业法定代表人职务，并退出企业股东会；（三）增加股东，同意增加新股东范某；（四）转让出资，马某愿意将D会计师事务所股权100,000股转让给范某；（五）变更章程，同意修改后的章程（章程修正案）；（六）变更执行董事，免去马某执行董事职位，选举范某为新任执行董事；（七）变更总经理，免去田某总经理职位，选举刘某为新任总经理。

2009年2月12日，H区人民法院作出〔2009〕××民初字第693号民事判决，认定2007年12月1日D会计师事务所第一届第一次股东会议决议是在股东马某未参加也未委托他人参加会议的情况下，由案外人冒用马某签字作出的。该股东会决议剥夺了马某在D会计师事务所的股东身份和相关职务，干涉了马某依照自己的真实意思对其他表决事项发表意见的权利，侵害了马某的股东权益，属于违反法律规定的侵权行为，并确认该股东会决议为无效。现判决已经生效。

另查，D会计师事务所至今未办理工商登记变更手续。

定性依据：《公司法》第二十二条第四款、《民事诉讼法》第一百三十条。

民事责任：法院判决如下：

被告D会计师事务所于本判决生效之日起十日内申请撤销根据2007年12月1日《D会计师事务所第一届第一次股东会决议》相关内容进行的工商变更登记。

案件受理费35元（原告已交纳），由被告D会计师事务所负担，于本判决生效后七日内交纳。

简要评析：公司根据股东会决议办理工商变更登记后，人民法院宣告该决议无效或者撤销该决议的，公司应当向公司登记机关申请撤销变更登记。D会计师事务所第一届第一次股东会决议经生效判决确认为无效，D会计师事务所应当向工商行政管理部门申请撤销与该股东会决议相关的各项变更登记。因此，马某的诉讼请求符合法律规定，H区人民法院予以支持。D会计师事务所经H区人民法院合法传唤拒不到庭参加诉讼，不影响H区人民法院在查明事实的基础上依法作出裁判。

二、公司章程撤销纠纷案

【案例1】李某与J会计师事务所之间公司章程撤销纠纷上诉案

基本案情：上诉人李某因与被上诉人J会计师事务所之间公司章程撤销纠纷一案，不服B市T区人民法院〔2008〕××民初字第12081号民事判决，向二审法院提起上诉。二审法院于2008年12月24日受理后，依法组成由法官孙某担任审判长，法官宋某、刘某参加的合议庭，并于2009年1月14日召集各方当事人进行了询问，上诉人李某，被上诉人J会计师事务所的法定代表人云某、委托代理人王某到庭参加了诉讼。

李某一审诉称：2003年8月18日，李某等5位注册会计师一起制定了公司章程，发起设立J会计师事务所。2003年10月8日J会计师事务所成立。但李某事后发现J会计师事务所在进行工商登记备案时，法定代表人云某在李某等股东毫不知情的情况下，假冒其他股东签名伪造了另一份公司章程，该章程删去了注册会计师行业法规中对注册会计师进行保护的重要条款。综上所述，J 会计师事务所的行为严重侵犯了李某的合法权益，故李某诉至法院请求宣告 J 会计师事务所在工商局备案的 2003 年 8 月 18 日的公司章程无效，并由 J 会计师事务所承担本案诉讼费用。

J 会计师事务所一审辩称：2003 年 8 月 18 日的公司章程是依据公司法的规定，按照工商局提供的格式范本书写的，并经公司全体股东讨论通过。章程合法有效，适合当时情况。且李某从 2003 年 8 月 18 日开始在公司工作至 2005 年，一直未对该章程提出过异议。不同意李某的诉讼请求。

一审法院经审理查明：2003 年 8 月 18 日，李某出资 10 万元与云某、张某、王某、於某共同出资成立 J 会计师事务所，并在工商行政管理局进行了备案登记，成立时间为 2003 年 10 月 8 日。J 会计师事务所在工商行政管理局的备案登记中含 2003 年 8 月 18 日的公司章程，该章程就公司名称和住所；公司经营范围；注册资本；股东姓名、出资方式及数额；股东的权利及义务；公司的机构及其产生办法、职权、议事规则；公司法定代表人；财务、会计、利润分配；公司的解散事由与清算办法等进行了约定。上述事实，有李某向法院提供的 J 会计师事务所在工商局备案的 2003 年 8 月 18 日公司章程，J 会计师事务所提供的 2003 年 8 月 18 日的公司章程及双方当事人当庭陈述等证据在案佐证。

一审法院认为：J 会计师事务所系含李某在内的全体股东合法注册登记的公司法人，J 会计师事务所在工商局备案的公司章程系公司全体股东的真实意思表示。现李某认为该章程系 J 会计师事务所伪造，删去了注册会计师行业法规中对注册会计师进行保护的重要条款。但李某未向法庭举证证明其观点，故对于其要求宣告 J 会计师事务所在工商局备案的 2003 年 8 月 18 日的公司章程无效的诉讼请求，证据不足，法院不予支持。依据《民事诉讼法》第六十四条第一款之规定，判决：驳回李某的诉讼请求。

李某不服一审法院判决，提出上诉称：（一）该章程违反了《公司法》第二十三条的规定，工商备案的公司章程上没有李某本人的签字，该章程不是全体股东的真实意思表示；（二）李某向法院提交的《财政部关于印发〈有限责任会计师事务所审批办法〉的通知》中明确规定事务所章程中应当载明出资人变动出资的条件及方式。J 会计师事务所备案的章程不仅没有李某本人的签字，亦不含上述强制性条款，应当认定无效。请求撤销一审法院判决，并依法改判。

J 会计师事务所同意一审法院判决。

二审法院经审理查明的事实与一审法院查明的事实一致。

定性依据：《民事诉讼法》第一百五十三条第一款第（一）项。

民事责任：法院判决如下：

驳回上诉，维持原判。

一审案件受理费 35 元，由李某负担（已交纳）。

二审案件受理费 70 元，由李某负担（已交纳）。

简要评析：设立有限责任公司，应由股东共同制定章程。本案中李某与 J 会计师事务所各向法院提交了 1 份 J 会计师事务所 2003 年 8 月 18 日的章程，两份章程的内容完全一致，其中李某提交的章程系在工商局备案的章程，该章程中李某的签字非其本人所签。J 会计师事务所提交的章程系李某本人所签。现李某以在工商备案的章程中的签字非本人签字为由要求撤销该章程。对此，J 会计师事务所认为章程条款是由公司的股东协商一致，签字确认的，是公司各个股东的真实意思表示。虽然在工商局备案的公司章程上的签名不是李某本人所签，但该章程的内容与李某认可的 J 会计师事务所提交的章程内容完全一致，李某在 J 会计师事务所提交的章程中的签字行为应视为对备案章程签字效力的追认，故对于李某上诉提出工商备案的公司章程上没有李某本人的签字，不是全体股东的真实意思表示的主张，法院不予支持。李某上诉还提出章程中未明确规定出资人变动出资的条件及方式的强制性条款，故该章程因违反相关规定，应属无效，鉴于 J 会计师事务所的章程明确约定了股东转让出资的条件，符合相关法律法规的规定，故李某的该项上诉主张，法院亦不予支持。

【案例 1-1】 李某与 J 会计师事务所公司章程撤销纠纷一审案

基本案情： 原告李某与被告 J 会计师事务所公司章程撤销纠纷一案，法院受理后，依法由法官李某独任审判，公开开庭进行了审理。原告李某，被告法定代表人云某及委托代理人王某到庭参加诉讼。本案现已审理完毕。

原告李某诉称：2003 年 8 月 18 日，原告李某等 5 位注册会计师一起制定了公司章程，发起设立 J 会计师事务所。2003 年 10 月 8 日 J 会计师事务所成立。因原告李某与 J 会计师事务所间发生多起诉讼，2008 年 10 月 7 日在 T 区人民法院审理双方的纠纷中，J 会计师事务所当庭向法院递交了一份公司章程，该章程原告李某未参与制定，故原告李某诉至法院请求撤销 J 会计师事务所 2008 年 10 月 7 日向法院递交的公司章程，并由 J 会计师事务所承担本案诉讼费用。

J 会计师事务所辩称：2008 年 10 月 7 日，向法院递交的公司章程属草案性质，因与工商局的要求不符，后公司又制定了一份新的章程。10 月 7 日向法院递交的章程没有生效，不同意原告李某的诉讼请求。

经审理查明：2003 年 8 月 18 日，原告李某出资 10 万元与云某、张某、王某、於某共同出资成立 J 会计师事务所，并在工商行政管理局进行了备案登记，成立时间为 2003 年 10 月 8 日。2008 年 10 月 7 日在法院审理原告李某与 J 会计师事务所的其他纠纷中，J 会计师事务所当庭向法院提供了日期为 2006 年 10 月 21 日的公司章程，因该章程与工商行政管理局备案登记中的强制性要求不符，J 会计师事务所又重新制定了一份公司章程，并在工商行政管理局备案。上述事实，有 J 会计师事务所向法院提供的 2006 年 10 月 21 日的公司章程及双方当事人当庭陈述等证据在案佐证。

定性依据：《民事诉讼法》第六十四条第一款。

民事责任： 一审法院判决如下：

驳回原告李某的诉讼请求。

案件受理费 35 元，由原告李某负担（已交纳）。

简要评析： 2008 年 10 月 7 日，J 会计师事务所当庭向法院提供的日期为 2006 年 10 月 21 日的公司章程，因与行政法规的强制性要求不符，J 会计师事务所遂予以修改后，将新的公司章程进行备案。至此，原章程不产生法律效力。原告李某要求撤销该公司章程的要求，于法无据，法院不予支持。

三、股东会决议撤销纠纷案

【案例1】 杨某与Z会计师事务所等当事人股东会决议撤销纠纷一案

基本案情： 原告杨某与被告Z会计师事务所及第三人赵某、雷某、于某、阴某、曾某、史某股东会决议撤销纠纷一案，法院受理后，依法适用普通程序，由审判员范某、蔡某、代理审判员徐某组成合议庭，公开开庭进行了审理，原告杨某的委托代理人，被告Z会计师事务所的委托代理人，第三人赵某的委托代理人，第三人雷某、于某、阴某、曾某、史某的委托代理人到庭参加了诉讼。

原告杨某起诉称：被告（主要是本案的第三人）于2008年1月4日在Y大酒店召开所谓股东会会议并形成决议，解除原Z会计师事务所法定代表人杨某的职务，免去其董事长资格。原告认为该股东会违反公司章程，侵犯股东权益，应予依法撤销，理由如下：（一）赵某等6名股东未经过董事会、监事会、擅自召集并主持股东会，违反了公司章程及相关法律规定，该会议作出的决议应予撤销；（二）股东会决议内容违反公司章程规定，应当予以撤销：（1）根据公司章程第二十五条之规定对于公司合并、分离、变更形式、公司解散、修改章程，股东退出或加入及应当由董事会提请股东大会作出决议的其他重大事项需经全体股东表决通过方可通过，但本次股东会却违背上述规定，在一名股东缺席，且原告明示反对的情况下，将该章程条款修改为经代表三分之二以上表决权的股东通过即可生效，并表决通过。鉴于部分股东作出的变更公司章程之决议不符合公司章程对此的特别规定，故应予撤销。（2）选举公司董事、董事长、变更法定代表人属于应由董事会提请股东大会作出决议的重大事项，根据公司章程第二十五条之规定，应由全体股东表决方可通过，原告认为首先董事、董事长是由全体股东选举产生的，故其变更、罢免亦应取得全体股东一致同意，其次根据各方于2000年7月签署的经H区第二公证处公证的Z会计师事务所合并协议之相关约定，董事局是事务所的最高权力机构，行使公司各项经营管理权力，而董事局主席为公司董事长，对外代表公司，并与其他董事共同对公司的重大决策产生影响，因此，选举董事、董事长，变更法定代表人显然属于重大事项范畴，鉴于上述理由，部分股东无权对此形成决议，已形成的决议当然应予撤销。（三）赵某等自然人实质上不是Z会计师事务所的股东，根据公司法和B市高级人民法院关于审理公司就案件若干问题的指导意见，确认股东资格，涉及实际出资数额、公司章程、股东名册、出资证明书和工商登记等五个方面因素，并根据当事人具体实施民事行为的真实意思表示综合考虑：（1）从实际出资看，Z会计师事务所是吸收外地的七家所合并而成，并不是八个个人直接出资设立，各分所的资产未经评估，未编制资产负债表及财产清单财务，确定各所出资的股权比例；（2）股东名册没有记载八个自然人为股东；（3）八个自然人实际未出资，而是由分所各出资100万元之后又分别抽回。（四）双方于2007年12月16日达成分离协议，并于2008年2月5日就落实12月16日分离协议进一步协商并达成一致意见，但赵某等人出尔反尔，操纵召开上述所谓股东会会议，企图以此为依据达到变更法定代表人、抢夺Z会计师事务所公章、财务章和资质证书等目的。综上所述，赵某等人操纵召开上述所谓股东会会议并作出决议的行为侵害了原告的合法权益。诉讼请求：（1）请求撤销被告于2008年1月4日作出的股东会决议。（2）诉讼费用由被告承担。

被告 Z 会计师事务所答辩称：1 月 4 日召开的股东会议程序不合法，第三人中六名股东召开股东会没有事前提出，属于擅自召开，被告不予认可。该会议决议内容不合法，违反了章程规定的重大事项的表决程序，该决议中表决方式违反章程。六名第三人不具有股东的资格。被告是 Z 会计师事务所吸收外地七家事务所改制的，第三人都是外地分所的负责人，分所和被告之间是独立的，这些负责人不具有股东资格。

第三人赵某、雷某、于某、阴某、曾某、史某述称：赵某应当作为 Z 会计师事务所的法定代表人，现被告代理意见不是代表 Z 会计师事务所的意见，是代表原告杨某的意见。其他答辩意见如下：第一，召集程序并未违法。2000 年 11 月 8 日，Z 会计师事务所董事会成立，由原告、郑某和第三人作为董事，并任命了董事长和副董事长，在 2002 年 1 月 1 日，郑某申请退出了董事会，董事会成员一直是七人，在 2002 年 6 月 6 日，杨某退出董事会，董事会成员为六人。Z 会计师事务所章程规定每年定期召开股东大会，且章程规定董事的任期为三年，但是从 2000 年 11 月 8 日至 2007 年 6 月 26 日，杨某作为董事长没有召集董事会，没有履行董事长的义务和职责，在 2007 年 12 月 8 日，第三人以董事会的名义共同签发了关于召开 Z 会计师事务所临时股东大会的通知，经公证送达了杨某和郑某。2008 年 1 月 4 日，作为副董事长赵某主持召开股东大会，原告的代理人卓某，对赵某主持会议没有提出异议，根据以上事实，可以认定股东会会议程序没有违反章程和法律规定。第二，股东会决议内容也没有违反章程和法律规定。公司法明确规定公司重大事项需要经过公司有表决权的三分之二以上表决通过，并不是要求一致通过，公司章程第二十八条对表决的方式也有了更明确的规定。全体选举表决通过显然不能理解为一致同意通过，否则将可能导致因一人反对，股东会决议无法通过，这不符合逻辑，也不符合公司法立法的本意。对章程第二十五条的理解应该是以董事会的理解为准。另外，郑某明确反对参加董事会说明其收到了董事会会议的通知。其表示不参加董事会，是股东的权利，这并不代表公司不能形成决议。第三，原告明确反对的说法和事实不符。在股东会表决第五项时，原告杨某的代表人卓某自行退场，这不能认定为是明示反对。作为 Z 会计师事务所的高级管理人员，其行为违反了对公司的忠实义务，也违反了诚实信用的行为准则。第四，关于第三人不是 Z 会计师事务所股东和董事的说法和其自身的理由是自行矛盾的。第五，关于抽逃注册资金问题，原告向工商进行了投诉，工商部门进行了详尽的调查。综上所述，本次诉讼涉及的股东会召集程序、表决程序符合章程和法律规定，第三人代表了公司 75% 的表决权，超过了章程的规定，因此，此次大会所通过的决议内容完全符合章程和公司法的规定。

根据证据及当事人陈述，法院审理查明：

原 Z 会计师事务所于 1998 年改制设立，杨某为所长、主任会计师、法定代表人。

2000 年 7 月 10 日，杨某、郑某、赵某、雷某、于某、阴某、曾某、史某等 8 位股东签署 Z 会计师事务所章程，约定各出资 100 万元，共同设立 Z 会计师事务所。Z 会计师事务所章程中有如下相关规定："第二十三条，股东会分为定期会议和临时会议，定期会议每年定期召开，必须有案可查，三分之二以上股东出席方可举行。经代表三分之一以上表决权的股东提议，可以由董事会召集临时会议。第二十四条，股东会按出资比例行使表决权，股东大会作出决议，必须经出席会议的股东所持出资额半数以上通过。第二十五条，对以下事项需经全体股东表决通过：（1）公司合并、分立、变更形式；（2）公司解散；（3）修改章程；（4）股东退出或加入；（5）应当由董事会提请股东大会作出决议的其他重要事项……第二十七条，事务所设董事会，成员为八人，由股东会选举产生。董事任期三年，任期届满可以连选连任。董事任期届满之前，股东会不得无故解除其职务。董事会设董事长一名，由股东会选举产生，董事长为公司的法定代表人。第二十八条，股东会的议事方式和表决程序除公司法有规定的以外，由公司章程规定。股东会对公司增加或者减少注册资本、分立、合并、解散或者变更公司形式作出决议，必须经代表三分之二以上表决权的股东通过……第三十条，董事会的议事方式和表决程序除公司法有规定的以外，由公司章程规定。召开董事会会议，应当于会议召开十日以前通知全体董事……第五十四条，本章程的解释权归属于公司董事会……"

7月20日，原Z会计师事务所（法定代表人杨某）、L会计师事务所（法定代表人郑某）、X会计师事务所（法定代表人于某）、H会计师事务所（法定代表人雷某）、S会计师事务所（法定代表人阴某）、T会计师事务所（法定代表人赵某）、Z会计师事务所（法定代表人曾某）、D会计师事务所（法定代表人史某）等8家单位的法定代表人在经公证共同签署了《Z会计师事务所合并协议》。合并协议约定：8家单位合并后的法人名称为Z会计师事务所；除原Z会计师事务所外，其他合并各方分别注销原法人地位，成为Z会计师事务所的下属所；以合并各方原法定代表人分别代表合并各方的出资人作为合并后单位的发起人；原合并各方各出资100万元，各方按出资比例分享盈亏、承担责任；本所合并采用有限责任形式，按规定将逐步过渡为合伙组织形式，过渡期为两年；原合并各方经审计后的净资产留归原合并各方，由原合并各方协商处置；原合并各方的职业风险基金仍留原合并各方，单独设账管理，用于承担原事务所的执业风险，不得挪用。合并协议专门对下属经济实体的经营方式作出规定：享有下属经济实体的人事管理权，有权决定人员聘用、工资分配、劳保福利等事项；在上交管理费后，享有下属经济实体的财务管理权，有权决定收入、支出、利润分配和资金运用等事项……

8月9日，财政部向Z会计师事务所合并筹备组作出批复：同意原Z会计师事务所与7家会计师事务所以吸收合并方式进行合并，合并后的会计师事务所为有限责任会计师事务所；杨某、郑某、于某、雷某、阴某、赵某、曾某、史某8人为中审会计师事务所的出资人；原则同意Z会计师事务所的章程；同意杨某担任中审会计师事务所的主任会计师。

2000年9月，郑某、赵某、雷某、于某、阴某、曾某、史某等7人分别向Z会计师事务所汇划100万元。9月30日，J会计师事务所为Z会计师事务所变更注册资本和入资情况出具了验资报告。

2000年11月8日，Z会计师事务所召开第一届董事会第一次会议，会议推举杨某担任董事长，郑某、赵某为副董事长。

2001年3月20日，Z会计师事务所将收到的700万元"注册资金"以电汇方式支付给合并各方（各100万元）。

2002年3月11日，郑某向Z会计师事务所董事会提出请求，辞去Z会计师事务所董事和出资人，请董事会批准。同日，Z会计师事务所第一届董事会第五次会议决定：根据郑某辞去Z会计师事务所董事和退出出资的请求，经董事会决定，同意郑某辞去董事、退出出资。

2007年6月26日，Z会计师事务所作出第一届董事会第九次会议决议。决议内容："……董事长杨某提议延期董事会换届事项，经七位董事投票，结果有六位董事同意即时换届改选，一位董事反对。杨某提出退出董事会，经全体董事商定，同意杨某同志退出董事会的提议。杨某的分立事项，经董事会审议，认为该事项应另行商议。董事会按照相关规定，六名董事投票选举，赵某同志以五票当选第二届董事会董事长……"

2007年12月16日，杨某（甲方）与赵某、阴某、于某、雷某、曾某、史某（乙方）签署《Z会计师事务所相关事宜的协议书》，约定："一、甲方同意乙方管理下的资产和负债以及风险基金，归乙方所有，并承担相应责任。乙方同意甲方管理下的资产和负债以及风险基金，归甲方所有，并承担相应责任。二、甲乙双方到工商局对Z会计师事务所变更名称，同时变更法定代表人，变更章程，双方均不得再单独使用Z会计师事务所名称。原Z会计师事务所各类图章一律作废。三、甲乙双方协商同意，将各项执业资质留给乙方。四、甲乙双方缴纳的管理费用，经审计后进行结算。五、甲乙双方以'Z会计师事务所'的名义已承办和正在承办的业务，仍由原承办方承办，不得相互拆台。……"

2007年12月18日，赵某、雷某、于某、阴某、曾某、史某以Z会计师事务所董事会的名义，在公证人员的现场监督下，向杨某、郑某邮寄送达《关于召开Z会计师事务所临时股东大会的通知》。

2008年1月4日，在公证人员的现场监督下，Z会计师事务所召开股东大会，股东赵某（同时代表于某）、曾某、雷某、史某、阴某授权代表人宁某、杨某授权代表人卓某、监事王某参加了会议，股东郑某未出席此次股东大会。股东大会形成决议，主要内容如下："根据公司股东赵某、雷某、曾某、阴某、于某、史某的提议，Z会计师事务所于2008年1月4日上午在Y大酒店2层第2会议室召开股东大会。本次会议应到股东8人，实到股东7人，到会股东人数、资格及代表的表决权符合法律规定的条件。根据本次股东大会讨论和表决的结果，6人同意，1人反对/弃权，会议通过以下决议：（1）同意郑某于2002年3月11日辞去公司董事职务，同意郑某转让股份。（2）同意杨某于2007年6月26日退出董事会、辞去董事职务。（3）免去杨某公司董事长职务，解聘杨某总经理（所长、主任会计师）职务，同意选举赵某为公司董事长、法定代表人。选举赵某、曾某、雷某、阴某、于某、史某为新一届董事会成员，选举王某为监事。（4）聘任赵某为公司总经理（所长、主任会计师）。（5）修改公司章程：章程第二十五条：'对以下事项需经全体股东表决通过'修改为'对以下事项需经代表三分之二以上表决权的股东通过'。章程第二十七条：'事务所设董事会，成员八人'修改为'公司设董事会，成员六人'；'董事会设董事长一名，由股东会选举产生'修改为'董事会设董事长一名，由董事会选举和罢免'。（6）原公司董事长、原公司总经理杨某在2008年1月9日前将Z会计师事务所公章……经营期间所形成的财务资料交给公司董事长兼总经理赵某。"针对决议内容表决时，股东杨某的代表人卓某对决议第一项投弃权票，对决议第二至五项投反对票，对决议第六项进行表决时，其离开会议现场，未参加投票。

定性依据：《公司法》第二十条第一款、第四十三条、《合同法》第五十二条第（二）项。

民事责任：法院判决如下：

（1）被告Z会计师事务所2008年1月4日股东会决议第一项"同意郑某于2002年3月11日辞去公司董事职务，同意郑某转让股份"有效；

（2）被告Z会计师事务所2008年1月4日股东会决议第二至第六项无效。

案件受理费 70 元（原告杨某已预交 35 元），由被告 Z 会计师事务所负担，于本判决生效后七日内交纳。

简要评析： 股东会的召开、表决以及决议内容的作出，应遵照公司法的有关规定，公司章程中有特别约定的，应依章程的约定。根据公司法及 Z 会计师事务所章程，对于 Z 会计师事务所 2008 年 1 月 4 日股东会决议效力发生的争议，作如下分析。

关于郑某的股东地位。Z 会计师事务所合并后，有 8 位股东兼董事。2002 年 3 月，郑某向 Z 会计师事务所董事会请求辞去 Z 会计师事务所董事和出资人。同日，Z 会计师事务所董事会以决议形式同意了郑某辞去董事、退出出资的请求。虽然选举和更换董事是股东会的职责，但鉴于 Z 会计师事务所股东与董事的重合，所以股东会和董事会所形成的决议应当一致，郑某已不再担任 Z 会计师事务所的董事。而郑某退出出资的请求，仅凭董事会或股东会的一纸决议，是不能成为既定事实的。Z 会计师事务所并没有在同意郑某退出出资之后办理减资或股权变更手续，郑某的股东名义依然存在。当然，郑某在请求退出出资以后就没有再参与 Z 会计师事务所的事务，以实际行为表明放弃了股东权利，加之郑某的 100 万元出资早以"收拨付款"的名义收回，所以郑某退出 Z 会计师事务所股东会的事实早已为郑某及 Z 会计师事务所其他股东所认可，只不过其股东名义的变更登记被搁置了下来。2007 年 12 月 18 日，赵某等 6 名 Z 会计师事务所董事以董事会的名义，向杨某、郑某邮寄送达《关于召开 Z 会计师事务所临时股东大会的通知》；2008 年 1 月 4 日，赵某等人作出"同意郑某转让股份"的决议。上述行为表明，赵某等人在名义上承认郑某的股东地位，尊重郑某的股东权利，因此向郑某发出了召开股东会的通知，并拟开始办理股权转让手续。但从实质意义上说，郑某对 Z 会计师事务所的股东权利已然废弃。

关于 2008 年 1 月 4 日股东会的召集程序。Z 会计师事务所章程第二十三条规定，经代表三分之一以上表决权的股东提议，可以由董事会召集临时会议。《公司法》第四十条规定，代表十分之一以上表决权的股东，三分之一以上的董事提议召开临时股东会议的，应当召开临时股东会议；第四十一条规定，股东会会议由董事会召集；第四十二条规定，召开股东会会议，应当于会议召开十五日前通知全体股东。本案中有如下相关事实：（1）Z 会计师事务所 6 位股东、董事提议召开临时股东会议，董事会应当召集；（2）Z 会计师事务所 6 位董事联合发出股东会召集通知，超过三分之二以上董事表决权，可视为董事会的召集；（3）2007 年 12 月 18 日以邮政速递方式发出 2008 年 1 月 4 日召开股东会的通知，加之合理在途时间，应满足"十五日前通知全体股东"的条件；（4）除郑某外，7 位股东亲自或派代表出席了 1 月 4 日的股东会。在 Z 会计师事务所内部，原告杨某与第三人赵某等 6 人已经明显处于相互对立的状态，作为董事长的杨某在公司股东会、董事会的表决权上都处于不利地位，此时，其怠于行使董事长的职权、消极对待于己不利的股东会会议，应可理解。由公司其他多数董事代表董事会行使召集职权，亦在情理之中。因此，结合本案事实与法律规定，法院认为 Z 会计师事务所 2008 年 1 月 4 日股东会会议系公司董事会合法召集，会议通知合法送达公司股东，召集程序并无违法，会议召开应属有效。

关于 Z 会计师事务所合并后的股东权利。原 Z 会计师事务所成立于 1988 年，后根据有关部门扩大会计师事务所规模的政策意见，于 2000 年 7 月采取吸收合并的方式，与 7 家会计师事务所进行了合并，合并后的法人名称仍为 Z 会计师事务所。吸收合并又称存续合并，是一个或一个以上公司并入另一公司的法律行为。在 Z 会计师事务所合并过程中，有两个方面的问题值得注意。一是合并协议中约定合并各方原法定代表人分别代表合并各方的出资人作为合并后单位的"发起人",而在财政部的同意批复中明确杨某、赵某等 8 人为"出资人",在最终完成的工商变更登记中,亦将杨某、赵某等 8 人登记为 Z 会计师事务所的股东。"发起人"与"出资人"(股东)明显不同,此种将合并协议中约定的"发起人"登记为"出资人"的变更登记,使得原合并各方的"出资人"在新 Z 会计师事务所的股东中隐去了姓名。本案证据没有表明 Z 会计师事务所的 8 位新股东与原 8 家会计师事务所的原股东之间是何关系,但 Z 会计师事务所的这种变更登记与吸收合并的法律特征不相一致。二是合并各方在完成验资手续后,除原 Z 会计师事务所以外的 7 家会计师事务所缴纳的各 100 万元注册资金,同时被退回给缴纳的各方。杨某因此否定本案 6 位第三人的股东地位。赵某等第三人对此的解释是,该 100 万元系 Z 会计师事务所给付分公司的运营资金。应当指出,赵某的说法并没有股东会的决议或其他公司文件可供印证。根据当事人陈述,并结合合并协议中有关"合并各方经审计后的净资产留归原合并各方"等约定,可以看出,Z 会计师事务所并没有实现人员、资产上的真正合并,所谓验资不过是注册资本的审验,而不是资本、资产合并的审验,8 位股东分别是 8 家会计师事务所的代表人,合并后的 Z 会计师事务所实际是原 Z 会计师事务所与湖北××等 7 家会计师事务所在财产、责任上相对独立的联合体。法院认为,尽管 Z 会计师事务所的组织形式符合公司法上有限责任公司的规定,但其吸收式合并的程序存在瑕疵——等额缴纳注册资本与公司合并存在本质区别,等额缴纳的注册资本又被以运营资金的形式退还——使得 Z 会计师事务所与其他会计师事务所在名义上联合的成分要远远大于资本、资产、经营上的合并。换句话说,除原 Z 会计师事务所以外的 7 家会计师事务所,以出资行为代替合并行为,并且又将出资从 Z 会计师事务所取回,这是在本案纠纷处理上不得不考虑的一个重要因素。名义上的股东但出资不实者,其股东权利应当受到限制,特别是与其出资义务相对应的权利行使,不得损害实际出资人的权益。

关于罢免和选举董事长的决议的效力。Z 会计师事务所 2008 年 1 月 4 日股东会第二、第三、第四项决议系关于杨某退出董事会、选举赵某为新董事长、聘任总经理的内容。原告杨某认为,选举公司董事、董事长、变更法定代表人属于应由董事会提请股东会作出决议的重大事项,应由全体股东表决通过。法院认为,在确定 Z 会计师事务所董事长更换等决议效力时,必须考虑 Z 会计师事务所在 2000 年合并过程中所形成的特殊管理结构。根据当时的合并协议、工商登记情况可以看出,原 Z 会计师事务所与 7 家会计师事务所的吸收式合并,实际形成了以原 Z 会计师事务所为合并后的"总所",其他 7 家会计师事务所分别注销原法人组织而成为合并后的"分所"的管理结构。该管理结构是由 7 家会计师事务所并入 Z 会计师事务所的吸收式合并决定的,并为财政部门的相关批复所认可,杨某获准继续担任合并后 Z 会计师事务所的主任会计师。杨某的法定代表人身份、董事长职位因 Z 会计师事务所的存续而存续。但是,7 家"分所"在合并后的经营中保持着人事、财产、经营上的独立,而杨某所代表的原 Z 会计师事务所因其在吸收式合并中所扮演的"吸收方"的角色而全部被吸收进了合并后的 Z 会计师事务所。由于原 Z 会计师事务所在合并后的 Z 会计师事务所中没有一个相对应的"分所"作为依托,所以原 Z 会计师事务所在合并后并不能像合并协议中约定的其他"分所"那样有相对独立的人事权、管理权,如果原 Z 会计师事务所与合并后的 Z 会计师事务所的法定代表人、董事长由不同人员担任,则原 Z 会计师事务所的法定代表人、董事长的身份不能存续,必然失去自己对其原 Z 会计师事务所财产权益的控制权。换句话说，"Z 会计师事务所"这块招牌以及相应的人员、资产，是杨某在合并后的 Z 会计师事务所得以立足的根本，罢免其 Z 会计师事务所法定代表人、董事长的职位，实际上意味着其对原 Z 会计师事务所相应资产、人员的管理权、控制权甚至财产权益的丧失，而在其他被吸收的会计师事务所中却不可能出现类似情况。因此，罢免杨某的 Z 会计师事务所董事长、法定代表人职务，不仅仅是对 Z 会计师事务所董事长、法定代表人这一职位人选本身的罢免，同时意味着剥夺了杨某对原 Z 会计师事务所的控制权，原 Z 会计师事务所的财产权益变为 Z 会计师事务所股东的共有财产。相对于 Z 会计师事务所其他股东入资 100 万元后又被退还的事实来说，这明显对杨某是一个极不公正的结果。造成这一结果的原因，一方面是在 Z 会计师事务所合并过程中，没有实现真正的财产合并、经营管理合并，各分所与总所相对独立；另一方面是 Z 会计师事务所的等分为 8 份的股权结构，没有真实反映当时 8 家会计师事务所的经营规模、资产规模，当时有关文件中所表现出的"过渡性"相当明显。前已述及，名义上的股东但出资不实者，其与出资义务相对应的权利应当受限。法院认为，赵某等 6 位股东以其股权比例的优势，罢免杨某董事长职务等相关决议，属于滥用股东权利损害其他股东利益的行为，应认定无效。

关于修改公司章程的决议的效力。Z 会计师事务所章程第二十五条规定："对以下事项需经全体股东表决通过：（1）公司合并、分立、变更形式；（2）公司解散；（3）修改章程；（4）股东退出或加入；（5）应当由董事会提请股东大会作出决议的其他重要事项。"原告杨某认为，既然修改章程"需经全体股东表决通过"，那么在杨某的代理人明确反对修改公司章程的情况下，章程不得修改。在法庭上，赵某等第三人的意见是，"需经全体股东表决通过"不能理解为"需经全体股东表决一致同意"，而应按公司章程规定由董事会解释为"经代表三分之二以上表决权的股东通过"。法院认为，首先从文义上看，"需经全体股东表决通过"与"需经代表三分之二以上表决权的股东通过"的意思明显不一致，所以赵某等股东才通过 2008 年 1 月 4 日股东会第五项决议对章程第二十五条进行修改；其次从逻辑结构上看，章程第二十四条明确股东大会作出决议必须经出席会议的股东所持出资额半数以上通过，其后第二十五条规定特殊情形下"需经全体股东表决通过"，上下文之间已经使"全体"之意十分明确；最后从公司法的角度看，章程第二十五条规定事项均为公司重大事项，公司法规定必须经代表三分之二以上表决权的股东通过，系对该类事项赞成票的最低限制，公司章程规定高于这一规定的，属当事人意思自治的范畴，应当具有法律效力。因此，Z 会计师事务所章程第二十五条的规定，表明了修改该章程应当由全体股东一致同意，否则表决不能通过。表决没有通过的事项，不是股东会会议的有效决议事项。

关于协议间的冲突。2007 年 12 月 16 日，杨某与赵某等 6 名股东签署《Z 会计师事务所相关事宜的协议书》，约定了 Z 会计师事务所资产、负债以及风险基金，分别归属杨某和赵某等 6 人两方所有，两方在进行变更登记后均不得再单独使用 Z 会计师事务所名称，Z 会计师事务所各类图章一律作废等。该协议表明了争议双方对 Z 会计师事务所进行新设分立的共同意见，应属有效的协议。双方本应积极履行协议义务，但赵某等 6 名股东违反协议精神，于 2 天后提议召开罢免杨某董事长职务的股东会，并于 2008 年 1 月 4 日就相关决议强行表决，致赵某等 6 人支持、杨某 1 人反对的结果。法院认为，全体股东（郑某已非实质意义上的股东）已就公司分立达成协议，公司除既有业务外，应仅以分立事务为限开展活动，除非全体股东以新的协议替代原分立协议。但 Z 会计师事务所 2008 年 1 月 4 日股东会所形成的决议，与 2007 年 12 月 16 日分立协议的主体不同，精神相悖，故因缺乏协议有效的主体要件而不能形成否决分立协议的结果。两相比较，2008 年 1 月 4 日股东会决议第二至第六项属于 6 方股东以决议形式损害股东杨某利益的行为，应认定无效。

2008 年 1 月 4 日 Z 会计师事务所股东会决议中关于"同意郑某于 2002 年 3 月 11 日辞去公司董事职务，同意郑某转让股份"的内容，符合法律规定，符合公司章程，应属有效。决议其他部分因前述理由应认定无效。原告杨某以 Z 会计师事务所 2008 年 1 月 4 日股东会召集程序违法而请求撤销，无事实及法律依据；其以决议内容违反公司章程而主张撤销，因法院认定决议第二至第六项无效，无须再行撤销。

在诉讼中，赵某等第三人认为杨某不应再作为 Z 会计师事务所法定代表人的主张，一方面没有事实上的根据；另一方面与具有对抗第三人效力的工商登记不符，法院不予采信。

【案例 2】 马某与 D 会计师事务所股东会决议效力确认纠纷一案

基本案情：原告马某与被告 D 会计师事务所股东会决议效力确认纠纷一案，法院受理后，依法适用简易程序，公开开庭进行了审理。原告马某的委托代理人，被告 D 会计师事务所的委托代理人均到庭参加了诉讼。

原告马某诉称：D 会计师事务所于 2007 年 1 月 8 日成立，注册资金为 30 万元，其中马某出资 10 万元。2008 年 8 月 14 日，马某查询工商档案时发现，D 会计师事务所通过日期为 2007 年 12 月 1 日的 D 会计师事务所第一届第一次股东会决议和日期为 2007 年 12 月 1 日受让方为范某的出资转让协议书将马某持有的上述股权变更到范某名下，该决议同时还对马某的法定代表人职务、执行董事职位等进行了变更。马某认为，出资转让协议书和股东会决议书上的签名非马某本人签署，均系伪造，其上内容不是本人真实意思表示；2007 年 12 月 1 日的股东会议也并未召开，故诉至法院，请求确认 D 会计师事务所 2007 年 12 月 1 日的股东会决议无效，D 会计师事务所承担本案诉讼费用。

被告 D 会计师事务所辩称：第一，股东会决议是有效的。由于马某长期不参与公司的经营也不参加公司会议，因此其余股东于 2007 年 12 月 1 日按照公司章程第四十条的规定召开了股东会议，决议有全体股东的签字。虽然股东会决议上的签字不是马某签署的，但其已经明确表示将自己的股权转让，并不再担任公司的法定代表人职务，不想再参与公司事务，马某也曾同意决议上写的全部内容。第二，马某的起诉违背一事不再理原则。马某曾以同一目的和事实向北京市 H 区人民法院提起过股东会决议撤销权纠纷，该案判决已生效，法院应驳回马某的诉讼请求。综上所述，D 会计师事务所不同意马某的诉讼请求。

经审理查明：2006 年 11 月 26 日，D 会计师事务所章程载明，公司股东为马某、张某、王某、韩某和时某；总出资为 300,000 元，其中马某出资 100,000 元，出资比例为 33%。股东会会议由执行董事召集，执行董事主持，执行董事不能履行或不履行召集股东会会议职责的，由监事召集和主持，监事不召集和主持的，代表十分之一以上表决权的股东可以自行召集和主持临时股东会，提议应以书面形式并载明议事内容。无特殊原因，该股东会应当召开。股东会议依法行使的职权包括选举和更换执行董事、审议批准股东的加入、退出及股权转让方案等，以上事项股东以书面形式一致表示同意的可不召开股东会议直接做出决定，并由全体股东在决定文件上签名、盖章。股东会议的召集人应当于会议召开十五日前书面通知全体股东，股东会议有二分之一以上股东出席方为有效，股东可书面委托其他股东代位行使职权，股东无正当理由既不参加又不办理委托的，视为同意本次股东会的各项决议。对于一般决议必须由代表二分之一以上表决权的股东同意；对于修改事务所章程等对事务所产生重大影响的事项的决议，必须由代表三分之二以上表决权的股东同意；对于批准股东的加入、退出及股权转让方案等事项的决议必须由全体股东过半数同意方为有效。

2007年12月1日，D会计师事务所第一届第一次股东会议决议载明：（一）变更住所，同意变更地址为H区大钟寺13号；（二）变更股东，同意马某辞去企业法定代表人职务，并退出企业股东会；（三）增加股东，同意增加新股东范某；（四）转让出资，马某愿意将D会计师事务所股权100,000元转让给范某；（五）变更章程，同意修改后的章程（章程修正案）；（六）变更执行董事，免去马某执行董事职位，选举范某为新任执行董事；（七）变更总经理，免去田某总经理职位，选举刘某新任总经理。

2007年12月1日，D会计师事务所及其股东与范某达成出资转让协议，载明马某愿意将D会计师事务所股权10万元转让给范某。

在诉讼中，D会计师事务所表示，涉案股东会决议及出资转让协议上"马某"的签名的确不是由马某签署，但转让出资及股东会决议事项等均经马某认可。D会计师事务所就此主张向法院提交有唐某、韩某、王某、时某、马某签字的空白A4纸一张，以证明马某授权公司代表其同意股东会议的任何决议。马某对签名纸张的真实性无异议，但认为马某、唐某及其他股东在空白A4纸上的签字是2007年11月就马某将股权转让于唐某一事召开股东会时为打印会议记录而准备的，与涉案股东会决议事项无关，故不认可D会计师事务所上述主张。

经查，2007年11月8日，马某与唐某曾签订过一份股权转让协议，将马某在D会计师事务所的股权6万元转让给唐某，唐某自协议签字之日起享有股东权利、承担股东义务；D会计师事务所曾于2007年11月8日作出股东会决议同意上述股权转让。在诉讼中，马某、唐某及D会计师事务所均表示，上述股权转让协议并未实际履行且当事人均无继续履行的意思表示，故唐某不是D会计师事务所股东。

另查，马某曾以2007年12月1日D会计师事务所的股东会决议召集程序违反公司章程和公司法规定为由，要求撤销。法院于2008年11月20日作出［2008］××民初字第29634号民事判决书驳回了马某的诉讼请求。在该案审理过程中D会计师事务所亦确认涉案股东会确实不是马某主持召开的，马某没有参加。因马某不履行职责且授权签字，D会计师事务所才自行作出决议。

定性依据：《公司法》第二十二条第一款。

民事责任：法院判决如下：

被告D会计师事务所于二○○七年十二月一日作出的《D会计师事务所第一届第一次股东会决议》无效。

案件受理费35元（原告已交纳），由被告D会计师事务所负担，于本判决生效后七日内交纳。

简要评析：股东会决议本属于公司股东自治内容，但在股东会决议的内容违反了法律及行政法规规定的情况下，应受到司法的规制。在本案中，D会计师事务所于2007年12月1日做出的第一届第一次股东会决议，是在股东马某未参加也未委托他人参加会议的情况下，由案外人冒用马某签字作出的。该股东会决议剥夺了马某在D会计师事务所的股东身份和相关职务，干涉了马某依照自己的真实意思对其他表决事项发表意见的权利，侵害了马某的股东权益，属于违反法律规定的侵权行为，故该股东会决议应认定为无效。

D 会计师事务所以马某曾有过转让股权给唐某的意思，因此将其股权转让给范某并不违背马某的意愿为由作出抗辩，对此，法院认为马某对自己持有的股权享有处分权，如其欲转让股权，则享有决定转让时间、转让对象、转让对价的完全自主权，D 会计师事务所股东会虽然可以否决马某对股东之外第三人的转让行为，但无权代替马某决定股权转让的对象，更无权在马某不知情的情况下擅自决定将其股权转让，故 D 会计师事务所的上述抗辩理由缺乏法律依据，法院不予采信。

四、股东出资纠纷案

【案例1】W 会计师事务所、X 会计师事务所等当事人股东出资纠纷上诉案

基本案情： 上诉人 H 建设公司因与被上诉人徐某、鱼某、W 会计师事务所、X 市审计局、X 会计师事务所股东出资纠纷一案，不服 L 区人民法院［2010］××民三初字第 1376 号民事判决，向二审法院提出上诉。二审法院依法组成合议庭，审理了本案。

H 建设公司向原审法院起诉称，其与 J 公司建设工程施工合同纠纷一案，W 区人民法院于 2008 年 10 月 14 日作出［2008］××民二初字第 1111 号民事判决，判令 J 公司向 H 建设公司支付欠款 117 万元，违约金 52,349 元，逾期按照《民事诉讼法》第二百二十九条处理，诉讼费 15,802 元由 J 公司承担。该判决生效后，H 建设公司于 2009 年 4 月 28 日申请执行，因无可供执行的财产，W 区人民法院于 2009 年 10 月 30 日以［2009］××执字第 797 号执行裁定，终结本次执行程序。J 公司工商档案显示，该公司股东为徐某和鱼某，股东出资为 X 市东关南街东牌楼巷 1 号院内一层营业房，该房产从 K 房地产开发公司购买，面积 1,000 平方米，价值 350 万元。该公司成立时的验资机构为陕西××有限责任 H 会计师事务所和 X 市审计事务所，该公司 2002 年年检时，X 会计师事务所为其做了验资报告。经查，X 市东关南街东牌楼巷 1 号院一层营业房根本不存在，X 市房产局没有 K 房地产开发公司和 J 公司的任何房产信息，徐某和鱼某向工商局提供的资料是伪造的，徐某和鱼某实际上未出资，其应在出资范围内对 J 公司的债务向 H 建设公司承担连带责任。W 会计师事务所、某市审计事务所、X 会计师事务所出具虚假验资证明，应对 J 公司的债务向 H 建设公司承担责任。因脱钩改制某市审计事务所终止，X 市审计局接收了其资产，并承担审计事务所的风险责任。H 建设公司请求法院判令：（1）徐某、鱼某在出资不实的范围内对 W 区人民法院［2008］××民二初字第 1111 号民事判决书中 J 公司的债务（即欠款 1,170,000 元，违约金 52,439 元、诉讼费 15,082 元、逾期支付的双倍贷款利息以及执行费）向 H 建设公司承担清偿责任；（2）W 会计师事务所、X 市审计局、X 会计师事务所在其虚假验资的范围内对 J 公司所负 H 建设公司的债务承担赔偿责任；（3）案件诉讼费由五被告承担。

原审法院审理查明，徐某、鱼某于 2000 年各投资 150 万元成立 J 公司，投资方式为徐某与 K 房地产开发公司签订的商品房销售合同所购买的坐落于 X 市东关南街东牌楼巷 1 号院 1 号楼一层营业房（房屋建筑面积 1,000 平方米），徐某提供 2000 年 1 月 5 日 K 房地产开发公司出具的 95 万元购房款发票、2000 年 1 月 10 日 K 房地产开发公司出具的 90 万元购房

款发票、2000年3月5日K房地产开发公司出具的85万元购房款发票、2000年3月25日K房地产开发公司80万元购房款发票。徐某将该350万元购房款作为其与鱼某出资成立J公司的投资。2000年6月26日,W会计师事务所出具验资报告,确认J公司截至2000年6月26日注册资本人民币350万元。在W会计师事务所的验资报告中,实物转让清单上加盖了X市审计事务所的公章,时间为2000年6月26日。J公司成立后,开始经营活动。2002年4月1日,在该公司年检时,X会计师事务所对其进行工商年检验资,确认截至2001年12月31日注册资本为人民币300万元,与实收资本300万元一致。2005年1月21日,H建设公司与J公司签订《建设工程施工合同》一份,后该合同双方约定解除,由J公司返还H建设公司保证金及赔偿经济损失367万元。但由于J公司未按照双方约定支付款项,H建设公司将J公司诉至W区人民法院。W区人民法院于2008年10月14日作出〔2008〕××民二初字第1111号民事判决,判令J公司支付H建设公司欠款117万元及违约金52,439元并承担诉讼费15,802元。H建设公司于2009年4月28日申请强制执行。W区人民法院于2009年10月30日作出〔2009〕××执第797号执行裁定,认为"在执行过程中,查明被执行人J公司自2003年至今一直未年检,不在判决所列地办公。同时在中国人民银行查询被执行人无开户记录,申请人所提供的被执行人的账号已经被注销。申请人也无法提供可供执行的财产线索和住址,依照《民事诉讼法》第二百三十三条第(六)项、第二百三十四条之规定,裁定〔2009〕××执字第797号案件的本次执行终结。如申请执行人发现被执行人有可供执行的财产,可再次申请执行"。H建设公司于2010年7月2日以徐某、鱼某虚假出资,W会计师事务所、X会计师事务所、X市审计局虚假验资为由,将五被告诉至法院。另查,1999年12月24日,X市审计局与X市审计事务所签订《协议书》一份,约定按照财政部和省政府关于会计师事务所、审计事务所在改制中产权界定与资产处置的有关规定,遵照"谁投资、谁所有"的原则,自脱钩改制基准日(1999年9月30日)前,X市审计事务所的净资产归国家所有,改制前事务所的风险责任依法执行。2000年1月11日,S省财政厅同意X市审计事务所脱钩改制,终止X市审计事务所,同意成立W会计师事务所。

原审法院认为,H建设公司与J公司建设施工合同纠纷案,W区人民法院已经审结并进入执行阶段。H建设公司提交的W区人民法院〔2009〕未执字第797号执行裁定,是对该次执行的终结,并告知H建设公司如发现被执行人有可供执行的财产可再次申请执行,故H建设公司对于J公司的财产尚未穷尽执行手段,对于其损失尚未最终确定,H建设公司对J公司股东徐某、鱼某的诉讼请求,依法不予支持。最高人民法院《关于审理涉及会计师事务所在审计业务活动中民事侵权赔偿案件的若干规定》第十条第(二)项的规定,对被审计单位、出资人的财产依法强制执行后仍不足以赔偿损失的,由会计师事务所在其不实审计金额范围内承担相应的赔偿责任,而本案H建设公司的损失尚未确定,故其对W会计师事务所、X市审计局、X会计师事务所的诉讼请求,依法予以驳回。综上所述,依照《民法通则》第五条、《民事诉讼法》第二百三十二条、最高人民法院《关于民事诉讼证据的若干规定》第二条、最高人民法院《关于审理涉及会计师事务所在审计业务活动中民事侵权赔偿案件的若干规定》第十条的规定,判决:(1)驳回H建设公司对徐某、鱼某的诉讼请求;(2)驳回H建设公司对W会计师事务所、X市审计局的诉讼请求;(3)驳回H建设公司对X会计师事务所的诉讼请求。案件诉讼费用21,636元(其中受理费16,636元、保全费

5,000 元) 由 H 建设公司承担。

宣判后，H 建设公司不服，向二审法院提起上诉，请求撤销原判，依法判令：(1) 徐某、鱼某对 J 公司的债务 (即欠款 1,170,000 元，违约金 52,439 元，诉讼费 15,082 元，逾期支付的双倍贷款利息及执行费) 向 H 建设公司承担连带责任；(2) 被上诉人 W 会计师事务所、X 会计师事务所、X 市审计局对上述债务向 H 建设公司承担连带赔偿责任；(3) 本案一、二审诉讼费、保全费由被上诉人负担。其理由为：(1) J 公司欠 H 建设公司的债务明确，有 W 区人民法院 [2008] ××民二初字第 1111 号民事判决书确定；(2) 徐某、鱼某作为 J 公司的出资人，存在虚假出资的事实，实际未出资，应对 J 公司的债务向 H 建设公司承担连带责任；(3) W 会计师事务所、X 会计师事务所未按法定程序履行验资义务，应承担连带赔偿责任；X 市审计事务所也是 J 公司验资机构之一，因该所已注销，根据其与 X 市审计局的协议书，X 市审计局应承担风险责任，应承担连带赔偿责任。

徐某、鱼某共同答辩称，H 建设公司起诉依据的是 W 区人民法院的判决书，该判决程序违法，实体错误，对此已向省高院申诉；徐某与 K 房地产开发公司签订购房合同，并支付了 350 万元购房款，因为 K 房地产开发公司的原因，地被政府收回，徐某准备起诉 K 房地产开发公司要回 350 万元购房款，不存在出资不实的情形。原审判决认定事实清楚，适用法律正确，请求法院依法予以维持。

W 会计师事务所答辩称，J 公司设立时 W 会计师事务所验资行为符合行业规范程序。J 公司出具购房合同，购房发票以及开发商 K 房地产开发公司的证明，W 会计师事务所已经尽到验资应尽的注意义务，H 建设公司没有充分证据证明 J 公司股东伪造出资材料。另 H 建设公司与 J 公司建设施工合同纠纷一案原审判决存在重大瑕疵。总之，W 会计师事务所在验资时已尽到注意义务，不构成虚假验资。原审判决认定事实清楚，适用法律正确，请求法院依法予以维持。

X 会计师事务所答辩称，J 公司不存在虚假出资情形，W 会计师事务所验资报告真实，X 会计师事务所出具的不是验资报告而是年检报告，报告依据的是 W 会计师事务所的验资报告，因此是否虚假出资或虚假验资均与 X 会计师事务所无关。请求人民法院驳回 H 建设公司对其的诉讼请求，维护当事人合法权益。

X 市审计局答辩称，J 公司设立时的验资报告是 W 会计师事务所作出的，而不是原 X 市审计事务所作出的。W 会计师事务所所出具的验资报告附件上加盖的原 X 市审计事务所印章时间是 2000 年 6 月 26 日，X 市审计事务所 2000 年 3 月 14 日已在工商局注销，因此在验资报告附件上盖章不具有法律效力。X 市审计局不应承担任何法律责任。

二审法院经审理查明，1999 年 12 月 24 日，X 市审计局与 X 市审计事务所签订《协议书》，约定脱钩改制基准日为 1999 年 9 月 30 日。2000 年 1 月 11 日，陕西省财政厅以陕财注 [2000] 017 号文件同意 X 市审计事务所脱钩改制方案。2000 年 3 月 14 日，X 市工商行政管理局对 X 市审计事务所予以注销，并收回两枚公章。原审法院查明其余事实属实。

定性依据：《民事诉讼法》第一百五十三条第一款第 (二) 项。

民事责任：法院判决如下：

(1) 维持 X 市莲湖区人民法院 [2010] 莲民三初字第 1376 号民事判决第二项；

(2) 撤销 X 市莲湖区人民法院 [2010] 莲民三初字第 1376 号民事判决第一项、第三项；

（3）本判决生效后 15 日内徐某、鱼某各自在 150 万元范围内对 W 区人民法院［2008］××民二初字第 1111 号民事判决书中 J 公司的债务（即欠款 1,170,000 元、违约金 52,439 元、诉讼费 15,082 元、逾期支付的双倍贷款利息及执行费）向 H 建设公司承担清偿责任；

（4）X 会计师事务所在徐某、鱼某不能清偿上述债务范围内承担补充赔偿责任。

一审案件诉讼费 21,639 元（其中受理费 16,636 元、保全费 5,000 元）、二审案件诉讼费 18,300 元，由被上诉人徐某、鱼某负担各半（H 建设公司已预交，徐某、鱼某在执行本判决时直接给付 H 建设公司）。

简要评析： 本案争议的焦点问题是：徐某、鱼某作为股东设立 J 公司时是否存在虚假出资或不实出资情形，应否就 J 公司对 H 建设公司的债务承担责任；W 会计师事务所、X 会计师事务所及 X 市审计局是否作为验资机构存在虚假验资情形，应否承担连带赔偿责任。

有限责任公司的股东以其认缴的出资额为限对公司承担责任。因此在设立公司时股东应足额缴纳出资。《公司注册资本登记管理暂行规定》第八条第二款规定"实物中须办理过户手续的，公司应当于成立后半年内办理过户手续，并报公司登记机关备案"。本案中，徐某、鱼某以房产作为出资，应当在公司成立后办理过户手续，并在登记机关备案。根据二审法院查明的事实，其作为出资的房产实际上因故并未交房，作为股东的徐某、鱼某应就 J 公司注册资本 300 万元范围内补足出资，但根据 J 公司工商档案显示徐某、鱼某并未另行补缴出资。根据最高人民法院关于适用《公司法》若干问题的规定（三）第十三条第二款"公司债权人请求未履行或者未全面履行出资义务的股东在未出资本息范围内对公司债务不能清偿的部分承担补充赔偿责任的，人民法院应予支持……"之规定，徐某、鱼某应在生效判决确认的 J 公司对 H 建设公司的债务在未出资范围内承担补充赔偿责任。

关于验资机构是否承担责任的问题。根据法院查明的事实，原 X 市审计事务所并非 J 公司的验资机构，且其在验资附件上出现公章的日期之前已被工商局注销，因此其主管上级机关审计局与本案涉及的虚假验资并无关联性，H 建设公司对 X 市审计局的诉讼主张，法院不予支持。徐某、鱼某在设立公司时向验资机构 W 会计师事务所提供了购房合同、购房发票以及 K 房地产开发公司的证明，W 会计师事务所据此作出验资报告，已经尽到验资义务，H 建设公司诉称 J 公司设立时虚假验资，证据不足，其主张 W 会计师事务所承担赔偿责任法院不予支持。W 会计师事务所辩称之理由法院予以采信。2002 年 4 月 1 日，X 会计师事务所在为 J 公司作年检验资时，除应核对出资时的购房合同、发票以及证明材料外，还应对房产是否已过户，并是否在工商局备案登记进行核实。在本案中，X 会计师事务所对以房产出资是否已过户以及是否备案未审查，根据最高人民法院关于《审理涉及会计师事务所在审计业务活动中民事侵权赔偿案件的若干规定》第六条"会计师事务所在审计业务活动中因过失出具不实报告，并给利害关系人造成损失的，人民法院应当根据其过失大小确定其赔偿责任"之规定，其应就 J 公司对 H 建设公司债务在其股东徐某、鱼某不能清偿范围内承担补充赔偿责任。X 会计师事务所辩称其不承担责任不能成立。综上所述，原审判决适用法律部分错误，应予部分改判。

【案例 2】余某与 Y 会计师事务所纠纷上诉案

基本案情： 上诉人余某因与被上诉人 Y 会计师事务所股东出资纠纷一案，不服 K 市 W

区人民法院［2009］××民三初字第1号民事判决书，现提出上诉。二审法院于2009年9月4日受理后，依法组成合议庭审理了本案。

一审法院确认以下事实：本案原、被告之间的股东权纠纷与2007年12月曾某、张某以及本案被告余某等三人共同起诉原告Y会计师事务所知情权纠纷一案有着密切的联系，知情权纠纷一案经一审法院及K市中级人民法院二审终审已审结，一审法院为此下达的［2008］××民三初字第38号民事判决书已经发生法律效力，该判决书确认了以下事实：2000年6月8日余某等21人共同制定Y会计师事务所章程，规定Y会计师事务所注册资本总额为612,000元，其中余某出资24,000元，占公司注册资本的3.9%。2000年7月12日Y会计师事务所向余某出具股权证明书，载明其出资认购金额为24,000元。2004年4月8日Y会计师事务所在余某的股权证明书中载明其扩股金额为40,564.29元，现持股金额为64,564.29元。2006年5月16日Y会计师事务所向余某出具退股凭证，载明退还余某出资额64,564.29元，并注明退还出资后余某不享有公司所有者权益。2006年5月18日Y会计师事务所将出资额款项64,564.29元支付给余某。一审法院判决认为：余某与Y会计师事务所间的退股民事行为属无效，自始至终没有法律约束力，余某因退股而取得的款项应当予以返还，余某仍然具备Y会计师事务所股东的资格。［2008］××民三初字第38号民事判决书所认定的事实，根据《最高人民法院关于民事诉讼证据的若干规定》第九条第（四）项："已为人民法院发生法律效力的裁判所确认的事实，当事人无须举证证明"的规定，在本案审理中，原、被告无相反证据推翻［2008］××民三初字第38号民事判决书所认定的事实，一审法院作为本案法律事实予以认定。

一审法院认为：本案原告所要求被告返还的款项64,564.29元的性质在［2008］××民三初字第38号民事判决书中已明确作了界定，64,564.29元全部为本案原告退还被告的出资额款项。该款项系被告与原告退股民事行为所得，既然退股民事行为无效，被告因无效民事行为所取得的款项，依法应当全部返还给原告，包括该款项所产生的利息孳息。对于原告要求判令被告在返还出资前，中止股东权利的请求因与法律规定不符，一审法院不予支持，被告作为原告公司股东的身份已经经人民法院生效判决予以明确，其理应享有公司法赋予的股东权利。据此，依照《合同法》第五十八条、《最高人民法院关于民事诉讼证据的若干规定》第九条第（四）项及《民事诉讼法》第一百零七条之规定，做出如下判决：（1）由被告余某于本判决生效后五日内返还原告Y会计师事务所出资额款64,564.29元及自2006年5月19日起至款项实际返还之日止按银行同期贷款利率计算的利息；（2）驳回原告Y会计师事务所的其他诉讼请求。一审案件受理费1,694元，由原告Y会计师事务所承担50元，由被告余某承担1,644元。

原审判决宣判后，被告余某不服，向二审法院提起上诉，请求：（1）撤销K市W区人民法院［2009］××民三初字第1号民事判决书第一项；（2）判令上诉人向被上诉人支付股东出资款24,000元；（3）判令驳回被上诉人的其他诉讼请求；（4）本案的所有诉讼费由被上诉人承担。

其上诉理由为：（1）一审判决认定事实错误。上诉人作为被上诉人的股东之一，出资额为24,000元而并非一审认定的64,564.29元。据上诉人于2000年7月12日取得被上诉人出具的股权证明书记载，上诉人作为Y会计师事务所的原始股东之一，出资额为24,000元。在被上诉人注册后，并没有任何合法有效的股东会议决议显示被上诉人有增加注册资本的行为，更没有任何变更公司注册资本的行为。根据 Y 会计师事务所 2000 年章程、注册资本出资明细及工商登记部门的相关记载，上诉人对被上诉人的出资一直未增减，仍为 24,000 元，其出资额占注册资本的 3.9%。由此可知，上诉人对被上诉人的出资款为人民币 24,000 元，并非被上诉人要求的 64,564.29 元。上诉人收到的 64,564.29 元中，应当返还的出资额是 24,000 元，其他的 40,564.29 元系红利，不属于返还出资的范畴。（2）一审判决上诉人返还被上诉人自 2006 年 5 月 19 日至款项实际返还之日止按银行同期贷款利率计算的利息，没有法律依据。《合同法》第五十八条规定："合同无效或者被撤销后，因该合同取得的财产，应当予以返还。"当时的实际情况是被上诉人强迫上诉人退股，上诉人在无奈之下收取了款项，实施了退股行为，在这个过程中，被上诉人存在过错。上诉人与被上诉人之间的退股行为被确认为无效，被上诉人应当承担全部责任，对于该无效民事行为，应恢复到行为之前的状态，即上诉人返还出资额，被上诉人将上诉人的出资额 24,000 元及股权比例 3.9% 列入公司章程，并在工商登记备案。综上所述，据证据显示，被上诉人的注册资本为 61.2 万元，上诉人的出资额为 24,000 元，占注册资本的 3.9%。上诉人应返还的出资额为人民币 24,000 元。

被上诉人 Y 会计师事务所答辩称：上诉人余某的上诉请求不符合事实，上诉人交纳的原始股款及扩股金总计为 64,564.29 元，公司退款金额与此相符，以上事实已得到生效判决的确认。请求二审法院驳回上诉人的上诉请求，维持原判。

二审审理中上诉人及被上诉人对一审判决确认的事实均无异议，二审法院予以确认。

上诉人余某提交了 6 份 Y 会计师事务所收取其出资款及增股款的发票，欲证明以下观点：对 64,564.29 元款项的性质不持异议，确实是原始出资款及扩股款的总和，但因公司工商登记上一直记载余某的出资为 24,000 元，公司没有办理相应的变更登记，上诉人的权利无法保障，出资额与工商登记应该一致。

被上诉人 Y 会计师事务所对以上单据质证认为对真实性无异议，但不认可上诉人的举证目的。

因被上诉人确认了 6 份发票的真实性，二审法院依法予以确认。

定性依据：《民事诉讼法》第一百五十三条第一款第（一）项、第一百五十八条、第一百零七条。

民事责任：二审法院判决如下：

驳回上诉，维持原判。

如果未按本判决指定的期间履行给付金钱义务，应当依照《民事诉讼法》第二百二十九条之规定，加倍支付迟延履行期间的债务利息。

二审案件受理费人民币 400 元由上诉人余某承担。

简要评析：关于余某向 Y 会计师事务所交纳原始出资及扩股款共计 64,564.29 元及 Y 会计师事务所于 2006 年退还余某上述款项的事实已被 K 市 W 区人民法院做出的［2008］××民三初字第 38 号生效判决予以确认。根据《最高人民法院关于民事诉讼证据的若干规定》第九条的规定，已为人民法院发生法律效力的裁判所确认的事实无须当事人举证，如有相反证据足以推翻的除外。本案中上诉人未提交相反证据足以推翻生效判决确认的该节事实，而其提交的 6 份发票所反映的事实恰与生效判决所确认的事实一致，故一审法院将［2008］××民三初字第 38 号生效判决确认的事实作为本案法律事实予以认定符合法律规定，并无不妥，二审法院依法予以确认。根据公司法的规定，股东退出公司应当采取股权转让及请求公司回购股权的合法方式，余某收取 Y 会计师事务所退股款离开公司实属公司法禁止的抽逃出资行为，该行为无效，故余某应当将收取的款项退还给公司以完成其股东出资的义务，因其收取退股款无合法理由，故也应将该款项产生的利息孳息一并退还给 Y 会计师事务所，一审判决对此所做认定正确，处理得当。

五、股东返还原物纠纷案

【案例 1】 X 会计师事务所诉刘某返还原物纠纷一案

基本案情：原告 X 会计师事务所诉被告刘某返还原物纠纷一案，法院于 2010 年 9 月 3 日作出 ［2010］ ××民初字第 457 民事裁定，对 X 会计师事务所的起诉，不予受理。后 X 会计师事务所提起上诉，2010 年 12 月 15 日，S 市中级人民法院作出 ［2010］ ××民终字第 593 号民事裁定书，撤销了法院裁定，要求法院立案受理该案。法院立案后，于 2011 年 6 月 27 日公开开庭审理了本案，原告及其委托代理人、被告委托代理人到庭参加了诉讼。

原告诉称，被告系原告合伙会计师事务所的合伙人之一，在 2009 年兼任原告的出纳员时，保管着原告营业执照正副本。2010 年 4 月 13 日，被告私自转入 H 会计师事务所，被告已无权持有原告的上述会计凭证和证件，现要求被告归还原告营业执照正副本。

被告辩称，X 会计师事务所的公章一直由被告保管，被告并未给原告加盖任何公章，原告持有的公章被告不知从何而来，不知道原告诉状上的公章从何而来；X 会计师事务所的合伙人并非宁某一人，宁某无权代表该所起诉。被告作为合伙执行人依约定掌管营业执照和印章符合法律规定，在双方未结算的情况下，刘某仍有权保管相关证照和印章，因此，应驳回原告诉讼请求。

原告向法院提交了如下证据：（1）S 市注册会计师协会证明一份；（2）会计师事务所变更事项情况表；（3）S 省财政厅××财会函 ［2010］ 20 号；（4）S 省注册会计师协会注册会计师转所申请表；（5）劳动合同书；（6）X 会计师事务所合伙协议一份。

针对原告的上述证据，被告不认可证据（1）、（2），因为印章在被告手中，被告从未给原告证据（1）、（2）中的文件加盖印章；对证据（3）、证据（6）中电脑打印部分予以认可，对添加部分不予认可；认为证据（4）、（5）是复印件，不予认可，但被告确实已转所。

被告向法院提交了合伙会计师事务所营业执照一份，证明原告不是法定代表人和所长。原告认为该营业执照年检是 2006 年，因而不予认可。

依据证据合法性、客观性、关联性特征，法院认为原、被告提交的证据，能反映宁某和刘某合伙开办 X 会计师事务所，及被告从该所转至 H 会计师事务所工作的事实，法院对原被告的证据均予采信。

依据有效证据，法院可确认如下案件事实：2005 年 1 月 5 日，宁某出资 6 万元，刘某出资 4 万元，成立了 X 会计师事务所，双方约定宁某和刘某均为合伙期间合伙企业事务的执行人。原被告还对双方的其他权利义务进行了约定，并签订合伙协议。2009 年 6 月左右至今，被告一直保管着原告营业执照正副本。2010 年 4 月 13 日，被告到 H 会计师事务所工作，但原被告双方未就合伙期间的事宜进行清算。

定性依据：《民法通则》第一百一十七条、第一百三十四条。

民事责任：法院判决如下：

被告刘某在本判决生效后五日内将 X 会计师事务所的营业执照正副本归还给原告 X 会计师事务所。

案件受理费 100 元，由被告刘某负担。

简要评析：被告刘某原系 X 会计师事务所的合伙人，在转入 H 会计师事务所执业后，已经离开 X 会计师事务所，应该将其持有的原告的营业执照归还给原告，故对原告的诉讼请求法院予以支持。在本案中，被告辩称以约定仍有权掌管营业执照，但未提供相关证据，法院不予支持。

六、侵犯企业名称（商号）权纠纷案

【案例 1】 BM1 和 BM2 公司侵犯会计师事务所企业名称（商号）权纠纷上诉案

基本案情：上诉人 BM1 咨询公司、上诉人 BM2 软件公司因与被上诉人会计师事务所 KP 会计师事务所、被上诉人 BM 会计师事务所侵犯企业名称（商号）权纠纷一案，不服 C 市第二中级人民法院 [2007] ××二中法民初字第 58 号民事判决，向二审法院提起上诉。二审法院受理后，依法组成合议庭，于 2009 年 7 月 21 日公开开庭审理了本案。上诉人 BM1 咨询公司和上诉人 BM2 软件公司的委托代理人，被上诉人 BM 会计师事务所的委托代理人参加了诉讼，被上诉人 KP 会计师事务所经二审法院合法传唤，无正当理由未到庭参加诉讼。

原告 KP 会计师事务所和 BM 会计师事务所诉称：（1）"BM"商标是事实上的驰名商标，大量事实足以证明"BM"商标在中国相关公众中已广为知晓和认同，具有良好声誉，成为事实上的驰名商标。被告 BM1 咨询公司和 BM2 软件公司恶意注册企业名称，构成对原告驰名商标权利的严重侵犯。（2）两被告行为构成对原告企业名称专用权的侵犯。原告 BM 会计师事务所于 1992 年 8 月 18 日经国家工商行政管理局登记注册成立，依法享有企业名称专用权。依法对"BM"企业名称在其登记的区域内享有企业名称专用权。被告 BM1 咨询公司于 2006 年 9 月 19 日注册成立，登记主要经营范围：企业管理咨询服务。被告 BM2 软件公司 2006 年 9 月 7 日成立，主要经营范围：计算机软件开发、销售。因为企业只准许用一个名称，在《企业名称登记管理实施办法》第四十一条明确规定："已经登记注册的企业名称，在使用中对公众造成欺骗或者误解的，或者损害他人合法权益的，应当认定为不适宜的企业名称予以纠正。"两被告企业名称的注册登记明显具有恶意，严重侵犯原告企业名称在先权利。（3）两被告构成不正当竞争。两被告在其网站突出宣传"BM"，使他人对市场主体及其商品或者服务的来源产生混淆，引起相关公众对被告与原告的误认或者误解，违反基本诚实信用原则，构成不正当竞争，理应依法予以制止。

原告后又补充如下事实和理由：原告 BM 会计师事务所从 1992 年即开始连续使用"BM"商标至今已近 15 年，该商标虽为未注册商标，但经过在全国范围内的长时间、大范围使用，已取得了非常显著的特征和可识别性。通过对大量知名上市公司的审计服务，权威媒体的宣传、刊载，使原告"BM"商标在相关公众中的知晓度和美誉度进一步提高。"BM"商标获得了多家业内权威机构的认可，赢得了商业信誉和产品声誉。与此同时，BM会计师事务所的业务量、利税等连续多年在众多同行业企业中名列前茅。故原告的"BM"商标，与原告形成了特定、固定联系。事实上已经达到了为相关公众广为知晓的程度，并享有了较高的声誉，完全符合驰名商标认定标准，为事实上的驰名商标。根据《保护工业产权的巴黎公约》和世界贸易组织《与贸易有关的知识产权协议》（TRIPS），以及我国《商标法》相关规定，请法院依法认定"BM"商标为驰名商标。

原告请求：（1）依法判令撤销二被告企业名称登记；（2）依法判令两被告共同赔偿原告经济损失人民币1万元整；（3）认定"BM"商标为驰名商标；（4）本案诉讼费用由二被告共同承担。

两被告答辩称：原告诉称事实虚假，"BM"并非事实上的驰名商标。原告企业名称专用权虚假，双方企业名称均不同。被告也无任何恶意，也未对原告造成损害。原告主张构成不正当竞争的理由不成立，被告无侵犯原告权利的事实。请求：驳回原告的诉讼请求。

一审法院经审理查明：两原告系商标许可使用关系，即KP会计师事务所许可BM会计师事务所使用其商标。在原告BM会计师事务所的网站的中文网页上，原告KP会计师事务所被称为"BM"或"BM国际"。网站内设有"BM简介"、"全球BM"等栏目。在"BM简介"栏目下设有"BM办事处"、"BM的价值观"、"BM的承诺"、"BM的资料"等子栏目。

被告BM1咨询公司、BM2软件公司均是于2006年9月向C市W区工商行政管理局申请设立登记，并于同月经该局核准登记并颁发营业执照而成立的企业。BM1咨询公司的经营范围为企业管理咨询服务。BM2软件公司的经营范围为计算机软件开发、销售。两被告共同建立了企业网站，网站上标注了"BM咨询——BM软件"字样及两被告的企业名称。两被告在网站上宣传的业务范围包括会计、审计、财务、评估、税务、咨询、网络办公、培训等方面的资源和软件的下载、销售。该网站列举的部分典型用户包括全国大部分省、自治区、直辖市的200多家会计师事务所等企业。

2007年8月，两原告向一审法院起诉。两原告同时起诉了两被告计算机网络域名侵犯其商标权一案。两原告为两案的调查、取证，支付了公证费3,750元，翻译费2,886元，工商档案信息查询、打印费36元。

一审法院认为：关于原告KP会计师事务所的主体资格。原告提供的证明材料能够证明KP会计师事务所的主体资格和委托诉讼是其真实意思表示。

关于原告BM会计师事务所的主体资格。虽然两被告提交了一些证据材料欲证明原告BM会计师事务所系骗取国家相关部门登记而违法设立的虚假中外合作企业，但该所已经国家工商总局核准登记并领取了营业执照，其主体资格合法。两被告的上述主张不属于本案审查范围。

两原告主张两被告企业名称侵犯其商标权的证据不足，但主张两被告构成不正当竞争的理由充分。原告BM会计师事务所于1992年即登记使用该企业名称，享有在先权利。该所于2004～2006年为中国多家知名上市公司、证券投资基金等提供审计服务，在两被告公司成立前其字号"BM"即具有较高的市场知名度，为相关公众所知悉。两被告于2006年9月才登记成立，且经营范围与原告BM会计师事务所大部分相同。两被告企业名称中字号

"BM" 与原告 BM 会计师事务所字号 "BM" 的主要部分相同。"BM" 是双方企业名称中起主要识别作用的部分，两被告使用该字号可能引起相关公众误认为其商品和服务来源于原告 BM 会计师事务所或与 BM 会计师事务所有某种关联。同时两被告在其网站上使用的标志及其他文字亦包含了 "BM" 字号，亦可能导致公众的相同误认。故两被告的上述行为侵犯了原告 BM 会计师事务所的企业名称（字号）权，并构成不正当竞争。两被告应当停止上述侵权行为，并赔偿原告 BM 会计师事务所的损失。因原告 BM 会计师事务所的损失和两被告因侵权所获利润均无法确定，应综合考虑被告侵权行为的性质、主观恶意程度、侵权时间长短、后果及原告为制止侵权支出的合理费用等具体情况，酌情确定赔偿数额。从本案的实际情况看，原告起诉请求的赔偿数额 1 万元并不高，一审法院予以支持。依照《反不正当竞争法》第五条第（三）项、第二十条和《最高人民法院关于审理不正当竞争民事案件应用法律若干问题的解释》第六条第一款、第十七条的规定，判决：（1）被告 BM1 咨询公司、BM2 软件公司在判决生效后立即停止使用并注销含有 "BM" 字号的企业名称；（2）被告 BM1 咨询公司、BM2 软件公司在判决生效后立即停止在其网站上使用含有 "BM" 字号的标志和文字；（3）被告 BM1 咨询公司、BM2 软件公司在判决生效后十日内赔偿原告 BM 会计师事务所损失 1 万元；（4）驳回原告 KP 会计师事务所、BM 会计师事务所的其他诉讼请求。案件受理费 1000 元，由被告 BM1 咨询公司、BM2 软件公司负担 800 元，原告 KP 会计师事务所、BM 会计师事务所负担 200 元。

上诉人 BM1 咨询公司、上诉人 BM2 软件公司不服，向二审法院提起上诉，称：（1）主要上诉事实和理由。①上诉人的企业名称和 "BM" 企业字号是 C 市工商局核准、实施的行政许可，是否侵权，应依法通过行政诉讼去审查，不属于民事诉讼审查范围。②上诉人在自己的互联网站上使用企业名称和 "BM" 企业字号，是 C 市工商局行政许可的合法权益。上诉人的网站标志是由上诉人的计算机网络域名和企业字号 "BM" 以各占二分之一并通过变体后形成的组合图形商标，没有孤立地使用 "BM" 文字，具有显著识别特征，已于 2007 年 7 月 19 日被国家商标局正式受理了商标注册申请，因此上诉人对该商标同样享有合法权益。（2）其他重要上诉事实和理由。①上诉人与被上诉人 BM 会计师事务所的企业名称应从行政区划、字号、行业和组织形式等四个方面进行显著识别。一审判决忽视了上诉人与 BM 会计师事务所的企业名称在行政区划、字号、行业和组织形式上的显著识别作用的基本事实，错误认定 "BM" 为双方企业名称中起主要识别作用的部分。②一审判决认定 BM 会计师事务所的经营范围有 "咨询服务"，超出了该所营业执照中 "纳税计划编制的咨询服务" 的法定经营范围，错误认定了基本事实。③上诉人与 BM 会计师事务所的法定经营范围完全不同，根据《企业法人登记管理条例》第十三条中 "企业法人应当在核准注册的经营范围内从事经营活动" 的规定，BM 会计师事务所不得从事 "计算机软件开发、销售" 和 "企业管理咨询服务" 业务。上诉人在互联网站中面向包括 BM 会计师事务所在内的各会计师事务所销售会计、审计、评估等方面的计算机软件程序，而 BM 会计师事务所面向工商企业提供纸质审计报告，两者的经营活动分别归属于各自完全不同的法定经营范围，不是竞争对手，没有竞争关系，没有 "相关公众"。一审判决不但忽视了上诉人与 BM 会计师事务所在法定经营范围上完全不同的基本事实，而且从相反方向，错误认定了双方的经营范围大部分相同，错误认定了上诉人与 BM 会计师事务所的经营活动存在有 "相关公众"。④一审依据《反不正当竞争法》第五条第（三）项、第二十条和《最高人民法院关于审理不正当竞争民事案件应用法律若干问题的解释》第六条第一款、第十七条的规定判决上诉人停止使用并注销含有"BM"字号的企业名称，适用法律完全错误。⑤一审判决上诉人立即停止在网站上使用含有"BM"的标志和文字，但是被上诉人没有这项诉讼请求，应当撤销。（3）一审判决存在的其他次要问题。①被上诉人经国家工商行政管理机关注册登记并领取了营业执照，上诉人的企业名称也经过了国家工商行政管理机关预先核准并注册登记，两者都属于国家依法实施的行政许可。一审判决只审查上诉人行政许可的合法性，却不依上诉人的请求审查被上诉人的行政许可的合法性，对相同事实采取了一边审、一边不审的双重审判标准。②被上诉人在一审提供的第五组第1项证据中记载有"仅供参考，无任何法律效力"的字样，一审采信已自述"无任何法律效力"的该证据，属错误采信证据。③一审判决认定 KP 会计师事务所"主要提供审计、税务、财务和风险咨询服务"，无任何证据予以证明，属错误认定事实。④一审判决根据被上诉人第五组第 4 项证据认定 BM 会计师事务所的网页上有"BM"、"BM 国际"等文字，设有"BM 简介"、"全球 BM"等栏目，但该证据是被上诉人的自述材料，形成于 2007 年 10 月 12 日，晚于上诉人的成立时间 2006 年 9 月，不符合"权利在先"原则，属错误采信证据和认定事实。⑤一审判决采信了被上诉人第五组第七项证据，以此认定被上诉人"于 2004～2006 年为中国多家知名上市公司、证券投资基金等提供审计服务"。但被上诉人没有在法庭上提交上述证据的原件，无法证明其真实性，属错误采信证据和认定事实。⑥一审仅仅根据 BM 会计师事务所在 2004～2006 年开展的审计经营活动得出"BM"在被告成立之前即具有较高的市场知名度的评判结论，是错误的。因此，一审认定"BM"具有较高的市场知名度的证据不充分。故请求：（1）撤销一审判决。（2）改判驳回被上诉人的全部诉讼请求。（3）改判被上诉人承担全部诉讼费用。

被上诉人 BM 会计师事务所答辩称：（1）《企业名称登记管理规定》第二十七条，《最高人民法院关于审理注册商标、企业名称与在先权利冲突的民事纠纷案件若干问题的规定》第二、三条，《最高人民法院关于审理不正当竞争民事案件应用法律若干问题的解释》第十八条，《企业名称登记管理实施办法》第四十二条均明确规定，当事人可以提起民事诉讼，而上诉人依据《行政许可法》第七条、《行政诉讼法》第二条要求进行行政诉讼，仅是处理该问题的其他途径，并不能以此影响本案的民事诉讼。（2）通过《企业名称预先核准》，并不代表一定享有合法权益。《企业登记管理条例》第五条、《企业名称登记管理实施办法》第四十一条均规定，已经登记注册的企业名称不合时宜的，应当予以纠正。从而证明，并非经过核准的企业名称一定具有合法权益。（3）商标局已经受理了"注册商标申请"但并未批准，不能说明享有任何合法权益；且自 2007 年 7 月 19 日至今未得到任何结果，更加说明其存在重大问题。（4）本案为"侵犯企业名称（商号）权纠纷"，既包括企业名称也包括商号，其中企业名称为上诉人所称包括四部分，而商号即字号。"字号"（不包括其他三部分），依据《最高人民法院关于审理不正当竞争民事案件应用法律若干问题的解释》第五条规定，亦可以认定为"企业名称"，即使仅错误使用了"字号"，依据《国家工商行政管理总局关于开展打击"傍名牌"不正当竞争行为专项执法行动的通知》第三条规定，亦可以认定为不正当竞争。（5）上诉人营业执照经营范围比较简单，但在其网站宣传上进行了具体说明，即包括会计、审计、财务、评估、税务、咨询、网络办公、培训等方面资源的下载和销售，且其典型用户列明为全国诸多会计师事务所，因存在"擅自使用"和"相关公众"等因素，一审法院适用《反不正当竞争法》第五条、《反不正当解释》第六条，没有任何问题。（6）一审判决并未超出一审诉讼请求。首先，一审诉讼请求为撤销企业名称，这既包括撤销企业名称工商登记，也包括撤销企业名称在网站上的使用。判决第 2 项内容"在网站上停止使用"系第 1 项内容"应停止使用并注销含有'BM'字号的企业名称"的组成部分及具体化；其次，法院判令上诉人停止使用并注销含有 BM 的企业字号后，在网站上必然不能再使用 BM 的字号标志和文字，第一项判决与第二项判决系不能分割的整体，一审判决没有任何问题；最后，一审法院已经认定上诉人构成侵权，而上诉人在网站上使用 BM 字号的标志和文字，是其侵权的主要表现之一，判令停止侵权行为系认定"侵犯企业名称商号权及构成不正当竞争"的应有之意。（7）被上诉人提第 5 组第 1 项证据系"［2007］××证内经字第 9600 号公证书"，证明对象为关于商标的相关内容，因本案二审已经不涉及商标，与本案已经没有任何关系；本案系公证书，依据《民事诉讼法》第六十七条规定，除有相反证据予以推翻外，法院应认定其证明效力。（8）一审中提供的公证书、KP 会计师事务所从事的相关业务，均表明其提供上述服务，依据《证据规则》第九条规定，无须提供更多证据予以证明。（9）被上诉人第 5 组第 7 项证据，已提供了《中国证券报》相关原件，其登载的内容真实性、关联系均没有任何问题。故请求：驳回上诉，维持原判。

上诉人 BM1 咨询公司、上诉人 BM2 软件公司为支持其上诉请求，在二审举证期限内，向二审法院提交了三份证据：

第一份证据是两上诉人于 2009 年 7 月 7 日从国家工商行政管理总局网站上获取到的《国家工商总局行政审批项目目录》；第二、第三份证据是两上诉人于 2009 年 3 月 23 日从 W 区工商局企业登记档案查询处取得的《企业（字号）名称预先核准通知书》。欲证明：（1）国家工商总局的行政许可项目中包括有"企业名称预先核准"项目；（2）两上诉人的企业名称和"BM"企业字号是 C 市工商行政管理局分别于 2006 年 8 月 28 日和 2006 年 9 月 6 日预先核准，是否侵权，应通过行政诉讼去审查，不属于本案的民事诉讼审查范围；（3）上诉人在自己的互联网站上使用企业名称和"BM"企业字号，是 C 市工商局行政许可给上诉人的合法权益。

被上诉人 BM 会计师事务所的委托代理人认为：上述证据不属于二审"新的证据"，不予质证。

二审法院认为：（1）企业名称预先核准属于行政许可，是法律法规规定的事项，无须举证，且该证据是两上诉人在一审中能够提供而没有提供的证据，故该证据不属于二审"新的证据"，不予采纳；（2）对两上诉人提交的第二、第三份证据，由于该两份证据，两被上诉人已在一审时，作为两被上诉人的工商档案向一审法院提交，且经过一审庭审质证，故该两份证据不再作为二审"新的证据"，不予采纳。

经二审公开开庭审理，二审法院将一审判决认定的被上诉人 BM 会计师事务所的经营范围变更为"提供会计、审计、财务、税务方面和查账、验资、清算、可行性研究评估、资产评估、账务处理、财务分析、纳税计划编制的咨询服务及财务、会计、税务、经济管理人员的培训"。

对一审判决认定的其他事实，二审法院予以确认。

民事责任：依照《民事诉讼法》第一百五十三条第一款第（二）项，判决如下：

（1）维持 C 市第二中级人民法院 ［2007］××二中法民初字第 58 号民事判决第一、第三、第四项；

（2）撤销 C 市第二中级人民法院 ［2007］ ××二中法民初字第 58 号民事判决第二项。

如果当事人未按本判决指定的期间履行给付金钱的义务，应当依照《民事诉讼法》第二百二十九条的规定加倍支付迟延履行期间的债务利息。

一审案件受理费 1,000 元，由上诉人 BM1 咨询公司、上诉人 BM2 软件公司负担 400 元，被上诉人 KP 会计师事务所负担 500 元，被上诉人 BM 会计师事务所负担 100 元；二审案件受理费 1,000 元，由上诉人 BM1 咨询公司、上诉人 BM2 软件公司负担 400 元，被上诉人 KP 会计师事务所负担 500 元，被上诉人 BM 会计师事务所负担 100 元。

简要评析：（1）一审法院将本案作为民事案件进行审理是否正确。根据《最高人民法院关于审理注册商标、企业名称与在先权利冲突的民事纠纷案件若干问题的规定》第二条的规定，"原告以他人企业名称与其在先的企业名称相同或者近似，足以使相关公众对其商品的来源产生混淆，违反反不正当竞争法第五条第（三）项的规定为由提起诉讼，符合《民事诉讼法》第一百零八条规定的，人民法院应当受理"。本案中，两被上诉人认为，两上诉人的企业名称侵犯其在先注册和使用的企业名称，使他人对商品或者服务来源产生混淆，构成不正当竞争，遂向一审法院提起诉讼。两被上诉人的诉讼及请求，符合前述司法解释第二条的规定，因此，一审法院将本案作为民事案件进行审理并作出判决是正确的。至于两被上诉人是否选择通过行政诉讼解决因企业名称行政许可而产生的权利冲突问题，属于两被上诉人的诉讼权利，一审法院和二审法院均无权干涉。

（2）对被上诉人 KP 会计师事务所服务范围的确定。一审判决认定被上诉人 KP 会计师事务所"主要提供审计、税务、财务和风险咨询服务"的事实，虽然两被上诉人没有提供直接证据，但是根据被上诉人的陈述、公证书和其他书面材料，可以作出以上认定，因此一审判决对 KP 会计师事务所的服务范围的确定是正确的。

（3）两被上诉人第五组第 4 项证据是否能否定被上诉人 BM 会计师事务所对其企业名称享有在先权利。根据已查明的事实，被上诉人 BM 会计师事务所成立于 1992 年，而被上诉人提交的第五组第 4 项证据是对 BM 会计师事务所网站内容的公证书，该证据取得的时间是 2007 年。该证据只是证明，公证机关取证时间在 2007 年，但不能证明网站的内容形成于 2007 年，不能否定 BM 会计师事务所在 1992 年即注册成立的事实。因此，两被上诉人第五组第 4 项证据不能否定 BM 会计师事务所对其企业名称享有的"在先权利"。

（4）两上诉人与被上诉人 BM 会计师事务所是否存在竞争关系。根据已查明的事实，上诉人 BM1 咨询公司的经营范围为企业管理咨询服务，上诉人 BM2 软件公司的经营范围为计算机软件开发、销售，被上诉人 BM 会计师事务所的经营范围为提供会计、审计、财务、税务方面和查账、验资、清算、可行性研究评估、资产评估、账务处理、财务分析、纳税计划编制的咨询服务及财务、会计、税务、经济管理人员的培训。经过对比，上诉人 BM1 咨询公司与被上诉人 BM 会计师事务所的经营范围，在为企业提供财务、审计、税务、资产评估等管理服务咨询方面存在相同之处，两者之间存在竞争关系；上诉人 BM2 软件公司与被上诉人 BM 会计师事务所的经营范围虽然不相同，但是上诉人 BM2 软件公司在与上诉人 BM1 咨询公司共同建立的网站上宣传，业务范围包括会计、审计、财务、评估、税务、咨询、网络办公、培训等方面的资源和软件的下载、销售，该网站还列举了 200 多家会计师事务所等企业。该网站关于两上诉人经营范围的宣传，与被上诉人 BM 会计师事务所的经营范围在许多方面都是相同的。这种宣传，足以使相关公众认为，上诉人 BM2 软件公司与上诉人 BM1 咨询公司，均可以从事与被上诉人 BM 会计师事务所相同或者类似的服务。因此，两上诉人与被上诉人 BM 会计师事务所之间存在竞争关系。

（5）两上诉人的行为是否构成不正当竞争。根据《最高人民法院关于审理不正当竞争民事案件应用法律若干问题的解释》第六条第一款的规定，具有一定的市场知名度，为相关公众所知悉的企业名称中的字号，可以认定为反不正当竞争法第五条第（三）项规定的"企业名称"。本案中，被上诉人 BM 会计师事务所于 1992 年成立后，便开始将"BM"作为企业字号，并在 2004～2006 年，为中国多家知名上市公司、证券投资基金提供服务。通过这些服务，"BM"字号在相关公众中已具有较高的市场知名度，为相关公众所知悉，可以作为认定不正当竞争行为的"企业名称"。

根据《反不正当竞争法》第五条第（三）项的规定，擅自使用他人的企业名称或者姓名，引人误认为是他人的商品的，构成不正当竞争。本案中，两上诉人均于 2006 年 9 月成立，其企业名称中将"BM"作为企业字号，该企业字号与"BM"企业名称的主要部分"BM"相同，而两上诉人作为与被上诉人 BM 会计师事务所存在竞争关系的企业，在登记注册并使用其企业名称时，"BM"已具有较高知名度，并为相关公众所知悉，但两上诉人却仍然登记注册并使用含有"BM"字号的企业名称开展业务活动，其"擅自使用"两被上诉人企业名称主要部分的主观过错是明显的。两上诉人的行为容易使相关公众误认为两上诉人提供的服务来源于被上诉人 BM 会计师事务所或者与 BM 会计师事务所有某种关联，从而使相关公众对服务的来源产生混淆。因此，两上诉人的行为构成《反不正当竞争法》第五条第（三）项规定的不正当竞争行为，依法应当承担相应的民事责任。

（6）一审法院作出两上诉人停止使用并注销含有"BM"字号的企业名称的判决是否正确。根据《民法通则》第一百三十四条的规定，承担民事责任的方式有停止侵害、赔偿损失等。本案中，两上诉人的行为已构成了不正当竞争，而不正当竞争行为是民事侵权行为的一种，因此两上诉人依法应当承担停止侵害、赔偿损失的民事责任。根据《企业名称登记管理规定》第五条规定"登记主管机关有权纠正已登记注册的不适宜的企业名称，上级登记主管机关有权纠正下级登记主管机关已登记注册的不适宜的企业名称。对已登记注册的不适宜的企业名称，任何单位和个人可以要求登记主管机关予以纠正"，《企业名称登记管理实施办法》第四十一条规定"已经登记注册的企业名称，在使用中对公众造成欺骗或者误解的，或者损害他人合法权益的，应当认定为不适宜的企业名称予以纠正"，两上诉人的企业名称虽然经过登记注册，但由于其企业名称在使用中对公众造成误解，损害了 BM 会计师事务所的合法权益，两上诉人的企业名称应当依法被纠正。因此，一审法院根据上述规定，结合两被上诉人的诉讼请求，将两上诉人应当承担的停止侵害的民事责任，具体表述为停止使用并注销含有"BM"字号的企业名称，是正确的。

（7）一审判决第二项是否超出 BM 会计师事务所诉讼请求的范围。BM 会计师事务所的第一项诉讼请求为：依法判令撤销两被告企业名称登记。二审法院认为，一审判决第一项要求两上诉人停止使用并注销含有"BM"字号的企业名称，该项判决支持了 BM 会计师事务所的第一项诉讼请求。根据该项判决，工商行政管理机关要撤销两上诉人的企业名称登记，两上诉人要停止使用含有"BM"字号的企业名称，而作为企业名称重要组成部分的"BM"字号也应当停止使用，同时停止使用的企业名称和字号的范围还应当包括两上诉人在其网站上使用。一审判决第二项要求两上诉人停止在其网站上使用含有"BM"字号的标志和文字，而该项判决要求两上诉人停止侵权的内容和范围，在一审判决第一项中已经得到了体现。因此，一审判决第二项并没有超出 BM 会计师事务所诉讼请求的范围，但由于该项判决内容已经在第一项判决中得到体现，一审法院再作出第二项判决实际上是重复了第一项判决的内容，没有必要，故二审法院对一审判决第二项予以撤销。

（8）一审判决确定两上诉人承担赔偿损失的数额是否适当。根据《最高人民法院关于审理不正当竞争民事案件应用法律若干问题的解释》第十七条的规定，确定反不正当竞争法第五条、第九条、第十四条规定的不正当竞争行为的损害赔偿数额，可以参照确定侵犯注册商标专用权的损害赔偿额的方法进行。本案中，一审法院综合考虑两上诉人侵权行为的性质、主观恶意程度、侵权时间长短、后果及 BM 会计师事务所为制止侵权支出的合理费用等情况，并结合 BM 会计师事务所起诉的赔偿数额 1 万元，确定两上诉人赔偿损失的数额为 1 万元，是适当的。

综上所述，一审法院认定的主要事实正确，审判程序合法，但部分判决结果不当，二审法院予以纠正。

【案例2】S会计师事务所擅自使用他人企业名称纠纷诉讼一案

基本案情：原告 L 会计师事务所诉称，原告自 2006 年成立至今，经过六年的发展，在行业内具有一定的知名度和美誉度，其"至臻"字号不仅是企业名称和主体识别标识，更是其经过多年精心培育的品牌，已经具备了识别服务来源的功能。被告 S 会计师事务所成立于 2012 年 2 月，原、被告在同一行政区域内，企业性质、经营范围完全相同，存在直接的竞争关系，被告企业名称中的字号"智臻"，与原告的字号"至臻"不仅在文字上存在重合，而且汉语发音和声调完全相同，极易使相关公众对企业主体和服务来源产生混淆和误认，被告的行为构成对原告的不正当竞争。故原告诉至法院，请求判令被告：（1）停止使用以"智臻"作为字号的企业名称；（2）承担原告因本案支出的律师费人民币 10,000 元和诉讼费。

被告 S 会计师事务所辩称，其企业名称系经工商行政管理机关合法核准注册，不存在擅自使用原告企业名称的情况，并未侵犯原告的权利。

定性依据：《反不正当竞争法》第五条、《民法通则》第一百三十四条、《最高人民法院关于审理注册商标、企业名称与在先权利冲突的民事纠纷案件若干问题的规定》等。

民事责任：本案在审理过程中，经法院主持调解，双方当事人自愿达成如下调解协议：

一、被告 S 会计师事务所承诺今后不再使用与原告 L 会计师事务所企业名称中的字号"至臻"相同或近似的文字作为企业字号，具体包括文字全部或者部分相同，文字字音全部或者部分相同；

二、被告 S 会计师事务所承诺按照上述第一条的约定向相应的工商行政管理机关申请变更现有企业名称中的字号"智臻"，并于 2012 年 8 月 20 日之前向相应的工商行政管理机关提交申请变更的相关手续；

三、本案双方当事人无其他争执。

本案案件受理费人民币 50 元，减半收取为人民币 25 元，由原告 L 会计师事务所负担。

上述协议，不违反法律规定，法院予以确认。

本调解书经双方当事人签收后，即具有法律效力。

简要评析：本案原、被告在同一行政区域内，企业性质、经营范围相同，存在直接的竞争关系，被告企业名称中的字号"智臻"，与原告的字号"至臻"容易使相关公众对企业主体和服务来源产生混淆和误认，经民事调解，有效解决了纷争。

七、会计师事务所劳动争议纠纷案

【案例1】 原告田某诉被告 B 会计师事务所劳动争议纠纷一案

基本案情：原告田某诉被告 B 会计师事务所劳动争议纠纷一案，法院受理后，依法组成由审判员李某担任审判长，人民陪审员庞某、严某参加的合议庭公开开庭进行了受理，原告及其委托代理人，被告的法定代表人及委托代理人到庭参加了诉讼。

原告诉称，被告是 2005 年 3 月注册成立的单位，经全体股东会议同意原告担任总会计师职务，被告董事长在 2005 年 4 月研究确定公司实行坐班工资与业务收入挂钩的项目工资，并确定原告每月定级工资 2,700 元，于 2005 年 4 月 28 日经被告董事长、所长签名同意，被告董事会同时确定总会计师复核另按 1% 计发复核工资，被告"项目工资计发办法"规定坐班人员按业务收入 8% 计发项目工资，其中注册会计师签名 2%，项目负责人 2.4%，其余 3.6% 再由项目负责人按工作量分配。从 2005 年 4 月以来，被告对参与审计的助理人员按月发放坐班工资并结算了项目工资，但对原告 2005 年 4 月以来负责审计复核的业务项目拖延到 2006 年年末才通知财务结算 524 个项目收入 1,369,380 元应付的复核费 13,694 元，但是未结算应计发的注册会计师签名费和项目负责人工资。被告在发给原告的坐班工资后于 2006 年 12 月 30 日向公司出具"关于田某 2006 年度工资结算的说明"，通知"财务补发新旧工资差额 7,694 元"，但至今未给原告。

原告多次要求被告计发全部的总会计师复核、注册会计师签名和负责的项目工资，向被告提供了 2005 ~ 2007 年原告完成的 862 个业务项目统计表，被告一直拖延未答复。从 2007 年 1 月起被告未经股东会决定，也未与原告商量，即单方面停止了原告的总会计师复核工作，也未安排任何工作，同时将原告坐班工资调整降至每月 1,500 元，6 月起降至 1,000 元，从 9 月起停发 8 月后的全部工资，9 月底通知原告交出办公室、住房和钥匙，迫使原告 2007 年 10 月起无法正常上班。原告认为：（1）被告未按《劳动法》规定与原告签订劳动合同，对原告造成损害，应赔偿原告劳动工资损失；（2）被告扣发原告坐班工资并单方面辞退原告，违反了股东《协议书》和董事会工资《审批表》的决定；（3）被告董事会确定对总会计师按 1% 计发复核工资，被告"关于田某 2006 年度工资结算的说明"亦确认原告总会计师复核另外按照收入总额的 1% 取得签字费，被告无合理理由扣发原告的复核工资；（4）从 2005 年 4 月至 2007 年 4 月，被告凭原告签名承担责任的 862 个审计、验资报告向客户收取 300 余万元收入，按照"按劳取酬"和被告"项目工资计发办法"，应该支付给原告注册会计师签字和项目负责人工资。原告从 2007 年 10 月先后向 H 省注册会计师协会投诉，但 H 省注册会计师协会协调纠纷无果，原告又向 C 市劳动争议仲裁委员会申请仲裁，但以"不属劳动争议范围"为由未受理，原告诉至法院，请求判令：（1）被告支付给原告 2007 年 1 月至 2007 年 9 月扣发的坐班工资差额 13,000 元；2007 年 10 月至 2008 年 12 月工资损失 37,500 元；2005 年 4 月至 2007 年 4 月总会计师复核工资 34,942 元，注册会计师签名和项目负责人工资 160,884 元。（2）依据《劳动法》的规定判令被告因违规扣发、停发原告工资和辞退原告支付原告经济补偿金和赔偿 61,582 元；双方解除劳动关系经济补偿金 10,000 元。

被告辩称，（1）原告没有上班，要求支付坐班工资缺乏依据。（2）原告主张 2005 年 4 月至 2007 年 4 月总会计师复核工资和会计师的签名工资没有依据，原告所说的股东会会议不存在；（3）原告请求经济赔偿和经济补偿于法无据，原告自己违反公司的劳动纪律，并在 2007 年 8 月提出辞职，自动离职，被告按原告要求结清了所有工资，办理了相关手续，故不存在停发原告的工资，相反是原告违反公司的制度，被告有权要求原告承担赔偿责任；（4）原告因解除劳动合同要求被告支付经济补偿金 1 万元缺乏事实和法律依据，因为原告存在严重的过错，而且原告自己做出书面的辞职决定，且原告未按法定程序办理手续；（5）原告陈述的事实是虚假的事实，不应该得到法院的支持，其本身存在重大过错，诉讼请求缺乏事实与法律依据，请求人民法院驳回原告对被告的诉讼请求。

经审理查明，2004 年 12 月 22 日，李某、曾某、田某等八人签订协议书一份，约定由八人共同出资设立"B 会计师事务所"，设立的事务所实行董事会领导下的主任会计师（所长）负责制，李某任董事长，曾某任主任会计师，田某任总会计师（审计总监）；协议还约定事务所部门经理以上人事任免、财务收益分配等重大事项，须经代表股份比例占三分之二以上股东表决通过。2005 年 3 月 23 日，公司股东召开股东会议，确认了分配问题，一部分人员（如田某、曾某、李某）拿坐班工资，若参与执业时另外按业务收入 8% 计发执业工资，其他人员按操作收入的 20%。2005 年 3 月 29 日，B 会计师事务所在长沙市工商行政管理局登记成立。2005 年 4 月 28 日，经公司负责人审批同意田某的月工资为 2,700 元（包括基本工资 1,000 元、兼职工资 200 元、职务工资 1,000 元、注册会计师资格补贴 500 元）。2005 年 5 月 31 日，被告 B 会计师事务所召开股东会议，确认了公司员工的工资标准，其中田某的工资为 2,500 元；执业工资按公司承办业务的票面收入 8% 计提，由签字注师进行分配，在签字注师未到位之前，暂由李某分配，分配时应细化指标，便于以后的操作；签字注师费用 2% 留予所里作公共费用；总会计师复核签字费暂不考虑计发。

案件在审理过程中，原告向法院提交了 B 会计师事务所田某 2006 年 1 月至 12 月业务签审明细表，签字审核业务项目 524 个，收入总额 1,369,380 元，计费比率为 1%，应付业务签审费 13,694 元。2006 年 12 月 30 日，被告 B 会计师事务所向公司财务部出具的"关于田某 2006 年度工资结算说明"，内容为"2006 年年初，我公司制定了《2006 年度员工工资管理办法》，其中规定，田某工资总额为 2,000 元，其中基本补贴 1,000 元、资格补贴 500 元、岗位津贴 500 元，另外，按照收入总额的 1% 拿签字费，截至 2006 年 12 月 31 日，田某签发的报告 524 份，业务收入 1,369,380 元，应得签字费 13,694 元，加之年度基本工资 24,000 元，2006 年度应结算工资总额为 37,694 元，由于田某年初不同意按此标准确定收入，仍按照 2005 年度工资标准执行，即每月 2,500 元，至 2006 年 12 月，已经取得工资 30,000 元。近期，田某提出愿意实行 2006 年度工资标准，经商量，同意田某的申请，请财务补发新旧工资差额 7,694 元"。同时，原告田某还提交了 2005 年 4 月至 2007 年 4 月总会计师复核签字及注册会计师签字应结项目工资表，认为其 2005 年度审核业务项目 135 个，2006 年度审核业务项目 719 个，2007 年度审核业务项目 8 个，合计为 862 个，业务复核工资按 1% 计算为 34,942 元、注册会计师签字费按 2% 计算为 73,134 元、执业工资按 2.4% 计算为 87,750 元。但上述证据被告在庭审中均不予认可,被告 B 会计师事务所亦未在上述材料上签字或盖章予以确认。原告为证实其主张向法院提交了对被告 B 会计师事务所董事长李某的调查笔录及李某于 2008 年 1 月 10 日出具的一份"关于田某应得注师签名和复核报酬的证明",证实被告 B 会计师事务所的工资报酬实行的是基本工资、职务(岗位)工资、资格补贴加业务工资的办法,前三部分针对公司上班人员实行,田某前三项定每月 2,500 元(另兼会计月 200 元);业务工资按照完成的业务收入 10% 计发,其中 8% 属审计劳务报酬,2% 属注册会计师承担审计责任的签名报酬,总会计师审查复核工作底稿按业务收入 1% 计发复核报酬。曾某一直未给田某结算应得的签名和复核业务报酬,直至 2006 年年底,才按 1% 结算 2006 年的签名费,但这部分报酬至今未支付给田某。田某是注册会计师,承担业务报告签名的审计责任和风险,应当按 2005 年业务收 1%,2006 年业务收 2%(两名签字注师各半)的标准补发注师签字报酬。证人李某未出庭作证。

2007 年 8 月 7 日,原告田某向曾某出具了一份内容为"2006 年我签发业务报告 700 多份,张会计原按业务收入 1% 只结 500 多份复核费,尚有 192 份业务报告的复核费推托至今未结,浏阳业务说要你同意才结,这些报告基本是去年上半年的,拖延至今一年多未给任何复核报酬。如继续用这种方式对待我,至 8 月底前如仍未结付应给我的复核费,我将把问题向上反映,请上级处理。我不愿在这种不和谐的矛盾环境中工作,请把我交给公司的股金退还给我。上述两个问题请尽快解决为盼"。同日,曾某在该份报告上批示"同意退还田某借给公司的开办费,关于签字费公司早已明确已在职务工资中考虑,不重复计发,请财务及时办理退给田某借入公司的开办资金"。随后,被告 B 会计师事务所据此解除了与原告的劳动关系,并自 2007 年 9 月起停发了原告田某的工资。原告田某对此不服,遂于 2008 年 6 月 12 日向 C 市劳动争议仲裁委员会申请劳动仲裁,要求被告 B 会计师事务所支付工资报酬等,C 市劳动争议仲裁委员会于 2008 年 6 月 13 日以原告的仲裁申请不属于劳动争议仲裁受理范围为由下达〔2008〕××劳仲字第 63 号不予受理通知书,对原告的仲裁申请不予受理。

在庭审中,被告提交了证人证言并申请了证人朱某、王某出庭作证,两证人证实原告田某未按时上、下班,并在上班期间炒股,严重违反了公司规章制度,并自 2007 年 5 月自动离职。

另查,本案中原告田某在审计报告上的注册会计师签字系被告 B 会计师事务所主任会计师曾某授权所签。原告田某在 2005 年度月工资收入除 5 月的 2,510 元外,6 月至 12 月工资收入均为 2,600 元;2006 年度月工资收入除 1 月、2 月的 1,500 元外,3 月至 12 月工资收入均为 2,480 元;自 2007 年开始,被告 B 会计师事务所停止了原告的总会计师职务,并扣发了原告的职务工资 1,000 元,随后又扣发了资格补贴 500 元,自 9 月起停发了原告田某的所有工资。

以上事实有协议书、工资定级、调级审批表、工资表、股东会议纪要、业务签审明细表、关于田某同志 2006 年度工资结算说明、审计复核签批及责任声明书、证人证言、询问笔录、授权委托书、当事人陈述及庭审笔录等证据材料在卷佐证。

定性依据:《劳动法》第二十六条、第二十八条,劳动部《违反和解除劳动合同的经济补偿办法》第七条、第十条,《最高人民法院关于审理劳动争议案件适用法律若干问题的解释》第十五条,《民事诉讼法》第一百三十四条。

民事责任:法院判决如下:

(1) 被告 B 会计师事务所在本判决发生法律效力之日起 5 日内支付原告田某总会计师复核工资 13,694 元;

(2) 被告 B 会计师事务所在本判决发生法律效力之日起 5 日内支付原告田某经济补偿金和额外经济补偿金 10,000 元;

(3) 驳回原告田某的其他诉讼请求。

如果未按照本判决指定的期间履行给付金钱义务,应当按照《民事诉讼法》第二百二十九条之规定,加倍支付延迟履行期间的债务利息。

本案受理费 10 元,由被告 B 会计师事务所承担。

简要评析:

(1) 关于本案中原、被告劳动关系解除的认定:本案中原告主张系被告单方解除双方的劳动关系,但未提交相关证据证明,而被告 B 会计师事务所在答辩意见中所述原告田某于 2007 年 8 月提出辞职,系自动离职,故被告才停发原告工资,解除双方劳动关系。综合本案实际情况来看,原告自 2007 年起未按时上下班,不履行职责,影响了公司业务正常开展,被告认为其不能胜任总会计师职务,遂停止了原告的总会计师职务,加之原告在 2007 年 8 月 7 日递交的报告中要求被告结算并支付会计师复核业务费用及退还入股资金,被告据此以原告自动离职为由解除双方劳动关系,但根据原告递交的报告中并没有明确要求解除劳动关系的意思表示,因此本案应系被告单方解除双方劳动关系。被告在庭审中申请的证人朱某、王某出庭证实原告严重违反公司规章制度,并自 2007 年 5 月自动离职,两证人的证言与被告自述时间不符,况且根据被告提交的原告工资发放表来看,被告实际发放原告工资至 2007 年 8 月,对此被告解释为看原告系老同志故发放工资至 8 月,该解释不具有充分的说服力,况且两证人系被告 B 会计师事务所员工,与被告有利害关系,因此法院对两证人所述原告于 2007 年 5 月自动离职的证言不予采信。

(2) 对于原告请求事项的认定:①原告要求被告支付 2007 年 1 月至 2007 年 9 月扣发的坐班工资差额 13,000 元,被告 B 会计师事务所自 2007 年开始解除了原告的总会计师职务,并据此扣除了原告的职务工资,此系被告 B 会计师事务所行使公司自主权的行为,并不违反法律规定,况且扣除后原告的工资标准并不低于 C 市最低工资标准,因此原告的该项请求于法无据,法院不予支持。②原告要求被告支付 2007 年 10 月至 2008 年 12 月的工资损失 37,500 元,根据劳动法的相关规定,工资分配应当遵循按劳分配原则,实行同工同酬,即工资的获得应以提供劳动为前提,原告自被告解除劳动关系后未再到公司上班,亦未提供劳动,因此原告的该项请求于法无据,法院不予支持。③原告要求被告支付 2005 年 4 月至 2007 年 4 月的会计师复核工资 34,942 元及注册会计师签名和项目负责人工资 160,884 元,根据原告的陈述,原告的工作是完成总会计师复核业务,但其并没有参加现场审计,而原告要求的注册会计师签名费和项目负责人业务提成按多劳多得的原则,是参与了现场审计人员的报酬,且原告在审计业务报告上注册会计师的签名是依据被告 B 会计师事务所主任会计师曾某的授权所签,况且原告提供的注册会计师签名费和项目负责人业务提成的依据并没有得到被告 B 会计师事务所任何形式的确认,故法院对该两项费用不予认定。对于总会计师复核签字费,被告 B 会计师事务所在 2006 年 12 月 30 日向公司财务部出具的"关于田某

2006 年度工资结算说明"中已经明确确认原告至 2006 年 12 月 31 日止共签发报告 524 份，业务收入 1,369,380 元，按收入总额的 1% 计算应得签字费 13,694 元，被告在庭审中对此提出异议，认为该工资结算说明上没有公司的签章或签字认可，法院认为该份工资结算说明是被告向公司财务部出具的内部文件，并不必须有公司的签章，且本案审理过程中被告在掌握公司全部业务原始资料的情况下未提供足够反证推翻原告所主张的数额，因此法院对该笔总会计师复核签字费予以认定。④原告要求被告支付因违规扣发、停发工资和辞退的经济补偿和赔偿金 61,582 元及解除劳动关系经济补偿金 10,000 元，被告 B 会计师事务所自 2007 年起停止了原告的总会计师职务，并扣发了相应的职务工资，属于公司行使自主权的行为，不是克扣工资的行为，故对原告要求被告支付因违规扣发、停发工资的经济补偿和赔偿金 61,582 元的请求不予支持。综合本案的实际情况，被告以原告不胜任工作为由单方解除双方劳动关系，符合劳动法规定的应支付经济补偿金的范畴，故被告应按原告的工作年限支付原告每工作 1 年相当于 1 个月工资的经济补偿金，被告工作年限为 3 年，月工资为 2,500 元，经济补偿金应为 7,500 元。根据劳动部《违反和解除劳动合同的经济补偿办法》的相关规定，用人单位解除劳动合同后，未按规定给予劳动者经济补偿的，除全额发给经济补偿金外，还须按该经济补偿金数额的 50% 支付额外经济补偿金，故被告还应支付原告额外经济补偿 3,750 元。原告只要求被告支付解除劳动关系经济补偿金 10,000 元，此系其真实意思表示，故经济补偿金应以原告诉求为限。

【案例 2】 原告 F 会计师事务所与被告温某劳动争议纠纷一案

基本案情：原告 F 会计师事务所因与被告温某劳动争议纠纷一案，于 2011 年 5 月 9 日向法院提起诉讼。法院于 2011 年 5 月 10 日受理本案，并依法组成合议庭，公开开庭进行审理。原告 F 会计师事务所的委托代理人、被告温某及其委托代理人到庭参加诉讼。

原告诉称，1996 年 5 月，被告向 N 审计师事务所缴纳 6,000 元培训费及风险金，后调入该单位。1997 年 7 月，当地审计局部分干部职工与 N 审计师事务所的部分人员成立南 S 实业公司，被告在该公司成立后，于 1997 年 8 月自愿到该公司上班。1998 年 6 月，N 审计师事务所改制为 F 会计师事务所，N 审计师事务所到 S 实业公司上班的人员的社会保险费由 S 实业公司转账给原告后由原告代缴。2004~2008 年被告又到 Q 建材公司上班。自 1997 年 8 月至今，被告从未在原告处上班，未提供过劳动，未领过工资，不存在劳动关系。按照权利义务相一致的原则，被告未提供劳动，原告无义务为其安排工作岗位及补缴养老保险费。N 市劳动争议仲裁委员会××劳仲案字［2011］20 号仲裁裁决书认定原告与被告存在劳动关系，要求为其重新安排工作岗位并补缴养老保险费显然错误。原告与被告之间不存在劳动关系，原告无义务为其安排工作岗位及补缴养老保险费。现诉至法院，请求：（1）判令原告与被告自 1997 年至今不存在劳动关系，依法不为被告安排工作岗位；（2）判令原告依法不为被告补缴 2007 年 3 月至今的养老保险费；（3）诉讼费由被告承担。

被告辩称，原仲裁裁决书认定事实清楚，但未全部保护答辩人的合法权益，考虑到答辩人与原告之间存在劳动关系，且原告一直与答辩人协商，致使答辩人未起诉，因此应全面保障答辩人的合法权益。本案原告起诉理由不能成立，所陈述的事实和理由都是错误的，应驳回其诉请，以维护答辩人的合法权益。

经审理查明，1996 年 5 月，被告温某到 N 审计师事务所工作，于 1996 年 5 月 22 日交纳风险金 5,000 元、培训费 1,000 元。后 N 审计师事务所改制为 F 会计师事务所。1997 年 8 月至 2004 年 11 月被告温某到 S 实业公司工作，并由该公司为其发放工资。被告温某于 2008 年 9 月 23 日向 F 会计师事务所交纳医保费 1,000 元，于 2010 年 1 月 18 日交纳保证金 3,000 元。F 会计师事务所为温某缴纳了职工医疗保险及养老保险，其中养老保险费缴至 2007 年 1 月，医疗保险至 2010 年 3 月 11 日正常缴费。后双方发生纠纷，被告温某向 N 市劳动争议仲裁委员会申请仲裁，请求：（1）由被申请人为申请人重新安排工作岗位；（2）由被申请人依法为申请人补发自 2007 年 2 月以来的工资；（3）由被申请人依法为申请人交纳自 2007 年 2 月以来的各项社会保险；（4）被申请人依法退回申请人押金 6,000 元及利息，依法退回保证金 3,000 元、医疗保险金 1,000 元、业务联系费（多出部分）21,186.25 元。N 市劳动争议仲裁委员会于 2011 年 3 月 22 日作出××劳仲案字［2011］20 号仲裁裁决书，裁决：（1）被申请人为申请人重新安排工作岗位；（2）被申请人返还申请人押金 6,000 元；（3）被申请人为申请人补缴 2007 年 3 月至今的养老保险，标准按照 N 市企业职工月平均工资的 60% 由养老保险经办机构核算，双方当事人按比例承担；（4）驳回申请人的其他仲裁请求。后 F 会计师事务所不服向法院提起诉讼。

上述事实，有原、被告所举证据及当事人陈述、庭审笔录予以证实，双方所举已经庭审举证、质证，并记录在卷。

定性依据：《劳动法》第七十二条、《劳动合同法》第十条。

民事责任： 法院作出判决如下：

（1）驳回原告 F 会计师事务所的诉讼请求。

（2）本判决生效之日起十五日内，原告 F 会计师事务所为被告温某补缴 2007 年 2 月至 2011 年 10 月 17 日的养老保险（计算标准以 N 市社保经办机构核算为准，个人缴纳部分由其个人负担）。

（3）本判决生效之日起十五日内，原告 F 会计师事务所返还被告温某风险金 5,000 元、培训费 1,000 元、保证金 3,000 元。

案件受理费 10 元，由原告 F 会计师事务所负担。

简要评析： 原告 F 会计师事务所与被告温某虽未签订书面劳动合同，但被告温某于 1996 年 5 月向 F 会计师事务所的前身 N 审计师事务所交纳了风险金 5,000 元及培训费 1,000 元，后又于 2008 年 9 月 23 日向 F 会计师事务所交纳医保费 1,000 元，于 2010 年 1 月 18 日交纳保证金 3,000 元，并且 F 会计师事务所为温某办理了职工医疗保险及养老保险，故双方之间存在事实劳动关系。原告关于自 1997 年至今与被告温某不存在劳动关系及不为被告补交养老保险金的诉讼请求缺乏事实依据，法院不予支持。对被告温某关于双方之间存在劳动关系的抗辩理由及其就此所提出的主张，分别评述如下：

（1）关于重新安排工作岗位的问题。被告自 1996 年 5 月起，到原告单位工作，因原、被告之间未签订书面的劳动合同，双方所形成的是事实上的劳动关系，应当自用工之日起一个月内订立书面劳动合同，被告现要求原告为其重新安排工作岗位，其实质为双方续签劳动合同，应由其与作为用人单位的被告协商一致，因被告在诉讼中未提供证据证明其已向原告提出签订劳动合同的主张，故对其该抗辩理由，不与本案一并处理。

（2）关于补发自 2007 年 2 月以来的工资的问题。被告温某自 1997 年 8 月至 2004 年 11

月在 S 实业公司工作多年，且工资由该公司发放，自 2004 年 11 月后，被告称其未在该公司工作，但在诉讼过程中其未能提供证据证实该公司拒绝为其提供工作岗位，也未能证实其为 F 会计师事务所提供劳动，故对其要求补发自 2007 年 2 月以来的工资的抗辩理由，法院不予采信。

（3）关于交纳自 2007 年 2 月以来的各项社会保险的问题。因原、被告双方之间存在劳动关系，故原告 F 会计师事务所应为被告温某交纳各项社会保险，个人负担部分由温某个人交纳。因被告温某出具的证明显示医疗保险至 2010 年 3 月 11 日正常缴费，其后医疗保险是否未交未提供证据证实，故法院对医疗保险部分不予处理。养老保险交至判决之日。

（4）依法退回押金 6,000 元及利息，保证金 3,000 元、医疗保险金 1,000 元、业务联系费 21,186.25 元的问题。原告收取被告温某的风险金 5,000 元、培训费 1,000 元、保证金 3,000 元应予返还，医保费 1,000 元系其个人交纳的医保费，不予返还。业务联系费 21,186.25 元无相关证据证实，法院依法不予采信。

【案例 3】 刘某与 Y 会计师事务所劳动争议纠纷上诉案

基本案情：上诉人刘某因与 Y 会计师事务所劳动争议纠纷一案，不服 Z 市 J 区人民法院 [2009] ××民一初字第 2745 号民事判决，向二审法院提起上诉。二审法院依法组成合议庭审理了本案，现已审理终结。

原审法院审理查明，刘某原在 Y 会计师事务所工作，双方未签订书面的劳动合同。刘某的社会保险关系于 1999 年 5 月转入 Y 会计师事务所，Y 会计师事务所按月足额缴纳至 2009 年 1 月。刘某工作期间每月工资为 1,500 元。2009 年 2 月，刘某的社会保险关系转移至 D 房地产评估公司。刘某主张 Y 会计师事务所欠付其 2007 年 6 月至 2009 年 1 月共计 20 个月的工资 30,000 元，但刘某提交的银行工资卡清单上显示 2007 年 6 月、2008 年 1 月至 3 月、2008 年 6 月至 7 月、2008 年 11 月的工资已经发放，2007 年 7 月至 12 月、2008 年 4 月、2008 年 5 月、2008 年 8 月至 10 月、2008 年 12 月、2009 年 1 月共计 13 个月的工资未发放。刘某的医疗保险关系现仍在 Y 会计师事务所。2009 年 1 月 5 日，刘某向 Z 市 J 区劳动争议仲裁委员会提起劳动仲裁，申请 Y 会计师事务所支付工资 24,000 元及执业补助 6,318.73 元，并当庭增加以下申诉请求：请求 Y 会计师事务所支付 2009 年 1 月工资 1,500 元并为刘某办理职工医疗保险转移手续。仲裁时 Y 会计师事务所针对刘某的仲裁请求提出了反诉请求：要求刘某归还 IBM 牌笔记本电脑 1 台、录音笔 1 支、书籍 14 本，并偿还 Y 会计师事务所垫支的社会保险金 12,102.50 元。经仲裁，裁决 Y 会计师事务所支付刘某工资 19,500 元，驳回刘某的其他请求事项及 Y 会计师事务所的反诉请求。双方均不服仲裁裁决，向 Z 市 J 区人民法院提起诉讼，刘某请求判令 Y 会计师事务所支付拖欠的工资 25,500 元及执业补助（奖金）6,318.73 元并为刘某办理省直职工基本医疗保险转移手续；Y 会计师事务所请求判令：（1）Y 会计师事务所不向刘某支付工资 19,500 元；（2）刘某归还 Y 会计师事务所 IBM 牌笔记本电脑一台；（3）Y 会计师事务所归还刘某录音笔一支；（4）刘某归还 Y 会计师事务所书籍 14 本；（5）刘某偿还 Y 会计师事务所为其所垫支的社会保险金 12,102.50 元。

原审法院认为：刘某与 Y 会计师事务所虽未签订书面劳动合同，但根据双方提交的社会保险缴费单据，双方之间存在着事实上的劳动关系，劳动关系存续至 2009 年 1 月。Y 会计师事务所称刘某 2007 年 6 月之后即不在 Y 会计师事务所处上班，但刘某提交的 2008 年 6 月 23 日 Z 医院品牌价值资产评估报告上加盖有被告单位公章，亦有刘某作为注册资产评估师的签字及印章，可证明刘某此时尚在 Y 会计师事务所处工作的事实，Y 会计师事务所对此称刘某系挂靠 Y 会计师事务所没有证据支持，故对 Y 会计师事务所主张的 2007 年 6 月双方劳动关系解除的事实不予采信。根据刘某提交的工资卡清单，截至 2009 年 1 月，Y 会计师事务所共欠付刘某 13 个月的工资，共计 19,500 元，刘某主张 Y 会计师事务所欠付其工资 25,500 元证据不足，Y 会计师事务所应将欠付的 19,500 元的工资支付刘某。刘某要求的执业补助奖金 6,318.73 元证据不足，不予支持。刘某要求 Y 会计师事务所办理医疗保险转移手续的诉讼请求，不属于法院受案范围，不一并处理。Y 会计师事务所要求刘某归还 IBM 牌笔记本电脑 1 台、录音笔 1 支及书籍 14 本的诉讼请求不属于人民法院受理劳动争议案件的范围，本案不一并处理。综上所述，依据《民事诉讼法》第六十四条第一款、《劳动法》第三条、第五十条之规定，判决如下：（1）Y 会计师事务所于判决生效后十日内支付刘某工资 19,500 元；（2）驳回刘某的其他诉讼请求；（3）驳回 Y 会计师事务所的诉讼请求。如果未按本判决指定的期间履行给付金钱义务，应当按照《民事诉讼法》第二百二十九条之规定，加倍支付迟延履行期间的债务利息。案件受理费 20 元，刘某负担 10 元，Y 会计师事务所负担 10 元。

宣判后，原告（被告）刘某不服，向二审法院提起上诉称，其在 Y 会计师事务所工作期间，每月工资由基本工资 300 元、技能工资 1,200 元和与执业项目挂钩考核的执业补助等奖金组成，原审法院认定其每月工资为 1,500 元与事实不符；上诉人刘某自 2007 年 6 月至 2009 年 1 月期间只收到 Y 会计师事务所补发的 3 个月基本工资和技能工资，仍有 17 个月基本工资和技能工资共计 25,500 元被拖欠，在 Y 会计师事务所未提供任何证据的情况下，原审法院仅以上诉人刘某提交的银行卡在此期间的入账记录就推定 Y 会计师事务所只拖欠其 13 个月的工资 19,500 元错误；2007 年 6 月后，上诉人刘某参与了两个评估项目，该两项业务均是在 2008 年 6 月以后收取费用，执业补助也应按 Y 会计师事务所规定按项目收入的 11% 发放，两项业务上诉人刘某应得执业补助合计 7,812.63 元，其只请求 6,318.73 元，原审法院未予支持错误；根据相关法律司法解释的规定，因社会保险关系移转手续产生的争议属于人民法院审理劳动争议案件的受案范围，原审法院却认为上诉人刘某提出的要求 Y 会计师事务所为其办理医疗保险转移手续的诉讼请求不属于人民法院受案范围明显不当。故原审法院认定事实不清，举证责任分配不当，请求二审法院查明事实，维持原审判决第三项，撤销原审判决第一、第二项，依法改判 Y 会计师事务所向上诉人刘某支付 2007 年 6 月至 2009 年 1 月期间的工资 31,818.73 元，并判令 Y 会计师事务所为上诉人刘某办理省直医疗保险转移手续，一审、二审诉讼费用由 Y 会计师事务所负担。

针对上诉人刘某的上诉，Y 会计师事务所辩称，刘某所述与事实不符，双方在 2007 年 6 月以后就已不存在劳动关系，Y 会计师事务所不欠刘某任何费用。

被告（原告）Y 会计师事务所亦不服，向二审法院提起上诉称，刘某与上诉人 Y 会计师事务所在 2007 年 6 月以后就已不存在劳动关系，此后上诉人 Y 会计师事务所没有向刘某支付工资的义务，原审法院认定双方劳动关系存续至 2009 年 1 月并判决上诉人 Y 会计师事务所向刘某支付工资 19,500 元与事实不符；上诉人 Y 会计师事务所提出要求刘某归还其借用上诉人 Y 会计师事务所的 IBM 牌笔记本电脑、录音笔及 15 本书籍的诉讼请求，依法应当与本案一并处理，原审法院却以该请求不属于人民法院受理劳动争议案件的范围为由不予处理明显错误；本案双方当事人的劳动关系至 2007 年 6 月已终止，因刘某未将社会保险关系转出，上诉人 Y 会计师事务所为其垫支了 12,102.50 元的社会保险金，该款刘某应予偿还。故原审法院认定事实不清，适用法律不当，请求二审法院查明事实，依法改判上诉人 Y 会计师事务所不向刘某支付 19,500 元工资，判令刘某归还上诉人 Y 会计师事务所的 IBM 笔记本电脑 1 台、录音笔 1 支、书籍 15 本，并偿还上诉人 Y 会计师事务所为其垫支的社会保险金 12,102.50 元。

针对上诉人 Y 会计师事务所的上诉，刘某辩称，上诉人 Y 会计师事务所所述自 2007 年 6 月之后双方已不存在劳动关系不是事实；其所借笔记本电脑、录音笔、书籍等物品均已偿还给上诉人 Y 会计师事务所；对于上诉人 Y 会计师事务所为其缴纳的 12,102.50 元养老保险金，依法本就应由单位支付，上诉人 Y 会计师事务所要求返还不符合法律规定。故上诉人 Y 会计师事务所的上诉理由不能成立，请求二审法院驳回上诉人 Y 会计师事务所的上诉。

二审法院经审理查明，二审法院在审理本案过程中，上诉人刘某向二审法院提交了以下证据：(1) 2008 年 3 月 31 日 2007 年度注册资产评估师年检公告及 2009 年 6 月 3 日 H 省司法厅公告各 1 份，以证明 2007 年 6 月之后双方仍存在劳动关系；(2) 上诉人 Y 会计师事务所在劳动仲裁时向仲裁委提交的资格证转移表 1 份，以证明上诉人 Y 会计师事务所在本案一审诉讼中提交的该证据备注栏中"转出"字样为上诉人 Y 会计师事务所仲裁后添加；(3) 上诉人 Y 会计师事务所出具的××财评报字 [2008] NO70 号资产评估报告摘要 1 份及××财评报字 [2008] NO67 号资产评估报告摘要 1 份（该 2 份摘要"注册资产评估师"一栏中，均有刘某签名并加盖私人印章），以证明上诉人刘某在 2007 年 6 月以后还在做 Y 会计师事务所的项目，说明双方劳动关系一直存续。上诉人 Y 会计师事务所对上诉人刘某提交的证据 1 的真实性均无异议，但认为实际上刘某与公司已于 2007 年 6 月解除劳动关系，该 2 份公告与实际情况不符；对证据 2，上诉人 Y 会计师事务所认为是复印不清楚所致；证据 3 不属于新证据，不予质证。二审法院在开庭审理本案时，上诉人刘某申请证人出庭作证，两名证人均证明其原为上诉人 Y 会计师事务所职工，均与上诉人刘某一起参与办理了上诉人 Y 会计师事务所接受委托的两个评估项目，两名证人均收到了上诉人 Y 会计师事务所发放的该两个项目的执业补助。上诉人 Y 会计师事务所对此以不是新证据为由，不予质证。上诉人 Y 会计师事务所向二审法院提交了证明文件，以证明上诉人 Y 会计师事务所的评估资格已于 2008 年被取消，上诉人刘某为资产评估师，结合上诉人 Y 会计师事务所在一审诉讼中提交的《注册资产评估师转所申请表》，即使不能认定双方于 2007 年 6 月后不存在劳动关系，也应认定本案双方当事人在 2008 年 6 月 2 日以后便不存在劳动关系。被上诉人刘某对以上证据真实性无异议，但认为其不仅在该公司从事评估业务，还从事工程造价、司法鉴定等一系列其他专业性工作，而《转所申请表》并非本人办理，注册管理部门的意见亦非同意转所，因此，不能凭上述文件认定双方不存在劳动关系。上诉人 Y 会计师事务所在原审诉讼中还提交了刘某于 2008 年 11 月 27 日取走其档案卡的登记表 1 份，以证明双方最晚于 2008 年 11 月 27 日解除了劳动关系。上诉人刘某对此质证称，其档案存放于 S 省人才交流中心，档案卡与劳动关系是否存续无关。

另查明，在本案一审诉讼中，上诉人刘某向法院提交了由上诉人 Y 会计师事务所出具并加盖公章的归还物品清单 1 份，以证明上诉人 Y 会计师事务所所诉要求归还的 15 本书籍及录音笔已经归还；上诉人 Y 会计师事务所对该证据的真实性无异议，但不能证明物品已全部归还。上诉人 Y 会计师事务所向法院提交了笔记本电脑借用登记单 1 份（该借用单分四栏，第一栏为"笔记本名称"，第二栏为"借用时间"，第三栏为"借用人"，第四栏为"归还日期"，其中第二行显示：上诉人刘某于 2005 年 8 月 25 日借用 1 台神舟 SE01 电脑，"归还日期"一栏为空白；第三行显示：上诉人刘某于 2005 年 9 月 2 日借用 1 台 IBM 电脑，"归还日期"一栏填写"06.8.22. 还王某"，在第二行第三栏的"借用人"一栏中填写的"刘某"向第三行第四栏"归还日期"一栏中的"06.8.22. 还王某"有一倾斜箭头），以证明上诉人刘某借用的 IBM 笔记本电脑未还；上诉人刘某质证称，该登记单恰恰证明其所借电脑已于 2006 年归还。其余事实与原审法院认定的事实一致。

以上事实有资格证转移表、资产评估报告摘要、证人证言、转所申请表、归还物品清单、笔记本电脑借用登记单及当事人陈述等证据予以证明。

定性依据：《民事诉讼法》第六十四条、第一百五十三条第一款第（一）项、第（二）项、第（三）项，《劳动法》第二十四条、第五十条、第七十二条，《劳动合同法》第五十条第一款，《社会保险费征缴暂行条例》第二条第二款、第四条第一款，《最高人民法院关于审理劳动争议案件适用法律若干问题的解释》第一条第一款第（二）项、第二条，《最高人民法院关于审理劳动争议案件适用法律若干问题的解释（二）》第五条。

民事责任：法院作出判决如下：

（1）维持 Z 市 J 区人民法院［2009］××民一初字第 2745 号民事判决第三项，即："驳回 Y 会计师事务所的诉讼请求"；

（2）变更 Z 市 J 区人民法院［2009］××民一初字第 2745 号民事判决第一项为："上诉人 Y 会计师事务所于判决生效后十日内向上诉人刘某支付固定工资 25,500 元，执业补助 6,318.73 元，两项合计 31,818.73 元"；

（3）撤销 Z 市 J 区人民法院［2009］××民一初字第 2745 号民事判决第二项，即："驳回刘某的其他诉讼请求"；

（4）上诉人 Y 会计师事务所于判决生效后十五日内为上诉人刘某办理医疗保险转移手续。

如果未按本判决指定的期间履行给付金钱义务，应当依照《民事诉讼法》第二百二十九条之规定，加倍支付迟延履行期间的债务利息。

一审案件受理费 20 元，二审案件受理费 20 元，均由上诉人 Y 会计师事务所负担。

简要评析：上诉人刘某与上诉人 Y 会计师事务所虽未签订书面劳动合同，但根据双方陈述，结合上诉人刘某在原审诉讼中提交的其社会医疗保险手册、上诉人 Y 会计师事务所在原审诉讼中提交的社会保险经办机构出具的上诉人刘某的养老金缴费记录、笔记本电脑借用登记单等证据，能够认定本案双方当事人之间曾存在事实劳动关系。因此，根据《最高人民法院关于审理劳动争议案件适用法律若干问题的解释》第一条的规定，本案纠纷属于人民法院受理的劳动争议案件。

本案中，根据上诉人刘某提供的相关证据，原审法院认定上诉人刘某在上诉人 Y 会计师事务所工作期间每月固定工资为 1,500 元正确。上诉人刘某主张自 2007 年 6 月至 2009 年 1 月期间上诉人 Y 会计师事务所共拖欠其 25,500 元工资，上诉人 Y 会计师事务所在本案诉讼过程中亦未能提供在此期间向上诉人刘某发放工资的证据，且未对上诉人刘某主张的银行卡入账记录是否是发放工资进行说明，故根据《最高人民法院关于民事诉讼证据的若干规定》和《最高人民法院关于审理劳动争议案件适用法律若干问题的解释》关于"劳动争议纠纷案件中，因用人单位作出开除、除名、辞退、解除劳动合同、减少劳动报酬、计算劳动者工作年限等决定而发生劳动争议的，由用人单位负举证责任"的规定，上诉人 Y 会计师事务所应当承担举证不力的法律后果，故上诉人刘某上诉称原审法院只认定上诉人 Y 会计师事务所欠付其 19,500 元工资错误的上诉理由成立，二审法院予以采纳。二审法院认定上诉人 Y 会计师事务所在 2007 年 6 月至 2009 年 1 月期间拖欠上诉人刘某 25,500 元固定工资。

二审法院在审理本案过程中，对证人证言予以采信。因此，二审法院认定上诉人刘某在上诉人 Y 会计师事务所工作期间参与作出了资产评估报告，上诉人 Y 会计师事务所应当向上诉人刘某发放执业补助。上诉人刘某已举证证明其在 2008 年完成了上诉人 Y 会计师事务所接受委托的 2 个资产评估项目，其应得执业补助，根据最高人民法院相关司法解释的规定，上诉人 Y 会计师事务所负有上诉人刘某应得执业补助的金额及其是否向上诉人刘某发放了执业补助的举证责任。但上诉人 Y 会计师事务所对此未能举证证明，依法应当承担举证不力的法律后果，故对上诉人刘某要求上诉人 Y 会计师事务所支付 6,318.73 元执业补助的诉讼请求，二审法院予以支持。

《最高人民法院关于审理劳动争议案件适用法律若干问题的解释（二）》第五条规定，劳动者与用人单位解除或者终止劳动关系后，请求用人单位返还其收取的劳动合同定金、保证金、抵押金、抵押物产生的争议，或者办理劳动者的人事档案、社会保险关系等移转手续产生的争议，经劳动争议仲裁委员会仲裁后，当事人依法起诉的，人民法院应予受理。根据上述司法解释的规定，原审法院认为上诉人刘某要求上诉人 Y 会计师事务所为其办理医疗保险转移手续的诉讼请求不属于人民法院的受案范围不当，故上诉人刘某提出的该项上诉理由成立，二审法院予以采纳，对其该项诉讼请求，应当进行实体处理。上诉人刘某在与上诉人 Y 会计师事务所解除劳动关系后，要求转移其医疗保险关系，符合《劳动合同法》关于"用人单位应当在解除或者终止劳动合同时出具解除或者终止劳动合同的证明，并在十五日内为劳动者办理档案和社会保险关系转移手续"的相关规定，故对上诉人刘某要求上诉人 Y 会计师事务所为其办理医疗保险转移手续的诉讼请求合法有据，二审法院予以支持。

《最高人民法院关于审理劳动争议案件适用法律若干问题的解释》第二条规定：劳动争议仲裁委员会以当事人申请仲裁的事项不属于劳动争议为由作出不予受理的书面裁决、决定或者通知，当事人不服，依法向人民法院起诉的，对于虽不属于劳动争议案件，但属于人民法院主管的其他案件，应当依法受理。根据上述司法解释的规定，上诉人 Y 会计师事务所提出要求上诉人刘某返还所借财产的诉讼请求，人民法院应当作出实体判决，原审法院认为该项请求不属于劳动争议案件受理范围不与本案一并处理不当，二审法院对此予以纠正。根据上诉人 Y 会计师事务所在诉讼中提供的证据，的确可以认定上诉人刘某在工作期间借用了上诉人 Y 会计师事务所的 1 台 IBM 牌笔记本电脑、1 支录音笔和 15 本书籍。但根据上诉人 Y 会计师事务所提供的笔记本电脑借用登记单，在上诉人刘某借用 IBM 笔记本电脑记录行中"归还日期"栏有"06.8.22. 还王某"的记载，该项记载虽有自上一行借用人栏"刘某"指向"06.8.22. 还王某"的倾斜箭头，但"06.8.22. 还王某"毕竟填写于上诉人刘某借用 IBM 笔记本电脑记录行中，因此，凭该不规范的倾斜箭头并不足以认定上诉人刘某借用的 IBM 笔记本电脑尚未归还，故上诉人 Y 会计师事务所要求上诉人刘某归还 1 台 IBM 笔记本电脑的诉讼请求，缺乏事实依据，二审法院不予支持。上诉人刘某在原审诉讼中，向法院提交了由上诉人 Y 会计师事务所出具并加盖公章的 1 份归还物品清单，上诉人 Y 会计师事务所对该清单的真实性无异议，根据最高人民法院相关司法解释的规定，对该归还物品清单，二审法院予以采信。上诉人 Y 会计师事务所所请求归还的 15 本书籍及 1 支录音笔，在该已经采信的归还物品清单中均显示已经归还，故上诉人 Y 会计师事务所要求上诉人刘某归还 15 本书籍及 1 支录音笔的诉讼请求，缺乏事实和法律依据，二审法院不予支持。

《劳动法》第七十二条规定，用人单位和劳动者必须依法参加社会保险，缴纳社会保险费。《社会保险费征缴暂行条例》规定，依照有关法律、行政法规和国务院的规定，应当缴纳社会保险费的单位和个人，应当按时足额缴纳社会保险费。本案中，上诉人刘某与上诉人 Y 会计师事务所的劳动关系一直存续至 2009 年 1 月，在双方劳动关系存续期间，上诉人刘某和上诉人 Y 会计师事务所均有义务缴纳社会保险费。在上诉人 Y 会计师事务所所述双方已于 2007 年 6 月解除劳动关系的主张未被采信的情况下，其主张上诉人刘某返还垫支的 12,102.5 元社会保险费缺乏事实和法律依据，对其该主张，二审法院不予支持。

综上所述，上诉人刘某的上诉理由成立，其上诉请求，二审法院予以支持。上诉人 Y 会计师事务所的上诉理由不能成立，其上诉请求，二审法院不予支持。原审法院认定事实不清，适用法律不当，判决予以纠正。

【案例 4】 高某诉 J 会计师事务所劳动争议案

基本案情： 原告高某诉被告 J 会计师事务所劳动争议纠纷一案，向法院提起诉讼，法院受理后，依法组成合议庭，公开开庭进行了审理。原告高某的委托代理人、被告 J 会计师事务所的委托代理人均到庭参加了诉讼。

原告高某诉称，2008 年 10 月 17 日，原告以劳动争议为由，向 X 市劳动争议仲裁委员会申请仲裁，X 市劳动争议仲裁委员会于 2009 年 9 月 9 日作出市劳仲案字［2009］第 334 号《裁决书》（9 月 15 日送达原告高某）。裁决：一、高某与 J 会计师事务所 2000 年 7 月 1 日至 2008 年 7 月 31 日存在劳动关系。二、本裁决生效后 15 日内，J 会计师事务所给高某办理 2000 年 7 月 1 日至 2008 年 7 月 31 日养老、医疗、失业保险费补缴手续。具体缴费数额以社会保险经办机构核准的数额为准，双方按照国家规定比例承担社会保险费。三、驳回高某的其他申诉请求。原告认为仲裁裁决认定事实有误，在原告与被告 J 会计师事务所双方劳动合同存续期间，J 会计师事务所在 2008 年 6 月 30 日后丧失资产评估资格，停止其资产评估业务，J 会计师事务所将原资产评估部门整体分立，成立 J 资产评估公司，强行剥离原资产评估部门工作人员（包括原告高某），并与原告高某解除劳动关系，但不出具书面解除劳动合同书。市仲裁委对此事实不予采信，却认为是原告主动与被告解除劳动合同，对原告要求的解除劳动合同经济补偿金不予支持。综上所述，原告要求被告支付经济补偿金和补办社会保险费之诉求，于法有据，合理合法。现提起诉讼，请求人民法院依法判令：（1）被告支付原告高某解除劳动合同经济补偿金共计 8,755 元（2000 年 7 月 1 日至 2008 年 7 月 31 日）。（2）原告高某与被告双方在 2000 年 7 月 1 日至 2008 年 7 月 31 日期间存在劳动关系。（3）被告为原告高某补办补缴 2000 年 7 月 1 日至 2008 年 7 月 31 日养老、医疗、失业保险费。诉讼费用由被告承担。

被告 J 会计师事务所辩称，2008 年 8 月，原告高某在与被告的劳动关系存续期间，劳动合同尚未到期的情况下，与 J 资产评估公司建立了劳动关系，系原告高某主动解除了与被告 J 会计师事务所的劳动关系，依据《劳动法》、《劳动合同法》的规定，其不应获得经济补偿金。按照原告高某与被告 J 会计师事务所双方《聘用合同书》的约定，被告为原告高某缴纳的社会保险费用逐月发放给个人，由其个人自行办理，故原告高某要求被告为其缴纳 2000 年 7 月 1 日至 2008 年 7 月 31 日养老、医疗、失业保险费之诉请与事实不符。J 资产评估公司已经为原告高某支付了 2008 年 8、9 月的工资，原告高某在本次诉讼请求中刻意回避了其在劳动争议中要求被告支付 2008 年 8、9 月工资的请求，更能证明原告高某违约解除与被告的劳动关系的事实，其经济补偿金的诉请依法应予以驳回。综上所述，请求依法驳回原告高某的诉请。

经审理查明，原告高某于 2000 年 7 月 1 日到被告 J 会计师事务所工作，双方建立劳动关系，2008 年元月，双方签订《聘用合同书》，合同约定，原告从事资产评估工作，聘用期限为一年，自 2008 年 1 月 1 日起至 2008 年 12 月 31 日。解除合同时，一方均应提前三十日告知对方，并办理工作交接，及时清理有关经济和物品领用手续。合同还约定，养老保险及医疗保险费用包含在工资中，由个人办理，单位不再承担其费用。2008 年 6 月 30 日后，被告不再从事资产评估业务。同年 8 月 1 日，原告高某离开被告公司到 J 资产评估公司上班，并在该公司领取 2008 年 8 月、9 月工资，自 8 月 1 日起，被告不再给原告发工资。原告在被告处上班期间，被告未给原告办理并缴纳基本养老保险、基本医疗保险、失业保险，原告离开被告公司前一年的月平均工资为 1,030 元。庭审中，原告称其于 2008 年 10 月 5 日向被告送达了解除合同通知书，被告辩称其未收到。

又查，J 资产评估公司系两自然人出资，于 2008 年 8 月 8 日注册成立的有限责任公司，与被告 J 会计师事务所相互独立、没有隶属关系。

定性依据：《劳动合同法》第七条、第二十九条、《劳动法》第七十二条、最高人民法院《关于民事诉讼证据的若干规定》第二条。

民事责任： 法院作出判决如下：

（1）原告高某与被告 J 会计师事务所自 2000 年 7 月 1 日起至 2008 年 7 月 31 日期间存在劳动关系。

（2）被告 J 会计师事务所于本判决生效之日起十日内为原告高某补办自 2000 年 7 月 1 日起至 2008 年 7 月 31 日期间的基本养老保险、基本医疗保险、失业保险手续并缴纳相关费用（J 会计师事务所承担用人单位应缴纳部分，高某承担个人应缴纳部分，具体数额以社会保险经办机构核定的数额为准）。

（3）驳回原告高某其他诉讼请求。

案件受理费 10 元，由原告承担。

简要评析： 原告高某自 2000 年 7 月 1 日起到被告 J 会计师事务所工作，双方建立劳动关系。2008 年 1 月，双方签订一年期聘用合同，在合同履行期间，原告高某未与被告协商一致的情况下，于 2008 年 8 月 1 日离开被告公司，到 J 资产评估公司上班，并在该公司领取工资，J 资产评估公司系自然人出资设立的独立企业法人，与被告 J 会计师事务所并无隶属关系，应视为原告自行与被告解除了劳动关系。原告诉称被告 J 会计师事务所将原资产评估部门整体分立，原资产评估部门工作人员（包括原告）整体剥离，成立 J 资产评估公司，并与原告高某解除劳动关系，未出具书面解除劳动合同书，但不能提供充分证据支持其主张，故其要求被告支付解除劳动合同经济补偿金的诉请，理由不能成立，不予采纳。原告高某自2000年7月1日起至2008年7月31日期间在被告J会计师事务所的管理下工作，被告支付原告劳动报酬，双方已建立劳动关系，故原告要求确认双方自2000年7月1日起至2008年7月31日期间存在劳动关系的诉请，理由成立，应予支持。为劳动者办理并缴纳社会保险金是用人单位的法定义务，被告辩称其已按合同约定在工资中给原告发放了养老保险及医疗保险费用，由原告个人办理，被告不应给原告缴纳"三金"。庭审中，被告不能举证支持其主张，故被告该辩论意见，理由不能成立，不予采纳，被告应依法为原告补办2000年7月1日起至2008年7月31日期间的基本养老保险、基本医疗保险、失业保险手续，并缴纳相应费用。

【案例5】M会计师事务所与王某某劳动合同纠纷案

基本案情： 2010年1月1日，被告王某某进入原告M会计师事务所工作，担任注册会计师，双方签订期限自2010年1月1日至2011年12月31日的劳动合同，约定被告月计时工资3,000元、奖金500元。2010年1月5日，原、被告签订《补充协议》，约定在保证在原告单位工作满一年、正常完成工作的前提下，确保按年70,000元（工资、奖金）发放……其中基本工资为3,000元/月、奖金500元/月。此外，根据事务所的统一时间发放奖金，年度的节假日奖金计7,000元（元旦1,000元、春节2,000元、五一1,000元、六月忙季1,000元、七月至九月高温1,000元、十一1,000元）……质量奖金5,000元/年，1~6月的奖金为6,000元，年末红利按4,000元支付，前提是在保证质量的前提下完成M所的工作，余额6,000元在第一年合同结束时作为工作一年发放一个月的标准的遣散费发放。本年薪的前提条件为作为注册会计师必须能够在审计报告上签字，否则按劳动合同上所载明的最低工资支付并且事务所可以随时解除劳动合同。此外在第二、第三年继续履行劳动合同或续签劳动合同的情况下，每年工资的升幅不小于10%元……2010年，原告以银行转账方式按每月3,500元（3,000元基本工资、500元奖金）支付被告工资，其他奖金按现金方式支付。2011年1月起，原告每月支付被告工资3,800元，原告已支付被告2011年春节费2,000元。2011年5月31日，原告向被告发出《关于终止劳动合同的通知》，终止理由为：（1）2011年1月至5月未能完成事务所的任务，所完成的任务低于2010年同期的任务数量及金额；（2）在忙季手中的业务未完成，所有的员工均在忙碌中，所有档案均未完成的情况下，被告在未经批准的情况下在工作时间准备注册税务师的考试，违反劳动纪律。同时原告在通知书中表明：（1）若被告选择辞职，在递交辞职报告后，原告将给予3个月的工资；（2）自6月1日起在三个工作日内若原告未收到书面的辞职报告，原告将按劳动法给予被告正常的补偿，此外终止劳动合同回正常记录到退工单。2011年6月1日，被告离开原告单位。原告支付被告工资至2011年5月底。2011年6月8日，被告与原告进行了工作移交（包括手提电脑的移交）。2011年6月15日，原告向被告发出《退工单》证明，终止理由为未能按照事务所的业务流程及事务所的要求完成工作量；不具备执业注册会计师的专业胜任能力；无法同客户、同事及主任会计师进行有效沟通，已严重阻碍了任务的安排及进程；在忙季，不顾事务所的繁忙任务，在未得到批准的情况下在上班时间复习准备注册税务师的考试。2011

年 6 月 23 日，原告以被告删除事务所 2011 年 1～5 月的电子文档为由，给予被告除名处分。

定性依据：《中华人民共和国劳动合同法》第三十条、《中华人民共和国劳动法》第二十六条第（二）项、第二十八条、《中华人民共和国民事诉讼法》第六十四条第一款、《最高人民法院关于民事诉讼证据的若干规定》第二条、第六条。

处罚结果：法院判决如下：

（1）原告 M 会计师事务所应于本判决生效之日起十日内支付被告王某某 2011 年 1 月 1 日至同年 5 月 31 日间工资差额 9, 296 元（其中包括基本工资差额 250 元 + 节日奖金差额 2, 400 元 + 质量奖金 1, 146 元 + 1 至 5 月奖金 5, 500 元）；

（2）原告 M 会计师事务所应于本判决生效之日起十日内支付被告王某某解除劳动合同经济补偿金 8, 971 元、解除劳动合同替代提前通知期一个月工资 5, 981 元，合计人民币 14, 952 元。

简要评析：根据劳动合同法规定，用人单位应当按照劳动合同的约定和国家规定，向劳动者及时足额支付劳动报酬。另据民事诉讼证据规定，当事人对自己提出的诉讼请求所依据的事实或者反驳对方诉讼请求所依据的事实有责任提供证据加以证明。没有证据或者证据不足以证明当事人的事实主张的，由负有举证责任的当事人承担不利后果。在劳动争议纠纷案件中，因用人单位作出解除劳动合同、减少劳动报酬等决定而发生劳动争议的，由用人单位负举证责任。另据规定，用人单位负有保管劳动者工资支付凭证等资料两年以上备查的义务。原、被告 2010 年 1 月签订的两年期劳动合同及补充协议约定被告每月基本工资 3, 000 元、奖金 500 元，节假日奖金包括元旦 1, 000 元、春节 2, 000 元、"五一" 1, 000 元等，质量奖金每年 5, 000 元，1～6 月的奖金 6, 000 元，该年薪的前提条件为作为注册会计师必须能够在审计报告上签字，否则按劳动合同上所载明的最低工资支付并且事务所可以随时解除劳动合同。第二、第三年继续履行劳动合同或续签劳动合同的情况下，每年工资的升幅不小于 10%。2011 年 1 月至同年 5 月，原、被告继续履行已签订的劳动合同，原告也在审计报告上签字，该年度工资标准应比 2010 年提高 10%，但原告支付被告的每月工资（含奖金）为 3, 800 元，存在每月 50 元的差额。原告未举证证明已支付被告该年元旦、"五一" 奖金及根据规定升幅的春节奖金。原告未举证证明已支付被告 2011 年 1～5 月奖金及质量奖金。

原告诉称被告所完成的工作量较他人少，所做报告存在问题。因原告据此所提供的证据，未能证明双方事先约定或规定原告支付被告合同约定工资的条件，即被告在规定时间内应完成的工作量，才能享有合同约定的工资，因此，原告要求不付被告上述工资，即减少被告工资，但原告提供的证据不能证明其减少被告工资的理由充分、确实。故原告要求判决不予支付被告上述工资的请求，尚无相应的事实依据，法院未予支持。但审计项目基本情况表反映该报告存在多方面问题，而双方又未约定或规定审计报告的具体质量要求及报告存在问题与享有质量奖金的条件如何确定，因此，法院对原告应付被告的质量奖金数额酌情确定。2011 年 5 月 31 日，原告以被告未能完成工作任务、工作时间做私事违反劳动纪律为由解除与被告的劳动合同，并表明，若被告辞职，原告将给予 3 个月的工资，若被告不提出辞职，原告将按劳动法给予被告正常的补偿。由此表明，原告认为被告不胜任工作，并承诺依法给予解除劳动合同的经济补偿，显然，原告是按劳动法关于劳动者不胜任工作而予以解除劳动合同的规定解除双方间劳动合同的，原告依法应支付被告解除劳动合同的经济补偿金及替代提前通知期一个月工资，故原告要求判决不予支付被告解除劳动合同经济补偿金及替代提前通知期一个月工资的请求，尚无相应的事实及法律依据，法院未予支持。至于原告认为2011年6月被告办理交接手续时，将电脑中的相关数据删除，为此，原告给予被告开除处理，因而无须支付被告解除劳动合同经济补偿金及代通金的意见。因原告已于2011年5月31日解除了与被告的劳动合同，此后，双方不存在劳动关系，原告对与其无劳动关系的被告给予开除处理，不发生法律约束力。如果被告存在删除电脑数据的事实，原告可通过其他途径予以处理，故原告以此为由要求判决不予支付被告解除劳动合同经济补偿金及代通金的理由不能成立，对此意见法院未予采纳。

【案例6】 罗某与H会计师事务所劳动合同纠纷案

基本案情： 原告罗某1999年5月进入被告H会计师事务所工作，担任审价员，双方签订有期限的劳动合同。2007年12月27日，原、被告签订了自2008年1月起无固定期限的劳动合同。2009年4月2日，原告向被告发出解除劳动合同函，认为被告从2009年3月起未按2008标准合同工资的标准支付原告工资，违反劳动合同，为此提出与被告解除劳动合同，要求被告在收到本函件后按有关规定办理退工及转移执业资质等相关手续。此后未再上班。同年4月27日，被告回函：已收到解除劳动合同函，要求原告2009年4月30日下午到公司办公室商议相关事宜。因被告单位希望原告继续工作或进行股权转让后离职，双方协商未果。

2011年6月23日原告向S市H区劳动人事争议仲裁委员会申请仲裁，要求被告：（1）办理退工手续；（2）归还劳动手册；（3）归还资质证书；（4）赔偿2009年4月至2011年6月延迟退工损失98,654元；（5）支付合同补偿余额31,344元；（6）支付原有劳务工资155,357元。仲裁委以原告的请求事项超过仲裁申请时效，作出不予受理的决定。原告不服诉至法院。

定性依据： 《中华人民共和国劳动合同法》第五十条。

处罚结果： 法院判决如下：

（1）被告H会计师事务所向原告罗某出具退工证明。

（2）被告H会计师事务所返还原告罗某工程造价员、中级专业技术职务资格证书。

（3）被告H会计师事务所应自本判决生效之日起七日内支付原告罗某延迟退工损失人民币13,884元。

案件受理费人民币10元，本案适用简易程序，减半收取，计人民币5元，由原告罗某、被告某会计师事务所各半负担。

简要评析： 劳动合同关系解除或终止后，用人单位应当按规定出具解除或终止劳动合同关系的有效证明，劳动者可以凭有效证明办理失业登记手续。本案原告于2009年4月2日书面提出与被告解除劳动合同，被告作为用人单位应当在解除劳动合同时出具解除劳动合同的证明，并在十五日内为劳动者办理档案和社会保险关系转移手续。被告未按规定向原告出具解除劳动关系的退工证明，影响原告办理失业、求职登记手续，应承担相应赔偿责任。原告是否向被告单位主张退工，原告是否办理工作交接及股权转让手续以及被告是否存在主观故意，不能成为被告单位延迟出具解除劳动关系有效证明的理由。原告离职后未重新就业，原告要求按S市职工平均工资标准赔偿延迟退工损失，缺乏依据。综合本案实际情况，平衡双方利益，判令被告按失业保险金标准赔偿原告2009年6月24日至2011年6月23日延迟出具解除劳动关系有效证明的损失。

八、会计师事务所著作权及不正当竞争纠纷案

【案例1】Q会计师事务所诉P会计师事务所侵犯著作权及不正当竞争纠纷案

基本案情： 原告Q会计师事务所诉被告P会计师事务所侵犯著作权及不正当竞争纠纷一案，法院受理后依法组成合议庭，公开开庭进行了审理。原告Q会计师事务所的委托代理人，被告P会计师事务所的法定代表人、委托代理人到庭参加了诉讼。

原告Q会计师事务所诉称，我公司自1994年成立以来，针对会计师事务所的服务内容和服务性质，经过长期的执业实践，逐步总结和起草出一系列与业务相关的文件，这些文件最终以文字、表格、分类目录、网站功能等方式予以体现。自2000年公司网站成立以来，我公司将上述文件上传到网站上以进行宣传、开拓业务，并进行了网站的专门设计。P会计师事务所与我公司从事的业务相同，并同样通过网站进行宣传推广和拓展客户。2005年5月，我公司发现P会计师事务所的网站抄袭使用了我公司创作的上述作品，相关表格的内容、顺序与我公司的作品完全相同，侵犯了我公司的著作权；在网站首页的菜单设置、服务栏目设置、收费计算器的功能设置、客户行业分类等方面模仿我公司网站，构成不正当竞争。P会计师事务所的行为给我公司造成巨大损失，故请求法院判令该所：（1）立即停止侵犯著作权及不正当竞争的行为，删除侵权内容；（2）就侵犯著作权及不正当竞争行为在我公司网站、P会计师事务所网站、百度公司网站、雅虎中国网站上公开澄清事实，并向我公司赔礼道歉；（3）赔偿我公司经济损失10万元，并承担我公司因本案支出的律师费、公证费等费用56,000元。

原告Q会计师事务所提交了12份证据：（1）［2006］××证经字第07014号公证书；（2）［2006］××证经字第07012号公证书；（3）J印务有限公司出具的《关于为Q会计师事务所印刷宣传资料有关情况的说明》及Q会计师事务所宣传材料；（4）《关于Q会计师事务所网站情况的说明》；（5）在线网络发票；（6）Q会计师事务所与网络公司于2004年9月17日订立的《网站推广合同书》；（7）Q会计师事务所与网络公司于2004年8月27日订立的《网站推广合同书》；（8）Q会计师事务所与科技公司订立的网站推广合同；（9）Q会计师事务所与咨询公司签订的网站推广合同；（10）Q会计师事务所2004年、2005年企业所得税税收缴款书；（11）Q会计师事务所与律师事务所订立的《委托代理合同》及律师费发票；（12）公证费发票。

被告P会计师事务所辩称，我所于2005年12月28日正式注册成立，不可能在2005年5月发生侵权行为；会计师事务所作为一个特定行业，各所之间的业务范围、经营方式具有众多共同之处，网页的栏目、分类、表达语句出现雷同属正常现象；同时，注册会计师协会对开展业务时的程序、所需资料清单也有明确的规范要求，因此各个会计师事务所网站上的相关内容也都大同小异，Q会计师事务所对这些内容不享有著作权，我方使用同行业内共用资料的行为并无不当，Q会计师事务所的诉讼请求不能成立。

经审理查明：

（1）P会计师事务所成立于2005年12月28日，与Q会计师事务所均为从事审计、税

务审核、验资、税务代理等业务的会计师事务所，两者之间存在竞争关系。2006年2月15日，北京市公证处对P会计师事务所的网页内容进行了公证。

（2）关于网站首页设置。

原告网站首页设有"首页"、"关于我们"、"执业资格"、"服务内容"、"服务收费"和"我们的客户"六个项目；被告网站首页设有"首页"、"关于我们"、"服务项目"、"收费标准"、"执业资格"和"客户列表"六个项目。

（3）关于服务项目设置。

原告网站在"服务内容"项目下设有"审计"、"验资"、"代理记账"、"税务"、"评估"、"工程造价"、"工商代理"七个子项目；被告网站在"服务项目"项下设有"审计"、"验资"、"代理记账"、"税务"四个子项目。

原告网站在"审计"项下设有"离任审计"、"清算审计"等十八个小项目，"验资"项下设有"开业验资"、"改制验资"等七个小项目，"代理记账"项下设有"服务特点"、"服务内容"、"服务价格"三个小项目，"税务"项下设有"亏损确认审核"、"税收筹划"等八个小项目；被告网站"审计"、"验资"项下的内容设置与原告网站相同，"代理记账"项下仅有"代理记账"一个小项目，"税务"项下除原告网站所设八个小项目外，另有"代理报税"和"代理税务登记"两个小项目。

（4）关于收费计算器。

原告网站设有"服务收费计算器"栏目，通过下拉菜单可选择"审计"、"验资"、"代理记账"、"税务"、"资产评估"、"工程造价"、"工商代理"等服务项目，根据不同的服务项目，在下端输入数额或在右侧选择"一般规模"、"中等规模"、"大规模"分类，点击"开始计算"后在"计算结果"中显示出收费数额；被告网站设有"收费计算"栏目，通过下拉菜单可选择"审计"、"验资"、"代理记账"、"税务"、"工商代理"等服务项目，根据不同的服务项目，在下端输入数额或"一般规模"、"中等规模"、"大规模"、"内资"、"外资"等，点击"计算"后弹出一对话框，显示服务项目名称、资产总额或类别，及相应费用，在"计算"旁另有"清除"选项。

（5）关于客户行业分类。

原告网站将"我们的客户"分为IT业、包装印刷业等36类；被告网站将"我们的客户"分为IT行业、包装印刷业等34类，其中有31类与原告网站相同，但无原告网站列出的航空业、金融保险业、拍卖行、证券期货业、政府机关五类，并较原告网站多出了科研机构、国有企业、中介机构三类。

（6）关于服务项目的文字说明及表格。

原告网站在"离任审计"等小项目下均有一段对该项服务的说明文字，并以表格形式列明所需资料清单，表格分为两类，第一类表格纵向分"资料类型"、"资料目录"、"说明"、"具备"四栏，横向在"资料类型"一栏下根据项目不同分为"财务类资料"、"账务资料"、"备查类资料"等类别，"资料目录"下依阿拉伯数字序号列出所需资料名称，部分所需资料在"说明"一栏中有对应的内容对其加以解释或说明；第二类表格仅在纵向分"资料目录"和"说明"两栏，未作横向分栏，其他形式与第一类表格相同。

被告网站与原告网站相同的文字说明和表格共有30处，包括：①离任审计；②会计报表审计；③外汇年检审核；④外资企业会计报表审计；⑤清算审计；⑥事业单位审计；⑦律师事务所审计；⑧代表处经费支出审计；⑨改制审计；⑩司法鉴定审计；⑪旅行社审计；⑫对财务信息执行商定程序审计；⑬贷款审计；⑭财产转移审计；⑮物业管理收费审计；⑯工资、劳动保险联审；⑰移民审计；⑱会计报表审阅；⑲开业验资；⑳增资；㉑减资；㉒改制验资；㉓年检验资；㉔事业单位验资；㉕外商投资企业验资；㉖亏损确认审核；㉗所得税汇算清缴审核；㉘所得税税前弥补亏损审核；㉙所得税退税审核；㉚土地增值税汇算清缴审核。

此外，原告网站在"代理记账"项下，分12条对代理记账的作用、Q会计师事务所的服务特点等进行了文字介绍；在"常年税务服务"项下有"及时向企业介绍税收法规，税收政策"、"解答涉税问题"、"提供具体操作指导"、"培训企业税务人才"和"强化员工纳税意识"5条文字内容；在"税收筹划"项下有"设计纳税流程，全面解决税务问题，帮助企业合理避税"、"法律法规并未禁止企业避税"、"合理避税并非偷税漏税"和"专业的税收筹划方案能为企业直接产生经济效益"4条文字内容。被告网站在对应项目下使用了原告网站的上述内容（在"代理记账"中使用了前9条的内容）。

被告网站中相关网页上未注明上述表格和文字内容的来源，亦无署名。

(7) 关于原告网站中有关验资的说明文字和表格内容与《中国注册会计师执业规范指南第3号——验资（试行）》（以下简称《规范》）相关内容的关系。

在说明文字上，原告网站中有关验资的说明文字与《规范》中相关术语定义的表述不同；在排列顺序上，原告网站中有关表格如"设立验资——内资所需资料清单"中列出的所需资料与《规范》中对应的"设立验资的取证"要求获取的资料的排列顺序不同；在表述上，原告网站中有关表格的"资料目录"对所需资料的表述较为概括、简单，而《规范》中的表述则比较全面、完整，如《规范》中的"经企业登记机关核准的《企业名称预先核准通知书》"在原告网站中被表述为"名称预先核准通知书"，《规范》中的"被审验单位出资者签署的与出资有关的协议、合同和企业章程"在原告网站中被表述为"公司章程、协议"；在内容上，原告网站"资料目录"中所列资料内容与《规范》中要求的内容并非一一对应，如《规范》中"全体出资者指定代表或委托代理人的证明和委托文件、代表或代理人的身份证明"未出现在原告网站的"资料目录"中，而"资料目录"中的"可行性分析报告"未在《规范》中列出，此外，原告网站有关表格中"说明"项下的内容在《规范》中并未出现。

(8) P会计师事务所于2006年4月28日收到法院应诉通知后关闭了被告网站。

(9) Q会计师事务所因本案支出公证费6,000元，律师费5万元。

定性依据：《著作权法》第四十七条第（一）项、第四十八条，《著作权法实施条例》第二条、第十九条。

民事责任：法院作出判决如下：

(1) 本判决生效之日起，被告P会计师事务所停止使用原告Q会计师事务所享有著作权的作品；

(2) 本判决生效之日起十五日内，被告P会计师事务所在自身网站首页连续二十四小时刊登声明，向原告Q会计师事务所公开致歉，消除影响（内容须经法院审核，逾期不履行，法院将在相关媒体刊登判决书有关内容，费用由被告P会计师事务所负担）；

(3) 本判决生效之日起十五日内，被告P会计师事务所赔偿原告Q会计师事务所经济损失及合理的诉讼支出1万元；

（4）驳回原告 Q 会计师事务所的其他诉讼请求。

案件受理费 4,630 元，由原告 Q 会计师事务所负担 2,315 元（已交纳），由被告 P 会计师事务所负担 2,315 元，于本判决生效之日起七日内交纳。

简要评析：（1）P 会计师事务所未构成不正当竞争，原因在于：

① 双方网站首页的项目设置虽均为六项，但表述不尽相同，且"首页"、"关于我们"属于大多数网站通常会设置的项目，又鉴于双方均为提供会计师服务的事务所，均出现有关执业资格、服务项目、收费和客户等项目设置亦属正常，并无不当之处。

② 被告网站的"服务内容"中虽有四个子项目与原告网站相同，但较原告网站缺少"评估"和"工程造价"两项；被告网站中上述四个子项目下的小项目，虽然大部分与原告网站相同，但仍有部分小项目有所增减，可见并不完全相同。鉴于这些小项目的分类依据为会计师事务所通常的业务内容，为行业内共同执行和使用，并未体现出与 Q 会计师事务所具有特定联系，Q 会计师事务所无权排斥他人进行使用；P 会计师事务所在与 Q 会计师事务所从事的业务相近、服务内容近似的情况下，出现大致相同的服务项目设置亦属正常。

③ 原告网站的"服务收费计算器"与被告网站的"收费计算"栏目相比，除计算功能外，在外观、选项设置、结果显示方式和显示内容上均有所区别；而计算器本身的计算功能为通用功能，P 会计师事务所将该功能与自身业务结合使用并无不当；Q 会计师事务所称设置收费计算器是该所"原创性的点子"，但据此要求他人不得进行类似方式的使用，缺乏法律依据。

④ 被告网站的客户分类虽与原告网站大部分相同，但仍有部分有所增减，并不完全相同；这些分类均按人们通常理解的行业或单位性质作出，未体现出与 Q 会计师事务所具有特定联系，故该所无权禁止他人以类似方式使用。

综上所述，Q 会计师事务所的首页设置、服务分类、收费计算器和客户分类均为通常方式或行业通用标准和内容，上述各个内容及其结合并未建立起与 Q 会计师事务所的必然联系，不能通过这些内容使 Q 会计师事务所的服务与其他来源的服务得到区分。P 会计师事务所以类似方式使用上述内容，并不会造成公众对双方服务来源的混淆，导致客户的误认，从而分流 Q 会计师事务所的市场利益，故未构成不正当竞争。

（2）P 会计师事务所侵犯了 Q 会计师事务所的著作权，原因在于：

作品是指文学、艺术和科学领域内，具有独创性并能以某种有形形式复制的智力创作成果。Q 会计师事务所关于各个小项目的说明文字与《规范》中的相关定义表述不同；将行业规范中单纯的文字表述以表格的形式体现出来，使客户可以更加直观、便捷地获得相关信息，并根据具体服务项目的区别设计不同的表格；各个表格中的内容虽然主要源自共同遵守的行业规范，但在具体内容的选择、排列、表述上均结合自身的执业经验进行了一定的编排和整理，并为便于客户理解在部分所需资料后附加了相应说明；"代理记账"、"常年税务服务"和"税收筹划"项下的文字内容均为结合本所特点作出的业务介绍，不在行业共用范围之内。上述文字和表格是 Q 会计师事务所将自身特点、执业经验与行业规范结合而成的智力成果，属于具有独创性和可复制性的表达，应当受到著作权法的保护。

P 会计师事务所将 Q 会计师事务所享有著作权的上述文字和表格复制于自己的网站且未注明来源，构成对 Q 会计师事务所署名权、复制权和信息网络传播权的侵犯，应承担停止侵权、消除影响、赔礼道歉、赔偿损失的责任。

P 会计师事务所应当停止的是侵犯著作权的行为，故在停止使用相关侵权内容的情况下，其对被告网站的合法使用不受影响。

鉴于 P 会计师事务所仅在该所网站上使用了 Q 会计师事务所的作品，所造成的相关影响也应在该网站的影响范围之内，故 P 会计师事务所在停止使用侵权内容后，于被告网站首页公开致歉即足以达到消除影响、赔礼道歉效果。Q 会计师事务所要求在诸多其他网站上公开致歉的请求与 P 会计师事务所的行为性质和造成的影响不相适应，法院不予支持。

Q 会计师事务所主张赔偿经济损失 10 万元，缺乏证据支持。法院将依据本案作品的性质、用途和侵权的范围、时间、后果等因素酌情确定赔偿数额。

Q 会计师事务所因本案支出的公证费以及律师费中的合理部分，亦应由 P 会计师事务所负担。

【案例 2】B 出版公司与 Z 会计师事务所侵犯著作权纠纷一案

基本案情： 原告 B 出版公司与被告 Z 会计师事务所侵犯著作权纠纷一案，法院受理后，依法组成合议庭，公开开庭进行了审理。B 出版公司的委托代理人到庭参加了诉讼，Z 会计师事务所经法院传票传唤无正当理由拒不到庭。

原告 B 出版公司起诉称：我公司经作者温某某授权，取得了其创作作品《白衣×××》和《少年××》信息网络传播权专有使用权。2009 年，我公司发现 Z 会计师事务所未经我公司许可，擅自在其经营的网站上登载了上述作品，供用户下载阅读，涉嫌侵权字数总计830 千字。我公司认为，Z 会计师事务所的行为侵害了我公司的合法权益。故诉至法院，请求法院判令 Z 会计师事务所从其网站上删除侵权内容，赔偿我公司经济损失 24,900 元及为诉讼支出的公证费 2,000 元。

被告 Z 会计师事务所未出庭应诉，亦未提交书面答辩意见。

经审理查明：1995 年 3 月，H 出版社出版了温某某的作品《少年××》（上、下册），版权页载明作品字数 340 千字。同年 12 月，还出版了温某某的作品《白衣×××》（上、下册），版权页载明作品字数 490 千字。

2007 年 9 月 11 日，温某某出具《授权委托书》，授权 B 出版公司以信息网络传播、制作、复制和销售电子出版物等数字化制品的方式独家使用《少年××》、《白衣×××》等系列图书，并授权其以自己的名义对任何侵犯作品上述著作权的行为行使权利，必要时可以自己的名义提起诉讼；授权期限自 2006 年 8 月 27 日至 2011 年 8 月 27 日。

2009 年 9 月，B 出版公司申请 Q 公证处对被告传播涉案作品的情况进行了证据保全公证。该公证处出具的 [2009] ××内民证字第 3931 号、3951 号公证书显示如下内容：（1）登录被告网站，该网站首页分为税务资讯、税务频道、会计频道、管理文库、资源下载等栏目，首页下方显示有"主办单位"、"协办单位"等信息。（2）在上述网站首页点击"资源下载"进入该频道，点击该频道"电子书库"栏目项下的"文学历史"进入相应页面，该页面上显示有电子书库下载列表，其中包含名为《少年××（上）》、《少年××（下）》、《白衣×××（上）》和《白衣×××（下）》的电子文件，上述文件均可正常打开并可全文下载，文件内容与涉案图书《少年××》和《白衣×××》内容相同，上述文件下载信息中均显示"添加时间：2007 - 1 - 15"，下载页面上均显示有 Z 会计师事务所的全称及联系方式。（3）点击在上述网站首页下方的"关于我们"进入相应页面，页面上显示有"Z 会计师事务所"的简介；在上述页面中点击"公司资质"，所进入页面上显示有 Z 会计师事务所的营业执照、执业证书、组织机构代码证等证件复印件。（4）登录中国万网查询上述网站的域名注册信息，查询结果显示网站的注册单位是 Z 会计师事务所。

为上述公证，B 出版公司支付公证费 2,000 元。

诉讼中，B 出版公司表示因涉案网站的域名由 Z 会计师事务所持有，故该公司系涉案网站的主要运营人，本案仅向其主张权利。

另查，B 出版公司称其曾于 2010 年年底向 Z 会计师事务所发出律师函，该公司已于 2011 年初将涉案作品删除，故本案不再主张停止侵权的诉讼请求。

Z 会计师事务所经法院合法传唤未到庭应诉，不影响法院在查明事实的基础上依法缺席判决。

定性依据：《著作权法》第四十八条第（一）项、第四十九条第一款，《民事诉讼法》第一百三十条。

民事责任：法院作出缺席判决如下：

（1）被告 Z 会计师事务所于本判决生效之日起十日内赔偿原告 B 出版公司经济损失 24,900 元；

（2）被告 Z 会计师事务所于本判决生效之日起十日内赔偿原告 B 出版公司为制止侵权支付的公证费 2,000 元。

如果 Z 会计师事务所未按本判决指定的期间履行给付金钱义务，应当依照《民事诉讼法》第二百二十九条之规定，加倍支付迟延履行期间的债务利息。

案件受理费 473 元，由 Z 会计师事务所负担（于判决生效后七日内交纳）。

简要评析：作品的著作权归作者所有，作者有权将其作品的财产性权利授权他人行使。作者温某某对其创作的作品《少年××》、《白衣×××》依法享有著作权。B 出版公司依据温某某出具的授权书，独家获得了上述作品在授权期限内的信息网络传播权，并有权以自己的名义进行维权。

根据涉案中华税网上标示的信息以及该网站的注册信息，可以认定 Z 会计师事务所为该网站的经营者，依法应对该网站承担相应法律责任。现 Z 会计师事务所未经 B 出版公司许可擅自在其经营的上述网站上传播作品《少年××》、《白衣×××》，向公众提供免费下载服务，使公众能够在其个人选定的时间和地点获得上述作品，故侵犯了 B 出版公司对上述作品享有的信息网络传播权，理应承担停止侵权、赔偿损失的法律责任。

鉴于 B 出版公司确认 Z 会计师事务所已删除涉案作品，并表示不再坚持停止侵权的诉讼请求，故法院对此不再进行处理。关于赔偿经济损失的数额，参照国家相关稿酬规定和涉案作品的字数，B 出版公司本案索赔数额确属合理，故法院全部予以支持；其为本案支出的公证费亦属合理开支，也应予以支持。

九、损害会计师事务所权益纠纷案

【案例 1】Y 会计师事务所与李某损害公司权益纠纷上诉案

基本案情：上诉人 Y 会计师事务所、上诉人李某因损害公司权益纠纷一案，不服 B 市第二中级人民法院［2006］二中民初字第 15880 号民事判决，向二审法院提起上诉。二审法院受理后，依法组成合议庭进行了审理。Y 会计师事务所的委托代理人，李某的委托代理人到庭参加了诉讼。本案现已审理完毕。

原审原告 Y 会计师事务所起诉称：2000 年 8 月 14 日，Y 会计师事务所吸收李某为股东。2004 年 9 月 16 日，李某利用其为公司股东、副董事长的便利条件，指使他人抢夺公司公章，盗窃公司营业执照的正、副本，非法召开董事会及临时股东会，选举李某为董事长，企图变更公司法定代表人，非法侵占公司的财产。在其目的没有得逞的情况下，李某遂将其抢走的公章和盗窃的营业执照擅自进行扣押，并利用其抢走的公章和盗窃的营业执照陆续实施了一系列侵害公司合法权益、损害公司名誉的行为。从 2004 年 10 月起直到 2005 年 1 月，李某陆续向 Y 会计师事务所的许多重要客户散发加盖其抢走公章的歪曲事实的文件，造成 Y 会计师事务所业务收入至少损失 3,702,440 元。同时为了制止李某的各种侵权行为和防止危害结果的扩大，Y 会计师事务所做了大量工作，为此，支出了律师费 55 万元，诉讼费 36,510 元，公证费 28,870 元，公告费 7,800 元，差旅费 308,109 元。此外，李某曾利用其抢走的并已被宣布作废的公章向 Y 会计师事务所各地分公司骗取所谓董事会经费 40 万元。Y 会计师事务所以上损失共计 5,033,729 元。

李某不仅利用其股东身份实施严重侵害公司权益的行为，而且因其刑事犯罪已被判处刑罚，注册会计师资格已被撤销。根据 Y 会计师事务所公司章程以及我国注册会计师有关法规规定，李某名下的股份应予以强制变更。另外，根据 2007 年 8 月 6 日 J 会计师事务所《关于李某出资情况的专项审计报告》查实，李某并未对 Y 会计师事务所实际出资。鉴于上述原因，Y 会计师事务所已分别于 2004 年 12 月 28 日、2006 年 8 月 23 日、2008 年 1 月 28 日通过股东会决议，确定李某名下的股权由吕某持有，但李某拒绝配合 Y 会计师事务所办理相应的工商变更手续。为此，要求法院判令李某履行 Y 会计师事务所股东会决议，将其名下的股权无偿变更至 Y 会计师事务所股东会确定的受让人吕某名下，并据此办理相应的工商变更登记手续。

综上所述，请求法院判令：（1）李某因其损害 Y 会计师事务所权益的行为向 Y 会计师事务所承担损害赔偿额共计 5,033,729 元（包括 Y 会计师事务所的业务收入损失 3,702,440 元，律师费 55 万元，诉讼费 36,510 元，公证费 28,870 元，公告费 7,800 元，差旅费 308,109 元，利用作废公章骗取的董事会经费 40 万元）；（2）李某因其损害 Y 会计师事务所权益的行为将所持股权予以转让变更，由李某按 Y 会计师事务所股东会决议的要求，将其名下股权无偿变更至股东会确定的受让人吕某名下，并据此办理相应的工商变更登记手续。

Y 会计师事务所向原审法院提交以下证据予以证明：

（1）Y 会计师事务所 2000 年 8 月公司章程及关于选举董事长、副董事长、经理及监事长的董事会决议，证明李某的身份为 Y 会计师事务所副董事长、总经理；

（2）Y 会计师事务所在报纸上刊登的关于公司营业执照正、副本丢失、公章被盗的声明；

（3）B 市公安局朝阳分局呼家楼派出所报案证明，证明 Y 会计师事务所报案称陈某抢夺公司公章及营业执照正、副本被盗走；

（4）B 市工商局 2004 年 12 月 30 日出具的不予行政许可决定书，国家工商局 2005 年 3 月 23 日出具的行政复议决定书，证明国家工商局认定李某召开的股东会、董事会召开程序违法，故李某做出的任何决议应属无效；

（5）2005年1月19日李某以Y会计师事务所董事会名义向上海证券交易所出具《关于我公司个别人准备非法出具审计报告的情况反映》，证明李某散发虚假材料；

（6）2005年1月24日、26日，上海证券交易所上市公司部发出的监管工作函及情况说明，证明李某散发虚假材料，使Y会计师事务所与多家客户的合作关系受到影响；

（7）李某向政府各有关部门散发的《九·一六民主改革进程》，证明李某向许多国家机关散发虚假举报材料，严重损害Y会计师事务所名誉；

（8）Y会计师事务所向有关部门反映情况的文件，证明李某的行为破坏了Y会计师事务所正常的经营秩序，损害了Y会计师事务所合法权益；

（9）2005年3月3日Y会计师事务所向H市公安局经侦支队递交《关于李某涉嫌经济犯罪问题的举报材料》，H市公安局2005年4月27日对李某的拘留通知书，H市N区人民法院［2007］××刑初字第130号刑事判决书、H市中级人民法院［2007］××刑终字第292号刑事裁定书，证明李某因违法受到处罚；

（10）李某给Y会计师事务所造成损失5,033,729元的证据。

原审被告李某答辩称：

（1）Y会计师事务所认定李某非法召开董事会及股东会是错误的。

Y会计师事务所自2000年合并以来，从未召开过董事会、股东大会，根据《企业法人法定代表人登记管理规定》第七条"有限责任公司或股份有限公司更换法定代表人需要由股东会、股东大会或董事会召开会议做出决议，而原法定代表人不能或者不履行职责，致使股东会、股东大会或者董事会不能依照法定程序召开的，可以由半数以上的董事推举一名董事或者由出资最多或者持有最大股份表决权的股东或其委派的代表召集和主持会议，依法做出决议"的规定，Y会计师事务所董事10人推举张某副董事长召集并主持2004年9月16日董事会，董事会决议是由9名董事（三分之二以上）共同签字通过的。2004年10月10日股东大会更是严格按《公司法》、《公司章程》的规定召开，公证处进行了全程跟踪，并出具了《公证书》。

B市工商局企业处未变更法定代表人的主要原因就是受Y会计师事务所的干扰，Y会计师事务所多次去B市工商局反映"公司公章被抢被盗，个别人要非法变更法定代表人"，又将以非法方式撤销李某副主任会计师、经理等职务的通知送交B市工商局企业登记处，阻止变更法定代表人，还向B市公安局、工商局、安全局等部门发送反映信，把三分之二以上董事作出决议说成是一起跨地区具有黑社会性质的有组织的犯罪团伙，用在工商局根本没有注册的公司的文头纸及印章将措辞过激的发文，铺天盖地发往政府各部门，把公司存在的问题无限扩大。吕某之所以这么做，是因为他的所作所为得不到公司三分之二以上董事的支持，无法控制董事会，所以他只能用这样的手段来掩人耳目，混淆视听，致使董事会无法行使权利。在李某及其他股东毫不知情的情况下，变更了李某为法定代表人的D资产评估公司的法定代表人。为此董事们召开董事会，做了工作部署，决定将B市工商局行政不作为、滥作为的行为告到法庭，后来由于李某失去自由，致使4年后事态演变成今天这样。在问题没有得到妥善解决之前，Y会计师事务所就私刻公章，以一个根本没在工商局注册的公司的名义，向政府各部门及上市公司发文，扩大事态，制造矛盾，给公司造成极坏影响的是Y会计师事务所，而不是李某个人，Y会计师事务所负有不可推卸的责任。

（2）Y 会计师事务所诉称李某指使陈某抢夺公司公章及营业执照，是不符合事实的。

陈某原来作为被告，在 2006 年年底开庭时已向法院对公章及营业执照的取得做过陈述，并提供了相应的证据证明，证明公章及营业执照的取得是经过董事会授权的，并将公章及营业执照交回董事会。临时股东大会也做过决议，同意由董事会管理公司营业执照和公章。李某从未控制也未动用和使用过公章，陈某是新当选的董事，公章由他保管。

（3）Y 会计师事务所认定李某给其造成业务收入损失 370.20 万元，是极其荒谬的。

从 Y 会计师事务所提供的 2000~2007 年度业务收入对比表可以看到，业务收入是逐年增加的。公司收入增加与减少的因素很多，Y 会计师事务所没有直接证据证明是李某给公司造成的损失，而且收入也并未减少，不存在损失。

（4）Y 会计师事务所提供的律师费、诉讼费、公证费、董事会经费的支出票据都无法证明这些费用的支出与李某有直接关系，骗取董事会经费 40 万元的说法更是不存在的。40万元是各分公司汇到陈某个人信用卡账户上的，由陈某负责支出并管理票据，全部支出票据没有李某签字，说李某骗取董事会经费是极其荒唐的。

（5）Y 会计师事务所认定李某没有对 Y 会计师事务所出资，不具有股东资格，与事实不符。

李某已向 Y 会计师事务所以货币实际出资，出资额为 45 万元，占 Y 会计师事务所总股本的 8.04%，在 Y 会计师事务所提供的 B 市工商局备案的出资表及验资证明中已充分得到证实。李某是 Y 会计师事务所的合法股东，李某享有的股东权益是受公司法保护的。2004年 12 月 28 日 Y 会计师事务所股东会决议内容中"将李某所持有的股权在公司股本中共计人民币 45 万元，经估算价值之后转让公司另一股东吕某"，这也证明了李某在 Y 会计师事务所已实际出资到位。强制转让李某股权的会议已开过多次，并没有得到工商部门的认可。

李某向原审法院提交以下证据予以证明：

（1）2004 年第一次董事会召集人及主持人推举书、会议通知、2004 年 9 月 16 日 Y 会计师事务所 2004 年第一次董事会决议、董事会收条、董事会授权书，证明董事会的召开符合法规及公司章程规定，董事会决议是 9 名董事共同签字通过的，公司公章及营业执照正、副本的收缴是董事会集体决定的，由董事会集体保管；

（2）12 名股东 2004 年 9 月 21 向吕某发出《关于召集临时股东大会的要求》，吕某2004 年 9 月 23 日向 12 名股东出具的《关于临时股东大会事项的复函》，证明吕某知道临时股东大会的要求，拒绝召集；

（3）2004 年第一次临时股东会召集人推举书，证明 Y 会计师事务所股东按法定程序推举临时股东大会召集人；

（4）《关于临时股东大会的通知》、《京城特快专递邮件详情单》、吕某等 6 名股东的回函、15 名股东授权委托书、2004 年 9 月 25 日全体职工大会会议记录，证明已按法定程序通知 Y 会计师事务所股东召开临时股东会；

（5）2004 年第一次临时股东会公证书，证明该次股东会合法，股东会决议选举董事会成员有效；

（6）Y 会计师事务所第二届董事会 2004 年第一次会议决议，证明李某合法当选，同意公司营业执照正、副本及公章由公司董事会管理，合法任命各分公司经理；

（7）2004 年 11 月 30 日 Y 会计师事务所向社会各界发出的《严正声明》、2005 年 1 月 9

日向政府各部门递交的《九·一六事件过程》，证明第二届董事会向政府各部门及社会各界反映由于吕某的干扰破坏，董事会面临的困境和公司现状；

（8）2004年11月29日Y会计师事务所高层管理人员2004年第一次会议会议纪要，证明自2004年9月16日起所有对外发文及重大事件的决策是全体董事及高层管理人员共同做出的。

经原审法院庭审质证，对于Y会计师事务所提交的证据1～证据9，李某未对真实性提出异议，但表示证据5、证据7是董事会研究决定的，对于Y会计师事务所提交的证据10，李某不予认可。

对于李某提交的证据，Y会计师事务所对证据7中的《严正声明》及证据8的真实性有异议，认为没有原件，不能作为定案依据，内容不能证明李某的主张，其余证据Y会计师事务所未对真实性提出异议，但对证明的内容有异议。

对于李某提交的证据1，Y会计师事务所认为该次董事会召开程序违法，作出的决议无效，不能证明李某取走公司公章和营业执照系经董事会授权，授权书和收条是陈某抢走公章后加盖的，是8个人的授权或认可，不是董事会作出的决议，即使是也不能证明李某对外散发对Y会计师事务所不利的文件系经过授权；

对于李某提交的证据2～证据5，Y会计师事务所认为2004年第一次临时股东会召开程序不合法定程序，B市工商局和国家工商局均做出了不合法的认定，该次股东会议题是选举新一届董事会，证明2004年9月16日董事会决议已被否定；

对于李某提交的证据6，Y会计师事务所认为股东会2004年10月10日做出决议同意公司营业执照正、副本及公章由公司董事会管理，也不能证明李某于9月16日取走公司公章及营业执照系经授权；

原Y会计师事务所董事杨某在原审法院庭审中认可有其签字的文件都是真实的，李某提交的证据8中有其签名，该院对该证据真实性予以确认。

对于李某提交的证据7中的《严正声明》，系李某证明向社会各界反映情况的文件，属自认事实的情况，原审法院予以确认。

根据原审庭审质证，对于Y会计师事务所提交的证据1～证据9及李某提交的证据原审法院予以确认。

另，Y会计师事务所向原审法院提交了董事会决议，证明Y会计师事务所自2000年8月30日召开董事会后至2004年共召开过4次董事会会议：（1）2001年3月20日，由董事长吕某主持，到会董事李某等8人，决议同意对公司的经营范围申请变更登记，增加国有和非国有资产评估的内容；（2）2002年10月11日，由副董事长李某主持，到会董事6人，会议内容系对审计有关问题进行决议；（3）2003年1月30日，由董事长吕某主持，Y会计师事务所董事决议通过公司财务报告，同意试行《对离、退休返聘人员再次退休后发给补充养老金的暂行规定》，同意将原云某等股东名下的股权份额合计25万元，转移给新成立的广州分公司，云某不再具有Y会计师事务所股东身份，也不再担任董事职务；（4）2003年2月11日，由董事长吕某、副董事长李某签字，形成一份高级管理人员任免决议，任命副主任会计师，主管全公司证券业的审计业务，免去云某的副主任会计师职务，不再主管证券业的审计业务，将现经手的业务做完办理交接工作。对此，该院予以确认。原审法院查明，2000年8月19日，李某以货币出资45万元，占Y会计师事务所增资后总股份的

8.04%。2000 年 8 月 30 日，Y 会计师事务所董事会做出决议，选举吕某为新一届董事长，选举李某为副董事长，聘任李某为 Y 会计师事务所的总经理。后 Y 会计师事务所办理了工商变更手续，修改了 Y 会计师事务所章程。

Y 会计师事务所 2000 年 8 月公司章程第三十一条规定："事务所设董事会，第一届董事会成员 5 人，增资扩股后董事会成员增至 13 人，换届时董事由股东会选举产生。董事任期 3 年，任期届满，可连选连任。董事会设董事长一人，董事长由全体董事推举产生，董事长担任主任会计师，为法定代表人。董事会行使以下职权：（1）负责召集股东会，并向股东会汇报工作；（2）执行股东会的决议；（3）制定事务所的经营方针和投资方案；（4）制定事务所的年度财务预算方案、决算方案；（5）制定事务所的利润分配方案和弥补亏损的方案；（6）制定事务所增加或减少注册资本的方案；（7）拟定事务所合并、分立、变更组织形式、解散方案；（8）对事务所新加入的股东、原股东的退出以及股权转让事项提出议案；（9）聘任或解聘事务所高层管理人员，并决定其报酬事项；（10）决定事务所内部机构的设置。"公司章程第三十二条规定："董事会会议由董事长召集和主持。董事长因特殊原因不能履行职务时，由其指定的董事召集和主持。两名以上董事可以提议召开董事会会议"。公司章程第三十三条规定："董事会会议对所议事项做出的决议应有二分之一以上的董事表决通过方为有效"。

Y 会计师事务所在经营管理上存在一些问题，而吕某作为董事长自 2000 年以来未就董事会的主要职权范围召开过董事会，导致一些问题不能得到合理解决。2004 年 9 月，Y 会计师事务所 9 名董事签名推举副董事长张某作为 Y 会计师事务所 2004 年第一次董事会会议召集人和主持人，在推举书中表明：鉴于 2000 年 7 月以来 Y 会计师事务所从未召开过董事会，经多名董事多次提议，董事长吕某拒不履行职责，使得公司董事会不能依照法定程序召开，现就以下内容拟在 2004 年 9 月中旬召开董事会：（1）重新选举董事长；（2）重新任命总经理；（3）重新任命主任会计师；（4）其他事项。2004 年 9 月 16 日，Y 会计师事务所 2004 年第一次董事会会议召开，由 Y 会计师事务所副董事长张某主持，李某等共 9 名董事参加，会议选举李某为董事长，任命李某为总经理及主任会计师，免去吕某董事长及主任会计师职务，同时不再担任公司法定代表人，由李某担任法定代表人，即日起公司公章及财务专用章由董事会指定专人保管，即日起所有财务收支及经营活动需经由董事长李某批准或授权。同日，该 9 名董事还授权 Y 会计师事务所机构管理部经理陈某等人代表董事会保管公司公章及财务专用章，代表公司接管公司财务。陈某将 Y 会计师事务所公章及营业执照正副本交至董事会，9 名董事出具收条，内容为：陈某受董事会委托将收缴的 Y 会计师事务所公章及营业执照正副本交至董事会，由董事会集体保管。

此后，李某持该董事会决议去 B 市工商局办理法定代表人变更登记，B 市工商局认为该次董事会会议违反公司章程第三十二条"董事会设董事长一人，董事长由全体董事推举产生"的规定，未予办理法定代表人变更登记。为了继续办理法定代表人变更登记，2004 年 10 月 10 日，经 9 名董事及 11 名股东推举，李某作为召集人和主持人，经 C 公证处公证，李某主持召开了 Y 会计师事务所 2004 年第一次临时股东会，Y 会计师事务所共 44 名股东中 22 名股东（占全部出资额 55.48%）出席会议并作出如下决议：

（1）关于明确公司营业执照正、副本及公章管理等事项的决议：①同意公司营业执照正、副本及公章由公司董事会管理；②鉴于吕某于 2004 年 9 月 21 日已私自刻制了公司公章并已启用，本次股东会认为其未履行正常手续非法刻制的公司公章无效。

（2）关于第二届选举董事会成员的决议：选举李某、陈某等13人为第二届董事会成员并组成新一届董事会。

当日，李某主持Y会计师事务所第二届董事会2004年第一次会议，会议作出决议，选举李某为Y会计师事务所董事长，选举了两名副董事长，并任命了总经理，同时任命了各分公司总经理。

此后，李某于2004年12月30日委托陈某向B市工商局办理变更法定代表人为李某的登记手续，B市工商局出具××工商注册企不许字［2004］0000004号不予行政许可决定书作出不予许可决定，理由如下：（1）不能确定本次申请是否为公司真实意思表示；（2）部分股东对本次提交的"2004年第一次关于第二届选举董事会成员的决议"的形式及内容提出书面异议。李某不服，向国家工商局申请复议，国家工商局于2005年3月23日作出行政复议决定书，查明：2004年9月16日李某通过非正常途径取得了对公司营业执照和印章的控制权。2004年9月21日，李某等12名股东要求吕某于2004年10月10日召开临时股东会。2004年9月23日吕某回函承诺在李某交回营业执照和印章后依法定程序召开临时股东会。2004年10月10日，李某自行主持召开了Y会计师事务所2004年第一次临时股东会，会议重新选举了公司董事会成员，李某被选为公司董事。同日，李某主持了Y会计师事务所第二届董事会2004年第一次会议，会议选举李某为董事长。2004年10月15日，Y会计师事务所法定代表人吕某称公司营业执照被盗，向B市工商局递交了补领营业执照的申请表，并附刊登在报纸上的《声明》。因其未能提供由全体股东出具关于补领营业执照的情况说明，B市工商局未予补发营业执照。2004年10月25日，陈某持加盖Y会计师事务所印章的变更登记申请材料，向B市工商局提出申请将公司法定代表人变更为李某。因其提交的《Y会计师事务所2004年第一次临时股东会关于第二届选举董事会成员的决议》中明确记载该次会议的主持人为李某而非公司现任法定代表人吕某，B市工商局未予受理其申请，并按照《公司登记管理条例》第二十四条第一款第（三）项的规定，要求李某补充提交有关材料以佐证前述决议的有效性，后陈某提交了补充材料。2004年10月26日，Y会计师事务所法定代表人吕某向B市工商局反映情况，称公司营业执照被盗、印章被抢一案已向公安机关报案，请求B市工商局暂停对Y会计师事务所的变更登记。此后，B市工商局多次收到Y会计师事务所多名股东的反映，称陈某等人持有的营业执照和印章是非法获得的，由其提交的申请不能代表公司的真实意思。此外，吕某等还提交了B市第二中级人民法院2004年10月21日作出的受理Y会计师事务所诉哈尔滨××李某等18名自然人合并合同纠纷案的《受理案件通知书》、H市D区人民检察院2004年11月17日出具的证明李某任董事长涉嫌行贿的《情况说明》。2004年12月30日，B市工商局以"不能确定本次申请是否为公司真实意思表示、部分股东对本次提交的《2004年第一次临时股东会关于第二届选举董事会成员的决议》的形式及内容提出书面异议"为由，不予许可变更登记申请。

国家工商局认为：公司申请变更登记，应提交反映其真实意思的有效文件。本案中Y会计师事务所2004年第一次临时股东会及董事会的召开程序不符合法律的相关规定，且部分股东对该公司向B市工商局提交的变更申请材料提出了异议，因此，该公司提交的变更申请材料不能代表其真实意思。B市工商局据此作出不许可Y会计师事务所法定代表人变更登记的行为并无不当。因此，国家工商局维持了B市工商局所作的决定。后李某起诉至B

市 H 区人民法院。

在未办理完毕工商变更登记的情况下，李某等 8 人于 2004 年 11 月 29 日召开高层管理人员 2004 年第一次会议，会议纪要中提到：2004 年 10 月 10 日以后吕某针对 H 分公司和李某个人采取了一系列攻击行为，包括：挑动、利用 H 公司内部矛盾，并动用公检法的关系以达到攻击李某个人乃至公司董事会的目的；试图收买有关股东、董事，以求削弱公司董事会的目的；对有关客户散布谣言，以期破坏公司的声誉。上述行为确实对工作造成了一定的影响，但与会人员一致认为应当坚定信心，团结一致，坚决维护股东会、董事会的决议，同时要调整思路，变被动挨打为主动出击。与会人员就下列问题进行讨论并达成了一致意见：(1) 工商变更登记事宜……；(2) 可以考虑放弃公司的一两个 A 级资质；(3) 可以考虑就吕某个人侵犯股东利益问题到有关公安部门报案；(4) 可以考虑在北京地区的媒体发表有关声明；(5) 就吕某提起的针对 H 公司合并一事的诉讼，可以考虑由公司股东到法院申请撤诉或作进一步的反诉准备；(6) 由陈某负责办公室及与各分公司联系……；(7) 进一步与注协、财政部、北京财政局进行沟通，及时反映情况，争取政府的支持；(8) 各分公司同意将尚未缴纳的管理费上交公司董事会，其他经费的筹集可再协商。

2004 年 11 月 30 日，Y 会计师事务所、H 分公司向社会各界、全体股东、员工出具《严正声明》，称 Y 会计师事务所董事会于 2004 年 9 月 16 日作出决议，将公司的公章、营业执照正副本由董事会管理，董事会负责公司的全部经营活动。2004 年 10 月 10 日公司召开股东大会重新改选了公司董事，吕某落选。公司股东会决议由超过半数股东同意通过，董事会决议由全体董事一致通过，经 C 公证处公证，B 市工商局确认，会议召开程序合法，表决有效。上述决议代表了 Y 会计师事务所广大股东和全体员工的利益，绝非某个分公司或少数股东的行为。吕某不尊重公司董事会、股东会决议，拒不交接工作，仍以公司董事长自居，私刻公章、伪造公安部门文件、造谣诽谤、对公司新任董事长李某进行人身攻击、对 H 分公司的业务进行干扰破坏。鉴于吕某的所作所为已经触犯了国家刑律、公司法，并严重侵犯了公司股东利益，公司现做出如下严正声明：(1) 即日起撤销吕某在 Y 会计师事务所的一切职务，并限期不得以 Y 会计师事务所的名义承揽业务、出具报告；(2) 吕某私刻公司公章已触犯国家刑法、公司法，公司股东将坚决追究其刑事责任。2004 年 9 月 16 日之后经由吕某盖公章出具的报告、协议或合同均无效，有关经办人员应在一周之内到公司董事会重新审核盖章。逾期未办理的，公司董事会将登报声明作废。即日起，凡需要加盖公司公章的书面文件必须由公司董事会处理；(3) 针对吕某侵占、转移公司财产、贪污、行贿等一系列违法行为，公司将通过对其提起法律诉讼，追究其刑事及民事责任，并赔偿股东损失。公司将呼吁有关部门领导支持股东会和董事会的正当行为，董事长改选在公司经营中属正常行为，相信公司能处理好内部事务，力求避免或尽量降低对客户的影响。

2005 年 1 月 19 日，李某以 Y 会计师事务所名义向上海证券交易所发出《关于我公司个别人准备非法出具审计报告的情况反映》，称 Y 会计师事务所新一届董事会成员及新一任董事长已合法产生，现公司公章和营业执照正副本已收归公司董事会管理，公司所有财务收支及经营活动均由公司新董事会负责。公司原董事长吕某非法私自刻制了公章，公司营业执照目前尚未通过工商部门年检，目前公司原董事长吕某已安排对三个上市公司的年度审计，并准备以非法私自刻制的公章和尚未通过年检的营业执照复印件非法为三个上市公司出具年度报告。

2005年1月24日、26日，上海证券交易所上市公司部分别向三个上市公司发出监管工作函，内容为：我部获悉，Y会计师事务所内部目前存在一定问题，我部提醒你公司在聘请其担任公司2004年年度报告审计机构时应考虑相关风险。

在李某于2005年1月9日以Y会计师事务所董事会名义向政府各有关部门出具的《××改革进程》中，称2004年12月28日李某等向中注协领导汇报了目前面临的困境：（1）分公司客户资源受到严重破坏，有的分公司甚至客户全失；（2）北京部分及五家分公司员工生活及生存面临着巨大威胁；（3）正常业务无法开展。这都"归功于"个别政府部门"该为不为，不该为而为"，"归功于"吕某利用所掌握的资源对各分公司业务资源疯狂进行破坏。

在李某向各部门反映情况的同时，吕某也以Y会计师事务所的名义向各个部门反映情况，例如，2004年9月18日吕某签发了Y会计师事务所向B市工商局提交《关于我公司营业执照被盗等情况的报告》，称Y会计师事务所部分董事违规擅自召开董事会，盗走公司营业执照和公章，企图变更法定代表人，请求B市工商局不予办理变更登记；2004年10月10日Y会计师事务所向B市委常委、B市公安局局长提交的《关于Y会计师事务所李某等人违法行为的汇报》，称李某纠集串通北京总部个别人抢劫、盗窃公司印章及重要证照，并做出了一系列严重违法行为，造成恶劣影响；2004年10月16日吕某会同Y会计师事务所监事等以Y会计师事务所名义向B市公安局C分局提交《关于陈某等人抢夺公章、营业执照的报告》，称陈某与李某等人内外勾结，企图篡权，以执行非法做出的董事会决议为由抢夺公章和营业执照，致使公司动荡，社会不安定因素增加；2004年11月10日Y会计师事务所向B市安全局提交《关于极少数违法过激分子抢夺盗窃我公司公章及营业执照进行非法活动有可能威胁国家机关机密的报告》；2004年11月28日，Y会计师事务所向B市公安局刑侦总队领导提交《关于李某、高某、陈某等人抢夺公章和盗窃营业执照的情况反映》，称李某密谋串通北京总部个别人抢劫、盗窃公司印章和营业执照，并做出了一系列严重违法行为，造成恶劣影响；2005年1月27日吕某向上海证券交易所上市公司部提交了Y会计师事务所关于澄清有关事实的函，称有人冒用Y会计师事务所董事会名义利用作废公章发送《关于我公司个别人准备非法出具审计报告的情况反映》，恶意虚构事实，企图损害公司形象，该函件纯属个人非法行为，不代表Y会计师事务所；2005年3月3日Y会计师事务所向H市公安局经侦支队提交了李某涉嫌经济犯罪问题的举报材料。

2005年4月27日，李某因涉嫌职务侵占被H市公安局刑事拘留。2005年6月2日，李某被H市人民检察院批准逮捕。2007年5月31日，H市N区人民法院认定李某犯有贪污罪、挪用资金罪，判处其有期徒刑十五年，剥夺政治权利三年，并处没收财产人民币20万元，继续追缴其全部贪污款人民币66万余元及其利息，上缴国库。李某不服，上诉至H市中级人民法院。H市中级人民法院于2007年7月12日作出驳回上诉、维持原判的终审裁定。现李某在H市监狱服刑。

上述事实，有双方提交的相关证据和当事人陈述意见在案佐证。

原审法院判决认为，自2000年以来，吕某作为Y会计师事务所董事长、法定代表人，李某作为Y会计师事务所副董事长、总经理。因Y会计师事务所在管理机制上存在一些问题，加之吕某不履行董事长的主要职责，导致问题不能得到合理解决，Y会计师事务所13名董事中9名董事于2004年9月16日召开董事会，选举李某作为董事长，担任法定代表人，决议由董事会指定专人保管公司公章及财务专用章。同日，该 9 名董事还授权 Y 会计师事务所机构管理部经理陈某等人代表董事会保管公司公章及财务专用章，代表公司接管公司财务。陈某将 Y 会计师事务所公章及营业执照正副本交至董事会，9 名董事还出具了收条。根据上述事实，表明收管 Y 会计师事务所公章及营业执照正副本是 9 名董事共同做出的决定。根据《公司法》的相关规定及 Y 会计师事务所公司章程的规定，股东会是公司的权力机构，董事由股东会选举产生，董事会对股东会负责，Y 会计师事务所 13 名董事中 9 人做出的决议应代表了 Y 会计师事务所董事会的意志，并代表了 Y 会计师事务所绝大多数股东的意志。因此，本案中并不存在 Y 会计师事务所所称李某指使他人抢夺公司公章、盗窃公司营业执照正副本的情况。在工商部门依据 2004 年 9 月 16 日董事会决议未予办理法定代表人变更登记的情况下，经多名董事及股东推举，李某作为召集人和主持人，经 C 公证处公证，李某又于 2004 年 10 月 10 日主持召开了 Y 会计师事务所 2004 年第一次临时股东会，Y 会计师事务所共 44 名股东中 22 名股东（占全部出资额 55.48%）参加并作出决议，决议公司营业执照正副本及公章由公司董事会管理，选举了李某、陈某等 13 人为第二届董事会成员组成新一届董事会，李某被选举为董事长。该决议是 Y 会计师事务所多名股东参与的结果，本案亦不存在李某非法召开董事会、临时股东会的情形。因此，Y 会计师事务所关于李某指使他人抢夺公司公章，盗窃公司营业执照的正副本，非法召开董事会及临时股东会的诉讼主张没有证据支持，法院不予采信。在李某办理变更法定代表人登记过程中，Y 会计师事务所董事长吕某在《××晨报》上刊登《声明》称营业执照被盗，向 B 市工商局要求补领营业执照并反映情况，称公司营业执照被盗、印章被抢一案已向公安机关报案，请求 B 市工商局暂停对 Y 会计师事务所的变更登记。Y 会计师事务所多名股东也向 B 市工商局反映，称陈某等人持有的营业执照和印章是非法获得的，由其提交的申请不能代表公司的真实意思。吕某等人还向 B 市工商局提交了法院受理 Y 会计师事务所诉 H 市中盛及李某等 18 名自然人合并合同纠纷案的《受理案件通知书》、H 市 D 区人民检察院证明李某任董事长涉嫌行贿的《情况说明》等，导致 B 市工商局不能确定变更法定代表人申请是否是 Y 会计师事务所真实意思表示，未予办理变更登记。李某在其法定代表人身份未被工商部门认可办理变更登记的情况下，其便行使 Y 会计师事务所法定代表人的职权，对外代表 Y 会计师事务所向 Y 会计师事务所的许多重要客户及上海证券交易所等有关机关散发文件，宣称 Y 会计师事务所新董事长产生，撤销原董事长吕某在 Y 会计师事务所的一切职务，吕某非法私自刻制公章出具审计报告等。吕某及 Y 会计师事务所部分股东也以 Y 会计师事务所的名义对外以不同形式发布了相关文件及情况反映。上述行为均对 Y 会计师事务所的名誉产生了不良影响，同时也造成 Y 会计师事务所不能正常经营。但该问题系因 Y 会计师事务所管理机制存在问题，公司管理层内部存在矛盾，且不能通过合法有效途径予以解决造成的，应由参与的全体董事及股东承担责任。吕某作为 Y 会计师事务所法定代表人，长期不履行法定职责，影响了其他董事参与公司经营管理权利的行使，遭到了多数董事反对，导致董事会 13 名董事中 9 名董事推举李某作为公司新董事长，且李某对外发布文件亦是多名董事商议的结果。因此，李某的行为不构成《公司法》（2004 年）第六十三条"董事、监事、经理执行公司职务时违反法律、行政法规或公司章程的规定，给公司造成损害的，应当承担赔偿责任"的条件，Y 会计师事务所要求李某赔偿因其损害 Y 会计师事务所权益的行为给 Y 会计师事务所造成的损失 5,033,729 元没有事实及法律依据，法院不予支持。但鉴于李某在争任董事长过程中，在其法定代表人身份未被工商部门认可办理变更登记的情况下，便行使了 Y 会计师事务所法定代表人的职权，给 Y 会计师事务所造成了一定的实际支出损失，法院根据实际情况酌定 Y 会计师事务所的实际支出损失为 206,195 元，李某对此应予以赔偿。

至于 Y 会计师事务所要求李某按 Y 会计师事务所股东会决议的要求，将其名下股权无偿变更至股东会确定的受让人吕某名下，并据此办理相应的工商变更登记手续。法院认为，Y 会计师事务所该项诉讼请求属股权转让纠纷，与本案不属同一法律关系，应由 Y 会计师事务所公司章程规定的股权受让方另向李某主张，本案不作处理。

综上所述，依据《民法通则》第一百零六条第二款，第一百三十四条第（七）项之规定，判决：（1）李某于判决生效后十日内赔偿 Y 会计师事务所损失 206,195 元；（2）驳回 Y 会计师事务所其他诉讼请求。

Y 会计师事务所、李某均不服原审法院判决，向二审法院提起上诉。Y 会计师事务所上诉主要理由为，关于侵权的情况：2004 年 11 月，李某法人代表身份没有变更，李某便开始采取了相关的破坏行为，在不同的场合明确向各方面人说如果法定代表人不变更为他，他就砸了 Y 会计师事务所的牌子，让吕某也不能作为法定代表人。作为公司的副董事长不可能利用自己的职务身份损害自己的公司，同时李某也将执照和公章都放在自己的住所，后来 Y 会计师事务所补办了，李某私自扣押执照和印章，扰乱公司经营，同时损害 Y 会计师事务所的名誉。2005 年，李某因职务侵占被判刑，同年 7 月其他 12 个股东已经解除协议放弃股东权，李某也应将股权转让给吕某。上诉请求：（1）撤销 B 市第二中级人民法院 [2006] 二中民初字第 15880 号民事判决书。（2）判令李某因其损害上诉人公司权益的行为而向上诉人承担损害赔偿额共计 5,033,729 元（包括上诉人的业务收入损失 3,702,440 元，律师费 550,000 元，诉讼费 36,510 元，公证费 28,870 元，公告费 7,800 元，差旅费 308,109 元，利用作废公章骗取的"董事会经费"400,000 元）。（3）判令李某因其损害 Y 会计师事务所权益的行为将所持股权予以转让变更，由李某按上诉人股东会决议的要求，将其名下股权无偿变更至 Y 会计师事务所股东会确定的受让人吕某名下，并据此办理相应的变更登记手续。（4）判令李某承担本案一审、二审全部诉讼费用。

李某针对上诉人 Y 会计师事务所的上诉意见，作答辩并提出上诉意见如下：关于公章和营业执照的取得，Y 会计师事务所认为是李某占有，没有事实和证据，李某取得公章是因公司 12 名董事作出的决议，9 个同意由董事会保管公章和营业执照，而且也没有在李某手中。Y 会计师事务所主张在李某住所扣押，实际上李某住所是事务所办事处，所有的工作人员都在那里办公，公章实际上是陈某收的，而且也没有证据证明公章和营业执照在李某手中。对于 Y 会计师事务所损失的问题，一审 Y 会计师事务所提交了很多证据，有业务收入的报告，当时提到 Y 会计师事务所业务在增长，2003 年 Y 会计师事务所收入增长 13.5%，2004 年增长 23.41%，2005 年增长 15.83% 没有发生减少的证据，与 Y 会计师事务所主张 2005 年严重亏损 120 万元证据是相关矛盾的，而且即使收入减少也没有证据证明是李某造成的。吕某作为公司的董事长没有很好地解决问题，到处报案说公司公章被抢了，被盗了，并往北京政府的各个部门散发材料，对 Y 会计师事务所的名誉造成了影响，新一届董事会只是将相关的情况进行了汇报，没有对 Y 会计师事务所造成任何影响。李某 2000 年加入公司开发了 9 家上市公司的业务，所以李某不可能会做出任何影响 Y 会计师事务所的事情。故 Y 会计师事务所指控李某侵权没有事实依据。上诉请求：（1）原审判决认定上诉人对被上诉人造成一定的实际支出损失 206,195 元缺乏事实和法律依据,故请求撤销该判决,并依法驳回上诉人的诉讼请求。(2) 判令由 Y 会计师事务所承担本案全部诉讼费用。

Y 会计师事务所针对上诉人李某的上诉答辩称:私自扣押执照的情况,其有关键性的材料,李某在 B 国际港的房产是他个人名下,是公司资金购买,已经被查封,Y 会计师事务所派人清理房间的时候发现了营业执照的正本,是 2008 年 11 月 5 日清理的时候发现的,Y 会计师事务所现在的营业执照和原来的执照不同。关于散发材料的情况,如果说是内部管理争议完全可以向相关人员反映,不可能向客户反映,李某为了砸坏 Y 会计师事务所的牌子,向客户发出了相关的虚假材料,导致了客户终止和 Y 会计师事务所的合作,影响非常严重。上诉人李某的上诉不能成立,Y 会计师事务所认为赔偿损失应是 5,033,729 元,不应是 206,195 元。

在本案二审过程中,上诉人 Y 会计师事务所申请证人出庭作证,证明 Y 会计师事务所员工 2008 年 11 月入住国际港 D 座 301 号房(此前一直由李某居住)打扫卫生时,发现装有 Y 会计师事务所 2004 年 9 月"被盗"的营业执照正本原件的档案袋。对此上诉人李某的代理人予以否认,称李某住所是事务所的办事处,所有的工作人员都在那里办公,公章是陈某收的,2005 年李某已经被拘留,2008 年上诉人 Y 会计师事务所才发现营业执照且是在李某没有在场,证人及清理房间的人均系 Y 会计师事务所的工作人员情形下,Y 会计师事务所没有证据证明营业执照正本原件系李某所放。

二审法院经审理查明的其他事实与一审查明的事实相一致。

定性依据:《民事诉讼法》第一百五十三条第一款第(一)项。

民事责任: 二审法院判决如下:

驳回上诉,维持原判。

一审案件受理费 35,265 元,由 Y 会计师事务所负担 33,825 元,由李某负担 1,440 元(于本判决生效后七日内交纳);保全费 6,220 元,由 Y 会计师事务所负担 5,130 元,由李某负担 1,090 元(于本判决生效后七日内交纳)。二审案件受理费 35,265 元,由 Y 会计师事务所负担 33,825 元,由李某负担 1,440 元。

简要评析: 自 2000 年以来,Y 会计师事务所在管理机制上存在一些问题,不能得到合理解决,Y 会计师事务所 13 名董事中 9 名董事于 2004 年 9 月 16 日召开董事会,选举李某作为董事长,担任法定代表人,决议由董事会指定专人保管公司公章及财务专用章。该 9 名董事还授权 Y 会计师事务所机构管理部经理陈某等人代表董事会保管公司公章及财务专用章,代表公司接管公司财务。陈某将 Y 会计师事务所公章及营业执照正副本交至董事会,9 名董事还出具了收条。上述事实,表明收管 Y 会计师事务所公章及营业执照正副本是 9 名董事共同做出的决定。根据《公司法》的相关规定及 Y 会计师事务所公司章程的规定,股东会是公司的权力机构,董事由股东会选举产生,董事会对股东会负责,Y 会计师事务所 13 名董事中 9 人做出的决议应代表了 Y 会计师事务所董事会的意志,并代表了 Y 会计师事务所绝大多数股东的意志。因此,本案中并不存在 Y 会计师事务所所称李某指使他人抢夺公司公章、盗窃公司营业执照正副本的情况。在此认定基础上,Y 会计师事务所证人证言已无意义。在工商部门依据 2004 年 9 月 16 日董事会决议未予办理法定代表人变更登记的情况下,经多名董事及股东推举,李某作为召集人和主持人,经 C 公证处公证,李某又于 2004 年 10 月 10 日主持召开了 Y 会计师事务所 2004 年第一次临时股东会,Y 会计师事务所共 44

名股东中 22 名股东（占全部出资额 55.48%）参加并作出决议，决议公司营业执照正副本及公章由公司董事会管理，选举了李某、陈某等 13 人为第二届董事会成员组成新一届董事会，李某被选举为董事长。该决议是 Y 会计师事务所多名股东参与的结果，本案亦不存在李某非法召开董事会、临时股东会的情形。因此，Y 会计师事务所关于李某指使他人抢夺公司公章，盗窃公司营业执照的正副本，非法召开董事会及临时股东会的诉讼主张没有证据支持。在李某办理变更法定代表人登记过程中，Y 会计师事务所董事长吕某在报纸上刊登《声明》称营业执照被盗，向 B 市工商局要求补领营业执照并反映情况，称公司营业执照被盗、印章被抢一案已向公安机关报案，请求 B 市工商局暂停对 Y 会计师事务所的变更登记。Y 会计师事务所多名股东也向 B 市工商局反映，称陈某等人持有的营业执照和印章是非法获得的，由其提交的申请不能代表公司的真实意思。吕某等人还向 B 市工商局提交了原审法院受理 Y 会计师事务所诉 18 名自然人合并合同纠纷案的《受理案件通知书》、H 市 D 区人民检察院证明李某任董事长涉嫌行贿的《情况说明》等，导致 B 市工商局不能确定变更法定代表人申请是否是 Y 会计师事务所真实意思表示，未予办理变更登记。李某在其法定代表人身份未被工商部门认可办理变更登记的情况下，其便行使 Y 会计师事务所法定代表人的职权，对外代表 Y 会计师事务所向 Y 会计师事务所的许多重要客户及上海证券交易所等有关机关散发文件，宣称 Y 会计师事务所新董事长产生，撤销原董事长吕某在 Y 会计师事务所的一切职务，吕某非法私自刻制公章出具审计报告等。吕某及 Y 会计师事务所部分股东也以 Y 会计师事务所的名义对外以不同形式发布了相关文件及情况反映。上述行为均对 Y 会计师事务所的名誉产生了不良影响，同时也造成 Y 会计师事务所不能正常经营。但该问题系因 Y 会计师事务所管理机制存在问题，公司管理层内部存在矛盾，且不能通过合法有效途径予以解决造成的，应由参与的全体董事及股东承担责任。因此，李某的行为不构成《公司法》（2004 年）第六十三条"董事、监事、经理执行公司职务时违反法律、行政法规或公司章程的规定，给公司造成损害的，应当承担赔偿责任"的条件，Y 会计师事务所要求李某赔偿因其损害 Y 会计师事务所权益的行为给 Y 会计师事务所造成的损失 5,033,729 元没有事实及法律依据。基于上述认定，Y 会计师事务所以李某因其损害 Y 会计师事务所权益的行为将所持股权予以转让变更，由李某按 Y 会计师事务所股东会决议的要求，将其名下股权无偿变更至股东会确定的受让人吕某名下，并据此办理相应的工商变更登记手续的请求，不应支持。鉴于李某在争任董事长过程中，在其法定代表人身份未被工商部门认可办理变更登记的情况下，便行使了 Y 会计师事务所法定代表人的职权，给 Y 会计师事务所造成了一定的实际支出损失，原审二审法院根据实际情况酌定 Y 会计师事务所的实际支出损失为 206,195 元，李某对此应予以赔偿。

十、会计师事务所委托合同纠纷案

【案例 1】 Z 会计师事务所与 X 科技公司财会服务合同纠纷上诉案

基本案情： 上诉人 Z 会计师事务所因与被上诉人 X 科技公司财会服务合同纠纷一案，不服 Z 市 G 区人民法院 [2010] ××民二初字第 369 号民事判决，向二审法院提起上诉，二审法院受理后依法组成合议庭，公开开庭进行了审理。上诉人 Z 会计师事务所的委托代理人，被上诉人 X 科技公司的委托代理人到庭参加诉讼。

原审法院经审理查明：2009 年 4 月 20 日，Z 会计师事务所（乙方）与 X 科技公司（甲方）签订《审计业务约定书》一份，主要约定：一、委托内容 2006 年至 2009 年 3 月审计报告及会计咨询；二、经协商，审计基准日确定为 2009 年 3 月 31 日；三、甲方的责任与义务：（1）本约定书签订以后，甲方应在开始工作以前对资产进行一次全面清查核实，填列申报明细表，做到账实相符、账表相符；（2）甲方应在 2009 年 4 月 5 日之前向乙方提供本次工作所需的有关文件和资料；（3）甲方应为乙方提供必要的工作条件，如办公地点、交通工具、食宿以及派出甲方熟悉情况的专业人员配合乙方工作；（4）根据国家有关文件规定，本项目费用为人民币 15 万元。甲方应在本约定日双方签字盖章后一个月内支付，否则承担违约金 4.5 万元，滞纳金按日 6‰收取；（5）由乙方提供给甲方的本次报告书仅供甲方按照本次工作目的使用，未经乙方同意，甲方不可向有关报告审查部门以外的任何单位和个人提供，报告的全部或部分内容不得发表于任何公开媒体。同年 4 月 29 日，X 科技公司向 Z 会计师事务所出具客户交流意见书一份，载明："Z 会计师事务所：贵所审计了我公司 2006 年至 2009 年 3 月的财务状况并提供了相关会计咨询服务。我公司对贵所的财务服务表示满意，同时声明，我公司提供的财务数据真实有效，如有虚假我公司承担一切责任。报告书已收到。审计、咨询费用总计壹拾伍万元整在一个月内支付。如违约，将支付违约金肆万伍仟元整并按照《业务约定书》的约定每迟缓一日支付滞纳金玖佰元"。X 科技公司于 2009 年 7 月 10 日、2010 年 1 月 6 日分两次共支付 Z 会计师事务所咨询费 30,000 元后，对剩余 120,000 元未予支付，引起争诉。X 科技公司提交 Z 会计师事务所出具的某项目收费预算清单一份，载明："工作项目期间 2009 年 6 月 13 日至 2009 年 7 月 17 日，参加项目人数 3 人，周一至周五 6,475 元，周六、周日、晚上 3,626 元，土地评估费 85,000 元，无形资产评估费 50,000 元，2006 年至 2008 年审计报告费 5,000 元，以上费用共计 150,101 元"。在诉讼中，X 科技公司向法院提交 Z 会计师事务所于 2009 年 3 月出具的专项审计报告三份，该三份审计报告的用途是仅供 X 科技公司办理信贷时使用。Z 会计师事务所向法院提供其于 2009 年 4 月出具的年度审计报告四份，该四份审计报告的用途是仅供与台商合作使用。Z 会计师事务所、X 科技公司分别提供的由 Z 会计师事务所制作的审计报告所附同一时期资产负债表载明"资产总计"一栏数额相差甚远，为此，原审法院依职权到 Z 会计师事务所监管部门 H 省注册会计师协会对 Z 会计师事务所、X 科技公司提供的两套审计报告进行咨询，Z 会计师事务所提供的四份审计报告系年度审计报告，并非专项审计报告。

原审法院认为：Z 会计师事务所与 X 科技公司为特定业务用途签订了审计业务约定书，该审计业务约定书中载明 X 科技公司的委托事项为专项审计报告，但专项审计报告是指注册会计师根据中国注册会计师审计准则的规定，在实施审计工作的基础上对被审计单位的专门某一项目款项的财务报表发表审计意见的书面文件。而 Z 会计师事务所提供的报告系年度审计报告，并非专项审计报告，且 Z 会计师事务所于 2009 年 3 月、4 月分别为 X 科技公司出具的两套审计报告中所附同一时期资产负债表载明"资产总计"一栏数额相差甚远，另外，Z 会计师事务所向 X 科技公司出具的某项目收费预算清单中明确 150,101 元费用含土地评估费 85,000 元及无形资产评估费 50,000 元，但 Z 会计师事务所并未为 X 科技公司进行土地评估及无形资产评估，鉴于上述，Z 会计师事务所要求 X 科技公司支付服务费 120,000 元及违约金 45,000 元的诉讼请求，证据不足，没有法律依据，不予支持。X 科技公司辩称不欠 Z 会计师事务所服务费的意见，理由正当，予以采信。综上所述，依照《合同法》第六十条第一款、《民事诉讼法》第六十四条第一款及相关法律之规定，并经该院审判委员会研究决定，判决：驳回 Z 会计师事务所的诉讼请求。案件受理费 3,600 元，由 Z 会计师事务所负担。

Z 会计师事务所不服原审判决，向二审法院上诉称：一、原审判决认为"项目收费预算"是《审计业务约定书》合同的组成部分的观点错误。理由是：（1）《审计业务约定书》签约时间为 2009 年 4 月 20 日，事务所交付工作成果的期限为收到资料后的 30 天，实际交付时间为2009 年 4 月 29 日，有客户意见交流书为证，而收费预算显示的工作项目期间为 2009 年 6 月13 日至 7 月 17 日，明显超出该合同的履行期间；（2）《审计业务约定书》约定的服务费用为 15 万元，某项目收费预算显示的费用为 150,101 元，两笔数额明显不符；（3）会计师事务所不具有土地评估、无形资产评估的业务范围，实际上此次专项审计项目也不涉及此两项业务。但原审判决认定某项目收费预算是审计业务约定书的合同组成部分，并以没有进行两项评估为由驳回起诉，属于认定事实错误。实际上 Z 会计师事务所为 X 科技公司提供了多次服务，某项目收费预算是其他业务出具的咨询内容。X 科技公司提交的三份审计报告充分说明这一点。二、一审判决认定正天提供的工作成果不符合约定是认定事实错误。Z 会计师事务所根据约定，于 2009 年 4 月 29 日按时提供了专项审计报告及会计咨询服务，"客户交流意见书"证明 X 科技公司对事务所服务满意，Z 会计师事务所提供的 2009 年 4 月 26、27、28、29 日分别出具的四份审计报告是《审计业务约定书》约定的工作成果，是专项审计报告，原审认定是年度审计报告是错误的。即使我所提供的不属于专项审计报告，而 X科技公司愿意接受并且表示满意，也可以视为对变更的认可，符合当事人意思自治，应支付剩余服务费。请求撤销原判，发回重审，支持我所的诉讼请求。

X 科技公司答辩称：Z 会计师事务所没有土地评估资格，却要按含土地评估的价格收费，是一种欺诈行为，Z 会计师事务所提交的专项审计报告与事实不符。请求驳回上诉，维持原判。

二审法院经审理查明的事实与原审法院查明的事实一致。

定性依据：《民事诉讼法》第一百五十三条第一款第（一）项。

民事责任：二审法院作出判决如下：

驳回上诉，维持原判。

二审案件受理费 3,600 元，由 Z 会计师事务所承担。

简要评析：当事人对自己提出的诉讼请求所依据的事实或者反驳对方诉讼请求所依据的事实有责任提供证据加以证明。没有证据或者证据不足以证明当事人的事实主张的，由负有举证责任的当事人承担不利后果。根据 Z 会计师事务所与 X 科技公司签订的《审计业务约定书》的约定，Z 会计师事务所的合同义务有两项：（1）2006 年至 2009 年 3 月审计报告（专项审计）仅供与台商合作使用；（2）合同有效期内（半年内）会计咨询。Z 会计师事务所向 X 科技公司主张服务费用，应当承担其已按约定完成上述委托事项的证据。Z 会计师事务所所举由 X 科技公司出具的《客户交流意见书》显示：报告书已收到。Z 会计师事务所以此证明其已完成委托事项，且已将四份审计报告交付 X 科技公司，X 科技公司认可收到审计报告三份，否认收到上述四份审计报告，《客户交流意见书》没有标明报告书的名称及份数，不能证明 Z 会计师事务所已按约定完成委托事项，故其要求 X 科技公司支付服务费的诉讼请求不能成立。原审法院认定事实清楚，适用法律正确，实体处理适当，应予维持。

【案例2】D会计师事务所与Y网络公司委托合同纠纷一案

基本案情：原告D会计师事务所与被告Y网络公司委托合同纠纷一案，法院于2009年9月10日受理后，依法由代理审判员邢某独任审判。法院于2009年10月9日、10月13日公开开庭进行了审理。原告D会计师事务所委托代理人、被告Y网络公司委托代理人到庭参加诉讼。本案现已审理完毕。

原告D会计师事务所起诉称：2007年8月，D会计师事务所接受委托，负责对Y网络公司2006年7月至2007年7月的游戏收入进行专项审核。D会计师事务所根据委托要求，于2007年8月25日出具了专项审核说明草稿，并和相关业务约定书一起发给Y网络公司。针对此次审核，Y网络公司律师滕某也曾与D会计师事务所人员杜某进行电话沟通，后因Y网络公司希望再做进一步的审核工作，故再与D会计师事务所进行协商后，确定在完成第二步审核工作后一并支付费用。但后因Y网络公司业务问题，双方并未进行进一步的审核工作，但Y网络公司一直未给D会计师事务所第一次的审核费用。D会计师事务所多次发邮件向Y网络公司相关财务负责人联系，2009年3月30日，杜某以快递方式发给Y网络公司函一份。Y网络公司财务负责人李某与杜某电话联系，索要当时往来邮件，杜某将部分电子邮件转发给李某后，至今已1月有余，没有任何消息，故D会计师事务所诉至法院，请求判令：（1）Y网络公司支付审核费用7,000元；（2）本案诉讼费由Y网络公司承担。

原告D会计师事务所向法院提交以下证据予以证明：（1）D会计师事务所的营业执照；（2）D会计师事务所执业证书；（3）《关于Y网络公司游戏收入专项审核说明》；（4）Y网络公司信息查询情况；（5）原财务总监的证词及身份证；（6）电子邮件7份；（7）2009年3月30日杜某致Y网络公司函及以速递方式发出的寄件单；（8）业务约定书。

被告Y网络公司未向法院提交书面答辩意见，但其在法院庭审中口头答辩称：D会计师事务所未与Y网络公司签订任何书面合同的情况下，并没有将最终版的审核报告发给Y网络公司审核，并且D会计师事务所并没有将该报告作为证据提交法庭，故Y网络公司不同意D会计师事务所的诉讼请求。

被告Y网络公司向法院提交以下证据予以证明：（1）劳动纠纷仲裁申请书、B市劳动争议仲裁委员会的出庭通知书；（2）网站截屏一份；（3）B市公安局接受案件的回执单；（4）报案时的说明和授权委托书。

经法院庭审质证，各方当事人对原告D会计师事务所提交的证据1、证据2、证据4；被告Y网络公司提交的证据2的真实性、合法性、关联性均无异议，法院对上述证据的真实性、合法性、关联性均予以确认。

各方当事人对以下涉及本案争议焦点的证据持有异议：

（1）原告D会计师事务所提交的证据3，《关于Y网络公司游戏收入专项审核说明》（以下简称报告草稿），证明D会计师事务所的审核工作已经完成，已经形成初步的报告草稿，根据D会计师事务所的专业流程，是D会计师事务所将报告发给Y网络公司，由Y网络公司提供意见，发函给D会计师事务所，D会计师事务所才能出正式的报告。

被告Y网络公司对该证据的真实性不认可，没有收到过该份加盖D会计师事务所公章的报告原件。

虽然 Y 网络公司对 D 会计师事务所证据 3 的真实性提出异议，但因 Y 网络公司在庭审中认可电子邮件的真实性，且无相反证据否认证人证言的真实性，故法院结合以上证据，确认 D 会计师事务所报告草稿的真实性，并对 D 会计师事务所已将该报告草稿交给 Y 网络公司的事实予以确认。

（2）原告 D 会计师事务所提交的证据 5，原财务总监的证词及身份证，证明她给 D 会计师事务所介绍的业务的相关情况。被告 Y 网络公司对证据 5 的真实性有异议，认为证词有偏颇性，不予认可。虽然 Y 网络公司对证人证言的真实性提出异议，但其认可财务总监的身份，并代表 Y 网络公司与 D 会计师事务所联系审计的事实。经法院释明后，Y 网络公司不申请对证人证言的真实性进行笔迹鉴定。综合以上因素，法院按照有关民事诉讼证据举证的有关法律规定，对证人证言的真实性予以确认，同时对证人证言中所述的事实予以确认。

（3）原告 D 会计师事务所提交的证据 6，电子邮件 7 份，证明双方业务往来的经过与事实。被告 Y 网络公司对证据 6 一组证据的真实性不予认可。认为上述电子邮件的纸制版本都是从 D 会计师事务所电脑上拷下来的内容，未进行有效公证。①邮件所有的内容都是围绕业务报告来进行，Y 网络公司没有异议。但邮件没有说明双方什么时候签订业务约定书，什么时候出具专项审计报告以及审计费用，Y 网络公司没有看到具体的时间和金额；②2007 年 12 月 20 日 14 点 59 分的邮件中写道："早些时间，我已将报告电子版发给你们，因后来情况变化一直未出具正式版本"。2007 年 12 月 20 日 15 点 40 分 23 秒，回复杜某说，"那请将按照目前约定书内容完成报告最终版的电子档发过来，我们看过之后，再打印正式报告、付款"。2009 年 4 月 1 日杜某将该份邮件转给了现在 Y 网络公司的财务总监李某。从邮件上来看，没有看到 D 会计师事务所给 Y 网络公司提供最终版审核报告的附件。从这些证据来说，无法证明 D 会计师事务所将最终版报告发给 Y 网络公司，Y 网络公司在邮件中只是说收到了 D 会计师事务所的最终电子报告版后审核付款。对上述邮件中使用人均是 Y 网络公司的人员，对于邮件的真实性认可。

虽然 Y 网络公司对 D 会计师事务所证据 6 一组证据的真实性提出异议，但其对该组证据中邮件的真实性予以认可。经核实，法院对 D 会计师事务所提交的证据 6 中邮件的真实性均予以确认。同时，对 D 会计师事务所该组证据的证明事项亦予以确认。

（4）原告 D 会计师事务所提交的证据 7，2009 年 3 月 30 日杜某致 Y 网络公司函及以速递方式发出的寄件单，证明 D 会计师事务所又一次和 Y 网络公司进行沟通，但现在依然没有结果。Y 网络公司对证据 7 的真实性没有异议。对于该证据中所述双方业务往来的事实没有异议，但认为 Y 网络公司还没有收到 D 会计师事务所的正式报告，对该函中的其他事项没有异议。

因 Y 网络公司对该证据的真实性无异议，法院对该证据的真实性予以确认。法院对 D 会计师事务所关于该函件的证明事项予以确认。同时，对于 Y 网络公司未收到正式审计报告的质证意见法院亦予以确认。

（5）原告 D 会计师事务所提交的证据 8，业务约定书，约定双方的责任，审计收费，费用为 7,000 元，D 会计师事务所给 Y 网络公司以快递方式发送该约定书至少三次，证明本次业务的范围，同时对审计目标和责任义务、收费进行了明确约定。

被告 Y 网络公司对该证据的真实性无法确认，称没有收到该约定书，第一次开庭时 D 会计师事务所没有提交，没有 Y 网络公司签字和签章，无法确认。虽然 Y 网络公司对证据 8 的真实性未予确认，但法院结合证人证言及原、被告双方的往来电子邮件，能够确认 D 会计师事务所已将业务约定书发给 Y 网络公司的事实。同时，对该业务约定书中的基本合同条款予以确认。

（6）被告 Y 网络公司提交的证据 1，劳动纠纷仲裁申请书、B 市劳动争议仲裁委员会的出庭通知书，原告 D 会计师事务所对 Y 网络公司的证据 1 的真实性未提出异议，但认为该劳动争议案件与本案没有直接的关联性。因 D 会计师事务所对证据 1 的真实性无异议，法院对该证据的真实性予以确认。因证据 1 系劳动争议纠纷，与本案并无直接的关联性。故法院对该证据的关联性不予确认。

（7）被告 Y 网络公司提交的证据 3，B 市公安局接受案件的回执单，证据 4，报案时的说明和授权委托书。D 会计师事务所对 Y 网络公司证据 3、证据 4 的真实性没有异议，但认为证据 3、证据 4 与本案不具有关联性。

因 D 会计师事务所对 Y 网络公司证据 3、证据 4 的真实性无异议，法院对该两份证据的真实性予以确认，对 Y 网络公司证据 3、证据 4 的证明事项不予确认。

法院根据上述认证查明，2007 年 8 月，由 Y 网络公司委托 D 会计师事务所，负责对 Y 网络公司 2006 年 7 月至 2007 年 7 月游戏收入进行专项审核。审核费用 7,000 元。

D 会计师事务所根据委托要求，于同年 8 月 25 日出具了专项审核说明草稿，并和相关业务约定书一起发给 Y 网络公司法务部顾问滕某。经 Y 网络公司协商后，参照滕律师的建议进行审计，两笔费用合并计算，通知 D 会计师事务所需要进行补充审计。后 Y 网络公司通知 D 会计师事务所扩大专项审核的范围。但在同年 10 月，Y 网络公司又通知 D 会计师事务所暂停新扩大范围部分的审计工作。Y 网络公司未将最终对原审核说明草稿的修改意见告知 D 会计师事务所，亦未明确通知 D 会计师事务所继续提交与原草稿一致的正式审核报告，D 会计师事务所未将正式的专项审核报告提交 Y 网络公司。Y 网络公司未将审计费用 7,000 元给付 D 会计师事务所。

在诉讼中，Y 网络公司称现在已不再需要 D 会计师事务所提交正式的专项审核报告。

上述事实，有各方当事人提交的上述证据和当事人陈述意见在案佐证。

定性依据：《合同法》第八条、第四十五条、第六十条、第一百零九条。

民事责任：法院作出判决如下：

被告 Y 网络公司给付原告 D 会计师事务所审核费用 7,000 元，于本判决生效后十日内付清。

案件受理费 25 元（原告已预交），由被告 Y 网络公司负担，于本判决生效后七日内交纳。

如果被告 Y 网络公司未按本判决指定的期间履行给付金钱义务，应当按照《民事诉讼法》第二百二十九条之规定，加倍支付迟延履行期间的债务利息。

简要评析：D 会计师事务所与 Y 网络公司虽未签订书面的专项审核合同，但该双方业已形成的口头审计合同关系，未违反国家强制性法律法规规定，且已实际履行，故应属有效。双方当事人均应严格履行各自的合同义务。现 D 会计师事务所已按照通常的业务惯例，完成了第一次审计范围内的工作，并将审核报告的草稿提交给 Y 网络公司进行修改。Y 网络公司在先决定扩大审计范围，后又决定取消新的审计内容后，未及时将 D 会计师事务所提交的原审核报告草稿进行修改，并将修改意见反馈给 D 会计师事务所，导致 D 会计师事务所无法作出正式的专项审核报告。对此，D 会计师事务所不具有过错。因 Y 网络公司的上述不作为行为，人为阻止支付 D 会计师事务所付款条件的成就，根据有关法律规定应视为 Y 网络公司支付 D 会计师事务所的付款条件已具备，Y 网络公司理应给付 D 会计师事务所审核费用 7,000 元。因庭审中 Y 网络公司称不再需要 D 会计师事务所提交游戏收入的专项审核报告，D 会计师事务所可不再履行该报告的交付义务。对于 Y 网络公司辩称，D 会计师事务所未交付正式的专项审核报告而拒付审核费用一节，因系 Y 网络公司违约导致 D 会计师事务所履行义务的条件不具备造成该后果，故法院对 Y 网络公司的该项辩称意见，不予采信。

【案例 3】S 会计师事务所与被告 P 业主委员会财会服务合同纠纷一案

基本案情： 原告 S 会计师事务所与被告 P 业主委员会财会服务合同纠纷一案，法院于 2010 年 6 月 7 日受理后，依法适用简易程序，由代理审判员张某独任审判，并于同年 7 月 1 日公开开庭进行了审理。原告的委托代理人到庭参加诉讼，被告经法院传票传唤无正当理由拒不到庭，法院依法缺席审理。

原告 S 会计师事务所诉称，原、被告于 2009 年 9 月签订《委托审计合同》一份，约定对 M 物业公司自 2001 年 9 月至 2004 年 12 月、2006 年 1 月至 2008 年 12 月期间物业费按实结算情况表以及 2007 年 6 月至 2008 年 12 月期间经营收入转维修基金情况表进行审计；审计起始日为 2009 年 10 月 12 日，预计实地审计四个星期，出具审计报告两个星期；被告的主要义务为提供审计要求所规定内容的必要审计材料，原告的主要义务为实地审计，出具初步的审计意见给被告征求意见后出具正式审计报告；审计费用为人民币 9 万元，合同签订时支付 4 万元，审计报告提交后三天内由被告支付余款 5 万元。合同签订后，被告按约支付了 4 万元。同年 10 月 15 日，原告审计组根据被告的安排，进驻 M 物业公司处进行实地审计，由该公司提供审计资料。11 月 6 日，M 物业公司致函原告，以《委托审计合同》中约定的部分审计范围和内容未协商一致为由，要求原告暂停审计，待协商一致后再让原告继续审计，原告因此被迫中止了审计工作。11 月 26 日，原告致函被告敦促其在 12 月 1 日前继续实地审计，否则将出具无法表示意见的审计报告。此后，原告接 M 物业公司恢复审计的通知，于 2009 年 12 月 2 日继续进行审计工作。原告于 2009 年 12 月 11 日结束实地审计工作，并按规定的审计工作程序，要求 M 物业公司在审计资料上盖章确认，但被该公司以没有收到被告出具的所需材料的清单为由而拒绝，并扣下了交盖章的全部审计资料，拒绝让原告将审计资料带走。12 月 16 日，M 物业公司将部分审计资料寄给了原告，但绝大多数查证取得的资料未返回。在此情况下，原告于 2009 年 12 月 17 日函告被告，只能根据 M 物业公司所寄回的审计资料向原告汇报审计情况，并决定出具无法发表审计意见的审计报告。同年 12 月 21 日，原告将审计报告的初稿送交 M 物业公司，M 物业公司于 2010 年 1 月 6 日回复对审计报告初稿的意见，认为不能提供审计资料的责任不在 M 物业公司。被告认为原告在审计全过程中始终坚持了独立审计的原则，已付出了足够的劳动，之所以无法发表审计意见的审计报告责任在 M 物业公司。原告在收到上述复函后于 2010 年 1 月 18 日对审计报告的初稿略作文字修改后，正式出具了某会审［2010］第004号审计报告，并于同年1月19日向被告送达了该审计报告、反映在审计中可确认的数据和关注到的事项的函告及5万元的审计费发票。2010年1月22日，原告函告被告要求其按约支付余款5万元的审计费，但被告以原告出具的审计报告未达到合同约定的审计要求拒绝付款至今。故原告起诉至法院要求：（1）判令被告支付所欠审计费5万元，并支付自起诉之日起至还清日止的利息损失，按中国人民银行同期贷款利率为标准；（2）诉讼费用由被告承担。

原告为证明自己的主张，提供以下证据材料：（1）《委托审计合同》，证明原、被告之间的权利义务；（2）M物业公司于2009年11月6日抄送原告的致被告《关于审计中需明确范围与内容事宜的函》；（3）原告于2009年11月26日致被告的《敦促审计函》；（4）M物业公司于2009年12月9日抄送原告的致被告《关于协调审计中分歧事宜的函》，证据2、证据3、证据4均证明审计工作自2009年10月15日开始，但至同年11月6日被迫中止；（5）M物业公司于2009年12月11日致原告的函；（6）原告于2009年12月17日致被告的《函告》，证据5、证据6均证明审计的外勤工作结束后，原告将审计材料交M物业公司盖章确认，但公司扣下材料不让原告带走，后于12月16日将部分审计材料返还原告；（7）2009年12月21日原告将审计报告送达M物业公司的确认书；（8）2009年12月23日M物业公司致原告的《对审计报告的回复函》；（9）2009年12月21日原告向被告送达审计报告的确认书；（10）2009年12月25日被告致原告要求延迟回复的函；（11）2010年1月6日被告致原告的《关于审计报告的回复意见》；（12）2010年1月11日被告抄送原告致M物业公司《关于审计问题的函》；（13）2010年1月19日被告给原告的《送达报告回执》；（14）某会审2［2010］第004号审计报告；（15）2010年1月12日原告致被告的《函告》；（16）原告开具给被告的5万元审计费发票；（17）2010年1月22日原告致被告的《函告》，证据13～证据17均证明原告将审计报告送达被告及M物业公司，且在送达的同时把原告查到的事实以函告的形式告知被告，并把5万元发票给被告，被告签收了发票，但未支付该费用。

被告P业主委员会未作答辩。

鉴于被告未到庭应诉，法院对原告的陈述及提供的证据，进行核对，经审理查明，确认原告所述事实属实。另，法院查明被告在S市P区住房保障和房屋管理局进行登记，登记的名称为"P业主委员会"。

定性依据：《合同法》第六十条第一款、第一百零七条、《民事诉讼法》第一百三十条。

民事责任：法院作出判决如下：

（1）被告P业主委员会应于本判决生效之日起十日内支付原告S会计师事务所审计费人民币50,000元；

（2）被告P业主委员会应于本判决生效之日起十日内支付原告S会计师事务所利息损失（以欠款人民币50,000元为基数，自2010年6月7日起至本判决生效之日止，按中国人民银行同期贷款利率计算）。

如果未按本判决指定的期间履行给付金钱义务，应当依照《民事诉讼法》第二百二十九条之规定，加倍支付迟延履行期间的债务利息。

本案受理费人民币1,050元（原告预付），减半收取计人民币525元，由被告负担。

简要评析：当事人应当按照约定全面履行自己的义务。原、被告签订的《委托审计合同》对双方当事人均具有法律效力。虽然原告最终出具的审计报告结论为无法发表意见，但从原告提供的证据看，出具该结论系被告与 M 物业公司对审计范围产生了分歧、未在相关审计所需资料上盖章确认等原因造成的，而合同约定被告应提供必要的审计资料、通过 M 物业公司为原告提供必要的审计条件，因被告未履行上述义务导致审计报告的结论为无法发表意见，故违约责任在于被告。基于原告在本案中并不存在违约行为，并已向被告提供了审计服务、出具了审计报告，现其起诉要求被告支付剩余审计费 5 万元及利息损失，于法有据，法院予以支持。但原告主张的利息损失计算方法有误，法院予以纠正。被告经法院合法传唤无正当理由拒不到庭，则视为其放弃抗辩权，不影响对本案的依法处理。

【案例 4】 J 设计院诉 S 会计师事务所服务合同欠款纠纷案

基本案情：原告 J 设计院与被告 S 会计师事务所服务合同欠款纠纷一案，法院受理后，依法组成合议庭，公开开庭进行审理。原告原法定代表人及其委托代理人，被告委托代理人到庭参加诉讼。

原告诉称，2006 年 4 月 14 日，原告与被告签订审计业务约定书约定，原告委托被告对原告 2002 年 1 月至 2006 年 2 月财务状况及 2002 年 10 月 31 日改制前后的经营及财务状况进行专项审计，完成时间为 2006 年 5 月 20 日前出具报告，但被告直到 2006 年 8 月才拿来审计报告初稿，从形式到内容均糊弄原告。之后，原告通过传真要求被告按时改正，但被告一直不理会。在 2009 年 3 月 31 日的民事诉讼中，原告方知被告已于 2006 年 8 月 28 日已给原告原法定代表人赵某一份规范审计报告。双方签约当天原告支付审计费人民币 12 万元，但被告给付的发票为司法审计。为此诉请法院判令解除双方审计业务约定书，返还原告审计费人民币 12 万元，并按中国人民银行同期贷款利率偿付 2006 年 8 月 28 日至判决生效之日的利息。

原告对其诉称提供：（1）审计业务约定书；（2）两张审计费发票人民币 12 万元；（3）原告致被告电传函；（4）被告致原告电传函；（5）原告致被告电传函；（6）审计报告书面意见签证单；（7）2007 年 5 月 8 日被告向原告发邮件即审计报告，证明被告没有按审计时间完成审计报告，至今原告仍没有拿到审计报告；（8）专项审计报告；（9）设计院原法定代表人赵某涉嫌职务侵占案审计报告，按合同约定只要专项审计报告，证明被告没有履行职责。

上述证据经庭审质证，被告对证据 1、证据 2 真实性无异议，认为主要是关于审计费的约定，被告是受 M 公安局的委托，原告付款后，被告出具发票；证据 3、证据 4、证据 5 是双方邮件往来；证据 6 没收到；证据 7 收到；证据 8 专项审计报告无盖章，不认可；证据 9 是被告提供，但原告拒绝签收。

被告辩称，被告受 M 公安局委托，对原告原法定代表人赵某涉嫌职务侵占进行审计，审计费人民币 12 万元，被告与原告签订审计业务约定书中，对原告 2002 年 1 月至 2006 年 2 月的财务收支专项审计，是免费为原告进行审计，被告向原告出具专项报告初稿，但原告对报告不满意，不予确认。12 万元审计费是针对 M 公安局的审计委托，不包括原告的专项审计。被告已向 M 公安局出具审计报告，因此，原告支付的 12 万元审计费是合理的。

被告对上述辩称提供如下证据：（1）报案资料三份；（2）M 公安局鉴定聘请书；（3）关于原告原法定代表人赵某涉嫌职务侵占案司法鉴定查证范围；（4）审计业务约定书；（5）情

况说明 6 份；（6）审计报告书面意见签证单；（7）关于原告原法定代表人赵某涉嫌职务侵占案司法鉴定意见书；（8）审价报告签收单。

上述证据经庭审质证，原告对证据的真实性无异议，但认为证据 1、证据 8、证据 9 与本案无关。

经审理查明，2006 年 3 月，M 公安局接到原告举报，原告原法定代表人赵某利用职务涉嫌侵占公司财产。M 公安局于 2006 年 4 月 13 日聘请被告对赵某涉嫌职务侵占进行鉴定，鉴定范围内容如下：（1）原告改制前后的经营及财务状况；（2）原告与某国际贸易有限公司财务往来情况；（3）原告与某房地产开发有限公司合作开发的住宅小区的情况；（4）原告原法定代表人赵某投资款 38 万元的来源；（5）原告设计费收入入账的情况；（6）原告与原法定代表人赵某个人往来款情况；（7）原告账外账的收支情况。同年 4 月 14 日原告与被告签订审计业务约定书，约定审计范围为原告 2002 年 1 月至 2006 年 2 月财务状况及 2002 年 10 月 31 日改制前后经营财务状况，并于同年 5 月 20 日前出具初步审计报告，审计费人民币 12 万元。签约当天原告向被告支付 12 万元审计费。2006 年 7 月 12 日，被告完成关于原告的专项审计报告和关于原告原法定代表人赵某涉嫌职务侵占的审计报告，并于同年 8 月 2 日向原告新董事会送达审计报告初稿。2006 年 8 月 6 日，原告回函，对专项审计报告提出异议，认为审计报告没有对所列事实作审计评价，提出意见和建议。次日，被告工作人员蔡某回复表示，此项审计是配合 M 公安局司法审计的要求，故无法对审计内容发表审计评价、意见及建议。同年 8 月 9 日，原告回函，表示原告委托的专项审计与 M 公安局委托的司法审计是两个不同法律关系的审计，两者之间不具有从属性，被告如认为具有从属性，阐明法律依据，或者公安局不要求对专项审计发表审计评价、意见及建议的指令。之后，被告未再向原告提供专项审计报告。在审理中，原告表示审计是原、被告之间协商的，M 公安局要求的七项审计内容的审计费为人民币 7 万元，原告要求专项审计扩大审计范围，故产生 12 万元的审计费，对此，法院向 M 公安局进行调查，M 公安局表示 12 万元的审计费是原、被告自行协商的，其中有原告的其他委托审计内容。公安局已收到被告关于原告原法定代表人赵某涉嫌职务侵占的司法鉴定意见书。

定性依据：《合同法》第六十条第一款、第一百零七条、第一百一十一条。

民事责任：法院作出判决如下：

（1）被告 S 会计师事务所应于本判决生效之日起十日内返还原告 J 设计院审计费人民币 5 万元；

（2）被告 S 会计师事务所于本判决生效之日起十日内按中国人民银行同期贷款利率偿付原告 J 设计院自 2006 年 8 月 28 日起至判决生效之日止的审计费人民币 5 万元的利息损失；

（3）驳回原告 J 设计院其余诉讼请求。

如果未按本判决指定的期间履行给付金钱义务，应当依照《民事诉讼法》第二百二十九条之规定，加倍支付迟延履行期间的债务利息。

案件受理费人民币 2,700 元，由原告 J 设计院负担人民币 1,575 元，由被告 S 会计师事务所负担人民币 1,125 元。

简要评析：被告受 M 公安局委托，对原告原法定代表人赵某职务侵占进行司法审计，之后，原告与被告签订审计业务约定书，约定对原告 2002 年 1 月至 2006 年 2 月财务状况及

2002 年 10 月 31 日改制前后经营财务状况进行审计，审计费人民币 12 万元，被告向原告出具专项审计报告和关于原告原法定代表人赵某涉嫌职务侵占的审计报告的初稿，之后，原告对专项报告提出异议，被告没有最终对原告的异议作出解释，也未向原告出具正式专项审计报告，被告行为违反审计业务约定。被告认为专项审计是免费提供审计之说，并无证据证明。然而，原告的专项审计是在司法审计的基础上同时进行的，被告根据委托已完成对原告原法定代表人的司法审计，M 公安局收到被告司法鉴定意见书，在审理中，原告也表示 12 万元的审计费由司法审计与专项审计组成，被告完成司法审计工作，原告应支付审计费，原告诉请被告返还全部审计费有欠合理，法院酌情支持原告的诉请。

【案例 5】 L 实业公司与 G 会计师事务所财会服务合同纠纷上诉案

基本案情： 上诉人 L 实业公司与被上诉人 G 会计师事务所财会服务合同纠纷一案，不服 Z 市 G 区人民法院〔2007〕管民二初字第 956 号民事判决，向二审法院提起上诉。二审法院受理后依法组成合议庭，公开开庭审理了本案。上诉人 L 实业公司的委托代理人，被上诉人 G 会计师事务所的委托代理人到庭参加诉讼。

原审法院查明：G 会计师事务所（乙方）与 L 实业公司（甲方）于 2007 年 4 月 17 日签订《建设工程造价咨询合同》一份，合同约定：（1）项目名称为两个停车场工程；（2）咨询服务范围及类别为停车场工程结算审计；（3）甲方的责任：做好审计的配合工作，负担乙方人员在施工现场作业时的食宿，向乙方提供与本项目咨询业务有关的资料，按照合同约定，及时足额支付咨询人酬金；（4）乙方的责任：应客观、公正地审核工程结算、出具审核报告，并保证报告的真实性、合法性，不泄露与本合同规定业务活动有关的保密资料，乙方在咨询过程中不得从施工方接收有关工程资料；（5）在审核过程中，对于有争议的问题，甲方、乙方、施工单位三方可共同到市造价办或省定额站咨询，并按照省市定额办（站）的意见解决争议。当咨询结果形成时，甲方、乙方、施工单位三方共同在"审核定案表"上签字、盖章，乙方向甲方提供咨询成果报告书一式三份，若施工单位无正当理由拒不配合时，乙方可以按照有关政策的规定出具具备法律效力的咨询报告；（6）咨询服务费及支付办法：咨询服务费由两部分组成，基本收费按照送审造价的 0.2% 计取，审减收费按照审减金额的 5% 计取，两项之和即为本项目的咨询服务费，甲方在合同签订后先支付乙方 5,000 元咨询费，其余咨询费在提交咨询成果报告时一次性付清。合同签订后，L 实业公司支付 G 会计师事务所咨询费 5,000 元。G 会计师事务所于 2007 年 5 月 19 日出具 ×× 基审字〔2007〕002 号《工程结算审核报告》和 ×× 基审字〔2007〕003 号《工程结算审核报告》两份。2007 年 8 月 23 日，G 会计师事务所通过快递公司向 L 实业公司邮寄送达《报告书》6 份和《催款函告》1 份，特快专递回单显示，L 实业公司单位的"刘某某"签收该邮件。L 实业公司邮寄的报告书和催款函告均显示：L 实业公司委托 G 会计师事务所停车场项目工程送审造价共计 10,377,382.85 元，审定造价 6,135,147.99 元。2008 年 1 月 9 日，L 实业公司出具《关于收到审核报告的确认函》，内容为：由 G 会计师事务所出具的《工程结算审核报告》已收到，并以此作为双方结算依据。当日，该公司还出具《关于送审金额的确认函》，内容为："我公司承建的两个停车场项目，其已完工程结算申报金额分别是 6,620,945.76 元和 3,756,437.09 元，G 会计师事务所做结算审核依据的即是上述两份结算书。"

以上事实，有当事人提供的《建设工程造价咨询合同》、《关于送审金额的确认函》、《关于收到审核报告的确认函》、《工程结算审核报告》等证据在案佐证。

原审法院认为：《建设工程造价咨询合同》系双方当事人真实意思表示，合同内容真实有效，当事人应当按照合同约定全面履行自己的义务。在本案中，G 会计师事务所接受 L 实业公司的委托，为其建设的两处停车场工程提供造价咨询服务。在其完成合同义务后，L 实业公司应依约支付咨询服务费。两处停车场工程送审金额共计 10, 377. 382. 85 元，按照合同约定的 0.2% 收费标准，咨询费计算为 20, 754. 77 元。两处工程最终审定造价为 6, 135, 147. 99 元，与送审金额相比，审减金额为 4, 242, 234. 86 元，按照合同约定的 5% 收费标准，咨询费计算为 212, 111. 74 元，以上 L 实业公司共应向 G 会计师事务所支付 232, 866. 51 元，减去其已支付 5, 000 元后，L 实业公司还应支付 227, 866. 51 元。故 G 会计师事务所要求 L 实业公司支付 227, 866 元的诉请，理由正当，法院予以支持。G 会计师事务所要求 L 实业公司按日万分之三支付自 2007 年 8 月 23 日起至 2007 年 9 月 19 日止的滞纳金 2, 000 元，该请求不符合法律规定，法院不予支持。G 会计师事务所要求 L 实业公司支付律师费的诉讼请求，没有法律依据，法院不予支持。L 实业公司辩称送审金额不正确，但其未提供向 G 会计师事务所提交送审金额的相关证据，且工程施工方证实，其与 L 实业公司结算审核依据即为 G 会计师事务所提交的结算书，L 实业公司收到 G 会计师事务所邮寄的相关报告书后，并未提出异议，亦未按合同约定的方式解决争议，故对其辩称意见，法院不予采信。综上，依照《合同法》第六十条第一款、《民事诉讼法》第六十四条第一款之规定，判决：一、本判决生效后十日内，L 实业公司支付 G 会计师事务所咨询费人民币 227, 866 元。逾期加倍支付迟延履行期间的债务利息。二、驳回 G 会计师事务所的其他诉讼请求。案件受理费 4, 768 元，由 L 实业公司负担。

L 实业公司不服原审判决，向二审法院提起上诉称：（1）G 会计师事务所并没有按其与 L 实业公司的约定完成有效的工作成果，L 实业公司没有支付咨询费的义务；（2）L 实业公司没有实际使用 G 会计师事务所作出的无效的审核报告，也没有将相关报告送给第三人，原审法院采信第三人出具的证据违法。请求二审法院依法支持 L 实业公司的上诉请求。

G 会计师事务所答辩称：（1）G 会计师事务所已全面履行了合同义务。G 会计师事务所向 L 实业公司收集了审计需要的全部资料，并依据审计资料出具了工程结算审核报告，并将该两份报告交付给了 L 实业公司。（2）L 实业公司已实际使用了该两份报告，以此作为该两份工程决算的依据。无论 L 实业公司是否实际使用该两份报告，L 实业公司都必须向 G 会计师事务所支付咨询费用，请求二审法院依法驳回上诉，维持原判。

二审法院经审理查明的事实与原审一致。

定性依据：《民事诉讼法》第一百五十三条第一款第（一）项。

民事责任：二审法院作出判决如下：

驳回上诉，维持原判。

二审案件受理费 4, 768 元，由 L 实业公司负担。

简要评析：G 会计师事务所、L 实业公司双方签订的《建设工程造价咨询合同》系双方当事人的真实意思表示，合法有效，应受法律保护，双方当事人应当按照合同约定全面履行各自的义务。G 会计师事务所向 L 实业公司收集了审计需要的全部资料，并依据该审计资料出具了工程结算审核报告，G 会计师事务所将该两份报告交付给了 L 实业公司，L 实业公司收到 G 会计师事务所邮寄的相关报告书后，并未提出异议，应视为对该报告书的认可。建筑公司以该工程结算审核报告作为该两份工程决算的依据，证明 L 实业公司确已实际使用了 G 会计师事务所作出的审核报告。故 L 实业公司没有理由拒付 G 会计师事务所的咨询费。G 会计师事务所接受了 L 实业公司的委托，为 L 实业公司建设的两处停车场工程提供造价咨询服务，G 会计师事务所完成合同义务后，L 实业公司应依约支付咨询服务费。L 实业公司上诉理由均证据不足，二审法院不予支持。原审法院认定事实清楚，适用法律正确，实体处理适当。

【案例 6】 R 税务师事务所与 Z 会计师事务所其他与企业有关的纠纷上诉案

基本案情： 上诉人 R 税务师事务所因与被上诉人 Z 会计师事务所其他与企业有关的纠纷一案，不服 S 市 J 区人民法院 [2009] ××民二（商）初字第 389 号民事判决，向二审法院提起上诉。二审法院依法组成合议庭对本案进行了审理。

原审法院经审理查明，2006 年 12 月 18 日，R 税务师事务所与 Z 会计师事务所签订《合作经营协议》。2007 年 12 月 24 日，双方签订《终止合作经营协议》。《终止合作经营协议》第六条约定："合作经营事务所的资产、负债、净资产、应收应付、债权债务按权责发生制原则处理，全部由乙方（Z 会计师事务所）享有和清偿，即属于 2007 年度的业务收入（主要是社保贷后跟踪和四季度贷前评估费），以后年度收款，仍属于合作所的收入，由甲方（R 税务师事务所）按规定划转乙方，属于 2007 年度的费用支出，以后年度支付的，仍属于合作所的成本，由乙方按规定划转甲方。"2008 年 2 月 13 日，R 税务师事务所曾起诉 Z 会计师事务所。原审法院作出 [2008] ××民二（商）初字第 126 号民事判决，对双方合作经营一年期间的费用结算、财务会计账册和凭证等作出处理，认为贷后跟踪费收入由于是按年度支付的，未到付款期限的部分可在付款期限届满后双方进行结算。

2009 年 3 月，R 税务师事务所收到市社保局支付的历年贷后跟踪费 471,800 元。R 税务师事务所经计算得出 2007 年度的贷后跟踪费为 210,665.71 元。2009 年 4 月 21 日，R 税务师事务所向 Z 会计师事务所发出函件及相应的附件。Z 会计师事务所对 R 税务师事务所提供的附件二中所列各个项目的金额均予认可，但是对应付福利费、教育费、团体会费、职业风险金这四个项目由 R 税务师事务所计提不予划转提出异议，认为上述四个项目未实际发生费用的支出，R 税务师事务所不应作为成本抵扣，2007 年度贷后跟踪费的余额应为 110,944.05 元。R 税务师事务所则认为根据相关的法规规定这四个项目应该计提，作为合作所的成本应划转 R 税务师事务所，故 2007 年度应计提的成本费用合计 126,486.74 元，余款为 84,178.97 元。

原审法院经审理后认为，本案争议的焦点在于 Z 会计师事务所是否应得其诉请的 2007 年度贷后跟踪费的余额，具体的金额是多少？按照另案判决认定，贷后跟踪费收入由于是按年度支付，未到付款期限的部分可在付款期届满后双方进行结算。现 R 税务师事务所已收取 2007 年度的贷后跟踪费，故应按规定结算。《终止合作经营协议》明确约定，合作经营事务所的资产、负债等均应由 Z 会计师事务所享有和清偿，属于合作所的收入，应由 R 税务师事务所划转 Z 会计师事务所；利润由 Z 会计师事务所提取，亏损由其弥补。按此约定即使合作所有负债、亏损，均应由 Z 会计师事务所负责清偿、弥补。R 税务师事务所以合作所有亏损，由贷后跟踪费余额予以折抵的抗辩理由不成立。由于 R 税务师事务所实际并未支付团体会费 2,106.66 元，故 Z 会计师事务所提出该笔费用不应作为成本扣除的意见予以采信。鉴于此，"计提"并未实际发生费用支出，Z 会计师事务所主张应付福利费 3,244.25 元、教育费 347.60 元和职业风险金 21,066.57 元没有实际支付不应扣除，有其合同依据，可予采信。如这些款项有实际的费用支出，则应按约定由 Z 会计师事务所划转给 R 税务师事务所。综上所述，Z 会计师事务所诉称合法有据，可予支持，R 税务师事务所应支付 Z 会计师事务所 2007 年度贷后跟踪费余额为 110,944.05 元。R 税务师事务所辩称缺乏依据，不予采信。据此，依照《合同法》第一百零七条的规定，判决：R 税务师事务所应于判决生效之日起十日内支付 Z 会计师事务所 2007 年度贷后跟踪费余额人民币 110,944.05 元。

原审判决后，上诉人 R 税务师事务所不服，向二审法院提起上诉称：（1）双方签订的《终止合作经营协议》明确规定，双方终止合作应进行清算，清算后利润才归 Z 会计师事务所。故双方应当进行清算，且根据财政部的规定，企业经营产生亏损，应用以后年度利润进行弥补。Z 会计师事务所以上诉人的名义对外经营，使用上诉人的银行账号、财务账册、编制报表。合作事务所的主体资格是上诉人。Z 会计师事务所承包经营产生的负债、亏损造成上诉人负债、亏损。Z 会计师事务所应当向上诉人负责清偿、弥补。故不应将 2007 年度的贷后跟踪费这一单笔利润直接支付给 Z 会计师事务所，应当依据双方约定和财会法律规定，以 2007 年度的贷后跟踪费业务利润弥补 Z 会计师事务所承包造成的且至今仍留在上诉人财务账上的 58 万元亏损。（2）福利费、教育费、团体会费、职业风险金应当根据双方约定以及国家财会法律制度予以计提，留存在上诉人的银行账户内以备支付。综上所述，原审判决未采纳上诉人的清算会计司法鉴定，未查明合作所的负债和亏损，对计提费用的认定与双方签订的《合作协议》、《终止协议》不符，与国家的财会法律规定不符，故请求撤销原审判决，改判驳回 Z 会计师事务所一审的诉讼请求。

被上诉人 Z 会计师事务所答辩称：根据双方签订的《合作经营协议》和《终止合作经营协议》的约定，合作经营过程中发生的收入、资产都归被上诉人所有，发生的负债或费用也由被上诉人承担。2007 年的贷后跟踪费是收益，应归被上诉人，合作期间应由被上诉人承担的债务已在另案中结算完毕，无须再进行清算。合作中 R 税务师事务所的员工工资由被上诉人支付，R 税务师事务所主张从 2007 年的贷后跟踪费中扣除福利费等四项费用，应提供相应证据证明该些费用已实际发生。负债中的 44.8 万元是被上诉人弥补 R 税务师事务所的亏损，该笔贷后跟踪费与 R 税务师事务所的账面亏损无关。综上所述，被上诉人请求二审法院驳回上诉，维持原判。

二审法院经审理查明，原审查明事实属实，二审法院予以确认。

定性依据：《民事诉讼法》第一百五十三条第一款第（一）项。

民事责任：二审法院作出判决如下：

驳回上诉，维持原判。

二审案件受理费人民币 2,518.88 元，由上诉人 R 税务师事务所负担。

简要评析：《合作经营协议》以及《终止合作经营协议》系双方当事人真实意思表示，合法有效。本案系争的贷后跟踪费 210,665.71 元系 2007 年度的贷后跟踪费，属于合作事务所的收入。根据两份协议的约定，合作事务所的资产、负债、净资产、应收应付、债权债务全部由 Z 会计师事务所享有和清偿，故该笔系争的收入在扣除相应费用后应归 Z 会计师事务所享有，双方对此并无争议。双方争议的是该笔收入应扣除多少费用后才归 Z 会计师事务所享有，其中包括是否应扣除经双方清算后的亏损以及团体会费、福利费、教育费、职业风险金。在［2008］××民二（商）初字第 126 号案中，R 税务师事务所作为原告已就截止于双方合作终止之日 Z 会计师事务所应收应付款项进行了结算，一审法院亦围绕 R 税务师事务所的本诉请求以及 Z 会计师事务所的反诉请求对该案作出了相应的判决，二审法院亦对此案作出了［2008］××二中民三（商）终字第 669 号终审判决。现 Z 会计师事务所仅就双方结算之后社保局才支付的该笔 2007 年度贷后跟踪费主张其收益，原审法院未采纳 R 税务师事务所提出对合作事务所的负债、亏损进行清算审计的要求，并无不当。关于 R 税务师事务所主张扣除的团体会费、福利费、教育费、职业风险金，根据协议约定，Z 会计师事务所向合作事务所员工支付薪金，在合作事务所经营期间，该四项费用并不属于实际支出费用，双方现已合作终结，R 税务师事务所仍主张将该四项费用在 Z 会计师事务所于双方合作期间的应收收益中予以扣除，并留存于 R 税务师事务所账户内，缺乏依据。若 R 税务师事务所将来实际支出了与 2007 年度即双方合作期间有关的上述四项费用，则可要求 Z 会计师事务所依约承担这些费用。综上所述，原审认定事实清楚，判决并无不当。

第四章

会计师事务所行业自律违规行为相关典型案例

第一节　公开谴责典型案例

【案例1】ZL 所三注册会计师对虚假记载的财务数据发表无保留意见

惩戒事由： 经查明，在黄某、王某、邹某担任 WF 上市公司财务报告审计机构签字会计师期间，WF 上市公司存在以下违规行为：

2008～2011 年，WF 上市公司存在财务数据虚假记载情形，累计虚增收入 7.4 亿元左右，虚增营业利润 1.8 亿元左右，虚增净利润 1.6 亿元左右。其中，2011 年度虚构营业收入 2.8 亿元，虚增营业利润 6,541.36 万元，虚增归属于上市公司股东的净利润 5,912.69 万元，分别占已披露 2011 年财务报告中三项财务数据金额的 50.63%、110.67% 和 98.11%。经对上述虚增数据进行调整后，WF 上市公司 2011 年营业收入、营业利润和归属于上市公司股东的净利润数额分别为 2.73 亿元、-630.51 万元和 114.17 万元，与披露的相关财务数据存在重大差异。

WF 上市公司财务报告审计机构的签字会计师黄某、王某在 2011 年 7 月 26 日出具的标准无保留意见的《审计报告》（××审字 [2011] 第 0696 号）中称，公司的财务报表已经按照企业会计准则的规定编制，在所有重大方面公允反映了公司 2011 年 6 月 30 日、2010 年 12 月 31 日、2009 年 12 月 31 日及 2008 年 12 月 31 日财务状况以及 2011 年 1～6 月、2010 年、2009 年、2008 年的经营成果和现金流量；WF 上市公司财务报告审计机构的签字会计师黄某和邹某在 2012 年 4 月 12 日出具的标准无保留意见的《审计报告》（[2012] ××审 A 字第 0147 号）中称，公司财务报表在所有重大方面按照企业会计准则的规定编制，公允反映了公司 2011 年 12 月 31 日的财务状况以及 2011 年度经营成果和现金流量。

违反条款：《创业板股票上市规则（2012 年修订）》第 1.4 条、第 2.23 条。

惩戒依据：《创业板股票上市规则（2012 年修订）》第 16.5 条。

惩戒种类： 经××证券交易所纪律处分委员会审议通过，决定对黄某、王某、邹某给予公开谴责的处分。对于黄某、王某、邹某的上述违规行为和给予的上述处分，记入上市公司诚信档案，并向社会公布。

【案例2】 上海一会计师7天出具166份虚假验资报告

惩戒事由：QY会计师事务所在2006年3月2日至2006年3月8日7天时间内，出具了166份内容虚假的验资报告。

S注册会计师协会对该事项进行调查，认定原主任会计师范某存在以下问题：（1）违法出具的166份内容虚假的验资报告，是由范某签名并盖章。（2）在S工商行政管理局检查总队就该所违法行为做出行政处罚后，范某作为当时该所的主任会计师，未按要求在规定的时间内向S册会计师协会报备；并在此后的分类管理考核申报及社保专项审计资格申报中，继续隐瞒该行政处罚事项。

违反条款：《注册会计师法》第二十条、第二十一条。

惩戒依据：《S注册会计师协会惩戒委员会规则》第十二条、第十四条。

惩戒种类：经S注册会计师协会惩戒委员会决议，对范某予以公开谴责的行业惩戒。

【案例3】 注册会计师史某出具不实审计报告

惩戒事由：某注册会计师协会对财政部门移交的注册会计师史某签署的××会审发〔2003〕263号审计报告存在严重质量问题事宜进行检查核实，主要违规违纪事实如下：

注册会计师在审计过程中，未遵循《独立审计准则》执业，对重要会计科目货币资金、应收账款、存货、短期借款、应交税金、资本公积、主营业务收入、主营业务成本的审计程序不到位、审验依据不充分，发表的审计意见中除对某公司"车辆暂挂个人户，未过入公司户；本期由债务转增资本公积2,718万元"的财务会计事项进行了保留外，对公司会计报表虚增资产2,126.77万元、虚减负债27,575.55万元、虚增所有者权益29,702.32万元、虚增主营业务收入10,652.65万元、虚增主营业务成本4,918.12万元、虚增利润总额5,193.60万元（实为亏损1,045.81万元）等虚假数据均予以了确认，出具了不实审计报告。

违反条款：《注册会计师法》第二十一条。

惩戒依据：《中国注册会计师协会会员执业违规行为惩戒办法》。

惩戒种类：对注册会计师史某进行公开谴责。

【案例4】 LY所不实施必要审计程序而出具审计报告

惩戒事由：某注协2007年抽查LY所5个审计报告，发现存在以下主要问题：年报数据存在较大差异，未实施任何审计程序，且未作任何披露；多数科目余额无审定表、无清单，抽查的少量凭证未能反映与审计科目的关系，未见必要的审计程序记录；存货无计价测试；对数额巨大的主营业务收入、主营业务成本未见任何复核性测试等相关程序；业务约定书约定内容与实际审计目的不一致；对费用增幅与销售增幅异常未作原因分析；其他应收款占资产总额比例巨大，未见相关审计程序，但却发表保留意见的审计报告；对巨额资本公积增减情况未见相关审计程序，也未作披露；等等。

同时，抽查的5个审计项目中有4个项目的收费低于行业竞价底限，其中某集团有限公司资产总额57,331万元，仅收审计费0.3万元。

违反条款：《中国注册会计师执业准则》中"首次接受委托时对期初余额的审计"、"审计证据"、"存货监盘"、"分析程序"、"审计报告"和《S市注册会计师行业建设公约实施办法》等相关规定。

惩戒依据：《某注册会计师协会会员执业违规行为惩戒及处理办法（试行）》第九条。

惩戒种类：对LY所予以公开谴责并责令书面检查，对注册会计师王某、韩某予以公开谴责并责令书面检查。

【案例5】 GH所对未经核实的资本公积转增实收资本进行验证确认

惩戒事由：某注册会计师协会在2008年对GH所的执业质量检查中发现：

（1）GH所××会验字［2008］第011号验资报告（签字注册会计师：曾某、杨某），工作底稿反映应为"资本公积转增注册资本"，但在《新增注册资本实收情况明细表》及《注册资本及实收资本变更前后对照表》均表述为货币资金出资。

（2）××会验字［2008］第011号验资报告和××审字［2008］第028号审计报告均由注册会计师曾某、杨某出具，其中，验资报告出具时间为2008年3月6日，验资截止日为2008年2月29日，后附会计报表列示的资本公积金额为9,096,415.22元。审计报告出具时间为2008年3月3日，系2007年年报审计，认定的资本公积金额为14,753,224.55元。相同的注册会计师在相近时点出具的报告书对资本公积金额存在的重大差异未进行关注。

（3）从××会验字［2008］第011号验资报告工作底稿看，事务所对资本公积形成收集的证据主要是一张股东2006年12月以现金交款9,096,415.22元到被审验单位的现金收据，上面注明为收到投资款，账务处理为借记现金，贷记资本公积。××审字［2008］第028号审计报告工作底稿认定的资本公积金额是14,753,224.55元，其形成是2007年以前，事务所为初次接受委托，且未收集以前年度审计报告，未对期初数进行关注，无法对资本公积形成的真实性作出判断。

综合审计与验资工作底稿，事务所对该项资本公积的认定严重缺乏依据。

违反条款：《注册会计师法》第二十一条，《中国注册会计师审计准则第1602号——验资》第十三条、第十四条，《会计师事务所质量控制准则第5101号——业务质量控制》第九条等规定。

惩戒依据：《中国注册会计师协会会员执业违规行为惩戒办法》第七条第一、二、三、四款、第八条，第十条第一、二、三款，第十一条第二、三、四款，第十四条第一款。

惩戒种类：对GH所及注册会计师曾某、杨某予以公开谴责。

【案例6】 HL所对债权转增股本的验资结论不当

惩戒事由：某注册会计师协会对财政部门移交的HL会计师事务所出具的××会验［2003］196号验资报告存在严重质量问题事宜进行检查核实，主要违规违纪事实如下：

（1）对出资方式验证确认错误。该所及注册会计师在对某公司以出资人债权 8,000 万元转增股本进行审验时，认为该债权均为货币资金（借款）形成，在出具的验资报告中，错误地将出资方式验证确认为货币出资。

（2）对以债权转增股本的审验确认，履行的审验程序不到位，收集的审验证据不充分。一是未取得某公司增资前最近一期财务报表（2003 年 5 月）和相关债务科目余额表；未对某公司是否存在由于严重亏损而导致增资前的净资产小于注册资本的情况进行关注；未按规定取得某公司有关以前各期出资已到位、出资者未抽回出资的书面声明。二是对出资人 3,350 万元债权发生的确认，未取得相应的银行对账单。三是对实际付款人并非债权人的异常事项未进行关注。四是对某公司与出资人之间的其他债权债务事项未进行关注。

违反条款：《独立审计具体准则第 1 号——验资》。

惩戒依据：《中国注册会计师协会会员执业违规行为惩戒办法》。

惩戒种类：对 HL 所及签字注册会计师杨某、周某进行公开谴责。

【案例 7】 LX 所违规出具验资报告

惩戒事由：2008 年 7 月 14 日至 16 日，某省注协派出的检查小组到事务所进行执业质量检查，查实存在以下问题：

一、2005 年 3 月至 2006 年 11 月，事务所无资产评估资格而出具 9 份资产评估报告且根据评估报告出具验资报告（涉及签字注册会计师叶某、杨某、钟某、唐某）。

二、对 D 食品工业公司出具的验资报告（××会师验字 [2007] 第 10229 号，注册会计师叶某、钟某）在外管局注明投资人与缴款人不一致，没有获取充分适当的审验证据的情况下，仅在验资事项说明中披露，就出具了审验意见。

违反条款：《××省注册会计师行业惩戒办法》第三条、第四条。

惩戒依据：《××省注册会计师行业惩戒办法》第十条、十一条。

惩戒种类：对事务所及签字注册会计师叶某、杨某、钟某、唐某予以公开谴责，并责令限期改正，同时，对签字注册会计师叶某、杨某、钟某、唐某给予强制培训惩戒。

【案例 8】 XC 所基本不实施审计程序而直接出具审计报告

惩戒事由：某省注册会计师协会 2012 年抽查 XC 所 14 份审计档案，查出问题如下：

一、在执行审计业务过程中存在的问题

在实际业务执行过程中基本未见执行审计程序，审计项目除了收集被审计单位营业执照、声明书、验资报告、未审会计报表、客户对往来款真实性的承诺书，部分审计项目收集了会计科目的明细表等资料外，没有任何审计工作底稿，没有实施初步业务活动、风险评估、内部控制测试、特殊项目和实质性测试等审计程序，未能遵循审计准则的相关要求，未能取得充分、适当的审计证据，不能支持出具的审计意见。对审计准则的执行情况很差。主要问题如下：

（1）所有抽查的审计项目，没有对初步业务活动和业务的接受和保持实施审计程序。

（2）所有抽查的审计项目，没有实施风险评估审计程序。

① 未编制总体审计策略和具体审计计划。

② 没有了解被审计单位及其环境的审计工作底稿。

③ 未实施内部控制的了解和评价审计程序。

④ 没有在识别和评估重大错报风险过程中实施的其他审计程序和项目组内部讨论的工作底稿。

⑤ 未实施识别和评估重大错报风险审计程序。

⑥ 没有对重大错报风险的总体应对措施。

⑦ 没有实施应对舞弊导致的重大错报风险审计程序。

⑧ 没有编制重要账户和列报的计划总体审计方案。

（3）所有抽查的审计项目，没有对被审计单位内部控制测试的工作底稿。

（4）所有抽查的审计项目除了收集被审计单位营业执照、声明书、验资报告、未审会计报表、客户对往来款真实性的承诺书，部分审计项目收集了会计科目的明细表等资料外，没有任何审计工作底稿，实质性测试审计程序基本未实施。

（5）所有抽查的审计项目未对特殊项目实施审计程序。包括对舞弊的考虑、法律法规的考虑、与治理层的沟通、前后任注册会计师的沟通、会计政策、会计估计变更和会计差错更正、关联方关系及其交易、持续经营能力、公允价值计量和披露、对环境事项的考虑、使用服务机构的考虑、首次接受委托时对期初余额的审计、利用其他注册会计师的工作、考虑内部审计工作、利用专家的工作、比较数据、现金流量表、合并财务报表、期后事项、财务承诺、或有事项、债务重组、非货币性资产交换等特殊项目，均未实施审计程序。

（6）所有抽查的审计项目，审计报告正文内容与格式未按照修订的《中国注册会计师审计准则第 1501 号——对财务报表形成审计意见和出具审计报告》（2010 年 11 月 1 日修订，2012 年 1 月 1 日实施）的规定出具。

（7）所有抽查的审计项目，审计报告注册会计师只盖章未签字。

（8）所有抽查的审计项目没有编制审计总结。

（9）管理层声明：声明日期，公司法人、财务负责人签章等要素不完整。

二、质量控制体系检查情况、发现的问题

事务所现有的内部质量控制制度和审计、验资业务操作规程内容相当粗略，与质量控制准则和事务所内部治理指南的要求存在较大差异，质量控制七个要素未得到明确体现。质量控制政策和程序未得到有效运转，在实际工作中基本未发挥作用。在实际业务执行过程中基本未见执行审计程序，审计项目除了收集被审计单位营业执照、声明书、验资报告、未审会计报表、客户对往来款真实性的承诺书，部分审计项目收集了会计科目的明细表等资料外，没有任何审计工作底稿，没有实施初步业务活动、风险评估、内部控制测试、特殊项目和实质性测试等审计程序，未能遵循审计准则的相关要求，未能取得充分、适当的审计证据，不能支持出具的审计意见。对审计准则的执行情况很差。

违反条款：《中国注册会计师审计准则第 1131 号——审计工作底稿》第九条，《中国注册会计师审计准则第 1153 号——前任注册会计师和后任注册会计师的沟通》，《中国注册会计师审计准则第 1201 号——计划审计工作》第六条、第七条，《中国注册会计师审计准则第 1211 号——通过了解被审计单位及其环境识别和评估重大错报风险》第十四条、第十五条、第二十三条、第十三条、第八条、第二十八条，《中国注册会计师审计准则第 1231 号——针对评估的重大错报风险采取的应对措施》第五条、第八条、第十八条，《中国注册会计师审计准则第 1301 号——审计证据》第十条，《中国注册会计师审计准则第 1312 号——函证》，《中国注册会计师审计准则第 1313 号——分析程序》，《中国注册会计师审计准则第 1323 号——关联方》，《中国注册会计师审计准则第 1331 号——首次审计业务涉及的期初余额》，《中国注册会计师审计准则第 1501 号——对财务报表形成审计意见和出具审计报告》第二十三条、《会计师事务所质量控制准则第 5101 号——会计师事务所对执行财务报表审计和审阅、其他鉴证和相关服务业务实施的质量控制》等规定。

惩戒依据：《中国注册会计师协会会员执业违规行为惩戒办法》第七条，第十条第一、第二款，第十一条第一、第二款。

惩戒种类：对 XC 所及其注册会计师何某、黄某予以公开谴责。

【案例 9】 XY 所按原独立审计准则格式出具业务报告

惩戒事由：某注册会计师协会 2009 年对 XY 所开展执业质量检查，共抽查审计业务 6 项，均按原《中国注册会计师独立审计准则》的格式出具审计报告，未遵循《中国注册会计师执业准则》的相关要求；该 6 个审计项目的签章注册会计师均为阳某、陈某，但其中 4 个审计项目的工作底稿中未见签章注册会计师参与审计工作的书面记录；该 6 个审计项目在实施过程中，有 3 个项目的项目负责人由非注册会计师担任，有 2 个项目的一级复核和三级复核为非注册会计师复核完成。

此外，XY 所验资报告均按原《中国注册会计师独立审计准则》的格式出具报告正文，且缺乏部分验资程序；验资报告的签章注册会计师仍为阳某、陈某，但均未在验资报告中签名。

违反条款：《注册会计师法》第二十一条，《中国注册会计师审计准则第 1501 号——对财务报表形成审计意见和出具审计报告》等规定。

惩戒依据：《中国注册会计师协会会员执业违规行为惩戒办法》第七条、第十条，及《关于进一步规范我省会计师事务所收费行为的通知》（××注协 ［2006］ 124 号）第三条。

【案例 10】 XT 所质量控制和业务执行未遵循执业准则

惩戒事由：某注册会计师协会 2010 年对 XT 所检查，发现存在以下主要问题：

（1）质量控制制度没有从质量控制环境、合伙人机制、客户关系和具体业务的接受与保持、人力资源、业务标准和程序的制定、修改和传达、业务执行、监控、信息系统建立相关的制度规定；执行方面以经验控制为主，没有明确清晰的规定与底稿支持；员工（包括合伙人）的薪酬为固定薪资，与执业质量没有关联；执业方面以经验控制为主，没有明确清晰的规定与底稿支持；没有建立职业道德相关的制度规定，在重要事项上没有相关控制措施。且事务所人员在签字注册会计师不知情的情况下执业并代签报告，内部管理混乱。

（2）业务执行及准则遵循方面，审计业务未严格遵循执业准则，执行的风险评估与内部控制测试结果没有具体的工作底稿与证据支持，实质性程序如函证、盘点、计算等关键审计程序没有执行或执行较少，未取得充分必要的审计证据。

违反条款：《会计师事务所质量控制准则第5101号》、《审计准则第1201号——计划审计工作》、《审计准则第1221号——重要性》、《审计准则第1211号——了解被审计单位及其环境并评估重大错报风险》及《审计准则第1231号——针对评估的重大错报风险实施的程序》、《审计准则第1321号——会计估计的审计》、《审计准则第1311号——存货监盘》、《审计准则第1312号——函证》、《审计准则第1313号——分析程序》、《审计准则第1501号——审计报告》、《审计准则第1131号——审计工作底稿》、《审计准则第1301号——审计证据》等审计准则。

惩戒依据：《中国注册会计师协会会员执业违规行为惩戒办法》第七条、第十条、第十一条。

惩戒种类：对XT所及其主任会计师张某进行公开谴责。

【案例11】TH所质量控制、职业道德和业务执行极不规范

惩戒事由：某注册会计师协会2009年对TH所开展执业质量检查，发现存在以下主要问题：

（1）事务所质量控制环境较差；合伙人机制不健全；业务承接制度不完善；人力资源与业务规模不匹配；无业务标准和程序；业务执行质量无有效保证措施；无监控制度；《质量控制制度》的要素不完整。在执业过程中，未有效进行质量控制，抽查的审计项目存在未实施必要的审计程序、未获取充分必要的审计证据的情况。

（2）未制定职业道德政策和程序。在执行过程中，没有获得事务所执业人员关于遵循独立性政策和程序的书面承诺，未关注执业人员专业胜任能力。

（3）注册会计师张某、徐某在对L防腐材料公司、M投资公司和H房地产开发公司审计过程中，存在：①无初步业务活动底稿。②无风险评估底稿。③进一步审计程序除收集了科目余额表外，未实施其他的审计程序。④未取得管理层声明书，审计报告后附的利润表无上期发生额，财务报表上没有被审计单位财务负责人、制表人、单位负责人的签名或盖章，未实施完成阶段分析程序、无重大事项概要、审计总结及业务符合审批表，审计报告未经注册会计师签字，工作底稿未装订。

违反条款：《会计师事务所质量控制准则第5101号》第三条，《中国注册会计师审计准则第1131号——审计工作底稿》第四条，《中国注册会计师审计准则第1301号——审计证据》第六条、第二十条等规定。

惩戒依据：《中国注册会计师协会会员执业违规行为惩戒办法》第七条，第十条，第十一条。

惩戒种类：对TH所及注册会计师廖某、张某、徐某予以公开谴责。

【案例12】CH所审计执业质量缺乏有效控制

惩戒事由：某注册会计师协会在对CH会计师事务所2011年执业质量检查中，发现存在以下问题：

在抽查的部分审计报告中，重要审计程序实施不到位，重要审计取证不足，发表的审计意见类型不恰当。如在为某房地产开发有限公司出具2010年年报审计过程中，银行存款4.9亿元未执行函证程序；银行借款共计14.82亿元仅取得贷款合同复印件，未实施其他审计程序；2010年度主营业务收入6.12亿元，仅有审定表，未见实施其他审计程序。该项目由B业务部承办，项目负责人既非注册会计师又非事务所员工。

事务所在B区设有业务部，业务承接、指派项目负责人、工作底稿复核均由该所注册会计师陈某负责。其中有部分报告未经事务所质量控制部门有关人员复核，就直接由主任会计师张某签发。

同时，在抽查的4份审计报告和10份验资报告中，3份审计报告和8份验资报告的收费低于协会行业建设公约中《行业竞价底限》。其中某房地产开发有限公司资产总额为55.6亿元，事务所审计费仅收2.5万元。

违反条款：《中国注册会计师鉴证业务基本准则》、《中国注册会计师执业准则第1301号——审计证据》、《中国注册会计师执业准则第1312号——函证》、《中国注册会计师执业准则第1131号——审计工作底稿》、《中国注册会计师执业准则第1501号——审计报告》、《会计师事务所质量控制准则第5101号——业务质量控制》和《注册会计师行业建设公约实施办法》等相关规定。

惩戒依据：《某注册会计师协会会员执业违规行为惩戒及处理办法（试行）》第九条。

惩戒种类：对CH所及注册会计师张某、陈某予以公开谴责。

【案例13】TD所的质量控制和职业道德约束流于形式

惩戒事由：某注册会计师协会在2007年对TD所的执业质量检查中发现：

（1）在检查组抽查的审计业务中，普遍存在如下情况：①审计过程中通常仅是编制审定表和少量的抽查，以及复印和取得客户提供的资料，较少运用分析程序，也未进行分析判断和作出相应的审计说明。②审计底稿中无客户交换意见记录，无现金流量表审计工作底稿，无试算平衡表，对首次接受委托项目的期初数未执行审计程序。

（2）报表审计平均收费仅为应收金额的17.72%。

（3）TD所对X投资开发公司2006年度年报审计，审计报告意见类型为带解释性说明的无保留意见，签字注册会计师是刘某、帅某。解释性说明内容为："截至2006年12月31日，X投资开发公司注册资本4,800万元……审计中未发现有抽逃注册资本的情况"。该审计报告存在以下问题：①事务所"业务报告呈审表"中，一级复核人（签字注册会计师之一）的意见为"无保留"，二级复核人的复核意见为"……应出具保留意见的审计报告"，三级复核人的复核意见为"建议出具保留意见或无法表示意见报告"，主任会计师（签字注册会计师之一）签发的意见为"同意发"，在二级复核人及三级复核人已明确表示应出具保留意见或无法表示意见的情况下，事务所在未补充其他资料的情况下，仍然出具了"无保留意见"的审计报告。②X投资开发公司长期股权投资期末余额46,555,004.96元，占资产总额比例78.42%，投资收益为0；审计底稿中仅有投资明细而无其他任何资料（投资协议、被投资单位报表、是否应按权益法核算等），审计证据明显不足。

（4）TD事务所对TD不动产评估咨询公司进行年报审计，但TD事务所的法人代表及该项目的一名签字注册会计师是TD不动产评估咨询公司的股东之一。

违反条款：《注册会计师法》第二十一条、《中国注册会计师职业道德基本准则》等规定。

惩戒依据：《中国注册会计师协会会员执业违规行为惩戒办法》第七条、第十条第二款、第十一条第四款、第十四条第一款，《关于进一步规范我省会计师事务所收费行为的通知》（××注协 [2006] 124号）第三条。

惩戒种类：对事务所和注册会计师刘某、帅某予以公开谴责。

【案例14】LX所低价承揽大批量的验资项目

惩戒事由：经查，LX所2007年一、二月验资收费比例超过80%部分占总体报告的90%以上，三月下降到84%，四、五月下降为40%稍多，到六、七、八、九月已下降到26%～32%，十月报备时甚至只达到19%，最低收费也由年初的49%下降为10月的24%的报告收费不足三成。

2007年4月，省注册会计师协会还多次接到对LX所在报纸上刊登广告的举报，经协会业务监管部核实，LX所于2007年3～4月多次在《××都市报》"分类信息"版面刊登"××会计师事务所审计评估验资办照记账200元起"的信息，LX所验资业务量也因此大幅增加。协会已于2007年4月17日以××注协函 [2007] 5号文《关于责令××会计师事务所立即停止广告的函》责令该所停止了广告行为，其后，未发现该所继续刊登。

违反条款：《中国注册会计师职业道德基本准则》第二十五条、《关于印发〈××省会计师事务所执业收费标准及管理办法〉的通知》（××价函 [2004] 253号）。

惩戒依据：《中国注册会计师协会会员执业违规行为惩戒办法》第七条、第九条、《关于印发〈××省会计师事务所执业收费标准及管理办法〉的通知》（川价函 [2004] 253号）。

惩戒种类：对LX所予以公开谴责。

【案例15】XZ所对重要项目的审计程序严重不到位

惩戒事由：某注协2007年抽查XZ所8份审计报告，主要存在的问题有：多数科目期末余额函证不到位；短期借款占负债比例较大，但未见相关合同等有关取证记录；新增在建工程未见相关施工合同、也未见抽查相关手续、依据等记录；存货、主营业务收入和主营业务成本审定表空白，无存货盘点记录；被审计单位系外商投资企业，却执行《小企业会计制度》，注册会计师未予揭示；工作底稿中未见对关联方销售作相应检查的记录等。

同时，被抽查的审计报告普遍存在审计业务约定书填写不完整；无事务所公章、无法人代表章、无签约日期；被抽查的审计底稿中无复核人员的签名及日期的记录；不作审计说明及审计结论的现象。上述审计报告签章注册会计师江某、林某均未到审计现场，也未在工作底稿中留下审计及复核痕迹。同时，抽查的 8 份审计报告中有 7 份报告的收费低于行业竞价底限。

违反条款：《中国注册会计师执业准则》中"审计证据"、"函证"、"审计工作底稿"、"关联方"、"非标准审计报告"和《某注册会计师行业建设公约实施办法》等相关规定。

惩戒依据：《某注册会计师协会会员执业违规行为惩戒及处理办法（试行）》第九条。

惩戒种类：对 XZ 所予以公开谴责并责令书面检查，对注册会计师江某、林某予以公开谴责并责令书面检查，同时提请财政部门对江某调查处理。

【案例 16】 GY 所内部管理混乱 股东之间矛盾激烈

惩戒事由：2007 年，GY 所注册会计师向行业主管部门来信来访反映事务所内部管理混乱，股东之间矛盾激烈。经核实，该所自王某当选法人代表前后即以股东会决议形式作出了一系列违反财政部、中国注册会计师协会对会计师事务所监督管理和行业管理要求的决定：

（1）该所股东会决议决定事务所下设业务一部、业务二部，各部分人负责，自行开立银行账号；部门负责人各自保管公司公章一枚，以公司的名义独立行使职权并承担相应的法律责任；若由此引起法律诉讼的，由各部门负责人自行出庭应诉；业务二部单独领用发票 1 本，用完后再到业务一部以旧换新领取。

（2）该所股东会决议决定，为增加业务收入，承接某社会人员的挂靠业务。

（3）2006 年 4 月 1 日，王某主动提出辞去董事长及法定代表人职务，经股东会（包括王某）一致同意选举了谢某为董事长兼法人代表。但过后王某未移交事务所公章和有关财物，并至今未办理法人工商变更登记手续。

（4）2006 年 4 月 1 日，谢某当选为法定代表人的当天，经股东会决议决定，该所公章由 2 枚增加到 3 枚。

违反条款：《会计师事务所审批和监督暂行办法》（财政部第 24 号令）第五十八条。

惩戒依据：《某注册会计师协会会员执业违规行为惩戒及处理办法（试行）》第九条。

惩戒种类：对 GY 所予以公开谴责并责令书面检查。

【案例 17】 JR 所注册会计师朱某未专职执业

惩戒事由：某注册会计师协会接人民来信，反映 JR 所注册会计师朱某在企业兼职，经调查核实：

（1）朱某系某集团公司出资股东。2001 年该集团公司股东会决议中朱某为该企业监事，2005 年新一届股东会决议中写明公司董事会、监事会成员不变。

（2）该集团公司上报给财政主管部门的 2006 年度会计决算报表，报表封面上主管会计工作负责人、总会计师、会计机构负责人栏内的名字均为朱某。

（3）2004 年 6 月，朱某代表该集团公司的全资子公司某汽车配件厂在向中国农业银行

S市嘉定支行借款2,000万元的银行借款合同上签名。

（4）2006年，朱某在该集团公司报销产权登记费及某职工申请报销职工住房补贴的财务报销凭证"部门主管"栏上签名。

（5）朱某以注册会计师身份担任了由该集团公司投资的某激光设备有限公司的年报主审，于2007年3月签发了审计报告，且收费明显低于行业最低收费标准。

违反条款：《注册会计师注册办法》（财政部第25号令）第五条和《注册会计师年检办法》（会协字〔2006〕429号）第四条等相关规定。

惩戒依据：《某注册会计师协会会员执业违规行为惩戒及处理办法（试行）》第七条。

惩戒种类：对注册会计师朱某予以公开谴责。

【案例18】 RQ所不配合行业自律检查受到公开谴责

惩戒事由：某省注册会计师协会在检查RQ所发票存根联时发现，RQ所2012年1~6月已开发票但未向检查组统计上报的报告53份，金额45.556万元。其中，审计报告43份，发票金额36.66万元；验资报告10份，发票金额8.896万元。

违反条款：《注册会计师法》第三十七条、《中国注册会计师协会章程》第五条。

惩戒依据：《中国注册会计师协会会员执业违规行为惩戒办法》第十二条。

惩戒种类：对RQ所及其主任会计师李某予以公开谴责。

【案例19】 HX所股东分歧较大致停业

惩戒事由：HX事务所由于股东之间分歧较大，内部管理混乱，相关章证由股东分别掌控，导致事务所自2008年11月开始停业，事务所已没有固定的经营场所。

事务所实际股东与工商备案股东不一致，且实际股东中部分人员没有注册会计师资格；工商备案股东是名义上股东，且存在工商备案股东转所未履行变更登记的情况。

事务所未按规定制定并完善质量控制制度。

违反条款：《中国注册会计师审计准则1121——历史财务信息审计的质量控制》和《中国注册会计师审计准则5101——业务质量控制》。

惩戒依据：《中国注册会计师协会会员执业违规行为惩戒办法》第七条第四款，第十一条。

惩戒种类：对HX所予以公开谴责。

【案例20】 FD所内部纠纷影响执业质量检查工作进行

惩戒事由：FD会计师事务所未建立质量控制制度，在某注册会计师协会2009年对其执业质量进行检查的过程中，未向检查提供业务报告，故检查组无法对其在业务执行过程是否能遵循执业准则的要求实施必要的审计或审验程序做出判断。

检查组同时发现，FD所股东间矛盾巨大，对业务报告的质量控制实际上失控。

违反条款：《注册会计师法》第三十七条、《会计师事务所执业质量检查制度》。

惩戒依据：《中国注册会计师协会会员执业违规行为惩戒办法》第七条、第十条、第十一条。

惩戒种类：对 XT 所及其主任会计师王某进行公开谴责。

【案例 21】 SG 所内部管理混乱　审计质量低下

惩戒事由：2008 年 7 月 14 日至 15 日，某省注协派出的检查小组到事务所进行执业质量检查，查实存在以下问题：

（1）制度不健全。没有建立业务承接、工作委派、职业道德和工作守则等制度，没有按新准则修订质量控制制度。

（2）部分报告没有粘贴防伪标识，审计收费低，未履行必要审计程序，缩小工作范围。

（3）部分业务收入不开发票、不入账。

（4）对 S 食品公司同一时期分别出具申报省级龙头企业的审计报告（××会审字［2008］第 001 号，注册会计师杜某、刘某）和工商年检审计报告（××会检字［2008］第 065 号，注册会计师杜某、刘某），报表数据不一致，审计意见不恰当。

（5）对 M 药业公司出具的验资报告（××会验字［2008］第 055 号，注册会计师杜某、刘某）原注册资本 428 万，货币增资 500 万，依据评估报告，房产增资 806.78 万及土地使用权增资 265.22 万，变更后注册资本 2,000 万。实物及无形资产权属依据不充分。

违反条款：《注册会计师法》第二十一条，《××省注册会计师行业惩戒办法》第三条、第五条。

惩戒依据：《××省注册会计师行业惩戒办法》第十条、第十一条。

惩戒种类：对事务所及签字注册会计师杜某、刘某予以公开谴责，并责令限期改正。同时，对签字注册会计师杜某、刘某给予强制培训惩戒。

【案例 22】 四位注册会计师虚假出资　骗取新设事务所

惩戒事由：注册会计师罗某、淑某、朱某、吴某四人虚假出资，于 2005 年 7 月和 2007 年 3 月期间在申请设立会计师事务所过程中，隐瞒了股东未实际出资的情况，先后骗取成立了 MT 会计师事务所和 TH 会计师事务所。现该两个事务所分别被某财政部门以××财会［2007］47 号、××财会［2007］48 号撤销了设立许可。

违反条款：《会计师事务所审批和监督暂行办法》（财政部令第 24 号）第八条、第九条、第五十八条。

惩戒依据：《中国注册会计师协会会员执业违规行为惩戒办法》（会协［2006］82 号）第七条、第十四条。

惩戒种类：对注册会计师罗某、淑某、朱某、吴某等四人予以公开谴责。

第二节　通报批评典型案例

【案例1】SZ 所审计意见不恰当

惩戒事由： 经查，SZ 所 2010 年审计中存在以下问题：

（1）对 MY 公路开发公司审计：①被审计单位与 T 公司的其他应付款的余额为 4.02 亿元，对方回函 3.23 亿元，对于存在的差异，注册会计师未实施必要的审计程序判断该差异是否正常，而直接在审计报告中予以模糊的保留，保留事项未明确该事项注册会计师无法判断是否正确；②董事会决议从 2003 年开始不计提公路桥梁资产的折旧，该部分金额约 34 亿元，注册会计师直接在审计报告予以保留，未测算影响金额，且未在审计报告中披露影响金额；③未测算贷款利息，直接予以保留，且将长期借款应付利息列入其他应付款不合理。

（2）对 LY 集团公司审计：固定资产——房屋建筑物期末原值为 158,197.77 万元，土地使用权期末余额 16,116.26 万元，经查，部分资产为公园土地和房屋建筑，系公益性资产，不能给企业带来收益，不符合资产定义，注册会计师未建议被审计单位进行调整并考虑对审计意见的影响。

（3）对 W 实业股份公司审计：其他应收款 175,350,889.54 元、可供出售的金融资产 5,808,000 元、长期股权投资 185,035,522.02 元、固定资产专用设备 5,875,743.55 元。上述 4 个科目的金额合计占资产总额的 99.74%，因审计范围受限不能确认。此外，长期借款由于审计范围受限，不能实施函证，不能取得审计所必须的证据以确认其真实性、余额的准确性。为此，SZ 所因上述事项的影响出具了保留意见。但是，由于上述所保留事项对应的金额对报表的影响特别重大，应出具无法表示意见审计报告。

（4）对 YA 矿山救护公司审计：审计报告保留意见内容为"贵公司 2010 年 12 月 31 日的应收账款 3,000,000 元，其他应收款 5,116,843.90 元，长期借款 3,000,000 元未取得询证函，我们无法实施其他审计程序以获取充分、适当的审计证据。"审计报告中资产保留金额已达到了总资产的 87.76%，且保留事项在审计底稿中未反映。

违反条款：《会计师事务所质量控制准则第 5101 号——会计师事务所对执行财务报表审计和审阅、其他鉴证和相关服务业务实施的质量控制》第三条，《中国注册会计师审计准则第 1131 号——审计工作底稿》第四条，《中国注册会计师审计准则第 1301 号——审计证据》第六条、第二十条，《中国注册会计师审计准则第 1502 号——非标准审计报告》第十三条等规定。

惩戒依据：《中国注册会计师协会会员执业违规行为惩戒办法》第七条，第十条，第十一条。

惩戒种类： 对事务所及签字注册会计师予以通报批评。

【案例2】CH 所未遵循质量控制和职业道德要求

惩戒事由： 2011 年，某注册会计师协会对 CH 所检查发现：

（1）质量和风险控制制度不完善，现有的《质量控制操作规程》还包含有资产评估和工程造价方面的内容，与《会计师事务所质量控制准则第5101号——业务质量控制》和事务所内部治理指南的要求存在较大差异。在实际业务执行过程中质量控制政策和程序执行较差。具体审计工作中没有业务承接和客户保持关系的记录；无独立性、胜任能力等职业道德考虑记录。没有人员晋升、培训、考核等具体计划。无内部监控检查记录。风险评估审计程序实施不完善，了解被审计单位内部控制和测试的审计程序未实施，实质性测试主要以抽查会计凭证为主，函证、监盘、分析复核、截止测试等程序实施不完整，无特殊项目的审计工作底稿。对重要的审计程序实施不到位，审计证据不充分、适当。业务复核流于形式，仅在事务所报告书审核稿纸上有相关人员签名，无具体复核记录。

（2）事务所职业道德规范制度未按《中国注册会计师职业道德守则》修订完善，业务底稿中未见对专业胜任能力和独立性的评价，日常工作中除口头向员工进行宣传告诫外，基本未对职业道德事项实施相关工作。

（3）审计项目初步业务活动阶段未实施初步业务活动及业务接受和保持审计程序，未实施总体审计策略、内部控制的了解和评价，未实施内部控制测试，未实施银行存款函证，未执行现金流量、持续经营、期后事项、或有事项、承诺事项、关联方关系及其交易、首次接受委托时对期初余额的审计等特殊事项审计程序。

违反条款：《会计师事务所质量控制准则第5101号——会计师事务所对执行财务报表审计和审阅、其他鉴证和相关服务业务实施的质量控制》第三条，《中国注册会计师审计准则第1131号——审计工作底稿》第四条，《中国注册会计师审计准则第1301号——审计证据》第六条、第二十条、第二十四条等规定。

惩戒依据：《中国注册会计师协会会员执业违规行为惩戒办法》第七条、第九条、第十一条。

惩戒种类：对事务所及签字注册会计师予以通报批评。

【案例3】DY所质量控制和审计程序不到位

惩戒事由：经查，DY所2011年执业质量存在以下问题：

（1）事务所现有的质量控制制度不完善。在实际业务执行过程中基本未见执行审计程序。审计项目除了收集被审计单位营业执照、公司章程、验资报告、未审会计报表，个别审计项目收集了会计科目的科目余额表及个别科目复印少量以前年度发生额会计凭证外，没有任何审计工作底稿。审计证据不充分、适当，不能支持出具的审计意见，对审计准则的执行情况很差。

（2）事务所未按《会计师事务所质量控制准则第5101号——业务质量控制》和《中国注册会计师职业道德守则》的要求建立职业道德控制政策和程序。业务底稿中未见对专业胜任能力和独立性的评价，日常工作中基本未对职业道德事项实施相关工作。

（3）抽查的3份年报审计业务项目，基本未见执行审计程序。审计项目除了收集被审计单位营业执照、公司章程、验资报告、未审会计报表，个别审计项目收集了会计科目的科目余额表及个别科目复印少量以前年度发生额会计凭证外，没有其他审计工作底稿。审计证据不充分、适当，不能支持出具的审计意见，对审计准则的执行情况较差。

违反条款：《会计师事务所质量控制准则第5101号——会计师事务所对执行财务报表审计和审阅、其他鉴证和相关服务业务实施的质量控制》第三条，《中国注册会计师审计准则第1131号——审计工作底稿》第四条，《中国注册会计师审计准则第1301号——审计证据》第六条、第二十条、第二十四条等规定。

惩戒依据：《中国注册会计师协会会员执业违规行为惩戒办法》第七条、第十条、第十一条。

惩戒种类：对事务所及签字注册会计师予以通报批评。

【案例4】HX所审计程序严重不到位而出具报告

惩戒事由：2010年，HX所审计过程中存在以下问题：

（1）Y房地产公司审计：预付账款期末审定数477,051,701.60元，占资产总额的83.58%，除审定表和明细审定表外未见实施函证或替代审计程序的工作底稿。应付账款期末审定数68,084,858.20元，占资产总额的11.92%，除审定表和明细审定表外，未见实施函证或替代审计程序的工作底稿。预收账款期末审定数253,795,202.74元，占资产总额的44.46%；其他应付款期末审定数224,670,692.80元，占资产总额的39.36%，仅有一张审定表，未见实施函证或替代审计程序的工作底稿。

（2）H住房经营管理公司审计：预付账款期末余额231,226,902.20元，占资产总额23%，除审定表及明细表外，未实施其他审计程序。存货期末余额395,598,194.37元，占资产总额40%，除审计表及存货分类明细外，未实施抽盘、计价测试等必要的审计程序。长期借款期末余额390,876,170.19元，占资产总额39%，除审定表及明细表外，未实施其他审计程序（只收集了1张进账单一份银行借款合同）。

（3）S工程监理事务所审计：其他应收款期末余额3,077,660.60元，占资产总额32.11%，底稿只有审定表及明细表，未实施函证程序，也未实施其他替代程序。预收账款期末余额2,176,030元，占资产总额的22.7%，未实施函证程序，除审计表及明细表外，未实施任何审计程序。其他应付款期末余额3,787,736.77元，占资产总额39.5%，除未实施函证程序，除审计表及明细表外，未实施其他审计程序。

（4）G景观园林公司审计：银行存款未达账项162万元占企业银行存款余额的48.8%、企业总资产的14.9%，已明显超过重要性水平，未查明原因，也未进行调账处理；所有会计科目仅有审定表，无相应的测试程序，无凭证抽查记录，往来账务未进行函证，固定资产、存货未进行抽盘。

违反条款：《会计师事务所质量控制准则第5101号——会计师事务所对执行财务报表审计和审阅、其他鉴证和相关服务业务实施的质量控制》第三条，《中国注册会计师审计准则第1131号——审计工作底稿》第四条，《中国注册会计师审计准则第1301号——审计证据》第六条、第二十条。

惩戒依据：《中国注册会计师协会会员执业违规行为惩戒办法》第七条、第十条、第十一条。

惩戒种类：对事务所及签字注册会计师予以通报批评。

【案例5】HZ 所对重要项目未实施必要的审计程序

惩戒事由： 经查，HZ 所 2011 年执业质量存在以下问题：

（1）对 XY 污水处理公司审计：①银行对账单金额为 3,336,758.13 元，比审定数少 680,000 元，底稿注明原因为叙永县财政局将 680,000 元入错账户后于 2011 年 1 月 6 日重新划款，公司已入账，银行于 1 月 6 日才收到，但审计未对此款项进行调整。②在建工程 42,445,381.87 元、占资产总额 87.34%，未收集相关立项、报批及预算资料及施工合同。

（2）对 XD 电器公司审计：①审计报告保留意见内容为"贵公司应付账款——××电器有限公司期末余额为 319,666.64 元，由于贵公司没有提供债权人详细住址，我们无法实施函证程序，也没能实施其他替代审计程序。"审计报告中保留金额已到达了总资产的 64.05%。②存货 320,604 元，占资产总额 64.12%，未进行计价测试及截止性测试。③主营业务收入 5,578,253.99 元、主营业务成本 5,007,420.76 元仅列示明细表及抽凭记录，未实施其他审计程序；管理费用 542,839 元仅列示主表及明细表，未实施其他审计程序；营业费用 444,084.13 元未实施截止性测试。

违反条款：《中国注册会计师审计准则第 1131 号——审计工作底稿》第四条，《中国注册会计师审计准则第 1301 号——审计证据》第六条、第二十条、第二十四条等规定。

惩戒依据：《中国注册会计师协会会员执业违规行为惩戒办法》第七条、第十条。

惩戒种类： 对事务所及签字注册会计师予以通报批评。

【案例6】SJ 所未按规定实施审计程序和收集审计证据

惩戒事由： 经抽查 5 份报告，SJ 所 2011 年执业行为存在以下问题：

（1）初步业务活动，仅有一张被审计单位的基本概况表（包括名称、地址、经营性质、经营范围、财务负责人等信息），未见项目组成员的独立性声明，无其他初步业务活动底稿。

（2）风险评估，除了解被审计单位概况、会计政策外，无其他风险评估程序记录。审计计划为范式计划，无针对性。

（3）进一步审计程序，预付账款、其他应收款、其他应付款，获取了明细表，未实施函证审计程序或替代测试，收集了与其他应收款有关的记账凭证复印件，未编制凭证抽查表；存货，编制了存货审定表，未实施其他审计程序，仅收集了与存货有关的记账凭证；固定资产，仅编制了固定资产及累计折旧审定表，未获取或编制固定资产明细表，未对固定资产实施盘点审计程序，未对累计折旧的计提和分配情况进行检查。无特殊项目审计程序底稿。

（4）完成审计工作时，未对存货、固定资产、货币资金等实物资产是否实施监盘、关联方交易等事项进行检查；未编制审计总结；管理层声明书的格式不符合规定，管理层声明书上的日期早于审计报告的日期。管理层声明书上无财务负责人和法定代表人的签名或盖章；无重大事项概要；无业务复核审批表；无实施完成阶段分析程序的底稿。

（5）SJ 所负责审计 LY 集团公司本部报表，出具合并审计报告；ZT 所负责审计 LY 集团公司下属 11 家子公司财务报表，并各自出具审计报告，经查阅相关审计报告，ZT 所审计部分资产总额（95%以上）、收入总额（约95%）、利润总额均占有较大比例。SJ所注册会计师在出具审计报告时未与ZT所的注册会计师进行有效沟通，形成相关记录。

违反条款：违反《会计师事务所质量控制准则第5101号——会计师事务所对执行财务报表审计和审阅、其他鉴证和相关服务业务实施的质量控制》第三条，《中国注册会计师审计准则第1131号——审计工作底稿》第四条，《中国注册会计师审计准则第1301号——审计证据》第六条、第二十条等规定。

惩戒依据：《中国注册会计师协会会员执业违规行为惩戒办法》第七条、第十条、第十一条。

惩戒种类：对事务所及签字注册会计师予以通报批评。

【案例7】JX所审计程序执行普遍不到位

惩戒事由：2010年，JX所审计程序执行存在以下问题：

（1）审计程序实施中的普遍问题：未了解被审计单位及其环境的工作底稿；无相关风险评估与内部控制测试的工作底稿；未编制审计工作计划，未确定重要性水平，未编制审计工作总结，未进行总体复核；未编制新承接/保持业务的风险评估记录与独立性、专业胜任能力的评估记录；未执行现金流量、持续经营、期后事项、或有事项、承诺事项、关联方关系及其交易等特殊事项的审计程序；审计业务约定书采用原独立审计准则老格式；实质性程序中，基本上只作了账表核对程序，各科目的审计程序基本没有执行。

（2）审计业务典型问题。

① A电梯有限公司2010年年报审计中，审计报告后附报表与企业盖章的报表数据不一致，底稿中未见有调整分录及试算平衡表，以及被审计单位对调整后的数字确认签章；存货审定表未审数1,090万元，审定数1,090万元，而企业签章的资产负债表数字为490万元，未见相关的调整数，及调整原因。

② S城市建设投资有限公司2010年年度报表审计中，银行存款对账单数据与明细表核对不相符，某支行营业部对账单数字为3,239,204.03元，而明细表审定数字为4,058,985.24元，无银行存款余额调节表，也无进一步审计及调整底稿；其他各科目仅有审定表和明细表，未进一步执行审计程序。

③ Q药业有限公司2010年年度报表审计中，各科目只编制了审计程序表（但审计程序的执行情况说明与实际工作底稿不相关）和审定表、往来科目明细表，未执行进一步审计程序。

违反条款：《会计师事务所质量控制准则第5101号——会计师事务所对执行财务报表审计和审阅、其他鉴证和相关服务业务实施的质量控制》第三条，《中国注册会计师审计准则第1131号——审计工作底稿》第四条，《中国注册会计师审计准则第1301号——审计证据》第六条、第二十条等规定。

惩戒依据：《中国注册会计师协会会员执业违规行为惩戒办法》第七条、第十条、第十一条。

惩戒种类：对事务所及签字注册会计师予以通报批评。

【案例8】 JA 所部分未实施函证和检查等必要审计程序

惩戒事由： 2010 年，JD 所审计过程中存在以下问题：

（1）D 食品有限公司银行存款余额为 291 万元，占该公司资产总额 2,145 万元的 13.57%，未收集银行存款对账单和实施函证审计程序。无形资产余额为 835 万元，占公司资产总额的 38.90%，未收集产权证明、无形资产摊销未测试。固定资产发生额为 695 万元，占公司资产总额的 32.40%，未实施盘点程序以及抽查检查等审计程序、累计折旧未编制测试工作底稿。

（2）N 食品有限公司应收关联方 H 食品有限公司 1,163 万元，占资产总额的 12.80%，未实施替代测试和函证审计程序。在建工程本期增加 2,630 万元，占资产总额的 28.95%，未收集有工程合同以及在建工程本期增加的抽查测试。

（3）X 建筑工程有限责任公司应收账款余额为 399 万元、其他应收款 993 万元，合计 1,392 万元，占资产总额的 43%，未实施替代检查和函证等审计程序。存货年末余额为 1,439 万元，占资产总额的 45%，未收集工程合同，关注未完工程项目的完工程度和项目的盘点等审计程序。

（4）W 煤矿审计项目，主营业务收入只有审定表，未实施其他审计程序，其中财务账面收入 6,936,684.81 元，账外收入 2,135,699.86 元，账外收入只有 W 煤矿出具的说明，未实施其他审计程序，该收入入账的真实性、完整性确认的审计证据不充分、不适当；截至 2009 年 12 月 31 日，W 煤矿的固定资产账面原值 8,066,620.56 元，净值 5,064,764.95 元，占被审计单位年末资产总额 45.83%，被审计单位出具说明称：成立至今未建立固定资产明细账。工作底稿中只有主表和固定资产盘点表、抽盘点，固定资产抽盘表抽盘了脚架车，金额 1,078,652.37 元，无数量，抽盘率为 21.30%。未对折旧进行测算，未取得固定资产明细表，未收集相关权证。对固定资产的真实性、完整性确认的审计证据不充分、不适当。应收票据期末余额为 100 万元，占期末资产总额 9.05%，工作底稿中只有一张主表，未列示票据的相关资料（如票据种类、出票日、到期日、利率、出票单位、承兑银行、票面金额、背书转让等），未进行盘点，未关注期后票据兑现情况等，对应收票据所有权有关的风险和报酬是否归被审计单位所有未在底稿中反映。

违反条款： 《会计师事务所质量控制准则第 5101 号——会计师事务所对执行财务报表审计和审阅、其他鉴证和相关服务业务实施的质量控制》第三条，《中国注册会计师审计准则第 1131 号——审计工作底稿》第四条，《中国注册会计师审计准则第 1301 号——审计证据》第六条、第二十条。

惩戒依据： 《中国注册会计师协会会员执业违规行为惩戒办法》第七条、第十条、第十一条。

惩戒种类： 对事务所及签字注册会计师予以通报批评。

【案例9】 NF 所未按执业准则的要求实施审计程序

惩戒事由： 经查，NF 所 2010 年审计程序存在以下问题：

（1）审计程序实施中的普遍问题：①没有风险评估过程的工作底稿。②没有进行内部控制测试底稿。③没有制定具体审计计划。④或有事项、期后事项、关联交易等无底稿。⑤银行存款、银行贷款、应收款项未函证，也未执行替代程序。⑥存货、固定资产未执行抽盘程序。⑦现金流量表无审计底稿。

（2）审计业务典型问题。

① P 现代农业发展投资有限公司其他流动资产科目余额 7,315 万元，占资产总额的 31.98%，核算的是企业的委托贷款，共计 15 家委托贷款单位，经查，只有 4 份委托贷款合同，未见其他 14 家委托贷款合同、发函记录。

② D 房地产开发有限公司：货币资金占资产总额 22.85%，现金未实施盘点程序，银行存款未发函，也未取得对账单；存货余额 6,044.46 万元，占资产总额的 63.09%，只有凭证抽查记录，无开发成本明细、开发产品明细，未见土地合同、权属证明、合同、规划许可证、施工许可证、预售面积审核书、房屋销售统计表、工程合同等检查记录；销售收入 7,470.58 万元；销售成本 6,042.48 万元，由于无售房合同，无法确认交房时间，未见交房统计表，不能确认收入、成本的准确性。

违反条款：《会计师事务所质量控制准则第 5101 号——会计师事务所对执行财务报表审计和审阅、其他鉴证和相关服务业务实施的质量控制》第三条，《中国注册会计师审计准则第 1131 号——审计工作底稿》第四条，《中国注册会计师审计准则第 1301 号——审计证据》第六条、第二十条。

惩戒依据：《中国注册会计师协会会员执业违规行为惩戒办法》第七条、第十条、第十一条。

惩戒种类：对事务所及签字注册会计师予以通报批评。

【案例 10】 JD 所未实施部分重要审计程序

惩戒事由： 2010 年，JD 所审计过程中存在以下问题：

（1）在 XY 大厦 2009 年年报审计过程中，除审定表和 2009 年发生额及余额表外，无其他审计程序记录。审计中合并抵销存在较明显错误，尚余 3,545,800.09 元内部往来未抵销，注册会计师未予关注。

（2）在 JF 实业公司 2009 年年报审计过程中，无风险评估程序及测试底稿记录，管理当局声明书声明人没有签字盖章；"固定资产"净值 1,107 万元，占资产总额 55.16%，实质性测试明细表空白、无盘点表、无盘点程序等记录，无固定资产计价测试记录、累计折旧测算，无固定资产权属测试记录；其他应付款审定额 1,140 万元，占流动负债 99.8%，无凭证测试记录，未进行函证等主要程序。

违反条款：违反《会计师事务所质量控制准则第 5101 号——会计师事务所对执行财务报表审计和审阅、其他鉴证和相关服务业务实施的质量控制》第三条，《中国注册会计师审计准则第 1131 号——审计工作底稿》第四条，《中国注册会计师审计准则第 1301 号——审计证据》第六条、第二十条。

惩戒依据：《中国注册会计师协会会员执业违规行为惩戒办法》第七条、第十条、第十一条。

惩戒种类：对事务所及签字注册会计师予以通报批评。

【案例 11】 CX 所未按规定履行必要审计程序

惩戒事由：2010 年，CX 所审计过程中存在以下问题：

（1）H 冶金炉料有限责任公司应收票据余额为 2,570 万元，占资产总额的 32.56%，审计工作底稿中未见对应收票据实施监盘的审计记录，也未收集应收票据复印件等重要的审计资料；货币资金余额为 437 万元，占资产总额的 5.53%，其中银行存款余额为 422 万元，工作底稿中未见货币资金审计主表、明细表，未收齐银行存款对账单，未对银行存款进行函证；损益类项目中除了有主营业务收入审计主表、明细表外，未见其他损益类项目工作底稿。

（2）B 混凝土工程有限公司在建工程余额为 844 万元，占资产总额 84.82%，工作底稿中未见对在建工程本期增加 844 万元实施会计凭证抽查及收集工程合同并与发生额核对审计记录；无形资产余额为 90 万元，占资产总额的 9%，未收集无形资产——土地使用权的权属证明以及实施抽查程序。

（3）Z 实业有限责任公司截至审计基准日，长期股权投资账面余额为 3,654 万元，占资产总额的 34.22%，会计报表披露系对子公司的投资，未按照权益法核算。

（4）X 汽车运动发展有限公司审计项目，银行存款未达账项 190 万元，占该项目资产总额 15.89%，未执行银行函证审计程序，也未执行其他替代审计程序。

（5）C 房屋拆迁安置办公室审计项目中，存货余额为 20,286 万元，占资产总额达 98.5%，其中开发成本余额为 18,799 万元，占资产总额达 91.28%，未执行存货抽查盘点程序；预收账款余额为 18,551 万元，存在已完工程项目未及时结转营业收入并确认营业成本的情况。

违反条款：《会计师事务所质量控制准则第 5101 号——会计师事务所对执行财务报表审计和审阅、其他鉴证和相关服务业务实施的质量控制》第三条，《中国注册会计师审计准则第 1131 号——审计工作底稿》第四条，《中国注册会计师审计准则第 1301 号——审计证据》第六条、第二十条。

惩戒依据：《中国注册会计师协会会员执业违规行为惩戒办法》第七条、第十条、第十一条。

惩戒种类：对事务所及签字注册会计师予以通报批评。

【案例 12】 SY 所执业质量较差受到行业惩戒

惩戒事由：经查，SY 所 2010 年审计程序存在以下问题：

（1）业务质量控制制度对承接业务与保持业务、业务分派与监督等没有操作细则的规定，与《审计准则第 1121 号——历史财务信息审计的质量控制》、《会计师事务所质量控制准则第 5101 号——业务质量控制》的要求存在差异。

（2）未建立职业道德守则。在项目执行过程中，未见有独立性与专业胜任能力的内部评估记录。有审计业务 71 份，由事务所承接收取审计费，但未见工作底稿，事务所解释，由其他事务所出具审计报告。

（3）抽查 5 份年报审计业务项目，存在的普遍问题：①没有按照审计准则的要求了解被审计单位的基本情况。②没有相关风险评估与控制测试的工作底稿。③审计计划不完善，审计计划直接评价风险程度较低，没有任何支持性依据。④个别重点科目的关键审计程序没有执行。比如在年报审计中没有执行银行函证和往来函证程序，部分项目的银行对账单不齐；没有执行分析程序（如折旧测试、费用性资产摊销测试、收支与费用的分析）、截止测试等重点审计程序。⑤没有对持续经营、期后事项、承诺事项、或有事项、关联方关系及其交易、现金流量表进行审计。⑥没有对期初数进行关注。

（4）抽查 3 份验资报告，存在以下问题：①未取得银行验资专户开户资料及银行出具的资金证明。②总体验资计划中未对验资风险评估、收费预算进行填写，计划中只有陈某复核，未见其他复核的人员安排。

违反条款：审计准则第 1301 号第六条、第 1131 号第四条、第 1211 号、第 1231 号、第 1201 号、第 1221 号、第 1311 号、第 1312 号、第 1313 号、第 1324 号、第 1332 号等规定。

惩戒依据：《中国注册会计师协会会员执业违规行为惩戒办法》第七条、第十条、第十一条。

惩戒种类：给予 SY 所及签字注册会计师陈某、牟某通报批评。

【案例 13】 YT 所违规确认资本公积

惩戒事由：2011 年，YT 所部分审计项目违规确认资本公积：

（1）××会审［2010］第 027 号 T 产业发展有限公司审计报告（标准审计报告），根据 2009 年 12 月 20 日经 T 产业发展有限公司第三十九次股东会决议，公司将拥有的 L 商场、D 商场、Y 商场的房屋账面价值进行评估并调整公司账务，该部分资产评估价值 286,358,576 元，账面价值 145,035,785.76 元，增值金额 141,322,790.24 元计入固定资产和资本公积，以前年度固定资产评估增值 56,734,105.91 元，合计计入资本公积的金额 198,056,896.15 元，与该企业执行《企业会计制度》不符。

（2）××会审［2010］第 077 号 H 硅业有限公司审计报告（标准审计报告），"资本公积"科目报表显示年初只有 23,966 元，年末达 25,162,768.39 元，占资产总额的 27.82%，2009 年经 H 硅业有限公司股东会决议，公司新投入固定资产以账面价值入账并调整公司账务，借记固定资产，贷记资本公积（资本溢价），该部分资产金额 25,138,802.39 元，审计人员未对入账凭证进行检查，也未对该部分资产的入账价值进行审核，无法确定该部分资产的真实性。

违反条款：《会计师事务所质量控制准则第 5101 号——会计师事务所对执行财务报表审计和审阅、其他鉴证和相关服务业务实施的质量控制》第三条，《中国注册会计师审计准则第 1131 号——审计工作底稿》第四条，《中国注册会计师审计准则第 1301 号——审计证据》第六条、第二十条等规定。

惩戒依据：《中国注册会计师协会会员执业违规行为惩戒办法》第七条、第十条、第十一条。

惩戒种类：对事务所及签字注册会计师予以通报批评。

【案例 14】 XE 所恶意低价竞争被通报批评

惩戒事由：某省注册会计师协会在检查 2012 年执业质量过程中发现，XE 所 2012 年 1~6 月出具审计报告 71 个，审计业务的总应收费金额为人民币 70.56 万元，实际收费为人民币 11.34 万元，占应收费金额的 16.07%；出具验资报告 803 份，验资业务应收费金额人民币 310.32 万元，实际收费为人民币 208.61 万元，占应收费金额的 67.22%。

上述审计收费金额严重偏低，检查认为属于恶意低价竞争行为。

违反条款：《价格法》第十二条、《会计师事务所服务收费管理办法》第十四条、《××省会计师事务所执业收费标准及管理办法》（××价费 ［2004］ 253 号）。

惩戒依据：《中国注册会计师协会会员执业违规行为惩戒办法》第九条、《关于进一步规范我省会计师事务所收费行为》的通知（××注协 ［2006］ 124 号）第三条、《关于规范会计师事务所收费行为暂行规定》（××注协 ［2012］ 9 号）等规定。

惩戒种类：对事务所及签字注册会计师予以通报批评。

【案例 15】 YW 所审计程序普遍不到位

惩戒事由：2009 年，某注册会计师协会抽查 YW 所 10 份年报审计工作底稿，发现以下问题：

（1）普遍问题：①没有按照审计准则的要求了解被单位的基本情况。②所有审计项目，没有相关风险评估与控制测试的工作底稿。③编制了总体审计计划，没有编制具体审计计划。没有确定重要性水平。④各科目均只编制了审定表和审计取证记录，取证记录只记录了科目期末余额，执行了账表核对审计程序，未执行关键性的审计程序。没有编制底稿索引，没有进行勾稽索引。⑤未执行持续经营、期后事项、或有事项、承诺事项、关联方关系及其交易等特殊事项的审计程序。⑥审计业务约定书未约定审计收费金额。

（2）个别典型问题：①审计报告签字注册会计师签字为赵某，但盖章为李某；②审计工作计划中审计人员分工及时间预算不当；③合并报表审计合并过程工作底稿，未见抵消分录汇总表，不知道纳入合并范围的企业有哪些，未见纳入合并范围的被审计单位审计后的报告、报表，也未见对纳入合并过程的被审计单位的审计过程记录。

违反条款：审计准则第 1301 号第六条、第 1131 号第四条、第 1211 号、第 1231 号、第 1201 号、第 1221 号、第 1311 号、第 1312 号、第 1313 号、第 1324 号、第 1332 号、第 1323 号、第 1111 号第五条。

惩戒依据：《中国注册会计师协会会员执业违规行为惩戒办法》第十条第一、二款和××省注册会计师协会《关于进一步规范我省会计师事务所收费行为的通知》（××注协 ［2006］ 124 号）第三条。

惩戒种类：给予 YW 所及其签字注册会计师姚某、赵某、李某以通报批评。

【案例 16】ZT 所未关注被审验单位以前注册资本抽逃情况

惩戒事由: 2009 年,某注册会计师协会检查发现,ZT 所在 J 投资有限公司变更验资项目中,对前期 2009 年 2 月 23 日以货币资金出资 2,000 万元,在变更验资日 2009 年 2 月 25 日是否存在,没有实施必要的审验程序;被审验单位提供的变更前会计报表中反映有货币资金 2,000 万元,未取得银行对账单,也未函证予以证实。

在检查组的要求下,签字注册会计师荣某取回被审验单位 2009 年 2 月份银行存款记录单,该记录单显示被审验单位于 2009 年 2 月 24 日分几次累计取款 2,000 万元,2009 年 2 月 25 日也未存入 2,000 万元,前期实收资本 2,000 万元已抽逃。

违反条款:《中国注册会计师审计准则第 1602 号——验资》相关规定。

惩戒依据:《中国注册会计师协会会员执业违规行为惩戒办法》第七条、第十条。

惩戒种类: 对 ZT 所及注册会计师刘某、荣某予以通报批评。

【案例 17】DD 所未按规定编制验资工作底稿

惩戒事由: 2008 年,某注册会计师协会抽查 DD 所 10 份验资报告,发现存在以下问题:

(1)验资总体计划中未对验资风险评估、收费预算等事项进行填写,工作计划中未包含报告复核。

(2)验资事项声明书中被审验单位、被审验单位负责人及股东签章不齐全。

(3)没有评价事务所独立性和专业胜任能力的工作底稿。

(4)验资报告格式不规范,无验资事项说明。

(5)货币验资未收集银行开户文件、银行对账单;实物出资未见注册会计师的对实物资产的现场查验记录。

违反条款:《中国注册会计师审计准则第 1602 号——验资》。

惩戒依据:《中国注册会计师协会会员执业违规行为惩戒办法》第七条、第十条、第十四条。

惩戒种类: 给予事务所及其签字注册会计师予以通报批评。

【案例 18】HT 所对合并会计报表发表不恰当的审计意见

惩戒事由: 2009 年 3 月,HT 所在审计 MP 产业集团公司 2008 年度合并会计报表时,在未核实合并范围的情况下出具了无保留意见的审计报告。经查,MP 产业集团公司的合并会计报表将 MP 通讯公司纳入了合并范围,MP 通讯公司的唯一股东是 MP 控股公司,而 MP 控股公司并未纳入 MP 产业集团公司合并报表的合并范围,MP 产业集团公司仅凭 MP 通讯公司与 MP 产业集团公司的法定代表人是夫妻关系就将 MP 通讯公司纳入合并范围(MP 通讯公司资产总额 6.31 亿元,占 MP 产业集团公司合并后资产总额 13.78 亿元的 45.72%),这与《合并会计报表暂行规定》第二条等规定不符,HT 所未对该事项发表恰当的审计意见或做适当披露,而出具了标准无保留意见的××审字[2008]第 040 号审计报告。

违反条款：《中国注册会计师鉴证业务基本准则》第五十三条、第五十五条、第五十六条，《会计师事务所质量控制准则第 5101 号——会计师事务所对执行财务报表审计和审阅、其他鉴证和相关服务业务实施的质量控制》第三条等规定。

惩戒依据：《中国注册会计师协会会员执业违规行为惩戒办法》第七条、第十条。

惩戒种类：给予事务所及其签字注册会计师予以通报批评。

【案例 19】 ZH 所不按审计准则的规定执行审计和验资业务

惩戒事由：2010 年，某注册会计师协会检查 ZH 所审计执业质量，发现存在以下主要问题：

（1）检查审计报告中，仅按送审会计报表编制审定表底稿，未见执行必要审计程序的其他工作底稿（含实质性程序底稿、综合类程序底稿），均出具标准审计报告。

（2）检查审计业务 17 项，其中 15 项审计项目均由非注册会计师担任项目负责人。

（3）对 GY 投资公司的审计报告：①审定利润表及现金流量表为时点数，而非会计时期数。②审定会计报表及附注无被审计单位负责人、财务负责人签字盖章。③利润及利润分配表，无上年比较数。④审计报告正文未表述合并报告的事项，后附审定报表也不是合并会计报表，但实质系两个公司合并的会计报表。⑤纳入合并报表的 A 子公司资产总额 305,106,634.47 元，占合并资产总额的 92.45%，未取得该子公司审计报告正文；该子公司已审资产负债表无年初数，利润表无上年比较数；该子公司已审会计报表也无附注；ZH 所既没有对子公司重新进行必要审计，也没有对其提供的子公司会计报表具有明显问题进行其他关注，合并审计报告仅其执行加减就得出审计结论，违反《合并会计报表暂行规定》有关规定。⑥项目负责人为非注册会计师。⑦签字注册会计师：于某、廖某。

（4）HC 汽车销售公司审计项目，审计报告注册会计师签字姓名为廖某，注册会计师盖章为邓某。后付底稿中即无廖某也无邓某进行工作的记录，其审计报告责任不能确认。

（5）SF 经贸公司审计项目，被审计单位资产总额 19,811.79 万元，收入 66,147.63 万元。ZH 所在审计中除货币资金取得其中一户银行对账单及应收款项填写询证函外（未查见其中任意一份回函记录），每一会计报表项目仅按被审计单位提供明细科目录入审定表一张，未查见执行注册会计师的任何审计程序。SF 公司全年销售收入增值额 5.5 亿元，但增值税仅 713 万元，未查明原因。签字注册会计师：于某、廖某。

（6）验资业务中，①JY 化肥厂增资，存在仅凭出资人的承诺书即出具验资报告，而出资人投入土地并未进行过户手续，签字注册会计师：于某、方某。②GD 电力工程公司增资，实物出资达注册资本的 98.80%，但无实物资产评估记录也无财产清点及移交记录，变更前的实收资本 614 万元与前验资报告 660 万元不一致，签字注册会计师：于某、韩某。③JY 钛业公司验资，存在非股东代为股东出资等现象，签字注册会计师：于某、方某。

（7）审计收费占标准的 5.21%；验资收费占标准的 34.91%。其中对 XN 投资公司的审计收费，仅占标准的 3.55%。

违反条款：《会计师事务所质量控制准则第 5101 号——会计师事务所对执行财务报表审计和审阅、其他鉴证和相关服务业务实施的质量控制》第三条，《中国注册会计师审计准则第 1131 号——审计工作底稿》第四条，《中国注册会计师审计准则第 1301 号——审计证据》第六条、第二十条等。

惩戒依据：《中国注册会计师协会会员执业违规行为惩戒办法》第七条、第十条、第十一条、第十四条及川注协〔2006〕124号《关于进一步规范我省会计师事务所收费行为》的通知第三条。

惩戒种类：对ZH所及签字注册会计师于某、廖某、邓某、唐某、韩某、方某予以行业通报批评。

【案例20】TL所违规执业　审计结论可信度较差

惩戒事由：2008年，某注册会计师协会检查TL所审计执业质量，发现存在以下主要问题：

（1）JG股份公司（合并）年报审计项目的报告意见类型为无保留意见，该报告签字注册会计师是叶某、吴某，其存在的问题：①在未能确定长期股权投资占被投资单位权益性资本比例的情况下，将18户被投资单位纳入合并报表范围，会计报表合并审计证据不足。②审计报告后附的合并会计报表无利润分配的相关数据；合并利润表中的"利润总额"项扣除"所得税"后等于"净利润"项，而无"少数股东损益"的数据。③本年合并会计报表期初数与上年数存在差异，其会计报表附注披露"本年度新增3户子公司纳入合并范围，故调整报表期初数"，按合并会计报表的相关规定，新增纳入合并范围子公司的情况下，不调整合并报表期初数，故因合并范围发生变化调整合并报表期初数的做法与相关规定不相符。④同属于TL所和相同签字注册会计师审计的项目中，合并资产负债表工作底稿中个别会计报表数据与审计后的个别会计报表数据不符。⑤合并会计报表附注披露："纳入合并范围的15户子公司执行行业会计制度，母公司执行《企业会计制度》"，但审计人员在合并会计报表时，未统一合并范围内的各企业会计制度，并发表了"无保留意见"的审计报告，不符合合并会计报表的相关规定。⑥被审计单位执行《企业会计制度》，而附注披露的坏账政策为"直接转销法"，不符合相关规定。

（2）JG有限公司年报审计项目审计报告意见类型为无保留意见，该报告签字注册会计师是叶某、吴某，其存在的问题：①货币资金审计后的期末余额为5,597,541.86元，而从审计工作底稿的记录来看应当是74,455,541.86元，事务所在审计时将保证金存款74,038,974.65元中的68,858,000元抵减了应付票据，加上用预付账款抵减的30,000,000元，共计抵减9,885.80万元，导致资产负债率由82.58%变为67.86%。②工作底稿记录："对内销售22,503,592.30元、成本22,898,680.83元，其对内销售系对关联单位的交易行为，其交易价格是否公允无法确认"，明显关联交易的价格背离了市场价值，事务所在审计时未进一步的追查，也未进行披露。

（3）在ZJ职业中专学校验资项目中，审验证据不足（签字注册会计师是陈某、郑某）：举办人投入的无形资产——土地使用权价值3,533,100元、实物资产价值31,653,127.04元均未经资产评估，其价值也未经学校合作方确认。

违反条款：《会计师事务所质量控制准则第5101号——会计师事务所对执行财务报表审计和审阅、其他鉴证和相关服务业务实施的质量控制》第三条，《中国注册会计师审计准则第1131号——审计工作底稿》第四条，《中国注册会计师审计准则第1301号——审计证据》第六条、第二十条等。

惩戒依据：《中国注册会计师协会会员执业违规行为惩戒办法》第七条、第十条第二款、第十四条第一款和某省注册会计师协会《关于进一步规范我省会计师事务所收费行为的通知》（××注协〔2006〕124号）第三条。

惩戒种类：对TL所及其注册会计师叶某、吴某给予行业内通报批评。

【案例21】ZZ所审计质量不高受部分媒体质疑

惩戒事由：2011年8月，部分媒体质疑承担ZX上市公司年度财务报表审计的ZZ所的审计质量。某注册会计师协会依据《注册会计师法》和《会计师事务所执业质量检查制度》的有关规定，于2011年8月至11月对中准所执行的ZX上市公司年报审计情况进行了专项检查。

某注册会计师协会在对ZX上市公司2010年年报审计项目的检查中发现，签字注册会计师刘某、张某在项目审计过程中没有保持应有的职业怀疑态度，在审计程序的计划和实施、审计证据的获取以及审计结论的形成方面存在不当。主要在初步业务活动、风险评估程序的执行方面存在不足，对预付账款、收入、关联方及其交易未获取充分、适当的审计证据，特别是在关联方及其交易的审计方面违反了中国注册会计师审计准则和职业道德守则。

违反条款：《中国注册会计师审计准则第1211号——通过了解被审计单位及其环境识别和评估重大错报风险》，《中国注册会计师审计准则第1231号——针对评估的重大错报风险采取的应对措施》，《中国注册会计师审计准则第1301号——审计证据》，《中国注册会计师审计准则第1323号——关联方》等。

惩戒依据：《中国注册会计师协会会员执业违规行为惩戒办法》。

惩戒种类：某注册会计师协会惩戒委员会决定，给予签字注册会计师刘某、张某通报批评。针对检查中发现的问题，某注册会计师协会发出《整改通知书》，责成ZZ所加强质量控制体系建设，强化总所对分所的管理，限期进行整改。

第三节　训诫典型案例

【案例1】TK所执行审计业务不符合执业准则的规定

惩戒事由：某省注册会计师协会2011年对TK所进行执业质量检查，发现存在以下问题：

（1）在实际业务执行过程中质量控制政策和程序执行较差。在执行中，没有对合伙人进行考核评价；没有业务承接和客户保持关系的记录；无独立性、胜任能力等职业道德考虑记录；无内部监控检查记录；具体审计业务工作中了解被审计单位内部控制和测试的审计程序实施不完善，实质性测试主要以抽查会计凭证为主，函证、监盘、分析复核、截止测试等程序实施不完整，特殊项目的审计工作底稿不完整；业务复核流于形式；对重要的审计程序实施不到位，审计证据不充分、适当，不能支持出具的审计意见。

（2）事务所未按 2010 年 7 月 1 日执行的《职业道德守则》更新。日常工作中除口头向员工进行宣传告诫外，基本未对职业道德事项实施相关工作。

（3）审计业务典型问题。

① 存在的主要共性问题：A. 未实施初步业务活动及业务接受和保持审计程序。B. 业务约定书为原独立审计准则老格式。C. 对被审计单位内部控制了解和测试不完善。D. 银行存款未实施函证。E. 未执行现金流量、期后事项、或有事项、承诺事项、首次接受委托时对期初余额的审计等特殊事项的审计程序。F. 没有编制审计总结。

② BM 企业管理服务公司：A. 主营业务收入 7,338,293.68 元、主营业务成本 2,991,313 元、营业税金及附加 419,486.94 元、营业费用 170,446 元、其他业务利润 184,420 元、管理费用 1,372,873.27 元，仅有一张列示审定表，未实施其他审计程序。

③ YC 投资有限公司：A. 审计报告保留意见内容为"对被审计单位长期股权投资 3,322 万元及 2010 年度投资收益 111.75 万元。由于我们未被允许接触被投资公司的财务信息、管理层和执行被投资公司审计的注册会计师，我们无法就贵公司长期股权投资的账面价值以及贵公司确认的投资收益获取充分、适当的审计证据，也无法确定是否有必要对这些金额进行调整。"审计报告保留金额已达到了总资产的 77.89%。B. 根据与 HJ 公司（借款本金 1,460,000 元）和 FY 公司（借款本金 7,540,000 元）签订的借款协议，借款期限为 2009 年 8 月 24 日至 2010 年 8 月 23 日，应按同期银行贷款利率支付利息，该借款已逾期，2010 年应计提全年利息，审计未做调整。

违反条款：《中国注册会计师审计准则第 1131 号——审计工作底稿》第四条，《中国注册会计师审计准则第 1301 号——审计证据》第六条、第二十条、第二十四条，《中国注册会计师审计准则第 1502 号——非标准审计报告》第十三条。

惩戒依据：《中国注册会计师协会会员执业违规行为惩戒办法》第七条、第十条、第十一条。

惩戒种类：给予 TK 所及其注册会计师训诫。

【案例 2】 WB 所未对重要项目实施必要的审计程序

惩戒事由：WB 所 2012 年审计项目存在以下问题：

（1）SG 国际经济技术合作有限公司 2011 年度报表审计项目，货币资金余额为 2,107,575.91 元，占资产总额 100%，未执行库存现金盘点程序以及银行存款函证审计程序，以证实货币资金余额的真实性；审计工作底稿中，收集了证券账户资金余额为 1,968,133.42 元，未披露其他货币资金和交易性金融资产；其他应付款中应付 ZG 对外交流中心 1,100,000 元，占其他应付款余额 99.90%，未执行函证审计程序。

（2）EM 电影公司年报审计项目，截至 2011 年 12 月 31 日银行存款余额为 1,813.84 万元，占资产总额 54.78%，未执行银行存款函证审计程序，以证实货币资金余额的真实性；长期股权投资余额 1,220 万元，占资产总额 36.85%，审计工作底稿中未见收集投资影片《××××》1,000 万元的投资协议以及有关投资收益确认的审计记录；主营业务收入 6,300.10 万元，主营业务成本 4,450.57 万元，主营业务税金及附加 543.70 万元，营业费用 376.37 万元，管理费用 805.57 万元，财务费用 47.53 万元，审计底稿中除"主营业务收入"项目有一张凭证抽查记录外，其余均只有一张主表或明细表。

违反条款：《中国注册会计师鉴证业务基本准则》、《中国注册会计师审计准则第1301号——审计证据》等。

惩戒依据：《中国注册会计师协会会员执业违规行为惩戒办法》第十条第一款、第二款。

惩戒种类：对WB所以及签字注册会计师李某和袁某予以训诫。

【案例3】 HX所质量控制和审计程序不到位

惩戒事由：HX所2011年存在以下问题：

（1）质量控制方面：事务所质量控制环境较差；合伙人机制不健全；业务承接制度不完善；人力资源与业务规模不匹配；无业务标准和程序；业务执行质量无有效保证措施；无监控制度；《质量控制制度》的要素不完整；在执业过程中，未有效进行质量控制，抽查的审计项目存在未实施必要的审计程序、未获取充分必要的审计证据的情况。

（2）职业道德方面：未按2010年7月1日执行的《职业道德守则》更新职业道德政策和程序；在执行过程中，没有获得事务所执业人员关于遵循独立性政策和程序的书面承诺，未关注执业人员专业胜任能力；审计收费折扣率较低，2011年审计项目应收费81.80万元，实际收费9.80万元，折扣率11.98%；验资项目应收费19.61万元，实际收费9.32万元，折扣率47.53%。

（3）HL水泥有限公司审计：①初步业务活动中未评价客户的背景情况和要求审计的原因以及未获取审计人员独立性声明。②无重要风险评估程序底稿。③进一步审计程序，所有重要实质性程序均未执行，无特殊项目审计程序底稿。④完成审计工作。管理层声明日期为2010年12月31日；财务报表勾稽关系不符，财务报表存在重大错报。未实施完成阶段分析程序、无重大事项概要、审计总结及业务符合审批表，审计报告注册会计师未签字。

违反条款：《会计师事务所质量控制准则第5101号——会计师事务所对执行财务报表审计和审阅、其他鉴证和相关服务业务实施的质量控制》第三条，《中国注册会计师审计准则第1131号——审计工作底稿》第四条，《中国注册会计师审计准则第1301号——审计证据》第六、第二十条。

惩戒依据：《中国注册会计师协会会员执业违规行为惩戒办法》第七条第三、第四款，第十条第二款，第十一条第一、第四款。

惩戒种类：对HX所及其签字注册会计师李某和任某予以训诫。

【案例4】 HY所未按规定执行审计程序和形成审计结论

惩戒事由：HY所2010年执业中存在以下问题：

（1）质量控制不健全：《内部质量控制制度》的要素不完整，内控制度的设计存在缺陷，在具体业务过程中，质量控制未有效执行。

（2）未按审计准则规定执行审计业务，年报审计业务未执行除账表核对外的关键性审计程序，在未能获取充分、适当的证据支持审计结论的前提下，出具了标准无保留意见或保留意见的审计报告。

（3）GA控股有限公司审计：被审计单位2009年"将原在固定资产中核算的用于出租的房屋建筑物和在无形资产中核算的用于出租或持有增值后转让的土地使用权，列入投资性房地产科目，并采用公允价值计量模式核算"，导致少计折旧费用723万元（占利润总额的56%），少计无形资产摊销393万元（占利润总额的31%）。在审计过程中，注册会计师未关注改变政策的合理性、未获取公允价值的相关审计证据、没有实施观察等程序以确认各项资产的"存在性"、没有实施审计程序以确认投资性房地产等。

此外，长期股权投资2009年年末金额8,873万元（占期末净资产的10%），企业全部采用成本法进行核算，注册会计师未对长期股权投资核算方法的正确性进行检查、未对长期股权投资的期末余额进行检查、未关注是否存在减值等情况。

（4）JT建设开发有限公司审计：注册会计师出具的审计报告所附的财务报表无附注；未实施函证程序、未实施凭证抽查程序、未对资产进行盘点、未关注资产的所有权、未对累计折旧等进行测算；期初未经审计，未实施必要的审计程序。

违反条款：《会计师事务所质量控制准则第5101号》第三条，《中国注册会计师审计准则第1131号——审计工作底稿》第四条，《中国注册会计师审计准则第1301号——审计证据》第六条、第二十条。

惩戒依据：《中国注册会计师协会会员执业违规行为惩戒办法》第七条第三、第四款，第十条第二款，第十一条第一、第四款。

惩戒种类：对HY所及其签字注册会计师张某和詹某予以训诫。

【案例5】ZG所未按规定实施风险导向审计程序

惩戒事由：2010年，某省注册会计师协会在检查ZG所执业质量中发现，ZG所在执行业务过程未采用风险导向审计方法，复核后的审计工作底稿程序不完善，且事务所未完善相关的审计规程。

主要表现在：（1）在审计过程中未执行风险识别、风险评估等相关措施。（2）在审计过程中未编制审计计划，个别项目编制了审计总结。（3）未确定财务报表层次的重要性水平。（4）对获取管理当局声明书重视不够，多数项目获取的管理当局声明书签章不完整。（5）在实施实质性程序时未针对小型企业可能发生的重大错报风险进行关注。（6）个别项目未收集存货的期末盘点表，也缺乏对存货的抽查监盘记录。（7）在审计过程中较少运用分析程序。（8）在执行首次承接项目审计过程中对期初数、比较数据审计程序不够完善。（9）在执行审计业务中未对内部控制进行了解及控制测试。（10）业务执行过程中及报告出具时的复核内容及要点记录不完善。

违反条款：审计准则第5101号、第1101号、第1121号、第1221号、第1231号、第1301号、第1311号、第1313号、第1331号、第1421号、第1511号、第1602号、第1621号等。

惩戒依据：《中国注册会计师协会会员执业违规行为惩戒办法》第十条第一、第二、第四款。

惩戒种类：ZG所及其主任会计师陈某予以训诫。

【案例6】 XC 所审计业务和验资业务程序不到位

惩戒事由： XC 所 2010 年接受执业质量检查，发现存在以下问题：

（1）质量控制制度未按照新准则规定进行修订；执业中无风险导向审计轨迹，业务工作底稿主要编制了被审计单位基本情况、审计计划和实质性程序底稿，缺少初步业务活动中的了解程序、风险评估、内部控制测试、重要性水平确定和关注特殊事项等程序的业务底稿，部分实质性程序执行不到位，报告附注披露不充分。

（2）MN 乳业销售有限公司审计项目：未见折旧明细表及折旧测算底稿或不进行折旧测算的说明等；未见存货和固定资产项目的抽盘记录，也未在底稿中说明不采用抽盘程序的理由；被审计单位 2009 年 11 月 20 日通过股东会决议分配未分配利润 1,613,089.58 元，但应付股利未按规定调整。

（3）RY 乳业销售有限公司验资项目：验资事项说明段中的审验结果披露的被审验单位 2010 年 3 月 31 日转增前未分配利润为 3,528,024.72 元；但实际后附企业未审计报表列示 2010 年 3 月 31 日前未分配利润为 -1,228,095.87 元，审定后 2010 年 3 月 31 日前未分配利润为 -1,228,095.87 元；实际转增前未分配利润已经为负数，依据《中国注册会计师审计准则第 1602 号——验资》的相关规定及其指南规定"以货币、实物、知识产权、土地使用权以外的其他财产出资的，注册会计师应当审验出资是否符合国家有关规定"，XC 所及其审验人员未能关注且未在验资报告中作出说明。

违反条款：《会计师事务所质量控制准则第 5101 号》第三条，《中国注册会计师审计准则第 1131 号》第四条，《中国注册会计师审计准则第 1301 号》第六条、第二十条。

惩戒依据：《中国注册会计师协会会员执业违规行为惩戒办法》第七条第三、第四款；第十条第二款；第十一条第一、第四款。

惩戒种类： 对 ZY 所及其签字注册会计师卞某和刘某予以训诫。

【案例7】 CY 合伙所未按执业准则的要求实施审计程序

惩戒事由： 2010 年，CY 合伙所执业质量存在以下问题：

（1）质量控制制度存在明显的原《独立审计准则》的痕迹，尚未按照《中国注册会计师执业准则》的相关要求完善原有内控制度。

（2）审计程序实施中的普遍问题：未了解被审计单位及其环境的工作记录，无风险评估过程的工作底稿；未进行内部控制测试，无对会计报表及认定层次的风险进行评估；未制定具体审计计划；未对或有事项、期后事项、关联交易等特殊事项进行审计的记录。

（3）XB 房地产开发有限公司存货（开发成本）10,000 万元，占资产总额的 99.85%，只有审定表，无开发成本构成无明细表，无凭证抽查，未进行工程施工合同检查，工程完工进度检查；其他应付款 5,015 万元，占资产总额的 50.07%，只有审定表和明细表，未执行函证程序，未见与合同记录进行核对的审计说明，未执行替代程序。

（4）CT 汽车运输公司应收账款 1,845 万元，占资产总额 3.45%，其他应收款 960 万元，占资产总额的 1.8%，未执行函证程序和未回函替代程序，未见上述应收账款与合同的核对；应收款项的坏账采用个别认定法，但未见相关说明；长期投资 13,348 万元，占资产总额的 24.98%，共 42 家投资单位，仅收集到 3 家单位的公司章程；无被投资单位的 2009 年审计报告、财务报告，无利润分配的股东会决议；无被投资单位投资比例，未说明对被投资单位的核算办法，未根据对被投资单位的核算办法进行分析测算；固定资产净值 20,529 万元，占资产总额 38.42%，无盘点表、无监盘、抽盘记录，也未对审计期间的增减变动做抽查，对其土地、房屋、及车辆未收集任何权属资料；无固定资产折旧、长期待摊费用、应交税金等测算底稿。

（5）ZX 钢铁有限公司其他应收款 210 万元，占资产总额的 21.85%，未执行函证程序和未回函替代程；存货 106 万元，占资产总额的 11.03%，未执行抽盘程序；固定资产无折旧测算底稿、长期待摊费用无摊销测算底稿、应交税金无测算底稿、审计工作底稿。

违反条款：《会计师事务所质量控制准则第 5101 号》第三条，《中国注册会计师审计准则第 1131 号——审计工作底稿》第四条，《中国注册会计师审计准则第 1301 号——审计证据》第六条、第二十条。

惩戒依据：《中国注册会计师协会会员执业违规行为惩戒办法》第七条第三、第四款；第十条第一、第二款；第十一条第一、第四款。

惩戒种类：对 CY 所及其签字注册会计师车某和钱某予以训诫。

【案例 8】SJ 所未按规定实施审计程序和逐级复核制度

惩戒事由：SJ 所虽按照审计准则要求设计、制定质量控制制度（无相关管理层通过质量控制制度的决议或批准文件），但在执行业务过程中未采用风险导向审计方法，审计、验资程序较为随意，很多重要程序未执行，甚至很多重要的项目未记录凭证检查；出具报告前各级复核较为草率，业务报告出具前没有发文审批及复核记录。

从 2009 年审计项目抽查情况看，SJ 所审计、验资程序较为随意，很多重要程序未执行，甚至很多重要的项目未记录凭证检查；出具报告前各级复核较为草率，业务报告出具前没有发文审批及复核记录，具体表现在：（1）未执行风险识别、风险评估等相关措施。（2）未编制审计计划以及审计总结。（3）未确定财务报表层次的重要性水平。（4）对获取管理当局声明书重视不够，部分项目未获取管理当局声明书。（5）在实施实质性程序时未针对小规模企业可能发生的重大错报风险进行关注。（6）部分项目审计过程中，仅收集存货的期末盘点表，缺乏对存货的抽查监盘记录。（7）在审计过程中较少运用分析程序。（8）在执行过程中对首次承接业务的期初数、比较数据的检查程序不够完善。（9）在执行审计业务中未对内部控制进行了解及控制测试。（10）业务执行过程中及报告出具时的复核记录不完善。（11）审计、验资业务约定书尚未按照新审计准则进行修订。

违反条款：审计准则第 5101 号、第 1101 号、第 1121 号、第 1221 号、第 1231 号、第 1301 号、第 1311 号、第 1313 号、第 1331 号、第 1421 号、第 1511 号、第 1602 号、第 1621 号等。

惩戒依据：《中国注册会计师协会会员执业违规行为惩戒办法》第十条第一、第二、第四款。

惩戒种类：对事务所及主任会计师王某和出具报告较多的注册会计师马某、廖某予以训诫。

【案例9】 HR 所未按规定实施财务报表审计程序

惩戒事由： HR 所 2010 年执业质量存在以下问题：

（1）质量控制不健全：未按照新准则要求，制定执业质量控制制度。

（2）审计程序实施中的普遍问题：未按照审计准则的有关要求评估审计风险，编制审计计划，确定审计重要性水平；在审计工作底稿中未见执行重要审计程序的审计记录，如银行函证程序、往来函证及有关替代审计程序、实物资产监盘程序、折旧/税费/借款利息测算程序等；在审计工作底稿中，重要的审计证据收集不完整，如借款合同、土地使用权购买合同等。

（3）YJ 房地产开发公司年报审计项目：现金余额 350 万元，未实施盘点程序，未对巨额现金余额的真实性进行核实；存货只编制了主表和明细表，抽查了凭证，未搜集相关合同、工程进度资料，未实施细节测试，未至现场查看工程进度，未实施盘点程序予以证实开发产品的真实性；其他应付款中，应付关联方 YJ 投资公司 1,977 万元，但 YJ 投资公司挂账其他应收款 7,000 万元，两家都是 HR 所审计，但关联方余额差异巨大，未进一步核实差异原因；主营业务收入未取得相关售房合同、发票，未取得竣工决算资料，未取得交房等相关资料，无法证实是否应结转收入；未按会计准则的规定取得足够充分的证据结转收入。

（4）YJ 投资实业有限公司报表审计项目：其他应收款中应收钟某 6,000 万元，未实施任何审计程序；应收 YB 房产开发公司 7,112.15 万元，应收 QC 公司 1,487 万元，未实施函证或替代程序；应付票据明细账中显示年初余额 1,200 万元，但已审报表上应付票据年初数为 0 元，无任何说明；送审报表年初资产总额 21,660.72 万元，已审报表年初资产总额为 15,003.12 万元，其中多个科目存在较大差异，未编制调整分录和试算平衡表。

违反条款：《中国注册会计师审计准则第 1131 号——审计工作底稿》第四条，《中国注册会计师审计准则第 1301 号——审计证据》第六条、第二十条。

惩戒依据：《中国注册会计师协会会员执业违规行为惩戒办法》第七条第三、第四款；第十条第一、第二款；第十一条第一、第四款。

惩戒种类： 对 HR 所及其签字注册会计师曾某和王某予以训诫。

【案例10】 HT 所未严格实施审计程序而简单发表保留意见

惩戒事由： 某省注册会计师协会在检查 HT 所 2012 年执业质量时发现，HT 所在实际审计项目执行中，风险评估审计程序实施的不完整，特殊项目审计程序未实施，实质性程序中会计科目的分析程序和截止测试程序实施的很少。在此基础上，HT 所 2012 年 1～6 月 45 份用于工商年检的审计报告意见类型均为保留意见，但其中 39 份报告所保留的事项占资产总额超过了 50%，报告意见类型不准确。

检查组抽查的 3 份报告情况如下：

（1）×××会审［2011］字第 J043 号，审计报告保留意见内容为："①截止审计报告签发日，贵公司往来款已发函但尚未回函，我们无法采用其他替代审计程序，以获取充分、适当的审计证据。②受客观条件的限制，我们未能对贵公司现金、存货、固定资产、在建工程进行监盘，同时受贵公司未提供应付票据明细资料的限制，我们也未能对贵公司的应付票据进行监盘。③贵公司期末无形资产土地账面余额 6,440,000.00 元，无计价依据。"审计报告中保留金额为总资产的 93.91%。

（2）×××会审［2011］字第 J014 号，审计报告保留意见内容为"截止审计报告签发日，往来款询证函尚未回函，并且由于客观原因的限制，我们无法对贵公司期末的存货及固定资产进行监盘，并无法采用其他替代审计程序以获取充分、适当的审计证据"，审计报告中资产保留金额为总资产的 80.74%。

（3）×××会审［2011］字第 J024 号，审计报告保留意见内容为："①截止审计报告签发日，公司往来款询证函尚未回函，我们未能采取其他审计程序以获取充分、适当的审计证据。②由于受客观条件的限制，我们无法对贵公司期末存货和固定资产进行监盘。③截止审计报告签发日，贵公司未向我们提供公司所属的房地产的权属证明"，审计报告中资产保留金额为总资产的 99.80%。

违反条款：《中国注册会计师审计准则第 1131 号——审计工作底稿》第八条、第九条，《中国注册会计师审计准则第 1301 号——审计证据》第九条、第十条，《中国注册会计师审计准则第 1502 号——非标准审计报告》第十条等。

惩戒依据：《中国注册会计师协会会员执业违规行为惩戒办法》第七条、第十条。

惩戒种类：对 HT 所及其注册会计师张某、明某、赵某、刘某、母某、银某等六人予以训诫。

【案例 11】 ZY 所开展高新技术企业认定专项审计不规范

惩戒事由：ZY 所 2010 年高新技术企业认定专项审计项目存在以下问题：

（1）BD 铜业有限公司高新技术企业认定专项审计项目，收集了"研究开发项目直接费用汇总申报表"、"研究开发项目直接费用申报表"、"研发费情况归集表"，但未见收集有关费用发生的原始依据以及抽查测试工作底稿；高新技术产品（服务）收入金额与收入审计程序表上的企业申报额、审定发生额不一致；审计工作底稿中未注明高新技术收入是否符合国科发火［2008］172 号关于印发《高新技术企业认定管理办法》的通知中所述国家重点支持的高新技术领域。

（2）JH 工程材料有限公司和 PS 信息自动化有限公司高新技术企业认定专项审计项目，未执行内部控制制度了解和测试工作底稿；未见收集研究开发项目的立项报告、资金预算等有关资料；实质性审计底稿中仅收集有一张审计程序表、研发费用零星的凭证抽查记录及零星的原始单据；高新技术产品（服务）收入金额与收入审计程序表上的企业申报额、审定发生额不一致；审计工作底稿中未查清高新技术收入是否属于国家重点支持的高新技术领域。

违反条款：《高新技术企业认定专项审计指引》（会协［2008］83 号）第六章、第七章，《中国注册会计师审计准则第 1301 号——审计证据》等。

惩戒依据：《中国注册会计师协会会员执业违规行为惩戒办法》第十条第一、第二款。

惩戒种类：对 ZY 所及其签字注册会计师孔某和王某予以训诫。

【案例12】 GR 所未按规定实施质量控制和审计程序

惩戒事由： 经查，GR 所 2009 年执业质量存在以下问题：

（1）质量控制不健全：部分条款空乏，可操作性不强。未按照新颁布的执业准则进行完善，存在明显的原《独立审计准则》的痕迹。

（2）审计程序实施中的普遍问题：①没有风险评估过程的工作底稿。②没有进行内部控制测试底稿。③没有制定具体审计计划。④或有事项、期后事项、关联交易等无审计底稿。⑤银行存款、银行贷款、应收款项未函证，也未执行审计替代程序。⑥存货、固定资产未执行抽盘程序。⑦现金流量表无审计底稿。

（3）审计业务典型问题：①D 机械公司审计：存货审定表中的未审数 7,547,918.61 元与明细表中的期末数 3,604,465.54 元不一致，审定表中无审计调整分录，调整分录汇总表中也无调整事项；固定资产无折旧测算底稿、固定资产抽盘表、本期增加固定资产检查表；应交税金无测算底稿；补贴收入发生额 782,770 元，系亏损补贴，未见相关文件。

② M 工程公司审计：审计底稿中只有 1 张调整或重分类汇总表，上面列示涉及未审数与审定数有差异金额的科目和调整的主要原因，但无调整分录，同时涉及有调整的科目的审计底稿中也无调整分录及调整依据，无法分清每一调整事项对应的调整分录，无法确认调整分录的正确性。

违反条款：《会计师事务所质量控制准则第 5101 号——会计师事务所对执行财务报表审计和审阅、其他鉴证和相关服务业务实施的质量控制》第三条，《中国注册会计师审计准则第 1131 号——审计工作底稿》第四条，《中国注册会计师审计准则第 1301 号——审计证据》第六条、第二十条。

惩戒依据：《中国注册会计师协会会员执业违规行为惩戒办法》第七条第三、第四款，第十条第一、第二款，第十一条第一、第四款。

惩戒种类： 对 GR 所及其签字注册会计师予以训诫。

【案例13】 HY 所质量控制和审计计划不符合规定

惩戒事由： 经某省注册会计师检查，HY 所 2011 年执业质量存在以下问题：

（1）业务质量控制制度设计不适当。HY 所虽已建立内部业务质量控制制度，但不符合5101 号准则的规定。在执行过程中，该事务所业务质量控制未有效执行，主要表现在：业务承接方面无客户诚信评价记录，人力资源方面无内部培训记录，业务执行方面未按执业准则规定实施必要的审计测试程序，且未进行有效的复核和质量控制复核，监控方面无内部底稿检查记录。

（2）审计计划不完整。未制定重要性水平，以及未对重要性水平进行分配；未确定重要审计领域；未制定审计策略。风险评估程序底稿不完整，有审计风险评价表，无经营环境、企业性质、财务分析、特殊事项、风险讨论等测试底稿予以支撑。未实施内部控制符合性测试。综合类底稿未收集验资报告。所有进一步实质性测试程序仅有一张抽凭表。无特殊项目审计底稿，如期初余额、或有事项、期后事项、承诺事项、关联交易等工作底稿。审计报告意见类型不恰当，而且试图以保留意见审计报告控制审计风险；已获得的审计证据不能为出具的审计意见提供充分、适当的基础。

（3）出具验资报告时无发文控制、无复核意见；无验资小结；变更验资项目未对被审验单位前期到位实收资本进行必要关注。

（4）未建立职业道德守则等内部管理制度。审计项目综合收费折扣率为 29.66%；验资项目综合收费折扣率为 56.90%。

违反条款：《中国注册会计师审计准则第 1131 号——审计工作底稿》第第七条，《中国注册会计师审计准则第 1502 号——非标准审计报告》第十三条等。

惩戒依据：《中国注册会计师协会会员执业违规行为惩戒办法》第七条第三、第四款，第十条第一、第二、第三款。

惩戒种类：对 HY 所及签字注册会计师张某、袁某予以训诫。

【案例 14】 YF 所基本未实施审验程序而出具报告

惩戒事由：某省注册会计师协会 2010 年执业质量检查发现，YF 所未依据质量控制准则的相关要求完善事务所质量控制制度，在实际执行中存在内部控制测试与风险评估及关键性审计程序没有执行，质量控制较差。抽查的 5 个审计项目和 2 个验资项目存在以下问题：

（1）审计项目：①未按照审计准则的要求了解被单位的基本情况。②所有审计项目，没有相关风险评估与控制测试的工作底稿。③审计计划不完善，编制了总体审计计划，没有编制具体审计计划，计划中没有确定审计的重要性水平。④各科目均只一张审定表，除列示了报表数、总账数、明细账合计数进行核对外，没有其他审计工作底稿，未执行其他审计程序。例如，没有对发生额及余额进行测试，没有执行函证、盘点（抽盘或监盘）、分析程序、所有权检查、计价测试、截止测试等重点审计程序，没有编制底稿索引号，没有进行勾稽索引。⑤未执行持续经营、期后事项、或有事项、承诺事项、关联方关系及其交易等特殊事项的审计程序。

（2）验资项目：①未编制验资计划及审验小结。②未实施函证程序，未取得银行出具的资金证明。③未获取验资事项声明书。

违反条款：审计准则第 1301 号第六条、第 1131 号第四条、第 1211 号、第 1231 号、第 1201 号、第 1221 号、第 1311 号、第 1312 号、第 1313 号、第 1324 号、第 1332 号、第 1323 号等。

惩戒依据：依据《中国注册会计师协会会员执业违规行为惩戒办法》第七条第三、第四款，第十条第一、第二款。

惩戒种类：给予 YF 所及签字注册会计师吴某、夏某以训诫的行业惩戒。

【案例 15】 HJ 所对事业单位报表未实施必要的审计程序

惩戒事由：HJ 所在对 S 大学 2009 年年报审计中，发表了带强调事项段的无保留意见，存在以下问题：

（1）审计报告将"银行存款中存储于某建行的公积金专户存款年末时未取得银行对账

单，本次审计时未能获取银行函证，无法确认其期末余额"作为强调事项，该事项既不对持续经营产生影响，也不是重大不确定事项，审计报告意见类型不当。

（2）S大学期末固定资产余额824,193,765.64元，占资产总额56.55%，审计人员仅编制了审定表和收集客户提供的"设备分类统计"表、"国有房产审核表"、"学校土地面积"表、"国有地产审核表"以及复印了部分会计凭证（含附件）外，未实施其他任何审计程序，也未获取相应的权属证明（其中，房屋建筑物价值465,127,500元）。

（3）项目质量控制复核情况较差，全部工作底稿中，除审计人员编制的工作底稿有复核人签名外，看不出其他复核痕迹以及复核人意见；全部审计过程中，仅是编制审定表和少量的抽查，以及复印和取得客户提供的资料，均未运用分析性程序进行分析判断和作出相应的审计说明。

违反条款：《会计师事务所质量控制准则第5101号——会计师事务所对执行财务报表审计和审阅、其他鉴证和相关服务业务实施的质量控制》第三条，《中国注册会计师审计准则第1502号——非标准审计报告》第十三条。

惩戒依据：《中国注册会计师协会会员执业违规行为惩戒办法》第七条、第十条第二款。

惩戒种类：对HJ所和签字注册会计师李某给予训诫。

【案例16】 WD所对合并报表未实施必要的审计程序

惩戒事由：WD所2011年对X新技术实业公司合并会计报表审计中，存在以下问题：

（1）审计报告未注明审计对象是合并会计报表。

（2）被审计单位将长期应付款——合作建设款124,221,938.82元、少数股东投入到子公司的股本8,272,000元，转入资本公积，违反了企业会计准则和会计制度的规定，但审计报告未对此进行披露。

（3）审计报告后附会计报表的合并资产负债表无少数股东权益项目，合并的利润表无少数股东损益，将少数股东权益全部列入母公司所有者权益项目之中（少数股东投入子公司的资本列入母公司资本公积），将少数股东损益全部作为母公司的净利润，不符合企业会计准则和会计制度及合并会计报表的相关规定，而审计报告未对此进行披露。

（4）被审计单位的固定资产折旧采用综合折旧率（年折旧率为9.9%），违反了企业会计准则和企业会计制度的规定，而审计报告未对此事项进行披露。

（5）审计证据不充分，全部审计过程中通常仅是编制审定表和少量会计凭证的抽查，未运用分析性程序进行分析判断和做出相应的审计说明。如合并工作底稿除编制"资产负债表抵减表"（未按母、子公司分别反映）外，无其他合并工作底稿；长期股权投资期末余额5,955,500元，仅有审定表和抽查凭证记录，未反映占被投资单位权益性资本比例，未说明核算方法，也未取得投资合同、协议等。

违反条款：《中国注册会计师审计准则第1401号——对集团财务报表审计的特殊考虑》第四十六条等。

惩戒依据：《中国注册会计师协会会员执业违规行为惩戒办法》第七条、第十条第二款。

惩戒种类：对 WD 所和签字注册会计师张某、李某给予训诫。

【案例 17】 MC 所执业不规范被训诫

惩戒事由：经查，MC 所在 2011 年执业中存在以下问题：

（1）Y 建筑公司审计项目：①2011 年年末银行存款余额为 217 万元，占资产总额的 6.87%，未收集银行存款对账单，未对银行存款发函，无法证实银行存款余额的真实性，无法判断对审计报告的影响。②存货期末余额 973 万元，占资产总额的 31%，其中原材料余额 200 万元、工程施工余额为 743 万元，无存货抽盘盘点的审计记录，无法判断期末存货余额对审计报告的影响。③未编制营业收入和营业成本明细表，未对营业收入和营业成本进行分析性复核，也未对营业收入和营业成本检查。

（2）F 置地公司验资项目：增加注册资本 8,000 万元，工作底稿中收集了变更后会计报表，报表列示其他应收款 7,249 万元，占资产总额的 47.48%。工作底稿中未关注其他应收款相关信息如性质、形成等的记录，无法判断前期实收资本是否已抽逃。

违反条款：审计准则第 1312 号第七条、第 1311 号第四条和第二十九条、第 1501 号第十五条第三条，第 1602 号第十七条及第二十条。

惩戒依据：《中国注册会计师协会会员执业违规行为惩戒办法》第七条第三、第四款，第十条第一、第二款。

惩戒种类：对 MC 所以及注册会计师王某、黄某予以训诫。

【案例 18】 ZF 所内部治理和执业不规范被惩戒

惩戒事由：某省注册会计师协会 2010 年检查中发现，ZF 所未落实主任会计师对质量控制制度承担最终责任。主任会计师邱某对质量控制没有履行主任会计师职责，报告签发及质量控制方均由一般注册会计师王某负责签字，其提供的授权书仅是授权王某在验资报告上签字（授权书自 2008 年 12 月 8 日至 2011 年 12 月 8 日止）；在进行项目复核过程中，三级复核不符合事务所的内部控制制度规定，无法对执行质量进行有效监督；审计组审计人员安排不合理，未参加审计工作的注册会计师在审计报告上签字；出具审计报告时存在报告文号相同的情况。此外，ZF 所部分审计项目未进行风险评估导向审计；在审计过程中未发询证函（银行询证函及企业往来询证函），对实物资产未进行盘点或抽查盘点；未进行期后事项、关联事项、持续能力调查了解；底稿索引号编制不全，且相互间无勾稽。

在对 D 村镇银行 2010 年年报的审计中存在以下问题：（1）未见会计政策调查问卷，在报表附注中未披露重要的会计政策和会计估计，如呆坏账准备的计提。在审计计划内列示有坏账准备计提政策（按账龄分析法），但在财务报表、报表附注、审计底稿中均未见对坏账准备进行计提，也未见底稿有相关记录。（2）货币资金未实施重要程序：财务报表现金余额 456,479.67 元，盘点日现金余额 532,185.72 元，但未见现金盘点轨迹；银行存款 10,621,026.81 元，未见询证函。（3）债权未执行重要程序，如存放于央行款项 20,347,428.23 元、存放于同业款项 38,750,369.59 元及短期贷款 3,550,600 元，除审定表，未见函证程序和其他程序的执行轨迹。（4）大多数科目只有审定表，且审定表只有一项程序"账表核对一致"。（5）全部科目抽查测试合在一起测试，未分科目各自测试。（6）对特殊事项未见关注：未见对持续经营能力、期后事项、或有事项、关联方等事项表示关注，报表附注中亦未披露期后事项、或有事项、关联方事项。

违反条款：《中国注册会计师鉴证业务基本准则》第四十七、第四十八、第四十九条，以及审计准则1131号第七条。

惩戒依据：《中国注册会计师协会会员执业违规行为惩戒办法》第七条第三、第四款及第十条第一、第二款的规定。

惩戒种类：对ZF所及主任会计师邱某、签字注册会计师王某、刘某予以训诫。

【案例19】HT所未获取充分适当的审计证据

惩戒事由：经查，HT所2009年在未能收集充分适当的审计证据的情况下出具了标准审计报告。

（1）审计报告13号，资产总额30,879万元，该项目存在如下问题：

① 现金86万元未编制现金盘点表，银行存款1,627万元未取得银行对账单、调节表，也未进行银行函证。

② 应收账款3,351万元，其他应收款735万元，预付账款2,467万元，未进行函证，也未实施替代审计程序。

③ 存货10,231万元，未取得盘点表，也未进行盘点。

④ 固定资产原值15,216万元、累计折旧3,523万元，未取得盘点表，也未进行抽盘，未进行折旧测试；未取得相应的权属证明资料。

⑤ 短期借款4,685万元未取得借款合同，未进行函证，也未进行借款利息测试。

⑥ 应付利润4,500万元未取得公司分红决议。

（2）审计报告101号，资产总额34,484万元，该项目存在如下问题：

① 固定资产原值18,735万元未见抽盘记录。

② 银行存款4,231万元未按规定实施函证程序。

③ 长期股权投资1,801万元，仅凭以前年度验资报告及对方2007年会计报表确认权属。

④ 预收账款3,364万元无函证及替代程序。

⑤ 财务费用——利息支出309万元无完整测算记录。

⑥ 公司主营业务收入34,589万元，其中水界项目收入22,156万元，水界项目对应的税金及附加731万元无相关测算记录。

（3）审计报告31号，该项目收入达到11.85亿元，但审计仅抽查3笔（合计230万）凭证和收集两份（合计7980万）施工合同，无其他审计程序。

违反条款：《中国注册会计师审计准则第1301号——审计证据》第六条等。

惩戒依据：《中国注册会计师协会会员执业违规行为惩戒办法》第七条第三款，第十条第二款。

惩戒种类：对HT所及签字注册会计师周某、胡某予以训诫。

【案例 20】 GY 所内部治理和质量控制不符合规定

惩戒事由：经查，GY 所 2011 年内部治理和执业中存在以下问题：

（1）该所执行审计业务未进行项目质量控制复核，执行三级复核仅有相关人员的签字，无具体的复核意见。

（2）经抽查该所执行的审计项目，无相关的重大事项请示、咨询的记录，不利于审计风险的控制。

（3）审计过程中无项目组的相关会议记录，不利于对重点审计领域制定完善的审计策略，不利于降低风险。

（4）该所未按照审计准则的要求修订质量控制制度、内部管理制度以及相关的审计工作执业程序。

（5）该所目前的机构（部门）设置不能适应审计准则的要求，未建立单独的项目质量控制部等。

（6）该所兼营资产评估和建设工程造价咨询，同时分设了房地产评估公司，对外两块牌子，对内一套班子。

（7）该所未建立单独完善的项目经理委派制度，不利于风险的控制。

违反条款：《会计师事务所质量控制准则第 5101 号——会计师事务所对执行财务报表审计和审阅、其他鉴证和相关服务业务实施的质量控制》第三条等。

惩戒依据：《中国注册会计师协会会员执业违规行为惩戒办法》第七条、第十条。

惩戒种类：对 GY 所予以训诫。

后　记

本书定稿之际，回顾撰写历程，感触颇多。

在我近 20 年的注册会计师行业工作实践中，亲身经历和目睹了我国太多的会计师事务所相关案例，呈现出了各种各样的违法违规后果，其教训和影响是非常深刻的。但是，目前市场上却没有全面、系统研究会计师事务所违法违规行为及典型案例的书籍，这不得不说是一种遗憾。基于此，自 2010 年以来即萌发了撰写此书的念头，并希望能为有关政府部门依法开展监管、注册会计师协会搞好自律服务、会计师事务所规范执业行为、注册会计师保护自身权益和社会各界借鉴研究提供有益参考。

在本书撰写过程中，我广泛收集资料和案例，查阅并研读现有法律法规及其他规定，对照中国注册会计师执业准则和文献资料，逐一进行分析和探索，希望完成一篇有价值的专著。但其中确实遇到了不少困难，由于会计师事务所违法违规行为及典型案例涉及问题多、研究跨度大、资料案例查询难，很多问题常使我掩卷思考，并多次与相关人士沟通交流，听取不同的意见。因此，本书无论从文章选题、结构布局、内容安排还是修改定稿，无不倾注了相关人士的大量心血和智慧。

本书收集案例来自公开的网络和媒体、全国法院判例、行政监管案例和行业自律检查案例，特别是从中国法院网、中国证监会官方网站、中国注册会计师协会官方网站等媒体中查阅了部分案例资料，从四川省注册会计师行业行政监管和行业检查中选取部分实务案例，在此一并致谢。同时，在本书编写过程中，均对这些案例进行了必要的文字处理并略去了相关内容，不具有针对性和倾向性，仅供有关部门和人员交流学习参考之用，不得作为其他任何目的使用。本书案例中的违法违规行为、违反条款、处理处罚依据、违法违规责任、简要评析等内容存在删减，部分观点属于作者个人观点，不得将这些内容进行简单对应，否则可能存在与法律法规的规定相悖的情况。为此，作者作出特别声明：本书如有任何形式的不当使用，均与出版社等相关单位及本书作者无关！

由于自己的学识水平和研究能力有限，本书尚有诸多不足之处，恳请社会各界不吝赐教。同时，由于会计师事务所违法违规行为及典型案例是一个动态课题，随着注册会计师法等法律法规和注册会计师执业准则的修改完善，其违法违规行为的表现方式和后果也将呈现新的特点，因此也促使我继续关注和研究这一领域的新动向。

寥寥数行文字，言不尽意。我将携带本书研究的收获，继续坚定远行！

作　者

2016 年 5 月